Thomas Theis

Einstieg in Unity

2D- und 3D-Spiele entwickeln

Rheinwerk
Computing

Liebe Leserin, lieber Leser,

Sie haben sich vorgenommen, Spiele zu entwickeln – wow! Das ist die Königsdisziplin der Softwareentwicklung, mit den größten und aufwendigsten Projekten, die die Unterhaltungsindustrie überhaupt kennt.

Aber keine Sorge. Spieleentwicklung war noch nie so intuitiv. Wer Unity nicht kennt, wird kaum glauben, wie einfach es ist, die ersten Level zu erstellen. Mit diesem Buch brauchen Sie weder ein Team aus Spezialisten noch Vorkenntnisse in einer Programmiersprache. Die Projekte sind so ausgewählt, dass Geduld und Neugierde genügen. Zwei Herausforderungen bleiben:

Ihre Spielobjekte sollen interagieren. Das heißt erstens: Ob ein Tennisball am Schläger abprallt, ein Stein auf einem anderen landet oder sich Rennautos in die Kurve legen – hier wird Physik simuliert. Unity bietet beeindruckende Mittel, um Schwerkraft, Kollisionen, Perspektiven und Co. ins Spiel zu bringen. Um sie kennenzulernen, finden Sie in diesem Buch viele Spiele mit unterschiedlichem Aufbau, alle komplett zum Download. Spielen Sie zuerst selbst und sehen Sie sich dann an, was dahintersteckt.

Zweitens müssen Sie die Logik Ihrer Spiele in Scripten programmieren. Die fertigen, klar strukturierten Spiele sind zugleich Ihr C#-Kurs. Lesen Sie die Erläuterungen und nutzen Sie die Erweiterungsideen am Ende der Kapitel zum Lernen. In Kapitel 19 erhalten Sie außerdem eine Übersicht über die wichtigsten Grundlagen von C#.

Wir freuen uns übrigens über Feedback – auch falls Sie auf etwas stoßen sollten, was nicht so funktioniert wie erwartet. Doch jetzt will ich Sie nicht weiter aufhalten. Ihr erstes Jump&Run wartet auf Sie.

Viel Spaß beim Entwickeln!

Ihre Anne Scheibe
Lektorat Rheinwerk Computing

anne.scheibe@rheinwerk-verlag.de
www.rheinwerk-verlag.de
Rheinwerk Verlag · Rheinwerkallee 4 · 53227 Bonn

Auf einen Blick

Wir hoffen, dass Sie Freude an diesem Buch haben und sich Ihre Erwartungen erfüllen. Ihre Anregungen und Kommentare sind uns jederzeit willkommen. Bitte bewerten Sie doch das Buch auf unserer Website unter **www.rheinwerk-verlag.de/feedback**.

An diesem Buch haben viele mitgewirkt, insbesondere:

Lektorat Anne Scheibe
Korrektorat Friederike Daenecke, Zülpich
Herstellung Ralf Kepnik
Typografie und Layout Vera Brauner
Einbandgestaltung Julia Schuster, Silke Braun
Coverbild Shutterstock: 137282219 © Gurita Hitam
Satz SatzPro, Krefeld, gesetzt aus der TheAntiquaB (9,35/13,7 pt) in FrameMaker
Druck mediaprint solutions, Paderborn

PEFC
PEFC/04-31-0810

Dieses Buch wurde mit mineralölfreien Farben auf chlorfrei gebleichtem und FSC®-zertifiziertem Offsetpapier (90 g/m²) gedruckt.

Der Umwelt zuliebe wurde auf die Einschweißfolie verzichtet.

Hergestellt in Deutschland.

Bibliografische Information der Deutschen Nationalbibliothek:
Die Deutsche Nationalbibliothek verzeichnet diese Publikation in der Deutschen Nationalbibliografie; detaillierte bibliografische Daten sind im Internet über *http://dnb.dnb.de* abrufbar.

ISBN 978-3-367-10781-0

5., aktualisierte Auflage 2025

Rheinwerk Verlag GmbH • Rheinwerkallee 4 • 53227 Bonn
service@rheinwerk-verlag.de

Informationen zu unserem Verlag und Kontaktmöglichkeiten finden Sie auf unserer Verlagswebsite **www.rheinwerk-verlag.de**. Dort können Sie sich auch umfassend über unser aktuelles Programm informieren und unsere Bücher und E-Books bestellen.

Für die Hilfe bei der Erstellung dieses Buchs bedanke ich mich bei dem ganzen Team des Rheinwerk Verlags, ganz besonders bei Anne Scheibe.

Inhalt

Kapitel 1
Einführung

Unity ist eine Entwicklungsumgebung, mit der Sie Computerspiele erstellen und gestalten – sowohl unter Windows als auch unter Linux und unter macOS. Unity-Projekte können darüber hinaus auch zu Lern- und Trainingszwecken genutzt werden.

Es gibt unterschiedliche Lizenzmodelle für Unity. Falls Sie Unity zu Übungs- und Lernzwecken einsetzen wollen, können Sie mit der kostenfreien »Personal«-Lizenz arbeiten.

1.1 Was machen wir mit Unity?

Unity bietet eine Vielfalt von Möglichkeiten. In diesem Einsteigerbuch beschäftigen wir uns mit den wichtigsten Elementen, die Ihnen eine selbstständige Gestaltung und Programmierung Ihrer Projekte ermöglichen.

Wir werden mit einfachen Flächen und Körpern arbeiten, die Ihnen ein Verständnis für Elemente im zweidimensionalen Raum und im dreidimensionalen Raum vermitteln. Daraus bauen wir gemeinsam Schritt für Schritt eine ganze Reihe verschiedener Spiele auf. Dabei lernen Sie, wie die Elemente aufeinander reagieren, auch unter physikalischen Bedingungen.

Sie lernen die Elemente der Programmierung mit C# von Grund auf kennen, um vielseitige Abläufe gestalten zu können. Dadurch werden Sie in die Lage versetzt, den Aufbau der vorhandenen Spiele zu verstehen, sie später Ihren Wünschen entsprechend zu verändern und selbstständig eigene Spiele zu entwickeln.

Wir werden aber nicht einfach vorgefertigte komplexe Elemente miteinander kombinieren, wie sie z. B. in großer Zahl im *Asset Store* von Unity angeboten werden. Diese Elemente besitzen zwar eine Fülle von Fähigkeiten und bieten zahlreiche optische Effekte, doch trägt das reine Einsetzen und punktuelle Verändern dieser Elemente nur wenig zum Verständnis ihres komplexen Aufbaus bei. Sie vereinfachen auch nicht das Verständnis für den programmierten Spielablauf. Viele detailreich gestaltete Spielfiguren können zudem nur mit externen Programmen erstellt werden und müssen danach zunächst in Unity importiert werden.

Die Begriffe *zweidimensional* und *dreidimensional* kürze ich in diesem Buch häufig mit *2D* und *3D* ab. Wir entwickeln zunächst reine 2D-Spiele. Dabei arbeiten wir bereits mit vielen Unity-Elementen, die später auch für die Entwicklung von 3D-Spielen benötigt werden.

2D-Spiele finden ausschließlich auf der Ebene des Bildschirms statt. Sie sind übersichtlicher und einfacher zu erfassen als 3D-Spiele. Sie können sich also auf das Erlernen der Spieleentwicklung konzentrieren und müssen sich nicht gleichzeitig mit der Orientierung, der Drehung und der Perspektive im dreidimensionalen Raum befassen.

1.2 Wie entsteht der programmierte Spielablauf?

Zur Programmierung der logischen Abläufe in den Unity-Projekten können Sie mit der Programmiersprache C# (sprich: C-Sharp) arbeiten. Alle benötigten Elemente der Sprache lernen Sie im Verlauf der Projekte an der passenden Stelle kennen. Bei Unity wird der Begriff *C#-Scripte* statt des Begriffs *C#-Programme* verwendet. Daher verwende ich diesen Begriff ebenfalls.

Zur Entwicklung der C#-Scripte wird bei der Installation der aktuellen Unity-Versionen zusätzlich eine kostenfreie Version der Entwicklungsumgebung *Visual Studio* der Firma Microsoft angeboten.

In Kapitel 19 finden Sie zusätzlich einen reinen C#-Programmierkurs, in dem ohne die eigentlichen Unity-Elemente gearbeitet wird. Natürlich stehen hier diejenigen Elemente der Sprache im Vordergrund, die Sie in Ihren Unity-Projekten besonders benötigen. Außer zum Erlernen von C# anhand der Unity-Projekte können Sie den C#-Programmierkurs aber auch zum Vertiefen Ihres Wissens und als Nachschlagewerk nutzen, falls Sie etwas über bestimmte Elemente von C# erfahren möchten.

1.3 Dateiendungen anzeigen lassen

Für eine Installation unter Windows und für die anschließende Projektentwicklung ist es nützlich, Windows so einzustellen, dass die Endungen der Dateinamen angezeigt werden. Im Explorer von Windows 11 geht das wie folgt: Klappen Sie über die drei Punkte das Menü Weitere Infos auf. Wählen Sie darin den Menüpunkt Optionen. Wechseln Sie im Dialogfeld Ordneroptionen auf die Registerkarte Ansicht. Im Bereich Erweiterte Einstellungen finden Sie den Eintrag Erweiterungen bei bekannten Dateitypen ausblenden. Entfernen Sie hier das Häkchen. Bestätigen Sie Ihre Änderungen über die Schaltfläche OK.

1.4 Den Unity Hub installieren

Um Unity verwenden zu können, müssen Sie zunächst den Unity Hub installieren. Bei ihm handelt es sich um eine Anwendung zur Verwaltung

- Ihrer Unity-Projekte und
- Ihrer Unity-Editoren, mit denen Sie Ihre Unity-Projekte entwickeln.

Sie finden den Unity Hub mithilfe Ihres Browsers über die folgende Adresse:

https://unity3d.com/de/get-unity/download

Über den Button HERUNTERLADEN laden Sie die Datei *UnityHubSetup.exe* herunter, die Sie anschließend zum Start der Installation aufrufen können. Aktuell (im Januar 2025) ist diese Datei ca. 195 MB groß. Unter Linux und unter macOS handelt es sich um andere Dateien. Wie Sie diese installieren, ist in Abschnitt 22.3 beschrieben.

Da der Unity Hub nicht aus dem Windows Store stammt, müssen Sie zu Beginn der Installation bestätigen, dass er installiert werden soll. Anschließend müssen Sie die allgemeinen Lizenzbedingungen akzeptieren. Im nächsten Dialogfeld wählen Sie das Zielverzeichnis für die Installation aus. Nach der Installation können Sie den Unity Hub dann ausführen lassen. Zunächst erscheint eventuell ein Windows-Sicherheitshinweis, in dem Sie den blockierten Zugriff des Unity Hubs explizit zulassen sollten.

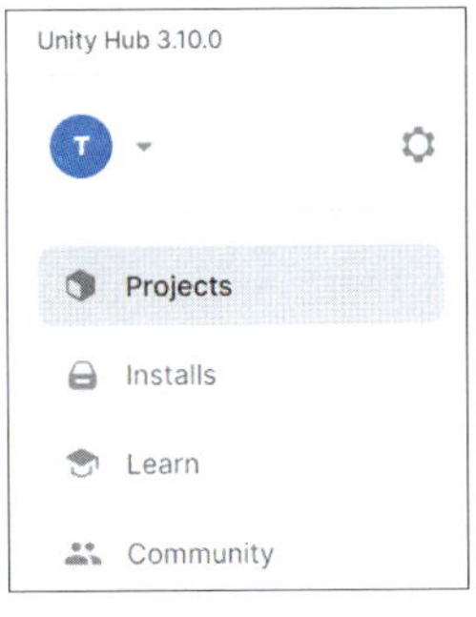

Abbildung 1.1 Unity Hub

Der eigentliche *Unity Editor* soll erst später installiert werden. Im Unity Hub können Sie über die Schaltfläche PREFERENCES, die Sie am Zahnrad-Symbol erkennen (siehe Abbildung 1.1), das Dialogfeld PREFERENCES aufrufen. Wählen Sie darin die Registerkarte APPEARANCE aus. Auf der rechten Seite können Sie das Bildschirmthema einstellen (siehe Abbildung 1.2). Hier habe ich LIGHT gewählt.

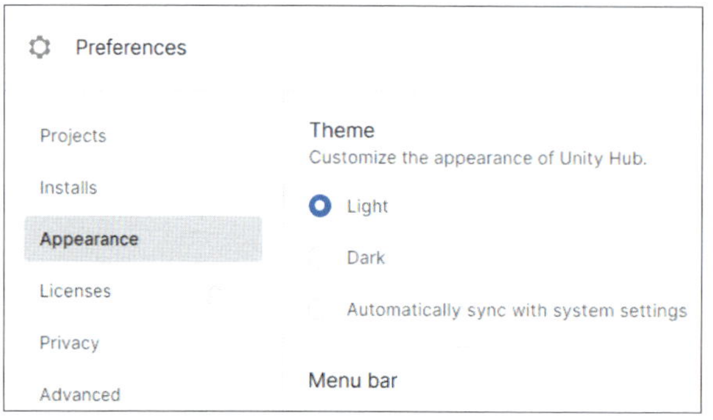

Abbildung 1.2 Auswahl des Themes

1.5 Eine Unity-Lizenz erhalten

Für die Arbeit mit diesem Buch können Sie mit der kostenfreien »Personal«-Lizenz arbeiten. Um diese Lizenz zu erhalten, rufen Sie erneut das Dialogfeld PREFERENCES auf. Wählen Sie die Registerkarte LICENSES aus. Über den Button ADD gelangen Sie auf das Dialogfeld ADD NEW LICENSE. Wählen Sie den Eintrag GET A FREE PERSONAL LICENSE. Während des Lizenzierungsvorgangs müssen Sie sich bei den Erstellern von Unity registrieren. Nach erfolgreicher Lizenzierung wird die Lizenz mit einem Aktivierungsdatum angezeigt.

Sobald eine neue Version des Unity Hubs erscheint, wird Ihnen ein Update vorgeschlagen. Ich empfehle Ihnen, dem Vorschlag zu folgen.

Neue Versionen, neue Releases und neue Vorversionen von Unity erscheinen parallel und in kurzen Zeitabständen. Alle werden ständig weiterentwickelt und können von Ihnen gleichzeitig genutzt werden. So können Sie permanent von der Modernisierung von Unity profitieren. Der Unity Hub ist dafür vorgesehen, Ihnen die parallele Nutzung mehrerer Versionen von Unity und den schnellen Umstieg zwischen den Versionen zu ermöglichen.

1.6 Eine Unity-Version installieren

Für dieses Buch habe ich die aktuelle LTS-Version des Unity Editors genutzt. Dies war im Januar 2025 die Version 6000.0.31f1 LTS. Dabei handelt es sich um eine Version, die lange Zeit unterstützt wird (LTS steht für *Long Term Support*). Aufgrund der kurzen Zeitabstände zwischen dem Erscheinen neuer Unity-Versionen kann es gut sein, dass Sie eine neuere Version installieren werden. Das ist aber kein Problem.

Zur Installation einer Unity-Version betätigen Sie im Unity Hub auf der Registerkarte Installs ganz rechts die Schaltfläche Install Editor. Dann erscheint das Dialogfeld Install Unity Editor (siehe Abbildung 1.3). Betätigen Sie auf der Registerkarte Official releases die Schaltfläche Install bei der für Sie aktuellen Version.

Abbildung 1.3 Auswahl des Unity Editors

Nun erscheint das Dialogfeld Install Unity .... Hier ist die Komponente Microsoft Visual Studio Community 2022 bereits voreingestellt (siehe Abbildung 1.4). Diese Komponente ist bei mir bereits als Installed gekennzeichnet.

Abbildung 1.4 Installation von Komponenten

Weitere Komponenten werden zurzeit noch nicht benötigt, können aber jederzeit nachinstalliert werden. Nachdem Sie die Schaltfläche Install (hier nicht im Bild) angeklickt haben, werden der Unity Editor und Visual Studio installiert.

In Ihrem ersten Unity-Projekt werden Sie in Abschnitt 4.3.1 eine weitere notwendige Einstellung vornehmen, damit Visual Studio anschließend in Ihren sämtlichen Unity-Projekten automatisch genutzt wird.

1.7 Beispielprojekte und Assets

In diesem Buch arbeiten wir mit einer Reihe von Beispielprojekten, die Ihnen sowohl als Hilfestellung bei der eigenen Entwicklung als auch zum Kennenlernen und Ausprobieren in ausführbarer Form dienen. Sie stehen Ihnen in den Materialien zum Buch über die Webseite *https://www.rheinwerk-verlag.de/einstieg-in-unity-2d-und-3d-spiele-entwickeln* zum Download zur Verfügung.

Bei Unity wird jedes Projekt in einem eigenen Projektverzeichnis gespeichert. Legen Sie zur besseren Übersicht ein eigenes Oberverzeichnis an, z. B. *C:\UnityProjekte*. Kopieren Sie alle Verzeichnisse mit meinen Beispielprojekten nach dem Download in dieses Verzeichnis.

In den Beispielprojekten nutze ich eine Reihe von einfachen vorgefertigten Elementen, sogenannte *Assets*. Sie finden sie, zusammen mit den bereits erwähnten Projektverzeichnissen, im Verzeichnis *FreieAssets* in den Materialien zum Buch.

In Abschnitt 22.6 werden zwei Bonusprojekte beschrieben, die sich ebenfalls in den Materialien zum Buch befinden. Sie sind den bekannten Spielen *Pacman* und *Frogger* nachempfunden. Mit den Fähigkeiten, die Sie nach Bearbeitung dieses Buchs erworben haben, sind Sie in der Lage, den Aufbau dieser Projekte zu erkennen und sie mit eigenen Ideen selbstständig weiterzuentwickeln.

1.8 Nutzung der Materialien

Sie können die Materialien zu meinem Unity-Buch nach dem Herunterladen auf mehrere Arten nutzen:

- zum Starten der ausführbaren Version der Projekte, wie es in den jeweiligen Kapiteln beschrieben wird
- zum Importieren des Unity Packages eines Projekts, wie es in Abschnitt 22.2.2 beschrieben wird. Anschließend können Sie die beteiligten Spielobjekte oder Programmabläufe in Ihre eigenen Projekte integrieren.
- zum Öffnen eines Projekts im Unity Editor, um die beteiligten Spielobjekte und Programmabläufe zu verstehen. Dieser Vorgang wird nun beschrieben.

Entpacken Sie das Verzeichnis des gewünschten Beispielprojekts aus den Materialien zum Buch, z. B. in das Verzeichnis *C:\UnityProjekte*. Starten Sie den Unity Hub und wechseln Sie auf der linken Seite auf die Registerkarte PROJECTS. Klappen Sie rechts oben die Liste ADD auf und wählen Sie den Listeneintrag ADD PROJECT FROM DISK aus.

Wählen Sie anschließend im Dialogfeld SELECT A PROJECT TO OPEN das Verzeichnis des gewünschten Beispielprojekts aus und betätigen Sie die Schaltfläche ADD PROJECT. Das Projekt erscheint als Eintrag in der Liste der Projekte.

Nach einem einfachen Klick auf diesen Eintrag wird das betreffende Projekt in den Unity Editor geladen. Beim ersten Öffnen eines Projekts dauert der Vorgang etwas länger. Gegebenenfalls müssen Sie ein Upgrade des Projekts durchführen (siehe Abschnitt 1.9).

Nach dem ersten erfolgreichen Öffnen eines Projekts, das aus den Materialien zum Buch stammt, müssen Sie einmalig die Spielszene aktivieren. Führen Sie dazu zunächst einen einfachen Klick auf das Unterverzeichnis SCENES des Verzeichnisses ASSETS in der PROJECT VIEW am unteren Rand des Unity Editors aus. Danach wird der Inhalt des Verzeichnisses angezeigt. Führen Sie anschließend einen Doppelklick auf dem Asset SAMPLESCENE aus.

Ab dem zweiten Öffnen eines Projekts verläuft der gesamte Vorgang deutlich schneller, da die Spielszene nun bereits aktiviert ist.

1.8.1 Sonderfall Projekt »Szenenwechsel«

Beim Projekt »Szenenwechsel« müssen Sie nach dem ersten Öffnen des Projekts insgesamt drei Spielszenen aktivieren.

Führen Sie zunächst einen Doppelklick auf dem Asset SCENE2 im Unterverzeichnis SCENES des Verzeichnisses ASSETS in der PROJECT VIEW aus. Rufen Sie anschließend im Hauptmenü den Menüpunkt FILE • BUILD SETTINGS auf. Betätigen Sie im Dialogfeld BUILD SETTINGS oben rechts die Schaltfläche ADD OPEN SCENES. Damit wird SCENE2 zu der Liste SCENES IN BUILD hinzugefügt. Schließen Sie das Dialogfeld BUILD SETTINGS.

Führen Sie denselben Vorgang mit dem Asset SCENE1 durch und anschließend mit dem Asset SCENE0. Damit sind alle drei Spielszenen aktiviert.

1.9 Upgrade eines Unity-Projekts

Wie bereits erwähnt, haben Sie möglicherweise eine neuere Version installiert als diejenige, die ich für dieses Buch genutzt habe. Dann müssen Sie beim Öffnen eines meiner kopierten Beispielprojekte ein Upgrade des Projekts auf Ihre Unity-Version durchführen. Das ist aber mit dem Unity Hub kein Problem.

Es kann auch vorkommen, dass Sie die Entwicklung eines eigenen Unity-Projekts zunächst unter einer bestimmten Version beginnen und sie später unter einer anderen Version fortsetzen müssen oder wollen.

Nehmen wir an, Sie haben das Beispielprojekt *TomsJumpAndRun* kopiert, das Sie in Kapitel 3 genauer kennenlernen werden. Zunächst soll die neue Version des Unity Editors ausgewählt werden. Klicken Sie dazu in der Registerkarte PROJECTS auf die Versionsbezeichnung, die Sie in der Zeile des betreffenden Projekts in der Spalte EDITOR VERSION finden (siehe Abbildung 1.5).

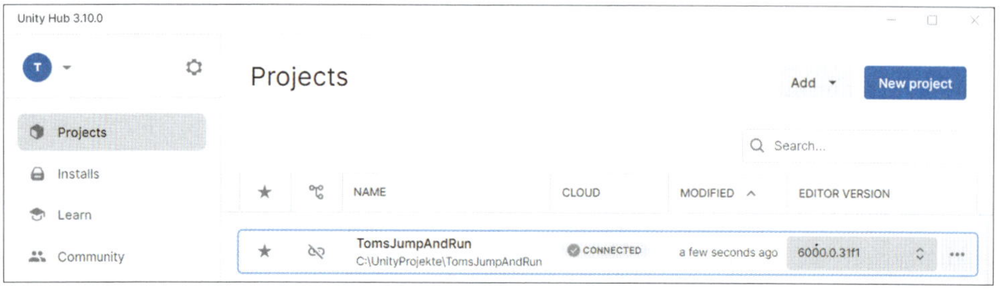

Abbildung 1.5 Auswahl der Version des Unity Editors

Nun erscheint ein Dialogfeld mit den verschiedenen Optionen für die aktuell installierten Unity-Versionen. Wählen Sie die gewünschte Option aus und betätigen Sie die Schaltfläche OPEN WITH ..., anschließend die Schaltfläche CHANGE VERSION im Dialogfeld CHANGE EDITOR VERSION und dann die Schaltfläche CONTINUE im Dialogfeld OPENING PROJECT ....

Die Konvertierung nimmt eine gewisse Zeit in Anspruch. Anschließend kann das Unity-Projekt weiterbearbeitet werden. Der Wechsel zu einer älteren Version wäre ebenso möglich, und zwar auf die gleiche Art und Weise.

Die Beispielprojekte, die Screenshots und die Erläuterungen in diesem Buch sind wie schon erwähnt mithilfe der Unity-Version 6000.0.31f1 LTS entstanden.

Die Erfahrungen der letzten Jahre zeigen, dass in neuere Unity-Versionen zwar Verbesserungen einfließen, die grundsätzliche Orientierung aber erhalten bleibt. Daher werden die Inhalte dieses Buchs Sie noch sehr lange bei der Entwicklung von Unity-Projekten unterstützen.

Kapitel 2
Das erste 2D-Projekt

In diesem Abschnitt lernen wir den Unity Editor als unsere Benutzeroberfläche zur Erstellung von Projekten kennen. Wir legen dazu ein erstes 2D-Projekt mit dem Namen *ZweiDimensionen* an, das einige einfache Elemente enthält.

2.1 Ein neues Projekt erstellen

Starten Sie den Unity Hub. Betätigen Sie auf der Registerkarte Projects die Schaltfläche New project. Im Dialogfeld New project (siehe Abbildung 2.1) wählen Sie oben die Version des Unity Editors aus, anschließend in der Mitte das passende *Template* (dt. Vorlage) Universal 2D. Rechts unten tragen Sie im Feld Project name den Projektnamen *ZweiDimensionen* ein und wählen im Feld Location das bereits erstellte Verzeichnis *C:\UnityProjekte* als Oberverzeichnis aus.

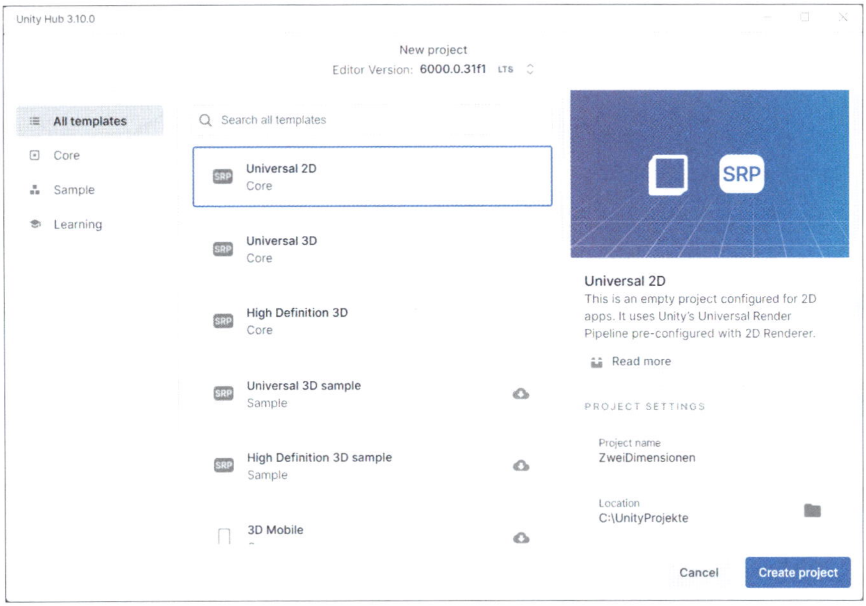

Abbildung 2.1 Erstellen Sie das erste 2D-Projekt.

Wenn Sie nun die Schaltfläche CREATE PROJECT betätigen, wird das neue Projekt erzeugt und im Unity Editor angezeigt.

2.2 Wichtige Bereiche im Unity Editor

Der *Unity Editor* ist die Umgebung, in der wir unsere Unity-Projekte entwickeln. Unity ist ein englischsprachiges Programm. Ich verwende daher die englischen Begriffe für die Elemente des Programms, wie sie auch vor Ihnen auf dem Bildschirm erscheinen.

Am oberen Rand findet sich eine Menüleiste. Damit Sie die Elemente und Informationen im Unity Editor besser erkennen, sollten Sie zunächst zwei Einstellungen vornehmen:

1. **Ändern Sie das Editor-Thema:** Rufen Sie dazu den Menüpunkt EDIT • PREFERENCES auf. Im Dialogfeld PREFERENCES wählen Sie links die Seite GENERAL aus, anschließend in der Liste EDITOR THEME den Eintrag LIGHT.
2. **Stellen Sie die Schriftart ein:** Wählen Sie auf derselben Seite in der Liste EDITOR FONT den Eintrag SYSTEM FONT aus.

Zwei Begriffe sind bei der Entwicklung von Unity-Projekten wichtig:

1. **Assets:** *Assets* sind Elemente, die Ihnen grundsätzlich zur Verfügung stehen.
2. **Spielobjekte:** Dagegen sind *Spielobjekte* Elemente, die tatsächlich in einem Projekt agieren.

Wir können einzelne oder auch alle Assets als Spielobjekte oder Teile von Spielobjekten verwenden. Ein Asset kann mehrfach in einem Spiel eingesetzt werden oder eventuell zunächst auch gar nicht.

Neben der Menüleiste gibt es noch andere wichtige Bereiche im Unity Editor, die sogenannten *Views* (siehe Abbildung 2.2). Für jede View gibt es einen Reiter, auf dem die Bezeichnung der View steht:

- Am unteren Rand finden Sie die PROJECT VIEW. Sie enthält die *Assets*. Mithilfe eines Klicks auf das Pluszeichen unter dem Namen der View können Sie ein Menü zum Hinzufügen von Assets aufklappen.
- Ebenfalls am unteren Rand gibt es die CONSOLE VIEW. Sie können sie durch einen Klick auf ihren Reiter nach vorn bringen. Hier sehen Sie Kontrollausgaben oder auch Fehlermeldungen Ihrer Programme.
- Am linken Rand gibt es die HIERARCHY VIEW. Sie dient als hierarchisches Verzeichnis der Spielobjekte. Diese können aus den Assets stammen, aber auch auf andere Weise

erzeugt werden. Mit einem Klick auf das Pluszeichen unter dem Namen der View können Sie ein Menü zum Hinzufügen von Spielobjekten aufklappen.

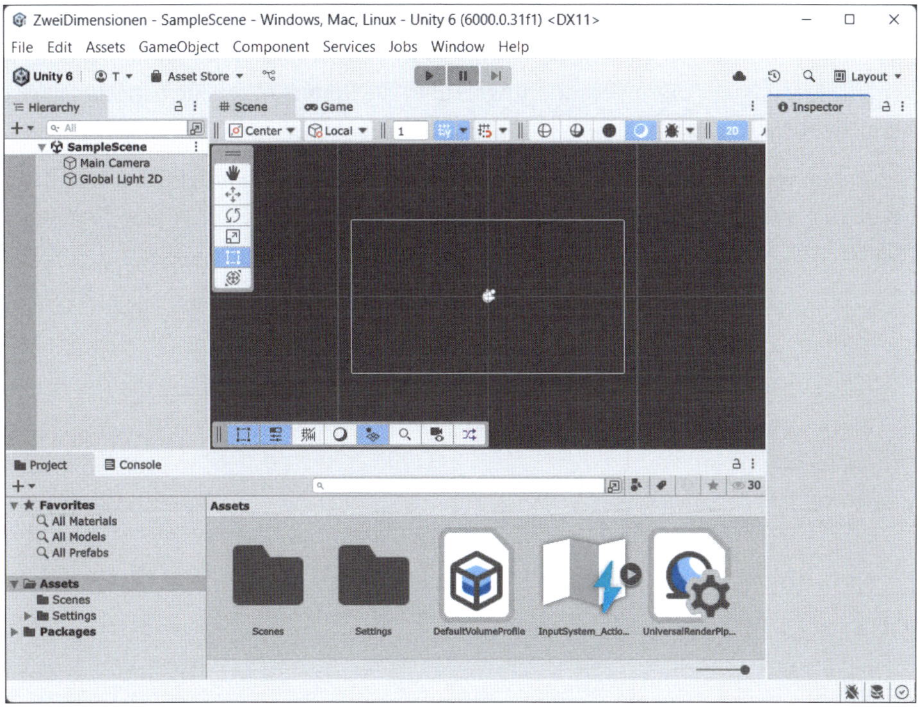

Abbildung 2.2 Der Unity Editor

- In der Mitte finden Sie die Scene View. Sollte sie zunächst hinter der Game View stehen, bringen Sie sie durch einen Klick auf ihren Reiter nach vorn. Hier gestalten Sie während der Entwicklung die Spielobjekte innerhalb der Szene. Ich verwende in meinen Projekten für die Szene auch häufig den Begriff *Spielfeld*.
- Ebenfalls in der Mitte gibt es die Game View. In ihr sehen Sie eine Vorschau auf das Spielfeld, wie es während des Spiels aussieht. Sie können die Ansicht in der Game View mithilfe des Schiebeschalters Scale am oberen Rand kurzfristig um den angegebenen Faktor vergrößern. Standardmäßig steht dieser Schalter auf dem Wert 1x.
- Am rechten Rand sehen Sie die Inspector View. Sie enthält die Komponenten desjenigen Spielobjekts, das Sie aktuell in der Hierarchy View oder in der Scene View ausgewählt haben. In den Komponenten finden Sie die einzelnen Eigenschaften der Spielobjekte und deren aktuelle Werte. Sie können diese Werte betrachten und verändern.

Alle Views können Sie in ihrer Größe verändern, indem Sie sie am Rand mit der Maus fassen und verschieben.

An ihrem Reiter können Sie die Views ebenfalls mithilfe der Maus fassen und an andere Stellen des Bildschirms verschieben. Außerdem können Sie Views schließen oder wieder anzeigen lassen. Diese Veränderungen über die Reiter sollten Sie zunächst aber mit Vorsicht vornehmen.

Ganz oben rechts gibt es noch die Liste Layout. Abbildung 2.3 zeigt ihren Inhalt. Jedes Layout bietet typische Werte für die Anordnung und die Größe der Views. Über den Eintrag Default können Sie die Grundeinstellung wieder aufrufen.

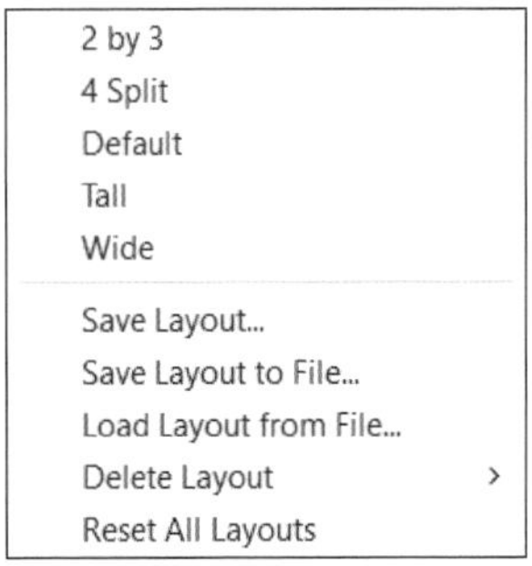

Abbildung 2.3 Liste der Layouts

2.3 Das Spielobjekt »Main Camera«

Viele Elemente im Unity Editor haben Unterelemente. Das erkennen Sie an dem Pfeil links neben dem Namen des betreffenden Elements. Mit einem Klick auf den Pfeil können Sie die zugehörigen Unterelemente ein- oder ausblenden, wie bei einer Verzeichnisansicht im Windows Explorer.

In der Hierarchy View sehen Sie, dass jedes 2D-Projekt bereits standardmäßig eine Szene mit dem Namen `SampleScene` enthält. Darin gibt es zwei Spielobjekte als Unterelemente. Das Unterelement `Main Camera` stellt die Kamera dar, mit deren Hilfe auf das Spielfeld geschaut wird. Das Unterelement `Global Light 2D` sorgt für die Beleuchtung des Spielfelds.

Markieren Sie das Spielobjekt `Main Camera`. Anschließend sehen Sie in der Inspector View seine Eigenschaften und Werte (siehe Abbildung 2.4). Auf einige dieser Werte gehe ich später noch ein.

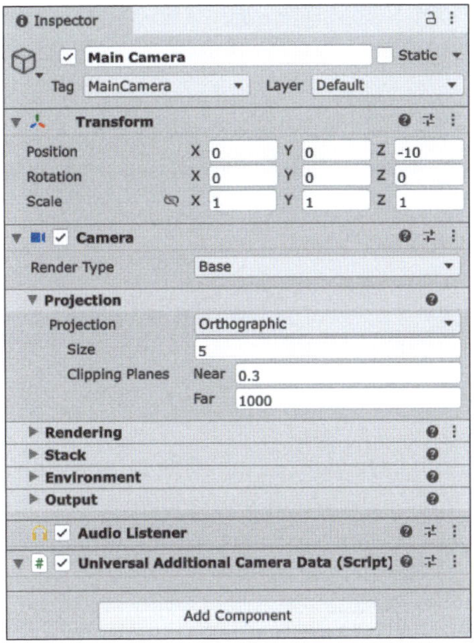

Abbildung 2.4 Das Spielobjekt »Main Camera«

2.4 Assets importieren

Auf Basis eines neuen Assets sollen zwei Spielobjekte eingefügt werden. In Abschnitt 1.7 habe ich bereits das Verzeichnis *FreieAssets* erwähnt, das zusammen mit den Verzeichnissen der Beispielprojekte heruntergeladen wurde. In ihm befinden sich einige einfache Bilddateien, die als Assets importiert werden können. Eine von ihnen benötigen wir jetzt.

Rufen Sie in der Menüleiste den Menüpunkt ASSETS • IMPORT NEW ASSET auf. Wählen Sie die Bilddatei *Rakete.png* aus dem Verzeichnis *FreieAssets* aus und betätigen Sie die Schaltfläche IMPORT. Anschließend erscheint Ihr erstes Asset mit dem Namen Rakete in der PROJECT VIEW im Bereich ASSETS. Es handelt sich um ein Asset vom Typ *Sprite*. Sprites sind einfache zweidimensionale Grafikobjekte.

Markieren Sie es in der PROJECT VIEW, wird unten der Dateiname angezeigt (siehe Abbildung 2.5). Über den Schieberegler ganz rechts unten in der PROJECT VIEW können Sie die Darstellungsgröße der Assets verändern.

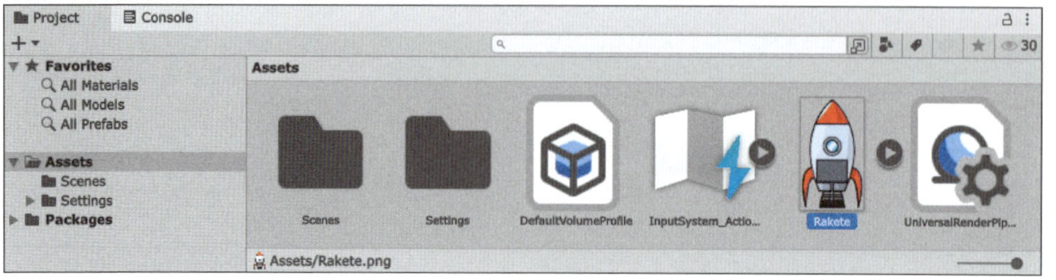

Abbildung 2.5 Asset aus Bilddatei

2.5 Spielobjekte einfügen

Ziehen Sie das Asset zweimal nacheinander mithilfe der Maus in die HIERARCHY VIEW. Achten Sie dabei darauf, das Asset nicht genau auf einem bereits vorhandenen Spielobjekt in der HIERARCHY VIEW loszulassen, sondern in dem freien Bereich unterhalb der bisher vorhandenen Spielobjekte.

Damit haben Sie zwei weitere Spielobjekte in das Projekt eingefügt. Diese tragen zunächst die Namen `Rakete_0` und `Rakete_0 (1)` und stammen aus demselben Asset.

Markieren Sie das erste neue Spielobjekt `Rakete_0` in der HIERARCHY VIEW. Nun können Sie seine Eigenschaften in der INSPECTOR VIEW betrachten oder ändern. Wenn Sie es noch einmal anklicken, können Sie seinen Namen ändern, z. B. in `RaketeEins`.

In der INSPECTOR VIEW sehen Sie in der Komponente SPRITE RENDERER die Eigenschaft MATERIAL. Sie sollte den Wert SPRITE-LIT-DEFAULT besitzen (siehe Abbildung 2.6), damit die Bilddatei unverfälscht dargestellt wird.

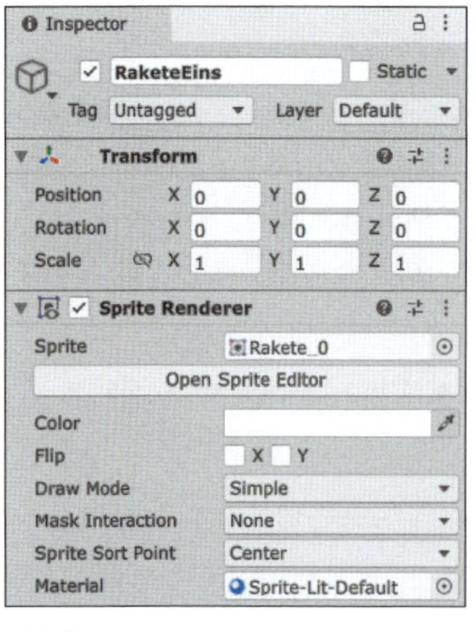

Abbildung 2.6 Die Komponente »Sprite Renderer«, Eigenschaft »Material«

Sollte das einmal nicht der Fall sein, klicken Sie auf den Kreis rechts neben der Eigenschaft MATERIAL. Dann öffnet sich das Dialogfeld SELECT MATERIAL. Wählen Sie darin den Eintrag SPRITE-LIT-DEFAULT aus und schließen Sie das Dialogfeld wieder.

Führen Sie die beiden Aktionen auch für das zweite neue Spielobjekt `Rakete_0 (1)` aus. Es soll `RaketeZwei` heißen (siehe Abbildung 2.7). Beide Raketen liegen in der SCENE VIEW noch genau hintereinander. Das wird in Kürze geändert.

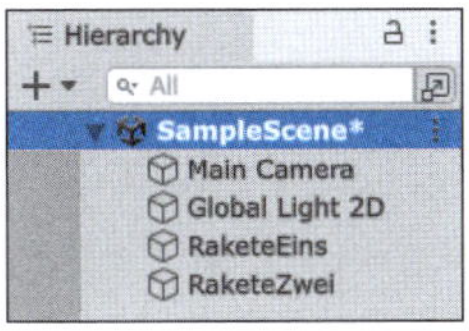

Abbildung 2.7 Zwei neue Spielobjekte

2.6 Die Hierarchie ändern

In diesem Abschnitt zeige ich Ihnen einige typische Änderungen in der HIERARCHY VIEW, die erfahrungsgemäß schnell zu Fehlern führen können. Nehmen Sie die Änderungen auch selbst einmal vor. Solange mögliche Fehler in diesem kleinen Übungsprojekt auftreten, sind ihre Auswirkungen ja noch überschaubar.

Aus Gründen der Übersichtlichkeit ist die Reihenfolge der Spielobjekte in der HIERARCHY VIEW wichtig. Nehmen wir an, Sie möchten das Spielobjekt `RaketeZwei` vor dem Spielobjekt `RaketeEins` anordnen. Dazu betätigen Sie auf dem Spielobjekt `RaketeZwei` die linke Maustaste, halten sie gedrückt und ziehen das Spielobjekt nach oben, bis der Mauszeiger als eine dünne blaue Linie zwischen den Spielobjekten `Main Camera` und `RaketeEins` erscheint. In diesem Moment können Sie die Maustaste loslassen.

Die Spielobjekte haben nun eine andere Reihenfolge. Mit dem Menübefehl EDIT / UNDO ... bzw. der Tastenkombination `Strg` + `Z` machen Sie diese Änderung wieder rückgängig.

Lassen Sie das Spielobjekt `RaketeZwei` bei der oben genannten Änderung dagegen genau auf dem Spielobjekt `RaketeEins` los, ohne dass die dünne blaue Linie oberhalb oder unterhalb des Spielobjekts `RaketeEins` erscheint, wird es dem Spielobjekt `RaketeEins` hierarchisch untergeordnet (siehe Abbildung 2.8).

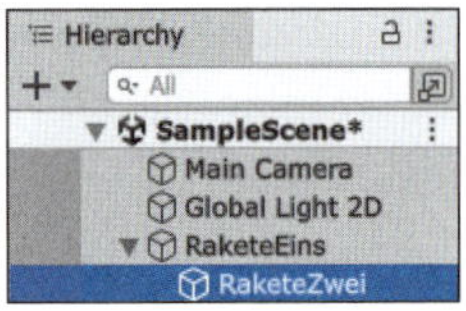

Abbildung 2.8 Unterordnung eines Spielobjekts

Diese Unterordnung könnte in bestimmten Situationen erwünscht sein:

- Sie haben ein Spielobjekt, das aus mehreren untergeordneten Spielobjekten zusammengesetzt wird. Das kann z. B. das Spielobjekt `Mensch` sein, das aus den Körperteilen (sprich: *Spielobjekten*) `Kopf`, `Rumpf`, `Linker Arm`, `Rechter Arm`, `Linkes Bein` und `Rechtes Bein` besteht. Wird der Mensch als Ganzes bewegt, bewegen sich alle seine Körperteile mit ihm. Es gibt also das übergeordnete Spielobjekt `Mensch` und sechs untergeordnete Spielobjekte für die einzelnen Körperteile (siehe Abbildung 2.9).
- Sie haben sehr viele Spielobjekte, die Sie thematisch zusammenfassen möchten, damit Sie in der HIERARCHY VIEW nicht den Überblick verlieren. Dabei dient das übergeordnete Spielobjekt als *Verzeichnis*, vergleichbar mit einem Verzeichnis im Dateisystem Ihres Rechners. Das kann z. B. das Verzeichnis `Raum` sein, in dem sich die Spielobjekte `Boden`, `Decke`, `Linke Wand` und `Rechte Wand` befinden (siehe ebenfalls Abbildung 2.9).

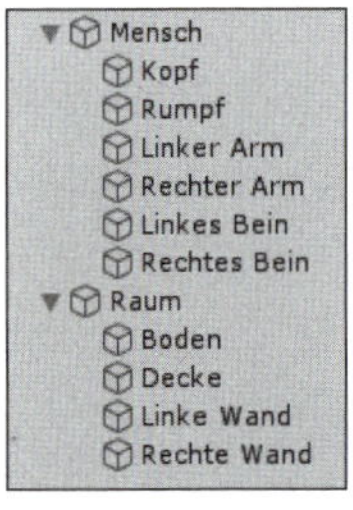

Abbildung 2.9 Spielobjekte als übergeordnete Verzeichnisse

Hinweis

Ein übergeordnetes Spielobjekt wird *Parent* (dt. Elternteil) genannt, ein untergeordnetes Spielobjekt *Child* (dt. Kind). Die Mehrzahl von Child ist *Children* (dt. Kinder). Der Vorgang des Unterordnens innerhalb einer Unity-Hierarchie wird *Parenting* genannt. Alle diese Begriffe werden Ihnen in den Unity-Projekten begegnen.

Im aktuellen Projekt ist die Unterordnung allerdings nicht erwünscht. Machen Sie sie daher mithilfe der Tastenkombination [Strg] + [Z] rückgängig, sodass sich wieder die ursprüngliche Reihenfolge wie in Abbildung 2.7 ergibt.

2.7 Eine Szene speichern

Sie sollten eine Spielszene nach dem Einfügen von Spielobjekten oder nach anderen Änderungen regelmäßig speichern. Rufen Sie dazu den Menüpunkt FILE • SAVE oder die Tastenkombination [Strg] + [S] auf. Die Spielszene ist im Unterverzeichnis *Assets/Scenes* Ihres Projekts gespeichert. Szene-Dateien haben die Endung *unity*, wie Sie in der PROJECT VIEW in Abbildung 2.10 sehen.

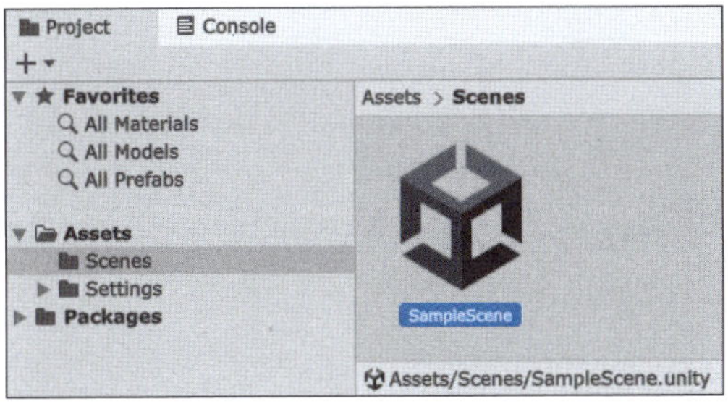

Abbildung 2.10 Asset des Typs »Szene«

Ein Projekt kann aus mehreren Szenen bestehen, die nacheinander durchlaufen werden. Unser aktuelles Projekt hat nur eine Szene.

2.8 Die Komponente »Transform«

Jedes Spielobjekt besitzt die Komponente TRANSFORM. Dabei handelt es sich um die wichtigste Komponente. Sie dient zur Festlegung der Position, der Drehung und der Größe eines Spielobjekts.

Markieren Sie das Spielobjekt `RaketeEins` in der HIERARCHY VIEW oder in der SCENE VIEW. Das Spielobjekt wird anschließend in beiden Views optisch hervorgehoben. In der INSPECTOR VIEW werden seine Komponenten angezeigt, wie z. B. die TRANSFORM-Komponente in Abbildung 2.11.

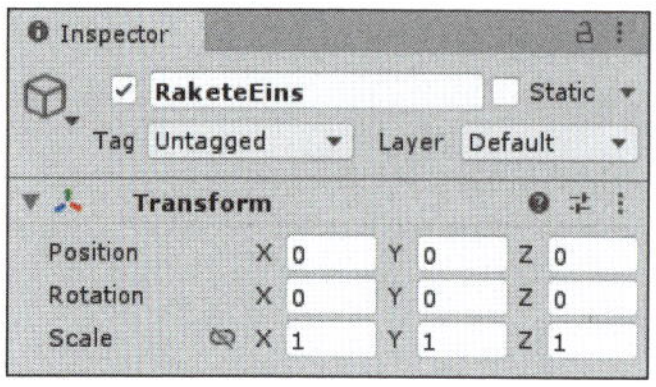

Abbildung 2.11 Spielobjekt »RaketeEins«, »Transform«-Komponente

2.8.1 Die Eigenschaften der »Transform«-Komponente

In der TRANSFORM-Komponente können Sie die folgenden Eigenschaften eines Spielobjekts sehen und verändern.

- Die Eigenschaft POSITION:

  Sie gibt die Position des Spielobjekts auf dem Spielfeld entlang der drei Koordinatenachsen an. Die X-Achse verläuft von links nach rechts. Ein Spielobjekt hat am linken Rand des Spielfelds den X-Wert –10, in der Mitte den X-Wert 0 und am rechten Rand den X-Wert 10. Die Y-Achse verläuft von unten nach oben. Ein Spielobjekt hat am unteren Rand des Spielfelds den Y-Wert –5, in der Mitte den Y-Wert 0 und am oberen Rand den Y-Wert 5.

  Bei 2D-Spielen wird die Z-Koordinate für die dritte Dimension nur selten benötigt. Die Z-Achse verläuft von vorn (vom Benutzer aus *vor* dem Bildschirm) nach hinten (vom Benutzer aus *hinter* dem Bildschirm). Ein Spielobjekt hat vor dem Bildschirm also z. B. den Z-Wert –10, auf der Ebene des Bildschirms den Z-Wert 0 und hinter dem Bildschirm den Z-Wert 10.

Hinweis

Zur Verdeutlichung der drei Achsen dient die *Linke-Hand-Regel*:

- Der Daumen der linken Hand soll nach rechts weisen. Damit zeigt er in Richtung der positiven X-Achse.
- Der Zeigefinger der linken Hand soll nach oben weisen. Damit zeigt er in Richtung der positiven Y-Achse.
- Der Mittelfinger der linken Hand soll abgewinkelt werden und nach hinten weisen, sozusagen durch den Bildschirm hindurch. Damit zeigt er in Richtung der positiven Z-Achse.

Das Spielobjekt `Main Camera` stellt bezüglich der Z-Koordinate eine Ausnahme dar. Mit einem Wert von –10 steht es vor dem Bildschirm. Daher schauen wir von vorn auf das Spielfeld.

- Die Eigenschaft ROTATION:

  Sie gibt die Drehung des Spielobjekts um die X-Achse, um die Y-Achse und um die Z-Achse als Winkel in Grad an. In 2D-Projekten ist normalerweise nur eine Drehung um die Z-Achse sinnvoll, also eine Drehung in der Ebene des Bildschirms. Ein positiver Wert bedeutet eine Drehung um die Z-Achse gegen den Uhrzeigersinn.

- Die Eigenschaft SCALE:

  Sie gibt die relative Größe des Spielobjekts in der X-Richtung, in der Y-Richtung und in der Z-Richtung mithilfe eines Skalierungsfaktors an. Zunächst haben alle drei Faktoren den Wert 1.

2.8.2 Werte in der »Inspector View« ändern

Nach dem Einfügen eines neuen Spielobjekts besitzt es zunächst die folgenden Transform-Werte (siehe auch Abbildung 2.11):

- Es liegt in der Mitte des Spielfelds, bei X = 0, Y = 0 und Z = 0, oder – verkürzt ausgedrückt – an der Position 0/0/0.
- Es ist nicht gedreht, die Rotation liegt also ebenfalls bei 0/0/0.
- Es hat seine Originalgröße, der Scale steht also bei 1/1/1.

In Abbildung 2.12 sehen Sie das Spielfeld, nachdem die Transform-Werte für die Spielobjekte `RaketeEins` und `RaketeZwei` in der INSPECTOR VIEW geändert wurden. Die Einstellung der Kamera wurde nicht geändert.

Abbildung 2.12 Nach Änderung der Transform-Werte

Auf der linken Seite sehen Sie das Spielobjekt `RaketeEins` an der Position –5/0/0. Es ist nicht gedreht, die Rotation beträgt also 0/0/0. Es ist in X-Richtung leicht und in Y-Richtung etwas stärker vergrößert. Die Größe in Z-Richtung ist nicht relevant und kann auf 0 gesetzt werden. Der Scale beträgt nun 1.2/1.8/0.

Die Stellen nach dem Komma werden, wie im englischen Sprachraum üblich, mit einem *Dezimalpunkt* statt mit einem *Dezimalkomma* abgetrennt. So sehen Sie es auch in den Abbildungen dieses Buchs, und so müssen Sie auch später die Werte im Programmcode eingeben. Zur Verringerung der Fehlerquote nutze ich daher auch im erläuternden Text dieses Buchs den im deutschen Sprachraum nicht üblichen Dezimalpunkt. Es gibt eine kleine Hilfestellung: Geben Sie in der INSPECTOR VIEW einen Wert mit einem Dezimalkomma ein, wird daraus automatisch ein Dezimalpunkt.

Oben rechts sehen Sie das Spielobjekt `RaketeZwei` an der Position 0/2.5/0. Es ist um 60 Grad gegen den Uhrzeigersinn um die Z-Achse gedreht, die Rotation beträgt also 0/0/60. Es ist in X-Richtung etwas stärker und in Y-Richtung nur leicht vergrößert, der Scale beträgt 1.8/1.2/0.

Hinweis

Stellen Sie bei einer der Rotationsachsen einen Winkel zwischen 180 und 360 Grad ein, kann es vorkommen, dass Unity diesen Wert automatisch auf den zugehörigen negativen Wert ändert. Das ist mathematisch richtig, stellt kein Problem dar und hat keinen Einfluss auf den Ablauf. Ein Beispiel: Der Wert 330 Grad wird geändert auf –30 Grad, also 330 Grad minus 360 Grad.

Ändern Sie in der INSPECTOR VIEW einzelne Transform-Werte der beiden Spielobjekte und schauen Sie sich die Auswirkungen unmittelbar nach der Änderung an. Damit lernen Sie den Umgang mit den Koordinaten, Achsen, Drehungen und Größenverhältnissen recht schnell.

Alternativ können Sie die Transform-Werte auch mithilfe der Maus ändern. Wie das geht, beschreibe ich im folgenden Abschnitt.

2.9 Die Ansicht in der »Scene View«

Sie können die Ansicht in der SCENE VIEW durch Zoomen, Fokussieren oder Verschieben ändern. Mithilfe des Mausrads zoomen Sie in die SCENE VIEW hinein oder aus der SCENE VIEW heraus.

Zur genauen Betrachtung und Bearbeitung eines einzelnen Spielobjekts können Sie es in der Mitte der SCENE VIEW fokussieren. Markieren Sie es dazu in der HIERARCHY VIEW, setzen Sie die Maus über die SCENE VIEW und drücken Sie anschließend die Taste [F]. Das Spielobjekt wird herangezoomt und rückt in die Mitte der SCENE VIEW. Dasselbe erreichen Sie auch über einen Doppelklick auf das Spielobjekt in der HIERARCHY VIEW. Zur Standardansicht gelangen Sie wieder, indem Sie das Spielobjekt `Main Camera` fokussieren.

Innerhalb der Scene View gibt es die kleine Symbolleiste TOOLS (siehe Abbildung 2.13). Sie können jedes Tool darin mithilfe der Maus auswählen. Nach Auswahl des obersten Tools, des VIEW TOOLS, können Sie die Ansicht in der SCENE VIEW nach links, rechts, oben oder unten verschieben.

Abbildung 2.13 Die Symbolleiste »Tools« in der »Scene View«

Die Liste TOGGLE TOOL HANDLE ROTATION (in Abbildung 2.13 oben rechts) dient als Umschalter zwischen den beiden Zuständen LOCAL und GLOBAL:

- Die Einstellung LOCAL bedeutet, dass Sie in der SCENE VIEW mit den lokalen Achsen arbeiten, die sich auf das Spielobjekt beziehen.
- Die Einstellung GLOBAL bedeutet, dass Sie in der SCENE VIEW mit den globalen Achsen arbeiten, die sich auf das gesamte Spielfeld beziehen.

Die Bedeutung wird bei den einzelnen Transformationen klarer. Belassen Sie die Einstellung zunächst auf LOCAL.

2.9.1 Positionswerte mithilfe der Maus ändern

Markieren Sie das Spielobjekt `RaketeZwei`. Wählen Sie das zweite Tool von oben aus, das MOVE TOOL. Über dem Spielobjekt erscheint ein *Handle* zur Änderung der Position (siehe Abbildung 2.14).

Fassen Sie mit der Maus an einer der beiden Pfeilspitzen des Handles an, und verschieben Sie das Spielobjekt entlang seiner lokalen X-Achse (rot) oder entlang seiner lokalen

Y-Achse (grün). Beobachten Sie parallel die Änderung der Positionswerte in der INSPECTOR VIEW.

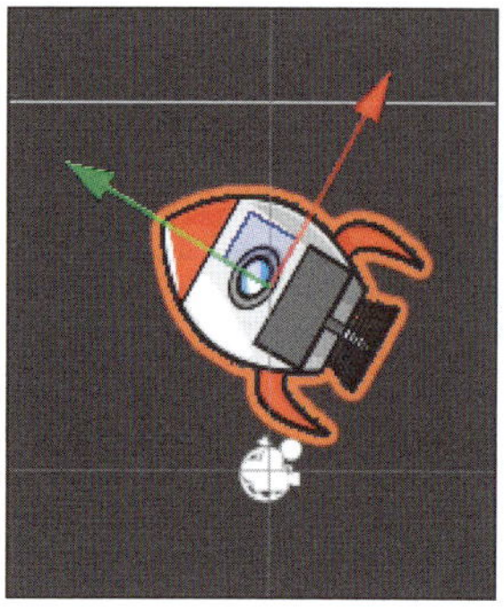

Abbildung 2.14 Position entlang der lokalen Achsen ändern

Stellen Sie den oben genannten Umschalter auf GLOBAL. Das Handle zur Änderung der Position dient nun zur Verschiebung entlang der globalen X- und Y-Achsen, also der Achsen des gesamten Spielfelds (siehe Abbildung 2.15).

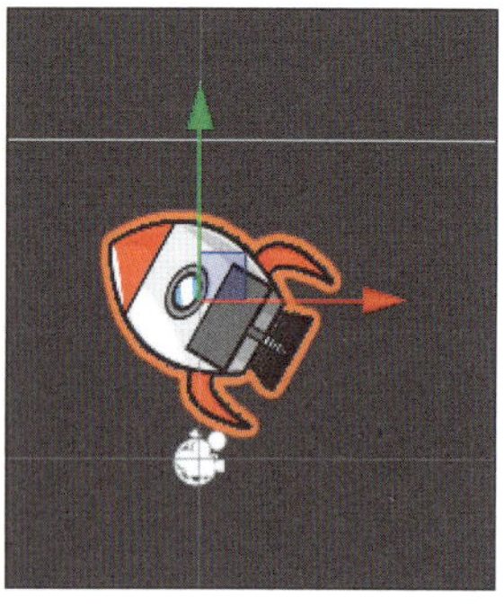

Abbildung 2.15 Position entlang der globalen Achsen ändern

Alternativ können Sie mit der Maus auch das kleine hellblaue Quadrat anfassen, das sich rechts oberhalb der Mitte des Spielobjekts befindet. Sie können das Spielobjekt damit frei auf der X-Y-Ebene verschieben. Das ist die Ebene, die durch die X-Achse und die Y-Achse gebildet wird.

2.9.2 Rotationswerte mithilfe der Maus ändern

Stellen Sie den oben genannten Umschalter nun wieder auf LOCAL. Wählen Sie das dritte Tool von oben, das ROTATE TOOL, aus und markieren Sie wiederum `RaketeZwei`. Über dem Spielobjekt erscheint ein Handle zur Änderung der Rotation (siehe Abbildung 2.16).

Fassen Sie mit der Maus an einem der beiden Kreise an, und drehen Sie damit das Spielobjekt um die Z-Achse. Beobachten Sie parallel die Änderung der Rotationswerte in der INSPECTOR VIEW.

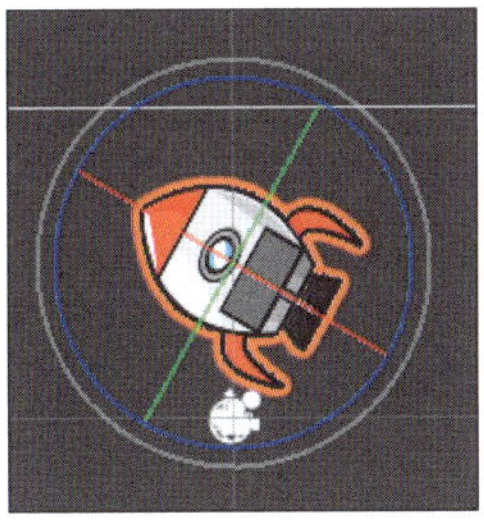

Abbildung 2.16 Rotation ändern

2.9.3 Scale-Werte mithilfe der Maus ändern

Wählen Sie das vierte Tool von oben aus, das SCALE TOOL, und markieren Sie wiederum `RaketeZwei`. Über dem Spielobjekt erscheint ein Handle zur Änderung des Scales (siehe Abbildung 2.17):

- Fassen Sie mit der Maus an einem der beiden äußeren Quadrate an und vergrößern oder verkleinern Sie das Spielobjekt in der Höhe oder in der Breite.
- Fassen Sie mit der Maus an dem kleinen weißen Quadrat in der Mitte des Spielobjekts an und vergrößern oder verkleinern Sie das Spielobjekt unter Beibehaltung des Verhältnisses von Höhe zu Breite.

Beachten Sie parallel die Änderung der Scale-Werte, das sogenannte *Skalieren*, in der INSPECTOR VIEW.

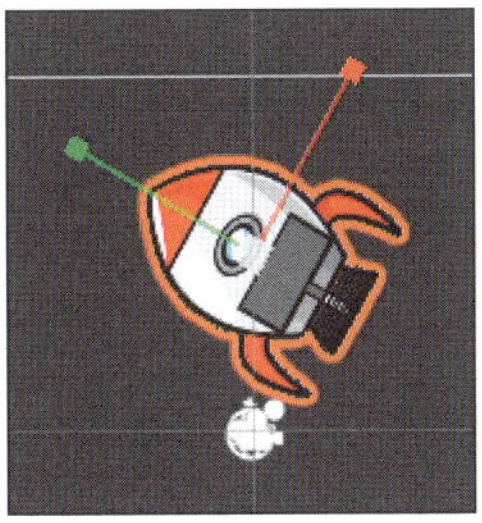

Abbildung 2.17 Scale ändern

Schließen Sie das Projekt *ZweiDimensionen* und den Unity Editor selbst über den Menüpunkt FILE • EXIT. Sollten Sie die Szene vorher nicht gespeichert haben, werden Sie nun dazu aufgefordert.

Kapitel 3
Spielen Sie ein 2D-Jump&Run-Spiel

Spielen Sie zunächst das fertige 2D-Spiel *TomsJumpAndRun* aus der Sammlung der Beispielprojekte, damit Sie seine Elemente und Abläufe kennenlernen. Anschließend sehen wir uns die einzelnen Elemente des Projekts im Unity Editor an.

In Kapitel 4 werden Sie das Projekt Stück für Stück selbst entwickeln. Dabei können Sie es nach den einzelnen Zwischenschritten bereits starten, um diejenigen Elemente zu testen, die Sie schon eingebaut haben.

Das Spiel bietet die folgenden typischen Anreize, die Ihnen bei sehr vielen Spielen begegnen werden:

- Es gibt einen Spieler, den Sie bewegen können.
- Sie können durch Ihre Geschicklichkeit Punkte sammeln.
- Sie müssen Gefahren ausweichen.
- Sie haben einige Leben zur Verfügung, die Sie aber verlieren können.
- Das Spiel wird im Verlauf immer schwieriger.
- Anzeigen informieren Sie über den Spielstand.
- Eine Zeitmessung motiviert Sie, immer besser zu werden.
- Eine Anleitung erläutert Ihre Möglichkeiten.

3.1 Wie geht das Spiel?

Starten Sie das ausführbare Programm *TomsJumpAndRun.exe* im Projektverzeichnis *TomsJumpAndRun/Builds*. Die Anwendung füllt den gesamten Bildschirm (siehe Abbildung 3.1). Um die Anwendung zu beenden, betätigen Sie auch die Tastenkombination `Alt` + `F4`.

Es handelt sich um ein klassisches *Jump&Run-Spiel*, in dem Sie den Spieler in mehrere Richtungen bewegen können. Er wird mithilfe eines Affen dargestellt, den Sie am unteren Rand des Dschungels sehen, der als Spielfeld dient.

Ziel des Spiels ist es, Punkte zu sammeln, indem man Bananen aufsammelt. Gleichzeitig sollte man den Gefahren in Form von Tigern, die sich selbstständig bewegen können, aus dem Weg gehen. Das Spiel lässt sich auch ohne Anleitung spielen. Dennoch möchte ich den Ablauf hier beschreiben, damit Sie es anschließend in allen Einzelheiten selbst programmieren können.

Abbildung 3.1 Das Spiel »TomsJumpAndRun«

Gemäß der Anleitung auf dem Spielfeld können Sie den Affen mit den Tasten [←], [→] und [↑] in die entsprechende Richtung bewegen. Die Bewegungen können miteinander kombiniert werden. Es ist also z. B. auch eine Bewegung nach rechts oben möglich. Die weißen Plattformen können Sie sowohl für eine Landung als auch als Startpunkt für eine weitere Bewegung nutzen. Die Schwerkraft wirkt sich ebenfalls auf den Affen aus: Nach einer Bewegung nach oben oder nach dem seitlichen Verlassen einer Plattform fällt er wieder nach unten.

Der Gewinn für den Affen wird mithilfe von Bananen dargestellt. Berührt der Affe bei seinen Bewegungen die Bananen, erhalten Sie einen Punkt. Anschließend erscheinen die Bananen an einer anderen Stelle. Im Verlauf des Spiels werden sie schwerer erreichbar, da sie nach dem Erreichen von zwei bzw. vier Punkten jeweils weiter oben platziert werden. Nach dem Erreichen von sechs Punkten haben Sie das Spiel gewonnen. Die Zeit, die Sie dafür benötigt haben, wird festgehalten.

Die Gefahren für den Affen werden mithilfe von Tigern dargestellt. Berührt der Affe bei seinen Bewegungen einen der sich selbstständig bewegenden Tiger, verliert der Spieler eines seiner drei Leben. Nach dem Verlust des dritten Lebens ist das Spiel verloren.

Links oben sehen Sie einige Anzeigen:

- Ihren aktuellen Punktestand
- die aktuelle Anzahl an Leben, die Ihnen noch verbleiben
- die laufende Spielzeit seit der ersten Bewegung des Affen
- die Zeit, die Sie beim vorherigen Versuch benötigt haben

Rechts oben sehen Sie zwei Schaltflächen:

- zum Start eines neuen Spiels
- zum Beenden der gesamten Anwendung

Das Beenden der Anwendung gelingt allerdings nur, bevor das Spiel durch die erste Bewegung des Affen gestartet wurde oder nachdem das Spiel beendet wurde.

Am oberen Rand des Spielfelds erscheinen verschiedene Informationen. Zu Beginn steht dort die bereits erwähnte kurze Spielanleitung. Nach Erlangen eines Punkts, nach dem Verlust eines Lebens und nach Spielende erscheint dort für kurze Zeit ein entsprechender Kommentar.

So, dann legen Sie mal los und spielen Sie einige Runden, damit Sie die Bewegungen, Elemente und Reaktionen des Spiels kennenlernen.

Statt der Pfeiltasten können Sie auch die sogenannten WASD-Tasten nutzen: Die Taste `W` bewirkt eine Bewegung nach oben, die Taste `A` eine Bewegung nach links und die Taste `D` eine Bewegung nach rechts. Die Taste `S` kann in anderen Spielen eine Bewegung nach unten bewirken.

3.2 Unsere ersten Unity-Elemente

Betrachten wir die einzelnen Elemente des fertigen Spiels im UNITY EDITOR. Dabei machen wir uns bereits mit einigen Begriffen vertraut, die wir später zur Entwicklung benötigen.

Starten Sie dazu den Unity Hub, wechseln Sie auf die Seite PROJECTS, und wählen Sie den Eintrag ADD PROJECT FROM DISK in der Liste ADD aus. Daraufhin erscheint ein Dialogfeld, in dem Sie das Projektverzeichnis *TomsJumpAndRun* auswählen. Betätigen Sie die Schaltfläche ADD PROJECT. Das Projekt erscheint in der Liste der Projekte.

Öffnen Sie das Projekt, wie es in Abschnitt 1.9 beschrieben wird. Wählen Sie also zunächst die gewünschte Unity-Version aus und klicken Sie anschließend auf die gesamte Zeile mit dem Projekt.

Nun öffnet sich der UNITY EDITOR mit dem ausgewählten Projekt. Die SCENE VIEW zeigt das Spielfeld inklusive seines weißen Rahmens. Sollte das Spielfeld nicht vollständig zu sehen sein, sollten Sie das Layout des UNITY EDITORS und die Ansicht in der SCENE VIEW durch Größenänderung und Verschiebung noch anpassen (siehe Abschnitt 2.9).

3.2.1 Assets

Schauen wir uns zunächst die Assets für das Projekt an. Sie sind zur besseren Übersicht in Verzeichnissen gruppiert.

Nachdem wir in der PROJECT VIEW das Hauptverzeichnis ASSETS markiert haben, sehen wir die Unterverzeichnisse SCENES, SCRIPTS, SETTINGS, SPRITES und TEXTMESH PRO (siehe Abbildung 3.2).

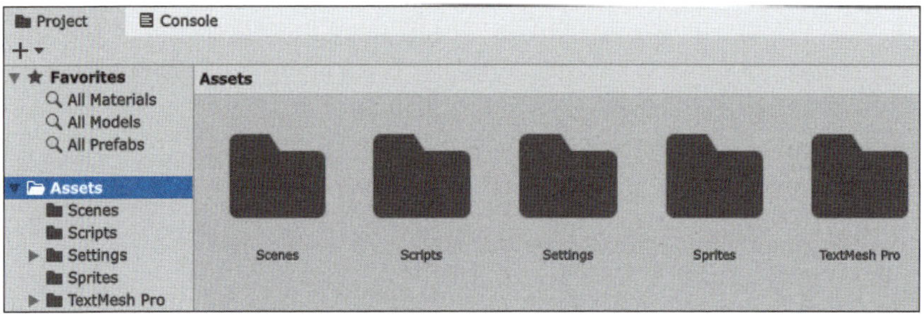

Abbildung 3.2 Assets, Hauptverzeichnis

Wenn wir das Unterverzeichnis SCENES in der PROJECT VIEW markieren, sehen wir wie im ersten Projekt die einzige Szene des Spiels mit dem Namen `SampleScene`.

Nach dem Markieren des Unterverzeichnisses SCRIPTS sehen wir zwei Assets vom Typ *C#-Script*. Sie erkennen sie an den Symbolen # für die Script-Dateien *Gefahren.cs* und *Spieler.cs* (siehe Abbildung 3.3). Über die Symbole können wir die Programme erreichen, die in der Programmiersprache C# geschrieben sind:

- In der Script-Datei *Spieler.cs* findet sich die Klasse `Spieler`, in der die Eigenschaften und das Verhalten des Affen festgelegt werden. Außerdem werden von hier aus die meisten Abläufe gesteuert, da es sich bei dem Affen um das wichtigste Objekt des Spiels handelt. Das umfasst z. B. den Start und das Ende des Spiels, die Zeitmessung, das Erfassen von Punkten und Leben, die verschiedenen Anzeigen und einiges mehr.

- In der Klasse `Gefahren` in der Script-Datei *Gefahren.cs* werden die gleichartigen Eigenschaften für alle sechs Tiger festgelegt.

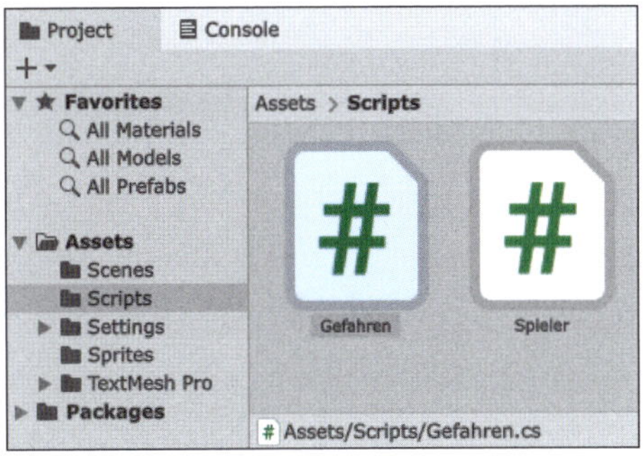

Abbildung 3.3 Script-Assets

Nach dem Markieren des Unterverzeichnisses SPRITES sehen wir einige Assets vom Typ *Sprite*. Sie erkennen sie an den Symbolen für die fünf Bilddateien *Affe.png*, *Banane.png*, *Dschungel.png*, *Tiger.png* und *Weiss.png* (siehe Abbildung 3.4).

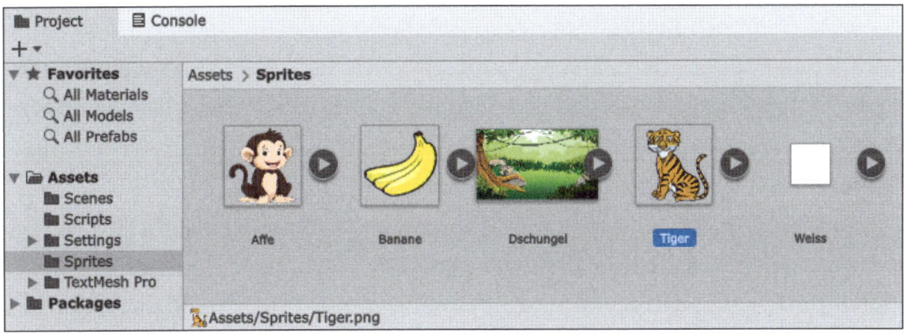

Abbildung 3.4 Sprite-Assets

Die Assets werden für die verschiedenen Spielobjekte verwendet: `Dschungel` für den Hintergrund, `Weiss` für die Begrenzung und die Plattformen sowie `Affe`, `Banane` und `Tiger` für die Aktionen im Spiel.

3.2.2 Spielobjekte

Wir untersuchen die verschiedenen Spielobjekte in der HIERARCHY VIEW (siehe Abbildung 3.5). Dabei markieren wir die angesprochenen Elemente der Reihe nach, damit wir sie jeweils anhand ihrer Markierung in der SCENE VIEW identifizieren können und die wichtigsten Eigenschaften und ihre Werte in der INSPECTOR VIEW betrachten können.

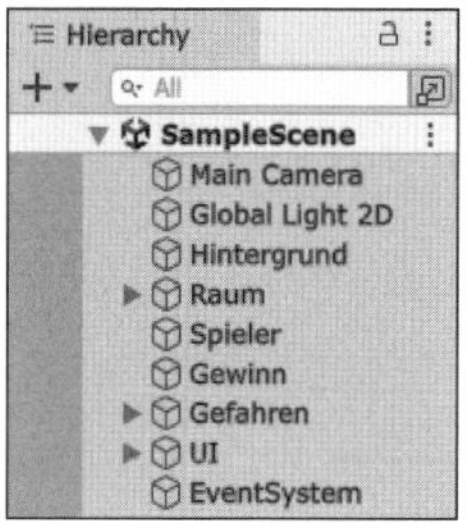

Abbildung 3.5 Spielobjekte in der »Hierarchy View«

Das Spielobjekt `Main Camera` in der Mitte des Spielfelds haben Sie bereits in Abschnitt 2.3 kennengelernt. Das Spielobjekt `Global Light 2D` hat den Lichttyp (Eigenschaft LIGHT TYPE) GLOBAL für eine gleichmäßige Ausleuchtung und die Lichtfarbe (Eigenschaft COLOR) WEISS. Das Spielobjekt `Hintergrund` wird mithilfe des Sprite-Assets `Dschungel` erstellt.

Das Spielobjekt `Spieler` basiert auf dem Sprite-Asset `Affe` und hat mehrere wichtige Komponenten (siehe Abbildung 3.6):

- In der TRANSFORM-Komponente sehen Sie die Position und die Größe.
- Die Komponente RIGIDBODY 2D sorgt dafür, dass sich der Affe so ähnlich wie ein Objekt in der realen Welt verhält, das den Gesetzen der Physik unterliegt. Das bewirkt im vorliegenden Fall, dass die Schwerkraft den Affen nach unten zieht und Kollisionen mit anderen Spielobjekten bemerkt werden können.
- Die Komponente BOX COLLIDER 2D bestimmt die Form des Kollisionsobjekts. Oft handelt es sich dabei um ein Rechteck, das die Grafik eng umgibt. Zudem sorgt dieser Collider dafür, dass der Affe keine der Begrenzungen oder Plattformen durchdringen kann. Er fällt also z. B. nicht einfach aufgrund der Schwerkraft durch den Boden.
- In der Komponente SPIELER (SCRIPT) ist dem Spielobjekt das Script-Asset `Spieler` zugeordnet. Damit wird festgelegt, dass sich der Affe so verhält, wie es in dem C#-Script in der Datei *Spieler.cs* vorgegeben wird.

Ein BOX COLLIDER 2D ist rechteckig, daher ist er für alle Spielobjekte in diesem Projekt geeignet.

Das Spielobjekt `Gewinn` basiert auf dem Sprite-Asset `Banane`. In Abbildung 3.7 erkennen Sie die Größe. Außerdem sehen Sie die erste Position der Bananen nach dem Start des Spiels. Eine Kollision mit dem Affen muss bemerkt werden, damit es Punkte gibt. Daher hat auch dieses Spielobjekt eine Komponente BOX COLLIDER 2D. Ganz unten sehen Sie die Schaltfläche ADD COMPONENT, mit der Sie Komponenten zu einem Spielobjekt hinzufügen können.

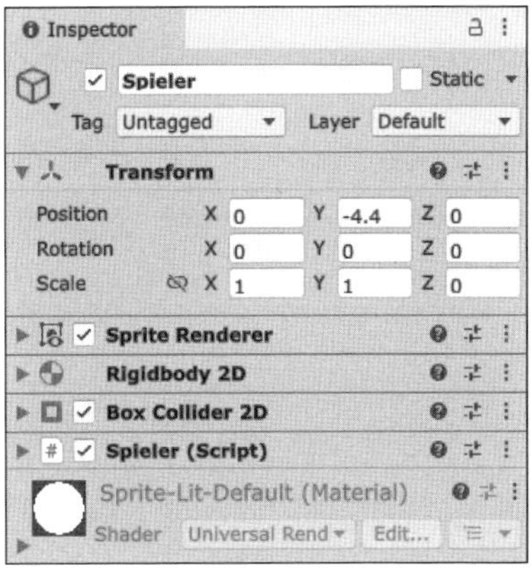

Abbildung 3.6 Das Spielobjekt »Spieler« und seine Komponenten

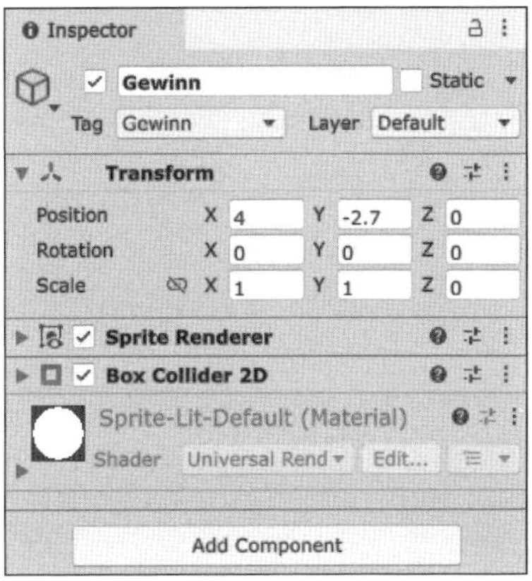

Abbildung 3.7 Das Spielobjekt »Gewinn« und seine Komponenten

Oben links in Abbildung 3.7 sehen Sie, dass das Spielobjekt das Tag `Gewinn` besitzt. Ein *Tag* (engl. für *Etikett, Schildchen*) ist eine Marke, die Sie einem Spielobjekt zuordnen können. Mehrere Spielobjekte können dasselbe Tag haben. So können Sie Spielobjekte zu logischen Gruppen zusammenfassen und mithilfe von C#-Code auf diese Spielobjekte gemeinsam zugreifen.

Das Spielobjekt `Raum` in Abbildung 3.8 dient lediglich als Verzeichnis für die untergeordneten Spielobjekte (siehe auch Abschnitt 2.6). Diese bilden die Begrenzung des Spielfelds und die Plattformen. Alle basieren auf dem Sprite-Asset `Weiss`. Markieren Sie einmal nacheinander die weißen Spielobjekte in der HIERARCHY VIEW, um ihre Lage in der SCENE VIEW und ihre Komponenten in der INSPECTOR VIEW zu betrachten. Ich empfehle Ihnen, in Ihren Projekten ähnlich selbsterklärende Namen zu verwenden.

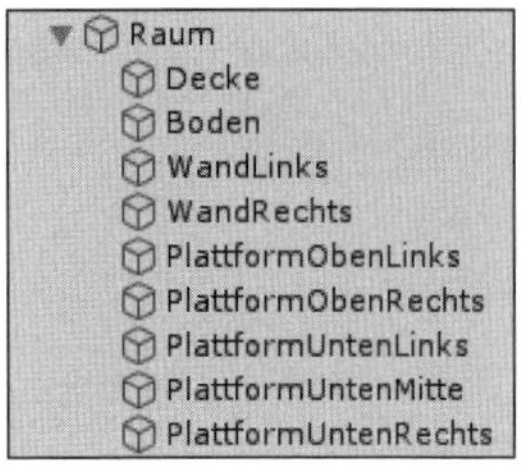

Abbildung 3.8 Begrenzung des Spielfelds und Plattformen

Alle weißen Spielobjekte besitzen einen Box Collider 2D. Auf diese Weise wird z. B. verhindert, dass der Affe aufgrund der Schwerkraft durch den Boden oder eine der Plattformen fallen kann. So kann er auch das Spielfeld nicht durch eine der Wände verlassen.

Das Spielobjekt `Gefahren` in Abbildung 3.9 dient als Verzeichnis für die insgesamt sechs einzelnen Gefahren, also die sechs Tiger. Alle basieren auf dem Sprite-Asset `Tiger`. In der Inspector View sehen Sie, dass alle das Tag `Gefahr` besitzen. Wie das Spielobjekt `Gewinn` besitzen auch diese Spielobjekte einen Box Collider 2D, damit eine Kollision mit dem Affen bemerkt werden kann.

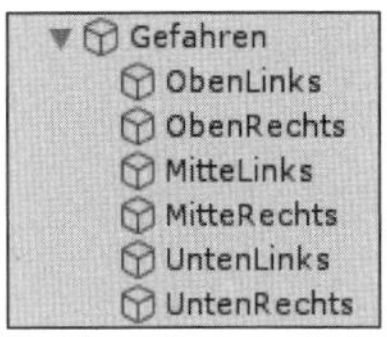

Abbildung 3.9 Das Spielobjekt »Gefahren«

In der Komponente Gefahren (Script) ist allen sechs Spielobjekten das Script-Asset `Gefahren` zugeordnet. Damit wird festgelegt, dass sie sich so verhalten, wie es in dem gleichnamigen C#-Script vorgegeben wird.

Die Anzeigen und Schaltflächen sind Elemente der Benutzeroberfläche. Sie sind zwar für den Benutzer zu sehen, befinden sich aber nicht auf dem Spielfeld und können z. B. nicht mit den Spielobjekten kollidieren. Das Spielobjekt `UI` in Abbildung 3.10 dient als Verzeichnis für die Elemente der Benutzeroberfläche. Der Begriff *UI* steht abkürzend für *User Interface* (dt. Schnittstelle zum Benutzer).

UI-Elemente besitzen eine Komponente vom Typ Rect Transform statt einer Komponente vom Typ Transform. Sie umfasst besondere Eigenschaften zur Anordnung auf der Benutzeroberfläche.

Die insgesamt fünf Anzeigen und die Text-Unterelemente der beiden Schaltflächen (engl. *buttons*) dienen zum Anzeigen von Beschriftungen. Daher besitzen sie eine Komponente TextMeshPro - Text (UI) zur Erfassung und Formatierung des dargestellten Texts.

In der Game View sehen Sie die ersten vier Anzeigen oben links, die Info-Anzeige oben in der Mitte und die beiden Schaltflächen oben rechts. Fokussieren Sie die UI-Elemente einmal nacheinander (siehe Abschnitt 2.9), um sie auch in der Scene View betrachten zu können. Anschließend sollten Sie wieder das Spielobjekt `Main Camera` fokussieren, um das eigentliche Spielfeld zu sehen.

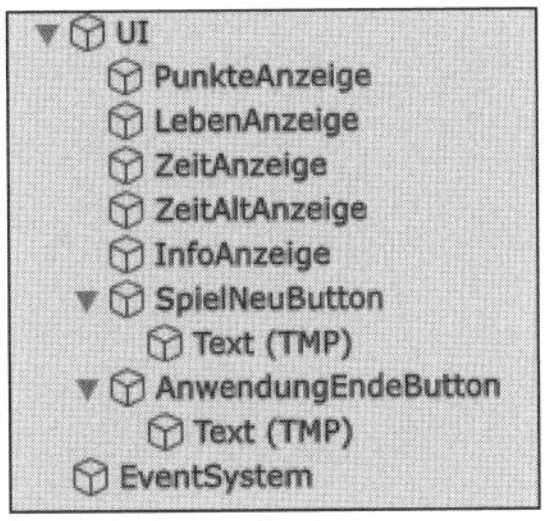

Abbildung 3.10 Benutzeroberfläche

Das Spielobjekt `EventSystem` wird automatisch mit dem ersten UI-Element hinzugefügt und dient im Hintergrund zur Behandlung von UI-Ereignissen, z. B. zur Behandlung eines Klicks auf eine Schaltfläche.

Kapitel 4
Entwickeln Sie ein 2D-Jump&Run-Spiel

Dieses Kapitel ist recht umfangreich. Sie lernen nicht nur, wie Sie das Spiel *TomsJump-AndRun* Schritt für Schritt entwickeln können, sondern Sie kommen auch mit vielen weiteren Einzelheiten des UNITY EDITORS und erstmals mit der C#-Programmierung in Berührung.

Hinweis

Ein wichtiger Tipp für Ihre eigene Projektentwicklung gleich zu Anfang: Fangen Sie mit wenigen Elementen an, fügen Sie Element für Element hinzu und testen Sie Ihr Projekt möglichst nach jedem einzelnen Zwischenschritt.

So können Sie leicht die Ursache eines eventuell auftretenden Fehlers finden: War der vorherige Test erfolgreich, ist die Wahrscheinlichkeit hoch, dass ein neu auftretender Fehler in dem Zwischenschritt zu finden ist, den Sie soeben hinzugefügt haben.

4.1 Erzeugen Sie das Projekt und die Assets

Zunächst muss ein Projekt erzeugt werden, z. B. mit dem Namen *MeinJumpAndRun*. Dazu gehen Sie genauso vor wie in Kapitel 2. Starten Sie den Unity Hub. Betätigen Sie auf der Seite PROJECTS die Schaltfläche NEW PROJECTS. Im Dialogfeld NEW PROJECT wählen Sie die aktuelle Unity-Editor-Version und das Template UNIVERSAL 2D aus. Tragen Sie den Projektnamen ein und wählen Sie das Oberverzeichnis *C:\UnityProjekte* aus. Klicken Sie auf die Schaltfläche CREATE PROJECT. Nun erscheint der UNITY EDITOR mit dem neuen Projekt.

Die Assets sollen zur besseren Übersicht in unterschiedlichen Verzeichnissen angeordnet werden. Im Unterverzeichnis SPRITES sollen die Sprite-Assets stehen, im Unterverzeichnis SCRIPTS die Assets vom Typ *C#-Script*.

Markieren Sie, um das erste Unterverzeichnis zu erzeugen, das Verzeichnis ASSETS in der PROJECT VIEW. Öffnen Sie das Menü der PROJECT VIEW, indem Sie auf das Pluszeichen klicken, und wählen Sie den Menüpunkt FOLDER. Jetzt wird ein Verzeichnis mit dem Namen NEW FOLDER erzeugt. Ändern Sie den Namen in SPRITES.

Markieren Sie das neu erzeugte Verzeichnis in der PROJECT VIEW. Rufen Sie im Hauptmenü des UNITY EDITORS den Menüpunkt ASSETS • IMPORT NEW ASSET auf. Wählen Sie im Verzeichnis *FreieAssets* nacheinander die Bilddateien *Affe.png*, *Banane.png*, *Dschungel.png*, *Tiger.png* und *Weiss.png* und betätigen Sie jeweils die Schaltfläche IMPORT. Zum gemeinsamen Import können Sie die betreffenden Dateien auch zunächst mithilfe der Taste [⇧] oder auch mithilfe der Taste [Strg] gemeinsam markieren. Alle Sprite-Assets, die wir für das Projekt benötigen, liegen nun im Verzeichnis SPRITES.

Sollte einmal ein Asset im falschen Verzeichnis liegen, können Sie es leicht verschieben: Fassen Sie es mit der Maus an und lassen Sie es im linken Teil der PROJECT VIEW auf dem Namen des gewünschten Verzeichnisses los.

4.2 Fügen Sie Spielobjekte ein

Wir erzeugen zunächst den Hintergrund und das Spielfeld mit seinen Begrenzungen und Plattformen. Anschließend setzen wir den Affen auf den Boden des Spielfelds.

4.2.1 Schaffen Sie einen Hintergrund

Ziehen Sie das Asset `Dschungel` mithilfe der Maus in die HIERARCHY VIEW und lassen Sie es unterhalb des Spielobjekts `Global Light 2D` los. Nennen Sie das neue Spielobjekt `Hintergrund` und stellen Sie den Scale auf 0.87/0.87/0.

Das Spielobjekt `Hintergrund` soll keine anderen Spielobjekte verdecken. Dazu nutzen wir Bildebenen, die aus der Sicht des Benutzers in Z-Richtung hintereinanderliegen, sogenannte *Layer*. Die Komponente SPRITE RENDERER enthält im Bereich ADDITIONAL SETTINGS die beiden Eigenschaften SORTING LAYER und ORDER IN LAYER.

In der Liste SORTING LAYER gibt es bisher nur den Eintrag `Default`, der jedem Spielobjekt standardmäßig zugeordnet ist. Sie könnten weitere Einträge zur Liste SORTING LAYER hinzufügen und ihre Reihenfolge aus der Sicht des Benutzers in Z-Richtung festlegen.

Außerdem können Sie den Spielobjekten, denen derselbe SORTING LAYER zugeordnet ist, unterschiedliche Werte bei der Eigenschaft ORDER IN LAYER zuweisen. Ein positiver Wert rückt ein Spielobjekt aus Sicht des Benutzers nach vorn, ein negativer Wert rückt es nach hinten. Weisen Sie dem Spielobjekt `Hintergrund` den Wert –1 zu (siehe Abbildung 4.1). Damit liegt es immer hinter den anderen Spielobjekten, die den Standardwert 0 besitzen.

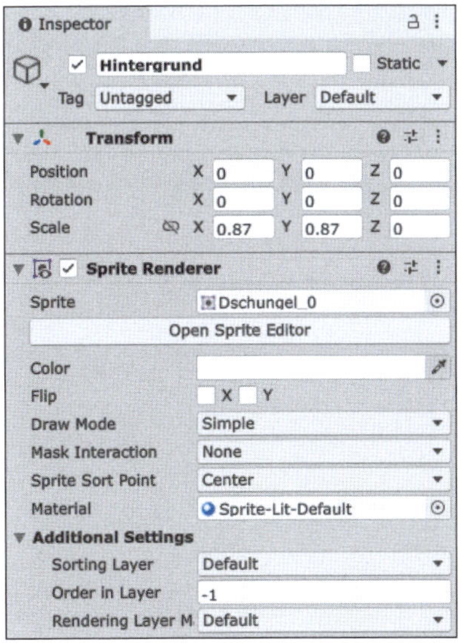

Abbildung 4.1 Layer für das Spielobjekt »Hintergrund« einstellen

4.2.2 Erzeugen Sie das Spielfeld

Als Nächstes fügen Sie die Elemente des Spielfeldraums ein: die weißen Begrenzungen und die weißen Plattformen. Zur besseren Übersicht werden diese Elemente in einem Verzeichnis zusammengefasst. Öffnen Sie dazu das Menü der HIERARCHY VIEW mit einem Klick auf das Pluszeichen. Wählen Sie den Menüpunkt CREATE EMPTY aus. Dadurch wird ein neues leeres Spielobjekt mit dem Namen `GameObject` angelegt. Benennen Sie es in `Raum` um.

Achten Sie darauf, dass nach dem Einfügen eines beliebigen neuen Spielobjekts zunächst dessen Standardwerte in der TRANSFORM-Komponente erscheinen. Das sind für die Position und die Rotation jeweils die Werte 0/0/0 und für den Scale die Werte 1/1/1. Öffnen Sie gegebenenfalls das Menü der TRANSFORM-Komponente des betreffenden Spielobjekts über die drei Punkte in der oberen rechten Ecke und setzen Sie dann mit dem Menüpunkt RESET die Werte auf die Standardwerte zurück (siehe Abbildung 4.2).

Ziehen Sie das Asset `Weiss` mithilfe der Maus neunmal nacheinander in die HIERARCHY VIEW und lassen Sie es jeweils auf dem neuen leeren Spielobjekt `Raum` los. So entstehen neun neue Spielobjekte mit den Namen `Weiss_0`, `Weiss_0 (1)`, `Weiss_0 (2)` usw., die dem Verzeichnis-Spielobjekt `Raum` untergeordnet sind.

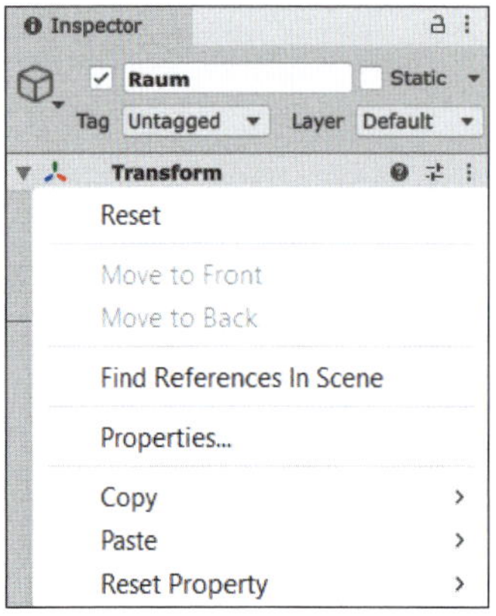

Abbildung 4.2 Zurücksetzen der »Transform«-Komponente mit »Reset«

Hinweis

Folgendes sollten Sie einmal testen:

- Sollte ein Spielobjekt einmal nicht an der richtigen Stelle in der Hierarchie erscheinen, können Sie es durch erneutes Verschieben anders anordnen.
- Sie werden beim Erstellen von Projekten häufig Spielobjekte mit ihren Eigenschaften und Werten dadurch erzeugen, dass Sie ein vorhandenes Spielobjekt kopieren. Dazu müssen Sie es nur markieren und anschließend die Tastenkombination `Strg` + `D` betätigen.
- Sollten Sie einmal ein Spielobjekt erzeugt haben, das Sie nicht benötigen: Markieren Sie es und entfernen Sie es mit der Taste `Entf`.

Stellen Sie die Namen und die Werte der neuen Spielobjekte in der TRANSFORM-Komponente so wie in Tabelle 4.1 ein. Die hier angegebenen Werte für die verschiedenen Spielobjekte sind das Ergebnis einiger Versuche, in denen ich ihre Positionen und Größen einander angepasst habe. Bei Ihren ersten eigenen Spielen werden Sie das ebenso machen und mit steigender Erfahrung dabei immer schneller werden.

Name	Position	Scale
`Decke`	0/4.85/0	57.7/1/0
`Boden`	0/–4.85/0	57.7/1/0
`WandLinks`	–8.8/0/0	1/33.35/0

Tabelle 4.1 Spielobjekte im Verzeichnis »Raum«

Name	Position	Scale
`WandRechts`	8.8/0/0	1/33.35/0
`PlattformObenLinks`	–4/0.85/0	6/1/0
`PlattformObenRechts`	4/0.85/0	6/1/0
`PlattformUntenLinks`	–7.75/–2/0	6/1/0
`PlattformUntenMitte`	0/–2/0	6/1/0
`PlattformUntenRechts`	7.75/–2/0	6/1/0

Tabelle 4.1 Spielobjekte im Verzeichnis »Raum« (Forts.)

Zur schnellen Einstellung von übereinstimmenden Werten können Sie die betreffenden Spielobjekte zunächst mithilfe der Taste [⇧] oder auch mithilfe der Taste [Strg] gemeinsam markieren. In Abbildung 4.3 sehen Sie das für einige Spielobjekte im Verzeichnis `Raum`.

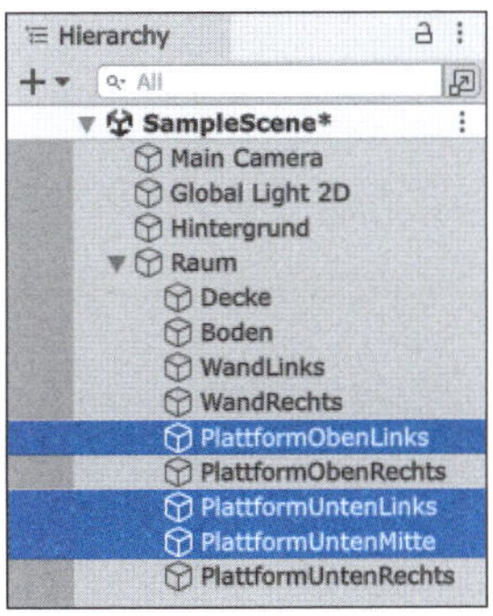

Abbildung 4.3 Mehrere Spielobjekte markieren

Anschließend können Sie z. B. die Scale-Werte in der Inspector View für alle markierten Spielobjekte gleichzeitig eintragen. Da die Positionswerte unterschiedlich sind, steht dort nur ein Strich.

Nach Abschluss der Einstellungen schließen Sie am besten das Verzeichnis `Raum` wieder durch einen Klick auf den Pfeil. Ansonsten könnte es leicht passieren, dass Sie das nächste Spielobjekt versehentlich ebenfalls dem Verzeichnis `Raum` unterordnen.

Vergessen Sie nicht, mindestens nach jedem Abschnitt die Spielszene zu speichern, und zwar über den Menüpunkt File • Save oder mit der Tastenkombination [Strg] + [S].

4.2.3 Setzen Sie den Affen auf den Boden

Als Nächstes fügen Sie den Affen ein: Ziehen Sie das Asset `Affe` mithilfe der Maus in die HIERARCHY VIEW und benennen Sie es in `Spieler` um. Ändern Sie in der INSPECTOR VIEW die Werte der TRANSFORM-Komponente, und zwar die Position in 0/–4.4/0 und den Scale in 1/1/0. Stellen Sie die Ansicht in der SCENE VIEW so ein, dass Sie das gesamte Spielfeld mit dem Affen sehen können.

Der Affe soll der Schwerkraft unterliegen. Zu diesem Zweck benötigen Sie eine Komponente vom Typ RIGIDBODY 2D. Betätigen Sie in der INSPECTOR VIEW die Schaltfläche ADD COMPONENT und wählen Sie in der Kategorie PHYSICS 2D die Komponente vom Typ RIGIDBODY 2D aus (siehe Abbildung 4.4).

In der neuen Komponente sehen Sie die Eigenschaft GRAVITY SCALE mit dem Wert 1. Das ist der Wert für eine *normale* Schwerkraft im Spiel.

Achten Sie bei 2D-Spielen darauf, dass Sie die 2D-Komponenten aus der 2D-Kategorie PHYSICS 2D verwenden. In der Kategorie PHYSICS gibt es ähnlich benannte Komponenten für 3D-Spiele.

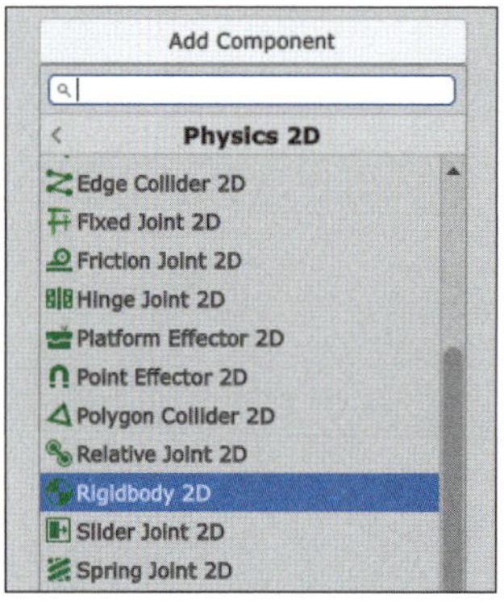

Abbildung 4.4 Eine Komponente vom Typ »Rigidbody 2D« hinzufügen

Jetzt könnte erstmals etwas passieren, daher lohnt sich ein erster Test des Spiels. Wechseln Sie zunächst aber mit einem Klick auf ihren Reiter zur GAME VIEW und nehmen Sie noch folgende Einstellungen vor:

- In der dritten Liste am oberen linken Rand der GAME VIEW stellen Sie das Seitenverhältnis auf den Wert von 16 zu 9 ein, indem Sie den Eintrag 16:9 ASPECT wählen.
- Achten Sie darauf, dass der Schiebeschalter SCALE, der mittig am oberen Rand der GAME VIEW steht, den Wert 1x hat.

- In der Liste am oberen rechten Rand der Game View wählen Sie den Eintrag Play Maximized. Damit wird die Game View und damit das Spielfeld nach dem Start auf die maximale Größe gesetzt.

Wechseln Sie wieder mit einem Klick auf den Reiter zur Scene View zurück. Starten Sie das Spiel mithilfe der linken Schaltfläche aus der Symbolleiste, die oben in der Mitte steht (siehe Abbildung 4.5).

Abbildung 4.5 Die Symbolleiste mit der Schaltfläche »Start«

Die Ansicht wechselt zur maximierten Game View. Achten Sie auf den Affen: Er fällt aufgrund der Schwerkraft sofort nach unten durch den Boden und verschwindet. Das ist nicht erwünscht. Betätigen Sie die oben genannte Schaltfläche noch einmal: Das Spiel endet, und die Ansicht wechselt zurück zur Scene View.

Sowohl der Spieler als auch der Boden benötigen einen 2D-Collider, damit der Affe nicht durch den Boden fällt. Markieren Sie nacheinander die beiden betroffenen Spielobjekte in der Hierarchy View und fügen Sie jeweils mithilfe der Schaltfläche Add Component aus der Kategorie Physics 2D eine Komponente vom Typ Box Collider 2D hinzu.

Testen Sie das Spiel erneut: Der Affe bleibt auf dem Boden liegen.

Bei der Auswahl des 2D-Colliders haben Sie gesehen, dass es auch andere Formen gibt, z. B. einen Circle Collider 2D oder einen Polygon Collider 2D. Für die rechteckigen Formen dieses Spiels bietet sich der Box Collider 2D an.

Markieren Sie die restlichen Spielobjekte im Verzeichnis `Raum` und fügen Sie ihnen ebenfalls einen Box Collider 2D hinzu. Der Affe soll sich auch nicht durch die Wände oder durch die Decke bewegen können oder durch eine der Plattformen fallen können.

Sie können einen 2D-Collider ansehen und auch verändern. Fokussieren Sie einmal die Ansicht auf den Spieler. Betätigen Sie in seiner Komponente Box Collider 2D die Schaltfläche Edit Collider (siehe Abbildung 4.6).

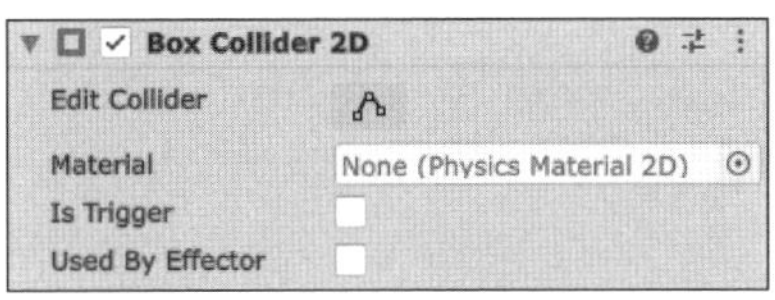

Abbildung 4.6 Die Schaltfläche »Edit Collider«

Anschließend verfügt der rechteckige Rahmen rund um den Affen über hellgrüne Anfasspunkte, wie in der stark vergrößerten Abbildung 4.7 zu sehen ist. Bei Bedarf könnten Sie die Form des Colliders mithilfe dieser Punkte verändern. Das wird hier allerdings nicht benötigt, denn der Affe soll mit den anderen Spielobjekten einfach nur an den Kanten des Rechtecks kollidieren. Eine erneute Betätigung der Schaltfläche EDIT COLLIDER schaltet den Editiervorgang wieder aus.

Abbildung 4.7 Der Collider des Spielers mit Anfasspunkten

Sollten Sie einem Spielobjekt einmal eine Komponente eines falschen Typs zugeordnet haben, klappen Sie über die drei Punkte oben rechts in der Komponente ein Menü auf. Hier gibt es den Menüpunkt REMOVE COMPONENT zum Entfernen der Komponente.

Außerdem gibt es hier z. B. noch die Menüpunkte MOVE UP und MOVE DOWN zum Ändern der sichtbaren Reihenfolge der Komponenten innerhalb der INSPECTOR VIEW. Diese Reihenfolge dient nur zu Ihrer Orientierung und hat keinen Einfluss auf das Verhalten des Spielobjekts.

4.3 Erstellen Sie den Spielablauf

Wir erzeugen nun die C#-Scripte mit den beiden Klassen, in denen das Verhalten des Affen und der Tiger festgelegt wird.

4.3.1 Stellen Sie »Visual Studio« ein

In Kapitel 1 haben Sie die Entwicklungsumgebung *Visual Studio* von Microsoft für Ihre C#-Scripte installiert. Jetzt nehmen wir eine weitere notwendige Einstellung vor.

Rufen Sie über den Menüpunkt EDIT • PREFERENCES das Dialogfeld PREFERENCES auf. Wechseln Sie auf die Seite EXTERNAL TOOLS. In der Liste EXTERNAL SCRIPT EDITOR ist bereits Visual Studio ausgewählt (siehe Abbildung 4.8). Ist das nicht der Fall, können Sie den zugehörigen Eintrag aus der Liste auswählen.

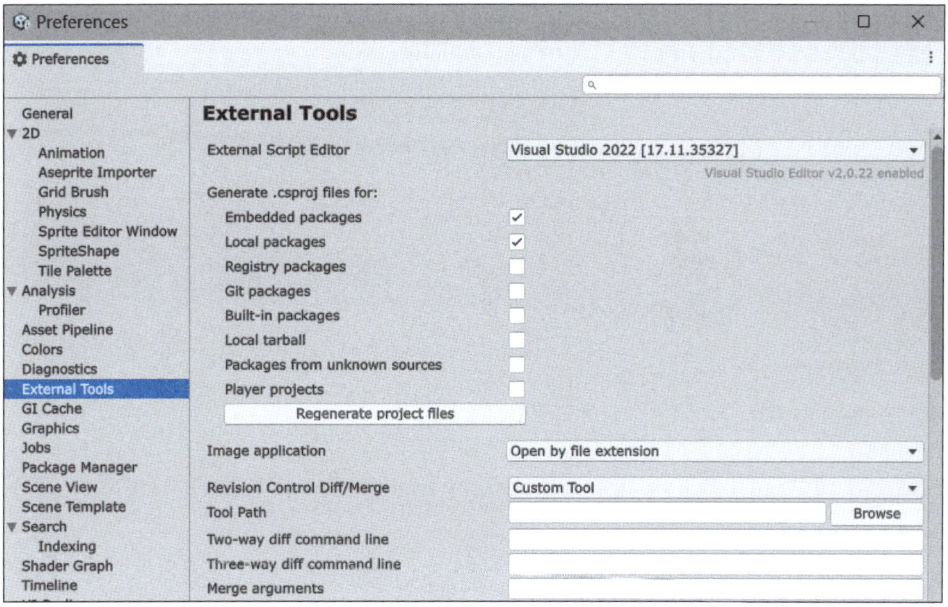

Abbildung 4.8 Einstellung von »Visual Studio«

Ist der gewünschte Eintrag nicht in der Liste vorhanden, dann wählen Sie den Eintrag BROWSE. Anschließend wählen Sie die Datei mit dem ausführbaren Programm aus dem zugehörigen Verzeichnis aus. Dabei handelt es sich um die Datei *devenv.exe*, die sich nach einer Installation von Visual Studio standardmäßig im Verzeichnis *C:\Program Files\Microsoft Visual Studio\2022\Community\Common7\IDE* befindet.

Visual Studio wird ab jetzt als Editor für die C#-Scripte in Ihren sämtlichen Unity-Projekten verwendet.

4.3.2 Führen Sie die Klasse »Spieler« ein

Der Affe soll bewegt werden können. Dazu benötigen Sie Ihr erstes C#-Script. Markieren Sie in der PROJECT VIEW das Verzeichnis ASSETS, öffnen Sie mit einem Klick auf das Pluszeichen das Menü der PROJECT VIEW, erzeugen Sie mithilfe des Menüpunkts FOLDER ein neues Verzeichnis unter dem Verzeichnis ASSETS und nennen Sie es SCRIPTS.

Markieren Sie anschließend das neue Verzeichnis, öffnen Sie mit einem Klick auf das Pluszeichen das dortige Menü und erzeugen Sie mithilfe des Menüpunkts SCRIPTING • MONOBEHAVIOUR SCRIPT ein neues Script-Asset. Es ist wichtig, dass Sie den Namen des

Scripts unmittelbar bei der Erzeugung ändern, noch während er editierbar ist. Nennen Sie das neu erzeugte Script `Spieler` (siehe Abbildung 4.9).

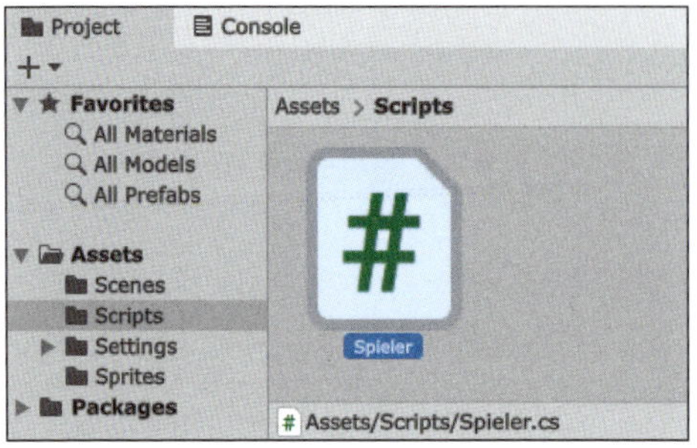

Abbildung 4.9 Asset vom Typ »MonoBehaviour Script«

Nach einem Doppelklick auf das Script-Asset öffnet sich Visual Studio.

4.3.3 Arbeiten mit »Visual Studio«

Sollte rechts oben im PROJEKTMAPPEN-EXPLORER zunächst eine Fehlermeldung wie in Abbildung 4.10 erscheinen, betätigen Sie den Link INSTALLIEREN, der innerhalb der Fehlermeldung zu sehen ist.

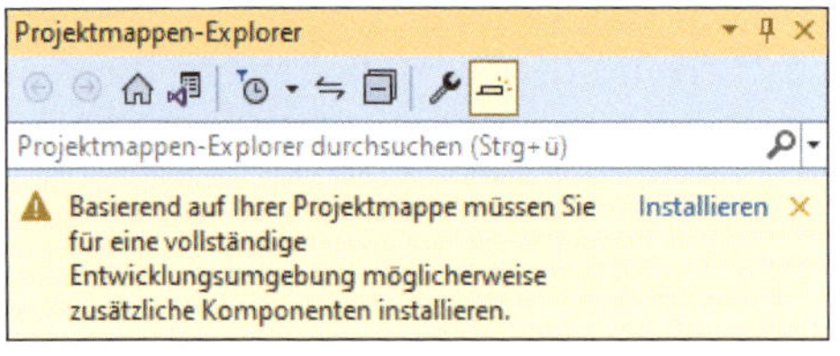

Abbildung 4.10 Fehlermeldung

Der *Visual Studio Installer* erscheint, und Sie installieren in ihm über die Schaltfläche INSTALLIEREN die zusätzliche Komponente SPIELEENTWICKLUNG MIT UNITY (siehe Abbildung 4.11). Anschließend erscheint die Fehlermeldung aus Abbildung 4.10 nicht mehr.

Sie könnten Visual Studio über den Menüpunkt DATEI • BEENDEN schließen. Sollten Sie Ihren C#-Code noch nicht gespeichert haben, werden Sie gebeten, dies zu tun. Sie können Visual Studio aber auch parallel zum Unity Editor als eigene Anwendung geöffnet lassen.

Sollten Sie Visual Studio geschlossen haben, öffnen Sie es wieder über einen Doppelklick auf die Script-Datei *Spieler.cs* im Unity Editor.

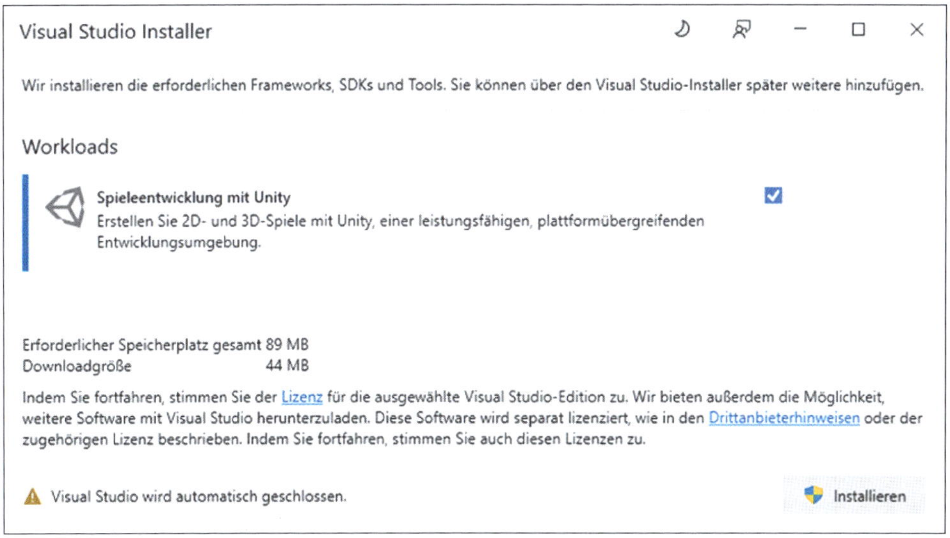

Abbildung 4.11 Die Komponente »Spieleentwicklung mit Unity« installieren

4.3.4 Das Grundgerüst einer Klasse

Die Datei *Spieler.cs* enthält zunächst nur das Grundgerüst des C#-Codes der Klasse `Spieler` (siehe Abbildung 4.12).

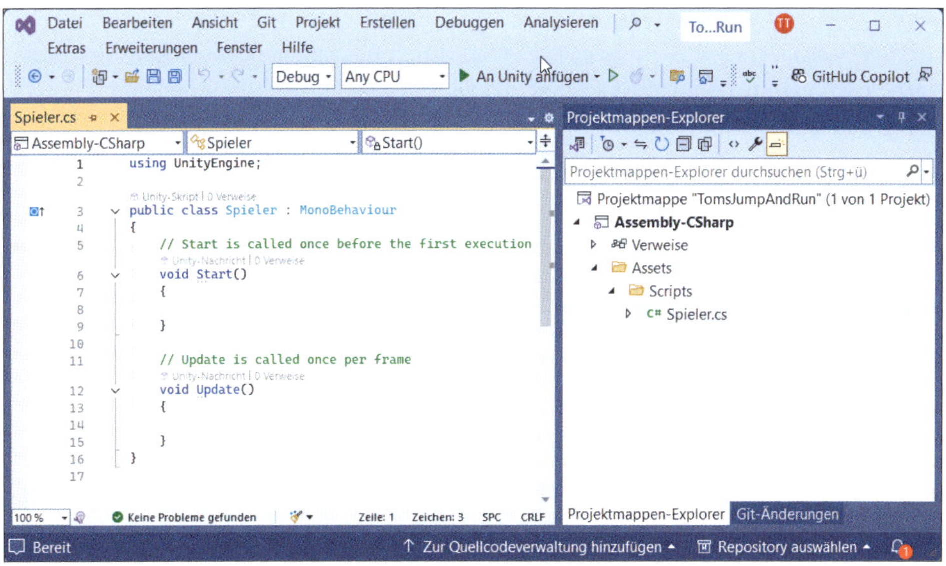

Abbildung 4.12 Die Klasse »Spieler« in der Datei »Spieler.cs«

Hinweis

In diesem und dem nächsten Abschnitt werde ich viele Begriffe aus der Programmierung mit C# erstmals erläutern. Lassen Sie sich nicht entmutigen, wenn Sie noch nicht alle Einzelheiten verstehen. Die Begriffe werden in den nachfolgenden Projekten immer wieder verwendet und werden Ihnen daher mit der Zeit immer vertrauter werden.

4.3.5 Zur Erläuterung des C#-Codes in Abbildung 4.12

Die Schlüsselwörter der Sprache C# werden farblich hervorgehoben. Das Schlüsselwort `using` dient zum Einbinden von *Namensräumen* (engl. *namespaces*). Namensräume enthalten fertige C#-Klassen, die uns zur Programmierung bereits zur Verfügung stehen. Der Namensraum `UnityEngine` enthält die wichtigsten Klassen, die wir für unsere Unity-Projekte benötigen. Bei Bedarf werden wir weitere Namensräume einbinden.

Ein Programm besteht aus einer Reihe von Anweisungen, die ausgeführt werden sollen. Eine Anweisung wird in C# mithilfe eines Semikolons abgeschlossen.

Nach dem Schlüsselwort `class`, das zur Einleitung einer Klasse dient, folgt der Name der Klasse. Das Schlüsselwort `public` vor `class` steht für die Tatsache, dass die Klasse öffentlich ist. Sie ist also von außen erreichbar – das ist der Standardfall. Das Schlüsselwort `public` dient als sogenannter *Zugriffsmodifizierer*.

Bei einem Script vom Typ MONOBEHAVIOUR SCRIPT erbt die erstellte Klasse `Spieler` von der Basisklasse `MonoBehaviour`. Dies wird durch die Angabe des Namens der Basisklasse nach einem Doppelpunkt erreicht. Die Basisklasse steht Ihnen nach der bereits erfolgten Installation der Zusatzkomponente SPIELEENTWICKLUNG MIT UNITY zur Verfügung. Dank dieser Basisklasse umfasst die Klasse `Spieler` bereits viele typische Eigenschaften und Verhaltensweisen, zu denen Sie später weitere hinzufügen werden.

Die Eigenschaften und Methoden einer Klasse werden innerhalb von geschweiften Klammern notiert. Die Methoden enthalten unter anderem die Reaktionen auf bestimmte Ereignisse.

Die vorgegebene Methode `Start()` wird einmalig nach Erzeugung eines Objekts der Klasse `Spieler` aufgerufen.

Die vorgegebene Methode `Update()` ist eine der wichtigsten Methoden in Unity-Projekten. Sie wird jedes Mal aufgerufen, wenn das Bild neu aufgebaut wird. Der Aufbau eines Bildes kann allerdings unterschiedlich lange dauern, abhängig vom benutzten Rechner sowie von der Anzahl und der Komplexität der Bildelemente.

Das Schlüsselwort `void` vor dem Namen einer Methode besagt, dass diese Methode keinen *Rückgabewert* hat. Sie liefert also kein Ergebnis (z. B. eine Zahl) zurück, sondern führt nur etwas aus. Die runden Klammern nach dem Namen einer Methode können *Parameter* enthalten. Damit könnten wir eine Methode mit weiteren Informationen versorgen, die sie für ihren Ablauf benötigt. Zu beiden Themen folgt später mehr. Die einzelnen Anweisungen einer Methode werden wiederum innerhalb von geschweiften Klammern notiert.

Sollten Sie Änderungen im Code vorgenommen haben, sollten Sie ihn mithilfe der Tastenkombination [Strg] + [S] speichern.

4.3.6 Zuordnung zwischen Spielobjekt und Code

Die Klasse `Spieler` muss dem Spielobjekt `Spieler` zugeordnet werden, damit dieses sich gemäß der Vorgabe in der Klasse verhält. Ziehen Sie dazu im UNITY EDITOR das Script-Asset `Spieler` in die HIERARCHY VIEW und lassen Sie es genau auf dem Spielobjekt `Spieler` los.

Markieren Sie dieses Spielobjekt. In der INSPECTOR VIEW wird seine neu hinzugefügte Komponente SPIELER (SCRIPT) angezeigt. Diese Zuordnung müssen Sie hier nur einmal vornehmen, auch wenn Sie die Klasse `Spieler` später ändern und erweitern.

Hinweis

Häufig werden Sie eine Klasse nicht nur einem einzelnen Spielobjekt, sondern mehreren Spielobjekten zuordnen. Diese verhalten sich anschließend alle gemäß der Vorgabe in der Klasse. Dies trifft z. B. für alle sechs Tiger zu (siehe Abschnitt 4.3.15).

In Einzelfällen kann es vorkommen, dass die Zuordnung eines Scripts zu einem Spielobjekt misslingt und stattdessen eine Fehlermeldung erscheint. Stellen Sie in einem solchen Fall sicher, dass sowohl das Script in Visual Studio gespeichert wurde als auch die Szene im Unity Editor. Wiederholen Sie den Vorgang. Sollte weiterhin eine Fehlermeldung auftreten, schließen Sie den Unity Editor mit dem Projekt und öffnen Sie ihn anschließend erneut mit dem Projekt.

4.3.7 Bewegen Sie den Affen

Um den Affen bewegen zu können, müssen Sie den Code der Klasse `Spieler` so wie in Listing 4.1 ändern:

```
using UnityEngine;
public class Spieler : MonoBehaviour
{
   readonly float eingabeFaktor = 10;
   void Update()
   {
      /* Eingabe speichern */
      float xEingabe = Input.GetAxis("Horizontal");
      float yEingabe = Input.GetAxis("Vertical");

      // Neue Position bestimmen
      float xNeu = transform.position.x +
         xEingabe * eingabeFaktor * Time.deltaTime;
      float yNeu = transform.position.y +
         yEingabe * eingabeFaktor * Time.deltaTime;
      transform.position = new Vector2(xNeu, yNeu);
   }
}
```

Listing 4.1 Die Klasse »Spieler« – Bewegen des Affen

Die geschweiften Klammern geben Sie mithilfe der Taste `Alt Gr` rechts neben der Leertaste ein. Vergessen Sie nicht, den Code nach Änderungen mit der Tastenkombination `Strg` + `S` zu speichern.

4.3.8 Variablen, Datentypen und Gültigkeit

In einem Programm werden häufig Werte gespeichert. Zur Speicherung werden sogenannte *Variablen* benötigt. Diese können unterschiedliche *Datentypen* besitzen:

- *Ganze Zahlen* werden in Variablen des Datentyps `int` gespeichert.
- Variablen des Datentyps `float` dienen zur Speicherung von *Fließkommazahlen*, also von Zahlen, die Stellen nach dem Komma besitzen.
- *Zeichenketten*, also Texte, werden in Variablen des Datentyps `string` gespeichert und innerhalb von doppelten Anführungszeichen notiert.
- Variablen des Datentyps `bool` dienen zur Speicherung von *Wahrheitswerten* (logischen Werten), also `true` (= wahr) oder `false` (= falsch). Sie werden auch *boolesche Variablen* genannt.

Jede Variable erhält einen eigenen Namen. So können Sie die einzelnen Variablen eindeutig voneinander unterscheiden. Ein Name darf große und kleine Buchstaben sowie

Ziffern enthalten, allerdings keine Ziffer am Anfang. Er darf kein Leerzeichen enthalten und sollte etwas über den Inhalt aussagen.

> **Hinweis**
>
> Es gibt die Konvention, den Namen von Variablen mit einem kleinen Buchstaben zu beginnen und den Namen einer Klasse oder einer Methode mit einem großen Buchstaben. Neue Wörter innerhalb eines Namens werden häufig mit einem großen Buchstaben eingeleitet. Diese Schreibweise wird auch *camelCase* genannt. Ein Beispiel wäre der Name `eingabeFaktor`.

Der Ort, an dem die *Deklaration*, also die Einführung einer Variablen, erfolgt, bestimmt über den Bereich des Programms, in dem sie gültig ist, und über den Zeitraum, während dem sie gültig ist:

- Die `float`-Variable `eingabeFaktor` wird außerhalb der Methode `Update()` deklariert. Sie ist eine Eigenschaft der Klasse und in der gesamten Klasse bekannt. Sie behält ihren Wert, solange das Objekt *lebt*, also solange das Spiel läuft.
- Eigenschaften, die innerhalb des Programms nicht mehr verändert werden, können zusätzlich mit dem Modifizierer `readonly` vor dem Überschreiben geschützt werden.
- Die `float`-Variable `xEingabe` wird innerhalb der Methode `Update()` deklariert. Daher ist sie nur lokal innerhalb der Methode bekannt und gilt auch jeweils nur für den kurzen Zeitraum, in dem die Methode immer wieder durchlaufen wird. Beim nächsten Durchlauf der Methode wird die Variable neu erschaffen.

4.3.9 Die Verarbeitung der Benutzereingabe

Der Wert der Variablen `eingabeFaktor` dient als Skalierungsfaktor für die Bewegung des Affen mithilfe der Pfeiltasten. Würden Sie also z. B. diesen Wert auf 20 statt auf 10 setzen, würde sich der Affe bei einem Tastendruck doppelt so schnell bewegen.

- Bei einem `float`-Wert können Stellen nach dem Dezimalpunkt stehen. In diesem Fall muss ein kleines `f` angehängt werden. Ein Beispiel: `10.5f`.
- Eine Anweisung wie z. B. `eingabeFaktor = 10;` wird *Zuweisung* genannt. Der Variablen `eingabeFaktor` wird der Zahlenwert 10 zugewiesen.

Die *statische* Eigenschaft `deltaTime` der Klasse `Time` enthält diejenige Zeit als `float`-Wert, die seit dem letzten Bildaufbau vergangen ist. Diese Zeit kann unterschiedlich sein, weil sie vom benutzten Rechner sowie von der Anzahl und der Komplexität der Bildelemente abhängig ist. Mithilfe des Faktors `deltaTime` gleichen Sie diesen Unterschied aus. Der Begriff *statisch* wird weiter unten erläutert.

In der Methode `Update()` wird die Benutzereingabe für die horizontale und die vertikale Bewegungsachse gespeichert. Anschließend wird daraus die neue Position des Spielobjekts bestimmt.

Hinweis

Versehen Sie Ihre Programme mit erläuternden Kommentaren. Das hilft anderen Programmierern und Ihnen selbst, die einzelnen Teile des Programms später schneller zu erkennen und gegebenenfalls zu verbessern.

- Ein längerer Kommentar kann sich über mehrere Zeilen erstrecken. Er steht zwischen den Zeichenkombinationen /* und */.
- Ein kurzer Kommentar reicht von der Zeichenkombination // bis zum Ende der Zeile.

Die von Unity bereits vorgefertigte Klasse `Input` stellt die Eingaben des Benutzers für den programmierten Spielablauf zur Verfügung. Die statische Methode `GetAxis()` liefert die Eingabe festgelegter Tasten bezüglich einer bestimmten Achse. Der Name der Achse muss als Parameter angegeben werden, und zwar als Zeichenkette, also innerhalb von doppelten Anführungszeichen. Im Standardfall sind für die horizontale Achse die Tasten [←] und [→] sowie für die vertikale Achse die Tasten [↑] und [↓] festgelegt.

Über den Menüpunkt EDIT • PROJECT SETTINGS des UNITY EDITORS kommen Sie zum Dialogfeld PROJECT SETTINGS. Wählen Sie die Seite INPUT MANAGER aus. Hier können Sie die Vorbelegung der Tasten betrachten (siehe Abbildung 4.13). Bei Bedarf könnten Sie diese auch verändern.

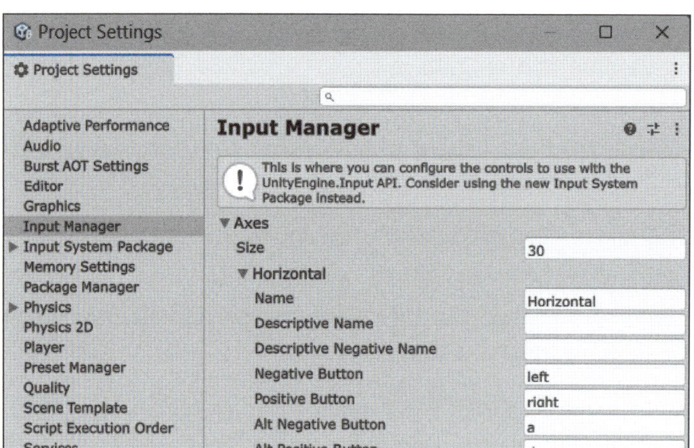

Abbildung 4.13 »Input Manager« mit Eingabemöglichkeiten

Hinweis

In Abbildung 4.13 sehen Sie einen Hinweis darauf, statt des klassischen *Input Managers* das neue *Input System Package* zu verwenden.

Einerseits ist dieses Package universeller beim Einsatz von unterschiedlichen Eingabegeräten, wie z. B. Gamepad, Joystick, XR-Controller oder Touchscreen. Andererseits ist die Programmierung wesentlich aufwendiger und damit deutlich schwerer verständlich für Einsteiger. In diesem Buch für Einsteiger wird nur die Tastatur als Eingabegerät genutzt. Daher verwende ich weiterhin den leicht verständlichen klassischen Input Manager.

Die Methode `Update()` und andere Eigenschaften und Methoden, die Sie selbst in Ihren Klassen einführen werden, sind meist objektbezogen. Das heißt: Sie gelten für bestimmte Objekte einer Klasse. Die Eigenschaft `deltaTime`, die Methode `GetAxis()` sowie viele andere Eigenschaften und Methoden der Klasse `Input` und anderer Hilfsklassen sind statisch. Sie werden nicht für bestimmte Objekte ausgeführt, sondern für die gesamte Klasse.

4.3.10 Die Änderung der Position

Die neue X-Position des Affen in der Variablen `xNeu` ergibt sich aus der alten X-Position und der Bewegung in X-Richtung. Auf dieselbe Weise ergibt sich die neue Y-Position des Affen in der Variablen `yNeu`.

- Die alte Position kann über `transform.position` abgerufen werden. Mit dieser Punkt-Schreibweise greifen Sie auf die Untereigenschaft `position` der Eigenschaft `transform` zu.
- Die X-Koordinate und die Y-Koordinate einer Position können über `position.x` bzw. `position.y` abgerufen werden. Damit greifen Sie, ebenfalls über die Punkt-Schreibweise, auf die Untereigenschaften `x` und `y` der Eigenschaft `position` zu.
- Mithilfe des verketteten Ausdrucks `transform.position.x` greifen Sie in einem Zug auf die Untereigenschaft `x` der Eigenschaft `position` der Eigenschaft `transform` zu.

Zu Beginn besitzen `x` und `y` diejenigen Werte, die Sie in der TRANSFORM-Komponente der INSPECTOR VIEW eingegeben haben.

Die Werte von `x` und `y` können zwar gelesen, aber nicht verändert werden. Zur Änderung einer Position muss daher ein neues Objekt der Klasse `Vector2` erzeugt werden. Diese Klasse wird häufig benötigt und stellt Eigenschaften und Methoden für Vektoren im zweidimensionalen Raum zur Verfügung.

Hinweis

In diesem Projekt arbeiten wir mit Ortsvektoren. Ein *Ortsvektor* gibt die Lage eines Objekts mithilfe seiner Koordinaten an, und zwar ausgehend vom Nullpunkt. Der Nullpunkt hat die Koordinaten 0/0/0. Später werden Sie noch *Richtungsvektoren* kennenlernen.

Nach dem Schlüsselwort `new` folgt ein sogenannter *Konstruktor*. Dabei handelt es sich um eine Vorgabe, wie ein neues Objekt der betreffenden Klasse erzeugt werden kann. Ein Objekt der Klasse `Vector2` kann, wie in Listing 4.1, durch die Angabe von zwei Werten für die X- und die Y-Koordinate erzeugt werden.

Starten Sie das Spiel, und betätigen Sie die Pfeiltasten. Der Affe sollte sich bewegen und nach einem Sprung aufgrund der Schwerkraft wieder nach unten fallen. Sie können auch auf eine der Plattformen springen. Aktuell können Sie den Affen nach einem längeren Druck auf die entsprechende Pfeiltaste noch nach links, rechts oder unten aus dem Spielfeld hinausbewegen. Das wird durch den Code im nächsten Abschnitt verhindert. Erfolgt noch keine Bewegung, haben Sie möglicherweise vergessen, das Script mit der Klasse `Spieler` dem Spielobjekt `Spieler` zuzuordnen (siehe Abschnitt 4.3.6).

4.3.11 Die Anzeige von Fehlern

Der Code wird in Visual Studio nach einer Änderung unmittelbar geprüft. Sollte ein Fehler aufgetreten sein, wird dieser deutlich hervorgehoben. Nehmen wir an, Sie haben in der letzten Zeile das Zeichen `n` am Ende von `position` vergessen. Dieser Fehler wird in Visual Studio sofort angezeigt (siehe Abbildung 4.14).

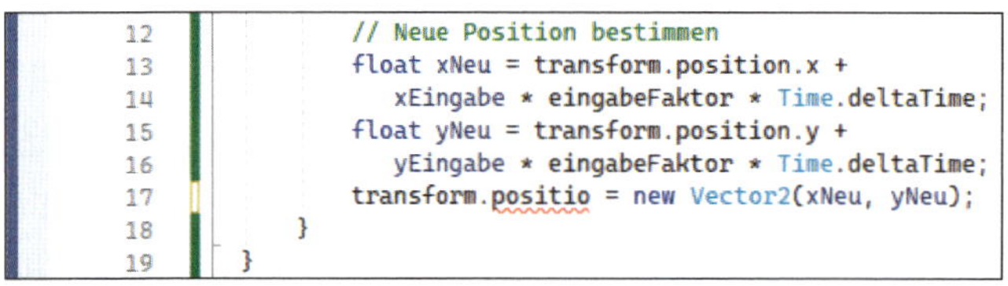

Abbildung 4.14 Anzeige des Fehlers in »Visual Studio«

Sollten Sie den Code dennoch speichern und zum Unity Editor wechseln, wird der Code auch hier unmittelbar geprüft. Der Fehler wird in der CONSOLE VIEW und in der Statuszeile unter Angabe der Zeilennummer angezeigt (siehe Abbildung 4.15).

Sie müssen den Fehler in Visual Studio beseitigen. Anschließend verschwinden die Fehlermeldungen in Visual Studio. Und nach dem Speichern in Visual Studio verschwinden sie auch im Unity Editor.

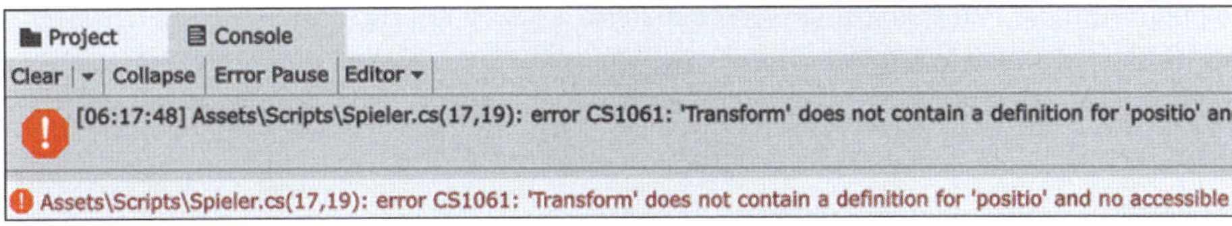

Abbildung 4.15 Anzeige des Fehlers im Unity Editor

4.3.12 Verhindern Sie die Drehung

Bei der Bewegung des Affen kann es vorkommen, dass er sich nach einer Kollision mit einer der Plattformen dreht und anschließend auf der Seite oder auf dem Kopf liegen bleibt. Das möchten wir verhindern. Setzen Sie daher ein Häkchen im Feld FREEZE ROTATION Z, das Sie im Bereich CONSTRAINTS der Komponente RIGIDBODY 2D des Spielobjekts `Spieler` finden (siehe Abbildung 4.16). Auf diese Weise wird eine Rotation des Spielobjekts um die Z-Achse verhindert.

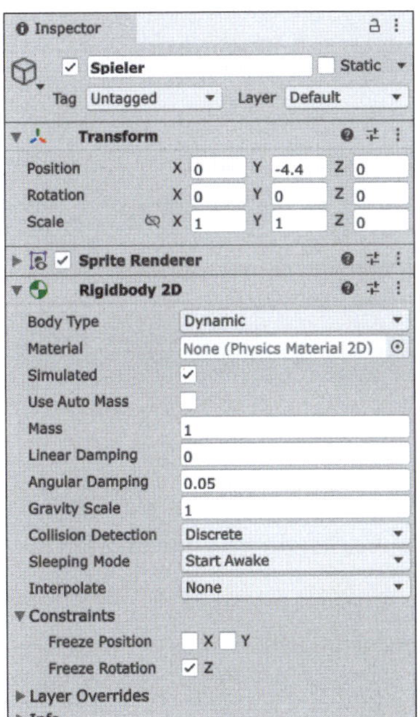

Abbildung 4.16 Rotation verhindern

4.3.13 Begrenzen Sie die Bewegung

Bewegen Sie den Affen zu weit nach links oder nach rechts, dringt er in die seitliche Begrenzung ein. Bewegen Sie den Affen nach unten, dringt er in den Boden oder in eine der Plattformen ein. Das gilt es zu vermeiden. Ändern Sie dazu die Methode `Update()` der Klasse `Spieler` wie folgt:

```
void Update()
{
   float xEingabe = Input.GetAxis("Horizontal");
   float yEingabe = Input.GetAxis("Vertical");
   if (yEingabe < 0)
   {
      return;
   }

   float xNeu = transform.position.x +
      xEingabe * eingabeFaktor * Time.deltaTime;
   if (xNeu > 8.3f)
   {
      xNeu = 8.3f;
   }
   if (xNeu < -8.3f)
   {
      xNeu = -8.3f;
   }
   float yNeu = transform.position.y +
      yEingabe * eingabeFaktor * Time.deltaTime;
   ...
}
```

Listing 4.2 Die Klasse »Spieler« – Bewegung wird begrenzt.

Speichern Sie den Code und testen Sie das Spiel erneut. Der Affe soll sich nicht nach unten bewegen dürfen: weder durch den Boden des Raums noch durch eine der Plattformen hindurch.

Die Anweisung `return;` führt dazu, dass eine Methode unmittelbar verlassen wird. Der Rest der Methode wird nicht mehr durchlaufen. Im vorliegenden Fall soll die Anweisung `return;` nur ausgeführt werden, falls die Bedingung `yEingabe < 0` zutrifft, also die Taste [↓] betätigt wurde. An einer solchen Stelle im Programm, an der eine Anweisung nur in einem bestimmten Fall ausgeführt werden soll, arbeiten Sie mit einer Verzweigung.

Eine *Verzweigung* wird mithilfe des Schlüsselworts `if` eingeleitet. Ihm folgt eine Bedingung innerhalb von runden Klammern. Achten Sie darauf, nach der schließenden runden Klammer kein Semikolon zu setzen. Eine Bedingung wird mithilfe eines *Vergleichsoperators* gebildet. Mit dem Operator < wird geprüft, ob der erste Wert kleiner ist als der zweite Wert, falls es sich um einen Zahlenwert handelt. Die Anweisungen innerhalb der geschweiften Klammern bilden einen Anweisungsblock. Er wird nur ausgeführt, wenn die Bedingung wahr ist.

Hinweis

Es gibt noch weitere Vergleichsoperatoren:

- Mithilfe des Operators == wird geprüft, ob zwei Werte *gleich* sind. Achten Sie dabei auf die doppelten Gleichheitszeichen.
- Mithilfe des Operators != wird geprüft, ob zwei Werte ungleich sind, also nicht übereinstimmen.

Die Vergleichsoperatoren == und != können Sie sowohl für den Vergleich von Zahlen als auch für den Vergleich von Zeichenketten nutzen. Die Vergleichsoperatoren > (*größer als*), >= (*größer als oder gleich*), < (*kleiner als*) und <= (*kleiner als oder gleich*) werden nur bei Zahlen genutzt.

Der Affe soll sich nur innerhalb des Bereichs von –8.3 bis 8.3 bewegen. Befindet er sich nach einer Änderung außerhalb dieses Bereichs, soll er auf die zugehörige Grenzposition des Bereichs gesetzt werden. Die Anweisung `xNeu = 8.3f;` soll nur ausgeführt werden, falls die Bedingung `xNeu > 8.3f` der zweiten Verzweigung zutrifft. Ebenso soll die Anweisung `xNeu = -8.3f;` nur ausgeführt werden, falls die Bedingung `xNeu < -8.3f` der dritten Verzweigung zutrifft.

Die Projekte in diesem Buch werden schrittweise aufgebaut. Es kommt häufig vor, dass der Code ergänzt wird. Es kann weiterer Code innerhalb einer bereits vorhandenen Methode hinzukommen. Auch eine Eigenschaft oder eine ganze Methode kann innerhalb einer bereits vorhandenen Klasse hinzugefügt werden.

Beachten Sie dabei jeweils die Erläuterung und die Lage der drei Punkte, die für den bereits vorhandenen Code stehen. Stehen die drei Punkte wie in Listing 4.2 am Ende einer Methode, wird der neue Code am Beginn der Methode angefügt. Die Zeilen direkt oberhalb und unterhalb der drei Punkte verdeutlichen zudem, zwischen welchen bereits vorhandenen Codezeilen der neue Code steht.

4.3.14 Treffen Sie die Bananen

In diesem Abschnitt werden die Bananen als Spielobjekt `Gewinn` in das Spiel eingefügt. Es wird mit einem eindeutigen Tag zur Identifizierung im Code versehen. Trifft der Affe bei einem Sprung die Bananen, werden diese an eine andere Position versetzt. Das Sammeln von Punkten erfolgt später.

Ziehen Sie das Asset `Banane` in die HIERARCHY VIEW und geben Sie dem Spielobjekt den Namen `Gewinn`. Achten Sie darauf, dass es keinem anderen Spielobjekt untergeordnet wird. Die Position wird auf 4/–2.7/0 gesetzt und der Scale auf 1/1/0. Fügen Sie einen BOX COLLIDER 2D hinzu.

Markieren Sie das neue Spielobjekt in der HIERARCHY VIEW. In der INSPECTOR VIEW sehen Sie oben links die Liste TAGS mit dem Eintrag `Untagged`. Das bedeutet, dass dieses Spielobjekt noch kein bestimmtes Tag besitzt. Wie ich bereits in Abschnitt 3.2.2 erwähnt habe, ist ein Tag eine Marke, mit deren Hilfe Spielobjekte im C#-Code voneinander unterschieden werden können.

Klappen Sie die Liste TAGS auf und wählen Sie den untersten Eintrag ADD TAG. Nun erscheint in der INSPECTOR VIEW das Dialogfeld TAGS & LAYERS. Klicken Sie auf das Pluszeichen unterhalb der Liste TAGS. Dann erscheint ein neues Tag mit dem Namen `New tag`. Überschreiben Sie diesen Namen mit dem Namen `Gewinn` und betätigen Sie die Schaltfläche SAVE. Damit haben Sie ein neues Tag erzeugt (siehe Abbildung 4.17).

Abbildung 4.17 Die Liste »Tags« mit einem neuen Tag

Markieren Sie erneut das Spielobjekt `Gewinn`, klappen Sie wiederum die Liste TAGS auf und wählen Sie nun den Eintrag `Gewinn`. Damit haben Sie das neu erzeugte Tag einem Spielobjekt zugeordnet.

Eine Kollision des Affen mit den Bananen soll erkannt werden. Da das Spielobjekt `Spieler` das auslösende Spielobjekt für dieses Ereignis ist, wird ihm der Code zugeordnet. Ändern Sie die Klasse `Spieler` wie folgt:

```
using UnityEngine;
public class Spieler : MonoBehaviour
{
   public GameObject gewinn;
```

```
   ...
   void OnCollisionEnter2D(Collision2D coll)
   {
      if (coll.gameObject.CompareTag("Gewinn"))
      {
         float xNeu = Random.Range(-8.0f, 8.0f);
         float yNeu = -2.7f;
         gewinn.transform.position = new Vector2(xNeu, yNeu);
      }
   }
}
```

Listing 4.3 Die Klasse »Spieler« – Kollision

Sie benötigen im Code eine Verbindung zwischen den Spielobjekten `Spieler` und `Gewinn`. Dazu wird mithilfe von `public GameObject gewinn;` ein *Verweis* eingeführt. Er verweist auf ein Objekt (hier auf ein Objekt der Klasse `GameObject`, also ein Spielobjekt). Der Verweis muss im vorliegenden Projekt `public` sein, also *öffentlich*, damit Sie von außerhalb der Klasse auf ihn zugreifen können. Der Name ist wie bei allen Variablen frei wählbar; ich habe den Namen `gewinn` gewählt.

Im Unity Editor wird später noch eine Verbindung zwischen dem gewünschten Spielobjekt und diesem Verweis erstellt.

Die vorgegebene Ereignismethode `OnCollisionEnter2D()` wird beim Eintritt jeder Kollision des Spielobjekts `Spieler` mit einem anderen Spielobjekt, das über einen 2D-Collider verfügt, aufgerufen. Der Parameter in den runden Klammern hat den Typ `Collision2D` und stellt einen Verweis auf ein Objekt dar, das uns Daten zu der Kollision liefern kann. Der Parameter hat von mir den Namen `coll` erhalten.

Die weiteren Anweisungen der Methode werden nur ausgeführt, falls es sich bei dem anderen Spielobjekt um das Spielobjekt `Gewinn` handelt. Eine Kollision mit einem der weißen Elemente soll zu keiner Reaktion führen.

Die Eigenschaft `gameObject` eines Objekts vom Typ `Collision2D` liefert einen Verweis auf das andere Spielobjekt, mit dem die Kollision erfolgte. Die Methode `CompareTag()` liefert den Wahrheitswert `true`, falls ein Tag einer bestimmten Zeichenkette entspricht, hier dem Wort `Gewinn`. In diesem Fall wurde das Spielobjekt `Gewinn` getroffen.

Nach der Kollision wird, ähnlich wie in der Methode `Update()`, eine neue Position für das Spielobjekt festgelegt. Wir können die Variablennamen `xNeu` und `yNeu` in beiden Methoden verwenden, da sie nur innerhalb der jeweiligen Methode gelten.

Der Wert der neuen X-Koordinate wird durch Zufall bestimmt. Die statische Methode `Range()` der Klasse `Random` liefert eine zufällige Zahl, die zwischen den beiden Werten liegt, die als Parameter angegeben werden (hier zwischen –8.0 und 8.0, also innerhalb des Spielfelds). Achten Sie darauf, die Methode `Range()` mit `float`-Werten aufzurufen, also mit einer 0 nach dem Dezimalzeichen und dem Zeichen `f`. Aufrufe mit ganzzahligen Werten würden zu einem anderen Ergebnis führen.

Für die neue Y-Koordinate wird ein Wert von –2.7 zugewiesen, wie beim ursprünglichen Spielobjekt. Die Position wird dem Spielobjekt `Gewinn` mithilfe des Verweises zugewiesen.

Zur Unterscheidung: Innerhalb der Klasse `Spieler` bezeichnet

- `transform.position` die Position des aktuellen Objekts, dem diese Klasse `Spieler` zugeordnet ist, und
- `gewinn.transform.position` die Position des Spielobjekts, auf das mit dem Verweis `gewinn` verwiesen wird.

Speichern Sie die Klasse `Spieler` und wechseln Sie zum UNITY EDITOR. Markieren Sie das Spielobjekt `Spieler` in der HIERARCHY VIEW. In der INSPECTOR VIEW sehen Sie in der Komponente SPIELER (SCRIPT) nach kurzer Zeit einen leeren Slot. Ein Slot entspricht einer Schublade, in die etwas hineingelegt werden kann. Der Slot ist aufgrund des Verweises `gewinn` entstanden, den Sie weiter oben in diesem Abschnitt mithilfe von `public` öffentlich zugänglich gemacht haben. Im Slot steht zunächst der Text `None (Game Object)`. Das bedeutet, dass der Slot noch nicht mit einem Spielobjekt verbunden wurde.

Ziehen Sie das Spielobjekt `Gewinn` aus der HIERARCHY VIEW herüber und lassen Sie es genau über dem Slot los. Damit ist die Verbindung zwischen dem Spielobjekt `Gewinn` und dem Code der Klasse `Spieler` erstellt (siehe Abbildung 4.18). Lassen Sie sich nicht vom großen Anfangsbuchstaben der Slot-Bezeichnung `Gewinn` verwirren. Dabei handelt es sich um eine automatische Änderung im UNITY EDITOR.

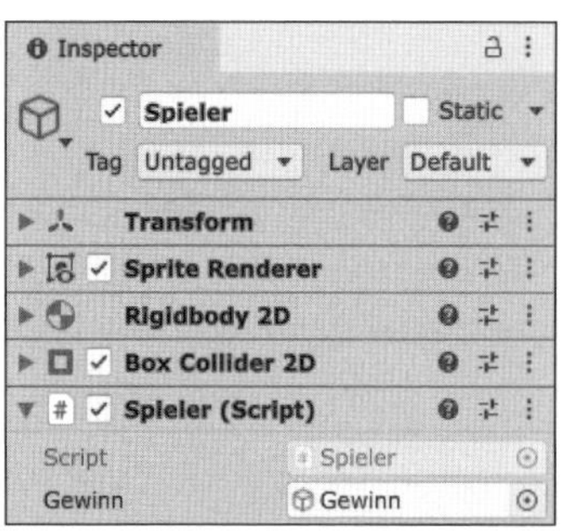

Abbildung 4.18 Slot mit Verbindung zum Spielobjekt

Testen Sie das Spiel. Springen Sie mit dem Affen in Richtung der Bananen. Bei einer Kollision werden die Bananen unmittelbar an eine andere Stelle versetzt.

4.3.15 Meiden Sie die Tiger

Die insgesamt sechs Spielobjekte für die Gefahren, also die Tiger, werden nun in das Projekt eingefügt. Der Ablauf ähnelt dem Ablauf aus dem vorherigen Abschnitt. Alle Spielobjekte für die Gefahren erhalten dasselbe Tag. Kollidiert der Affe mit einem der Tiger, verliert er ein Leben. Das bedeutet, dass er an der Kollisionsstelle deaktiviert wird und nach kurzer Zeit wieder an der Startposition erscheint.

Erzeugen Sie in der HIERARCHY VIEW zunächst das neue leere Spielobjekt `Gefahren` als Verzeichnis. Ziehen Sie anschließend das Asset `Tiger` mithilfe der Maus sechsmal nacheinander in die HIERARCHY VIEW und lassen Sie es jeweils auf dem neuen Verzeichnis fallen. Stellen Sie die Namen und die Werte für die sechs neuen Spielobjekte so ein, wie in Tabelle 4.2 angegeben.

Name	Position	Scale
`ObenLinks`	–5.2/2.2/0	2/1/0
`ObenRechts`	5.2/2.2/0	2/1/0
`MitteLinks`	–5.2/–0.65/0	2/1/0
`MitteRechts`	5.2/–0.65/0	2/1/0
`UntenLinks`	–5.2/–3.5/0	2/1/0
`UntenRechts`	5.2/–3.5/0	2/1/0

Tabelle 4.2 Einstellwerte für die Gefahren

Erzeugen Sie das neue Tag `Gefahr` in der Liste TAGS. Ordnen Sie es allen sechs Spielobjekten für die Gefahren zu. Fügen Sie ihnen zudem jeweils einen BOX COLLIDER 2D hinzu. Beide Aktionen können Sie auch für alle sechs Spielobjekte auf einmal durchführen, indem Sie sie vorher gemeinsam markieren.

Die Kollisionserkennung für das Spielobjekt `Spieler` muss erweitert werden. Ändern Sie die Methode `OnCollisionEnter2D()` wie folgt:

```
void OnCollisionEnter2D(Collision2D coll)
{
   if (coll.gameObject.CompareTag("Gewinn"))
```

```
    { ... }
    else if (coll.gameObject.CompareTag("Gefahr"))
    {
        gameObject.SetActive (false);
        Invoke (nameof(NaechstesLeben), 2);
    }
}
```

Listing 4.4 Die Klasse »Spieler« – Methode »OnCollisionEnter2D()«

Die Methode `NaechstesLeben()` ist noch nicht bekannt. Daher erscheint zunächst eine Fehlermeldung, deren Ursache wir in Kürze beheben werden.

Eine Verzweigung kann mithilfe von `else` erweitert werden. Trifft die Bedingung nach dem ersten `if` nicht zu, werden die Anweisungen nach dem `else` ausgeführt.

An dieser Stelle können Sie auch weitere Zweige einführen. Aus der einfachen Verzweigung wird so eine mehrfache Verzweigung. Erst wird die Bedingung nach dem ersten `if` geprüft. Trifft diese *nicht* zu, wird danach die Bedingung nach dem `else if` geprüft. Ist diese Bedingung zutreffend, werden die Anweisungen innerhalb der dazugehörigen geschweiften Klammern ausgeführt.

Die Methode `SetActive()` besitzt einen Parameter des Datentyps `bool`. Hat dieser den Wert `true`, wird das Spielobjekt aktiviert. Hat er den Wert `false`, wird es deaktiviert. Es wird dann unsichtbar und nimmt nicht mehr am Spiel teil.

Die Methode wird hier für das aktuelle Spielobjekt ausgeführt, dem dieses Script zugeordnet ist. Dieses Objekt wird in Unity mit `gameObject` (mit kleinem »g«) bezeichnet. Im Standardfall kann diese Bezeichnung für das aktuelle Objekt weggelassen werden. Eine Ausnahme bildet der Aufruf der Methode `SetActive()`.

Die Methode `Invoke()` ruft eine andere Methode auf, deren Name mithilfe des Operators `nameof` angegeben wird. In diesem Fall handelt es sich um den Namen der Methode `NaechstesLeben()`, die im Anschluss vorgestellt wird. Als zweiter Parameter der Methode `Invoke()` kann ein `float`-Wert angegeben werden. Damit wird eine Zeitspanne in Sekunden angegeben, um die der Aufruf der Methode verzögert wird. Nach dieser Verzögerung von zwei Sekunden wird das Spielobjekt `Spieler` an die Startposition gesetzt und wieder aktiviert.

Fügen Sie innerhalb der Klasse `Spieler` unterhalb der Methode `OnCollisionEnter2D()` die folgende Methode hinzu:

```
void NaechstesLeben()
{
    transform.position = new Vector2(0, -4.4f);
    gameObject.SetActive(true);
}
```


Listing 4.5 Die Klasse »Spieler« – Methode »NaechstesLeben()«

Testen Sie das Spiel. Springen Sie mit dem Affen in Richtung eines der Tiger. Bei einer Kollision verschwindet der Affe und erscheint nach kurzer Zeit wieder an der Startposition.

4.3.16 Die geschweiften Klammern

An dieser Stelle folgt ein kleiner Einschub. Es gibt unterschiedliche Schreibweisen für Anweisungsblöcke mit geschweiften Klammern. Sie können wie folgt aussehen:

```
if (...)
{
    ...
}
else
{
    ...
}
```

Oder so:

```
if (...) {
    ...
} else {
    ...
}
```

Ich bevorzuge die erstgenannte Schreibweise. Sie umfasst zwar mehr Zeilen, aber Anfang und Ende eines Blocks lassen sich so besser erkennen. Erfahrungsgemäß ist das besonders für Einsteiger hilfreich.

Soll nach einem `if` oder nach einem `else` nur eine einzelne Anweisung ausgeführt werden, können die geschweiften Klammern vollständig weggelassen werden. Allerdings empfehle ich Ihnen, zunächst immer *mit* den geschweiften Klammern zu arbeiten.

4.3.17 Die Tiger bewegen sich

Den einzelnen Tigern wird jeweils eine individuelle, zufallsgesteuerte und selbstständige Bewegung zugewiesen. Aufgrund der Zufälligkeit ist es für den Affen nicht einfach, den Tigern auszuweichen. Die agierenden Spielobjekte sind die Spielobjekte im Verzeichnis `Gefahren`. Daher wird ein neues C#-Script erzeugt und allen Gefahren zugeordnet.

Markieren Sie in der Project View das Verzeichnis Scripts, öffnen Sie mit einem Klick auf das Pluszeichen das dortige Menü, erzeugen Sie mithilfe des Menüpunkts Scripting • MonoBehaviour Script ein neues Script-Asset und nennen Sie es `Gefahren`. Nach einem Doppelklick darauf öffnet sich die Datei *Gefahren.cs* mit der Klasse `Gefahren` in Visual Studio. Sie sollte wie folgt aussehen:

```
using UnityEngine;
public class Gefahren : MonoBehaviour
{
    float xStart;
    float xAenderung;

    void Start()
    {
        xStart = transform.position.x;
        xAenderung = Random.Range(0.4f, 0.8f) * Time.deltaTime;
    }

    void Update()
    {
        float xNeu = transform.position.x + xAenderung;
        transform.position = new Vector2(xNeu, transform.position.y);

        if ((xNeu > xStart + 2) || (xNeu < xStart - 2))
        {
            xAenderung = -1 * xAenderung;
        }
    }
}
```

Listing 4.6 Die Klasse »Gefahren«

Die sechs Tiger haben zu Beginn individuelle Positionen. Außerdem sollen sie sich unterschiedlich weit bewegen, damit sie für den Affen weniger berechenbar sind. Die Variable `xStart` dient zur Speicherung ihrer individuellen Startpositionen, die Variable `xAenderung` zur Speicherung der individuellen, zufällig bestimmten Änderungen der Positionen in X-Richtung.

Die Methode `Start()` wird einmalig nach dem Start des Spiels für das jeweilige Objekt aufgerufen, also für jedes Spielobjekt vom Typ `Gefahren`. In der Variablen `xStart` wird die Startposition des jeweiligen Tigers gespeichert, die Sie in der TRANSFORM-Komponente festgelegt haben. Die Änderung der Position wird mithilfe des Zufallsgenerators festgelegt. Der Aufruf der statischen Methode `Range()` ergibt jeweils einen individuellen Änderungswert zwischen 0.4 und 0.8. Dieser Wert wird mit `Time.deltaTime` multipliziert.

Die Methode `Update()` wird für jedes Spielobjekt vom Typ `Gefahren` aufgerufen. Mit ihr wird eine neue Position für den jeweiligen Tiger ermittelt. Sie ergibt sich aus der alten Position und der automatischen Änderung in X-Richtung.

Hat sich der Tiger zu weit von seiner Startposition entfernt, soll er die Bewegungsrichtung wechseln. Es wird also eine Verzweigung benötigt. Sie enthält einen logischen Operator zur Verknüpfung von zwei oder mehr Bedingungen.

Hinweis

Es gibt folgende logische Operatoren:

- Der Operator `||` steht für das *logische Oder*: Es muss nur eine der Bedingungen zutreffen, damit die gesamte Bedingung zutrifft.
- Der Operator `&&` steht für das *logische Und*: Alle einzelnen Bedingungen müssen zutreffen, damit die gesamte Bedingung zutrifft.
- Der Operator `!` steht für das *logische Nicht*: Der Wahrheitswert einer Bedingung wird dadurch umgedreht. Aus `true` wird `false` und umgekehrt.

Zur Verdeutlichung stehen beide einzelnen Bedingungen innerhalb von runden Klammern, auch wenn das eigentlich nicht nötig ist. Ist die neue Position um mehr als 2 größer oder um mehr als 2 kleiner als die Startposition, wird der Wert von `xAenderung` mit –1 multipliziert. Aus 0.03 wird also –0.03, aus –0.03 wird 0.03. Diese Änderung des Vorzeichens führt zu einer Änderung der Bewegungsrichtung.

Die Klasse `Gefahren` muss allen sechs Spielobjekten im Verzeichnis `Gefahren` zugeordnet werden, damit sie sich gemäß den Anweisungen in der Klasse verhalten. Markieren Sie dazu alle genannten Spielobjekte in der HIERARCHY VIEW und ziehen Sie das Script-Asset `Gefahren` mit der Maus in die INSPECTOR VIEW, und zwar bis zu einem Punkt unterhalb der Schaltfläche ADD COMPONENT. Lassen Sie die Maustaste an diesem Punkt los. Damit ist die Zuordnung für alle sechs Spielobjekte durchgeführt.

Testen Sie das Spiel. Die Tiger sollten sich, individuell unterschiedlich, auf zufällige Weise bewegen.

> **Hinweis**
>
> Wie bereits einige andere Anweisungen zuvor erstreckt sich auch die zweite Anweisung in der Methode `Update()` über zwei Zeilen. Das ist hier im Buch aus Platzgründen geschehen. Sie können Anweisungen jederzeit über mehrere Zeilen verteilen; das kann zur Übersichtlichkeit Ihres Codes beitragen. Beachten Sie dabei, dass der Zeilenumbruch nicht innerhalb des Namens einer Variablen oder innerhalb einer Zeichenkette erfolgen darf.

4.4 Gestalten Sie die Benutzeroberfläche

Nun fügen wir einige Textelemente mit verschiedenen Informationen für den Benutzer ein. Über zwei Schaltflächen kann er Aktionen auslösen.

4.4.1 Erstellen Sie die erste Anzeige

Fügen Sie ein erstes Element für die *Benutzeroberfläche* ein. Das soll ein Textfeld sein, das die bisher erreichte Punktzahl anzeigt. Rufen Sie dazu den Menüpunkt UI • Text - TextMeshPro im Menü der Hierarchy View auf. Der Begriff *TMP* steht für `TextMeshPro`. Ein Element vom Typ `Text (TMP)` dient als Textfeld. Es bietet wesentlich mehr Möglichkeiten als ein Element des veralteten Typs `Text`.

Beim Erzeugen des ersten UI-Elements innerhalb eines Projekts erscheinen insgesamt drei neue Spielobjekte (siehe Abbildung 4.19):

- Das Spielobjekt `Canvas` (dt. Leinwand) dient als übergeordnetes Objekt für alle UI-Elemente. Benennen Sie es in `UI` um.
- Das Spielobjekt `Text (TMP)` ist das eigentliche Textfeld. Benennen Sie es in `PunkteAnzeige` um.
- Das Spielobjekt `EventSystem` verarbeitet im Hintergrund die Ereignisse, die auf der Benutzeroberfläche stattfinden.

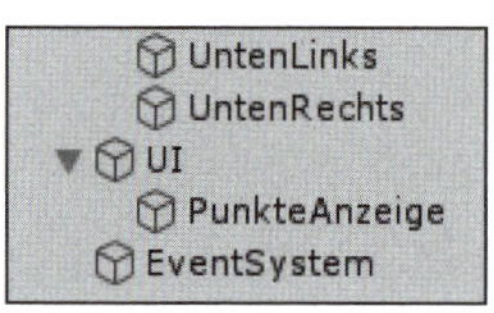

Abbildung 4.19 Drei neue Spielobjekte

Beim Erzeugen des ersten Elements vom Typ `Text (TMP)` erscheint das Dialogfeld TMP IMPORTER (siehe Abbildung 4.20). Betätigen Sie darin die Schaltfläche IMPORT TMP ESSENTIALS. Damit werden Ihrem Projekt weitere Ressourcen zur Verwendung der neuen Textfelder hinzugefügt, siehe die PROJECT VIEW. Schließen Sie das Dialogfeld TMP IMPORTER.

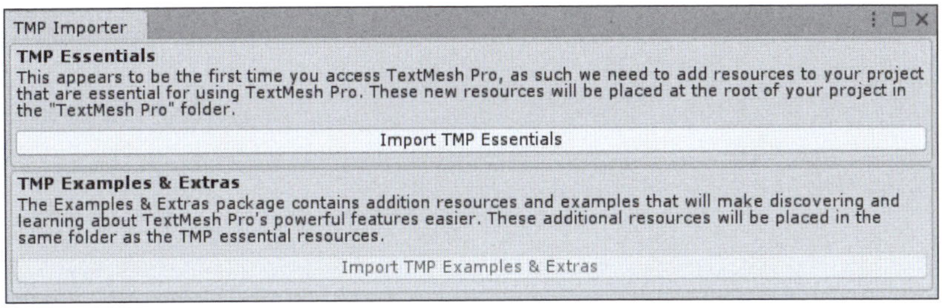

Abbildung 4.20 »TMP Importer«

Die Punkte-Anzeige ist in der SCENE VIEW nur schwer zu erkennen. Wir werden sie aber in der GAME VIEW und während des Spiels sehen. Sie soll mit einem kleinen Abstand zum Rand in der oberen linken Ecke des Spielfelds platziert werden.

Dazu dient die Komponente RECT TRANSFORM. Legen Sie darin zunächst mithilfe des grafischen Elements ANCHOR PRESETS den Ausgangspunkt für die Positionierung fest. Das Element liegt oberhalb des Schriftzugs ANCHOR und zeigt an, dass der Ausgangspunkt zurzeit im Zentrum liegt. Das erkennen Sie an den beiden Angaben `middle` für die vertikale Zentrierung und `center` für die horizontale Zentrierung.

Klicken Sie auf das grafische Element ANCHOR PRESETS, drücken Sie die beiden Tasten [⇧] und [Alt] und wählen Sie die kleine Grafik mit dem weißen Rahmen aus, die in der Spalte `left` und der Zeile `top` liegt (siehe Abbildung 4.21). Damit wird der Ausgangspunkt zur Positionierung auf die linke obere Ecke gelegt. Anschließend geben Sie mit dem Wert 120 für POS X den horizontalen und mit dem Wert –50 für POS Y den vertikalen Abstand zum Ausgangspunkt an.

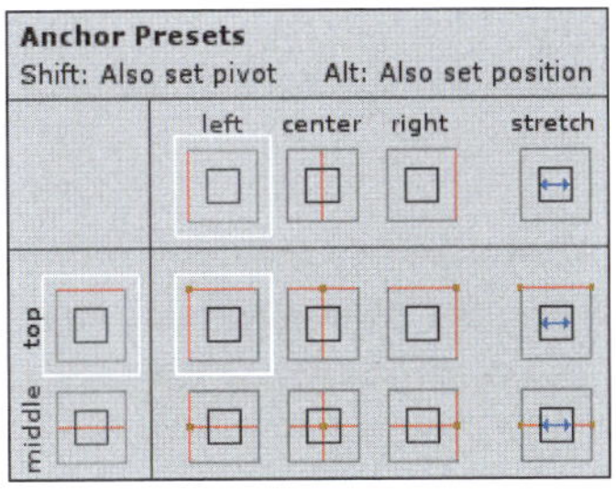

Abbildung 4.21 »Anchor Presets« wurde hier auf den Wert »top/left« gesetzt.

Die Werte 160 für WIDTH und 30 für HEIGHT legen die Größe des UI-Elements fest. In Abbildung 4.22 sehen Sie die Einstellungen.

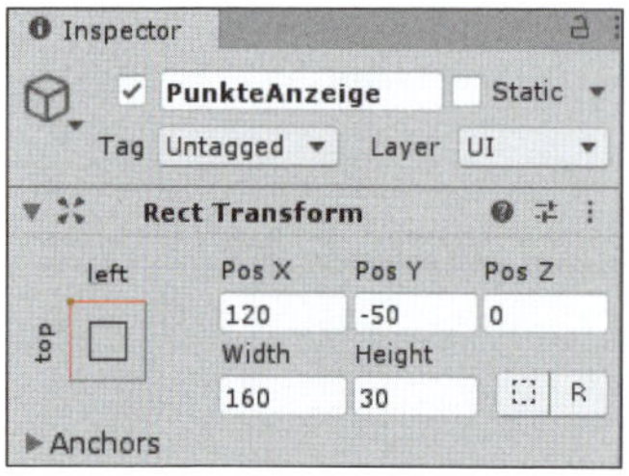

Abbildung 4.22 Position und Größe des Textelements

In der Komponente TEXTMESHPRO – TEXT (UI) legen Sie den Inhalt und die Formatierung des Textelements fest. Tragen Sie dazu den Text `Punkte: 0` im Feld TEXT INPUT ein. Im Feld FONT STYLE können Sie den Schalter **B** für Fettschrift (engl. *bold*) auswählen und in dem Eingabefeld FONT SIZE die Schriftgröße `18` eintragen.

Klicken Sie zum Einstellen der Schriftfarbe auf das farbige Feld neben dem Namen der Eigenschaft VERTEX COLOR. Dann öffnet sich das Dialogfeld COLOR. In ihm können Sie unter anderem die Farbanteile **R** für Rot, **G** für Grün und **B** für Blau einstellen. Verschieben Sie den Wert bei allen drei Farbanteilen mit der Maus auf 255, um die Farbe Weiß zu erreichen. Rechts neben der Farbskala können Sie die einzelnen RGB-Werte (hier: 255/255/255) auch eingeben. Schließen Sie das Dialogfeld wieder.

Wechseln Sie über den Reiter zur GAME VIEW. Oben links sehen Sie nun die Punkte-Anzeige. Nach dem Start des Spiels sieht sie so aus wie in Abbildung 4.23.

Abbildung 4.23 Die Punkte-Anzeige im Spiel

4.4.2 Sammeln Sie Punkte

Bei jeder Kollision mit den Bananen soll die Punktzahl erhöht und angezeigt werden. Nach dem Erreichen des zweiten und des vierten Punkts sollen die Bananen jeweils weiter oben platziert werden, damit es schwieriger wird, sie zu erreichen. Nach dem Erreichen von sechs Punkten ist das Spiel zu Ende und Sie haben gewonnen.

Ändern Sie die Klasse `Spieler` wie folgt:

```
using UnityEngine;
using TMPro;
public class Spieler : MonoBehaviour
{
   ...
   int anzahlPunkte = 0;
   public TextMeshProUGUI punkteAnzeige;
   ...
   void OnCollisionEnter2D(Collision2D coll)
   {
      if (coll.gameObject.CompareTag("Gewinn"))
      {
         anzahlPunkte++;
         if (anzahlPunkte < 6)
            punkteAnzeige.text = "Punkte: " + anzahlPunkte;
         else
         {
            gameObject.SetActive (false);
            gewinn.SetActive (false);
            punkteAnzeige.text = "Gewonnen";
         }
         float xNeu = Random.Range(-8.0f, 8.0f);

         float yNeu;
         if (anzahlPunkte < 2) yNeu = -2.7f;
         else if (anzahlPunkte < 4) yNeu = 0.15f;
         else yNeu = 3;

         gewinn.transform.position = new Vector2(xNeu, yNeu);
      }
      else if (coll.gameObject.CompareTag("Gefahr")) { ... }
   }
   ...
}
```

Listing 4.7 Die Klasse »Spieler« – Punkte zählen und anzeigen

Zum Zählen der Punkte wird die ganzzahlige Variable `anzahlPunkte` eingeführt und auf den Anfangswert 0 gesetzt. Der öffentliche Verweis `punkteAnzeige` verweist auf ein Objekt der Klasse `TextMeshProUGUI`. Er ermöglicht die Verbindung zu der Textkomponente eines Spielobjekts. Diese Verbindung müssen Sie anschließend noch im UNITY EDITOR herstellen. Die Klasse `TextMeshProUGUI` stammt aus dem Namensraum `TMPro`, der zu Beginn eingebunden wird.

Nach einer Kollision mit den Bananen wird die Anzahl der Punkte mithilfe des Inkrement-Operators `++` um 1 erhöht. Die Anweisung `anzahlPunkte++;` ist eine Abkürzung für die Anweisung `anzahlPunkte = anzahlPunkte + 1;`.

Anschließend wird der `string`-Wert `"Punkte: "` mit dem `int`-Wert `anzahlPunkte` zu einem `string`-Wert zusammengefügt. Dieser wird der `string`-Eigenschaft `text` des Textobjekts zugewiesen. Dadurch wird die Anzeige auf der Benutzeroberfläche aktualisiert. Dort steht anschließend entweder die neue Punktzahl oder der Text `Gewonnen`.

Das wird mithilfe einer Verzweigung gelöst. Ist die Anzahl der Punkte kleiner als 6, werden die Zeichenkette `Punkte:` und der Wert der Variablen `anzahlPunkte` mithilfe des Operators `+` zu einer neuen Zeichenkette zusammengefügt. Ansonsten werden der Affe und die Bananen deaktiviert und es wird die Zeichenkette `Gewonnen` zugewiesen.

Hinweis

Ich habe die geschweiften Klammern nach dem `if` weggelassen. Soll nach einer Bedingung oder nach einem `else` nur eine *einzelne* Anweisung ausgeführt werden, ist das, wie schon erwähnt, möglich. So wird, auch für die nachfolgende mehrfache Verzweigung, eine kompakte, übersichtliche Schreibweise ermöglicht.

Die neue Y-Position wird mithilfe einer mehrfachen Verzweigung bestimmt (siehe auch Abschnitt 4.3.15). Ist die Anzahl der Punkte kleiner als 2, werden die Bananen im unteren Bereich platziert. Trifft das nicht zu, ist aber die Anzahl der Punkte kleiner als 4, werden die Bananen im mittleren Bereich platziert. Trifft auch das nicht zu, werden die Bananen im oberen Bereich platziert.

Speichern Sie die Klasse `Spieler` und wechseln Sie zum UNITY EDITOR. Die Komponente SPIELER (SCRIPT) enthält einen weiteren Slot mit dem Namen `Punkte Anzeige`. Dieser dient zur Aufnahme der Textkomponente eines Spielobjekts: Ziehen Sie das zugehörige Spielobjekt `PunkteAnzeige` aus der HIERARCHY VIEW herüber auf den Slot. Damit ist die Textkomponente mit dem öffentlichen Verweis verbunden (siehe Abbildung 4.24).

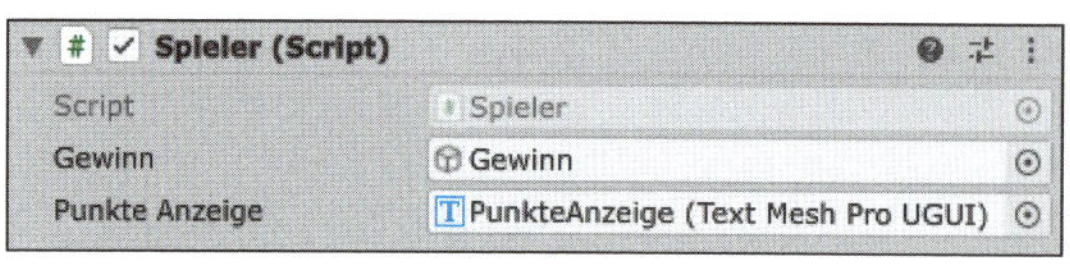

Abbildung 4.24 Verbindung zur Textkomponente eines Spielobjekts

Testen Sie das Spiel und gewinnen Sie es.

4.4.3 Wie Sie Leben verlieren

Zu Beginn haben Sie drei Leben zur Verfügung. Bei jeder Kollision mit einem der Tiger verlieren Sie eines davon. Nach dem Verlust des letzten Lebens ist das Spiel zu Ende, und Sie haben verloren. Auf der Benutzeroberfläche soll die aktuelle Anzahl der Leben angezeigt werden.

Das neue Textfeld wird ähnlich positioniert und formatiert wie das vorhandene Textfeld für die Punkte. Erzeugen Sie es einfach durch Kopieren mit der Tastenkombination `Strg` + `D` und benennen Sie es in `LebenAnzeige` um. Der Text lautet zu Beginn `Leben: 3` und erscheint etwas tiefer als der erste Text, da der Wert von Pos Y bei –75 liegen soll.

Ändern Sie die Klasse `Spieler` wie folgt:

```
using UnityEngine;
using TMPro;
public class Spieler : MonoBehaviour
{
   ...
   int anzahlLeben = 3;
   public TextMeshProUGUI lebenAnzeige;
   ...
   void OnCollisionEnter2D(Collision2D coll)
   {
      if (coll.gameObject.CompareTag("Gewinn")) { ... }
      else if (coll.gameObject.CompareTag("Gefahr"))
      {
         anzahlLeben--;
         lebenAnzeige.text = "Leben: " + anzahlLeben;

         gameObject.SetActive (false);
         if(anzahlLeben > 0)
            Invoke (nameof(NaechstesLeben), 2);
         else
         {
            gewinn.SetActive (false);
            lebenAnzeige.text = "Verloren";
         }
      }
   }
   ...
}
```

Listing 4.8 Die Klasse »Spieler« – Leben zählen und anzeigen

Die ganzzahlige Variable `anzahlLeben` wird zu Beginn auf 3 gesetzt. Der öffentliche Verweis `lebenAnzeige` ermöglicht die Verbindung zu der Textkomponente der Anzeige im UNITY EDITOR. Nach einer Kollision mit einem Tiger wird die Anzahl der Leben mithilfe des Dekrement-Operators -- um 1 verringert. Die Anweisung `anzahlLeben--;` ist eine Abkürzung für die Anweisung `anzahlLeben = anzahlLeben - 1;`. In der zugehörigen Anzeige steht die verbleibende Anzahl an Leben oder der Text `Verloren`. In Abbildung 4.25 sehen Sie die Anzeige im Spiel. Ein *nächstes Leben* gibt es nur noch, falls die Anzahl der Leben größer als 0 ist.

Abbildung 4.25 Anzahl der Leben anzeigen

Ziehen Sie im UNITY EDITOR das Spielobjekt `LebenAnzeige` aus der HIERARCHY VIEW herüber auf den neuen Slot. Damit ist die Textkomponente des Spielobjekts mit dem öffentlichen Verweis verbunden. Testen Sie das Spiel und verlieren Sie es.

4.4.4 Messen Sie die Spielzeit

Als weiterer Anreiz, sich zu verbessern, wird ab der ersten Bewegung des Affen die Spielzeit gemessen und angezeigt.

Das neue Textfeld wird wieder ähnlich positioniert und formatiert wie die vorhandenen Anzeigen für Punkte und Leben. Erzeugen Sie es also auch durch Kopieren und benennen Sie es in `ZeitAnzeige` um. Der Text lautet zu Beginn `Zeit: 0.0 sec.` und erscheint wiederum etwas tiefer, da der Wert von POS Y bei –100 liegen soll.

Ändern Sie die Klasse `Spieler` wie folgt:

```
using UnityEngine;
using TMPro;
public class Spieler : MonoBehaviour
{
   ...
   float zeitStart;
   bool spielGestartet = false;
   public TextMeshProUGUI zeitAnzeige;
```

```
    void Update()
    {
        ...
        if (!spielGestartet && (xEingabe != 0 || yEingabe != 0))
        {
            spielGestartet = true;
            zeitStart = Time.time;
        }

        if (spielGestartet)
            zeitAnzeige.text = string.Format("Zeit: {0,6:0.0} sec.",
                Time.time - zeitStart);
    }
    ...
}
```

Listing 4.9 Die Klasse »Spieler« – Zeit anzeigen

Die `float`-Variable `zeitStart` dient zum Speichern des Startzeitpunkts. Die boolesche Variable `spielGestartet` steht zunächst auf `false`. Dieser Wert zeigt an, dass das Spiel noch nicht gestartet ist. Der öffentliche Verweis `zeitAnzeige` ermöglicht die Verbindung zu der Textkomponente der Anzeige im UNITY EDITOR.

In der Methode `Update()` werden beide Variablen nach der ersten Bewegung des Affen verändert. Ist das Spiel noch nicht gestartet und erfolgt entweder eine Bewegung in X-Richtung oder in Y-Richtung, wird `spielGestartet` auf `true` gesetzt. In der Bedingung kommen alle drei logischen Operatoren vor (siehe auch Abschnitt 4.3.17).

Der Wert einer booleschen Variablen liefert bereits einen Wahrheitswert, ebenso wie eine vollständige Bedingung mit einem Vergleichsoperator. Sie können also eine Verzweigung mit `if(spielGestartet)` oder mit `if(!spielGestartet)` einleiten.

Außerdem wird auf die statische Eigenschaft `time` der Klasse `Time` zugegriffen. Sie enthält die Zeit in Sekunden, die vergangen ist, seitdem Sie das Spiel aufgerufen haben. Wir möchten aber die Zeit nicht ab dem Zeitpunkt des Aufrufs des Spiels messen, sondern erst ab dem Zeitpunkt der ersten Bewegung. Der Benutzer hat somit zunächst ein wenig Zeit, sich mit dem Spielfeld vertraut zu machen.

In der Methode `Update()` wird zudem dafür gesorgt, dass die verstrichene Spielzeit berechnet und angezeigt wird. Das wird aber nur durchgeführt, falls das Spiel bereits gestartet ist. Die Differenz zwischen der Startzeit und der mithilfe der Eigenschaft `time` ermittelten aktuellen Zeit liefert diesen Wert.

Abbildung 4.26 Anzeige der Spielzeit

Dieser Wert wird mithilfe der statischen Methode `Format()` der Klasse `string` formatiert, damit er genau auf eine Stelle hinter dem Komma gerundet angezeigt wird (siehe Abbildung 4.26). Die Format-Zeichenkette enthält einen Ausdruck in geschweiften Klammern:

- Darin steht die erste Ziffer 0 für die laufende Nummer des Werts, der angezeigt werden soll. Das ist in diesem Fall die berechnete Zeitdifferenz. Wären weitere Werte vorhanden, würden sie mithilfe der Ausdrücke `{1,...}{2,...}{3,...}` usw. angezeigt.
- Eine Zahl wird standardmäßig rechtsbündig angezeigt, hier mit einer Mindestbreite von 6 Ziffern. Besitzt eine Zahl mehr Stellen, werden auch alle angezeigt.
- Das Format 0.0 nach dem Doppelpunkt zeigt an, dass mindestens eine Stelle vor dem Komma und genau eine Stelle nach dem Komma angezeigt werden sollen.

Nach dem Ende des Spiels wird der Affe deaktiviert. Die Methode `Update()` wird anschließend nicht mehr durchlaufen, und die Zeitanzeige bleibt stehen. Das passiert auch zwischendurch beim Verlust eines Lebens; die Zeit läuft in diesem Fall allerdings im Hintergrund weiter.

Vergessen Sie nicht, im UNITY EDITOR das Spielobjekt `ZeitAnzeige` aus der HIERARCHY VIEW auf den neuen Slot herüberzuziehen. Testen Sie das Spiel und messen Sie die Zeit.

4.4.5 Speichern Sie Werte dauerhaft

Unity bietet Ihnen mithilfe der vorgefertigten Klasse `PlayerPrefs` eine einfache Möglichkeit, Werte dauerhaft auf der Festplatte zu speichern. Später können Sie diese Werte jederzeit wieder abrufen. In diesem Abschnitt soll die Zeit eines Spielers gespeichert werden, damit sie ihm beim nächsten Spiel wieder angezeigt werden kann. Das schafft einen Anreiz für den Spieler, sich erneut an Ihrem Spiel zu versuchen.

Zu diesem Zweck fügen Sie ein viertes Textfeld mit dem Namen `ZeitAltAnzeige` unter den drei vorhandenen Textfeldern ein. Der Text lautet zu Beginn `Alt: 0.0 sec.` und erscheint bei einem Wert von –125 für POS Y.

Ändern Sie die Klasse `Spieler` wie folgt:

```
using UnityEngine;
using TMPro;
public class Spieler : MonoBehaviour
{
   ...
   public TextMeshProUGUI zeitAltAnzeige;

   void Start()
   {
      float zeitAlt = 0;
      if (PlayerPrefs.HasKey("zeitAlt"))
         zeitAlt = PlayerPrefs.GetFloat("zeitAlt");
      zeitAltAnzeige.text = string.Format("Alt: {0,6:0.0} sec.", zeitAlt);
   }
   ...
   void OnCollisionEnter2D(Collision2D coll)
   {
      ...
            punkteAnzeige.text = "Gewonnen";
            PlayerPrefs.SetFloat("zeitAlt", Time.time - zeitStart);
            PlayerPrefs.Save();
      ...
   }
   ...
}
```

Listing 4.10 Die Klasse »Spieler« – vorherige Zeit anzeigen und speichern

Der öffentliche Verweis `zeitAltAnzeige` ermöglicht es, eine Verbindung mit der Textkomponente der Anzeige im Unity Editor herzustellen.

Betrachten wir zunächst die Speicherung des Werts in der Methode `OnCollisionEnter2D()`. Nachdem der Spieler gewonnen hat, wird der Wert gespeichert. Die statische Methode `SetFloat()` der Klasse `PlayerPrefs` setzt einen `float`-Wert mithilfe eines Schlüssels, der als Zeichenkette angegeben wird. Der Wert entspricht hier der benötigten Spielzeit. Der Schlüssel lautet `zeitAlt`. Die statische Methode `Save()` speichert alle gesetzten Werte unmittelbar auf der Festplatte.

Die Methode `Start()` ist in der Klasse `Spieler` neu hinzugekommen: Sie wird für jedes Objekt einmal zu Beginn seiner Lebenszeit durchlaufen, in diesem Fall also für das Spielobjekt `Spieler`. Zunächst wird der Wert für die alte Zeit auf 0 gesetzt. Die statische Methode HasKey() liefert einen booleschen Wert mit der Information, ob ein bestimmter Schlüssel mit einem Wert existiert. Ist das der Fall, wird dieser Wert mithilfe der statischen Methode GetFloat() von der Festplatte geladen. Anschließend wird der Wert in der Anzeige formatiert ausgegeben (siehe Abbildung 4.27).

Abbildung 4.27 Anzeige der Zeit des vorherigen Spiels

Die Klasse PlayerPrefs bietet zudem die Methoden SetInt() und SetString() zum Setzen sowie die Methoden GetInt() und GetString() zum Abrufen einer ganzen Zahl und einer Zeichenkette.

Im Unity Editor ziehen Sie nun das Spielobjekt ZeitAltAnzeige aus der Hierarchy View auf den neuen Slot herüber. Testen Sie das Spiel und gewinnen Sie mindestens einmal. Beim nächsten Spiel wird die vorher ermittelte Zeit angezeigt.

4.4.6 Geben Sie den Benutzern Hinweise

Der Benutzer soll in bestimmten Situationen zusätzlich und mithilfe von gut sichtbaren Hinweisen informiert werden. Diese verschwinden wieder von selbst, sobald der Spieler bewegt wird:

- Zu Beginn sieht der Benutzer eine Anleitung, wie das Spiel funktioniert.
- Nach jedem Punktgewinn erscheint: »Du hast bereits x Punkte!«
- Nach jedem Verlust eines Lebens erscheint: »Du hast nur noch x Leben!«

Nach dem Ende des Spiels soll die Information »Du hast gewonnen!« oder »Du hast verloren!« dargestellt werden. Sie erscheint bisher eher unscheinbar in der oberen linken Ecke.

Damit der Benutzer den Hinweis nach einem Punktgewinn sehen kann, ändern wir jetzt zusätzlich das Programm. Der neue Gewinn erscheint nicht sofort, sondern erst nach einer Pause von zwei Sekunden.

Erzeugen Sie das neue Textfeld mithilfe des Menüpunkts UI • Text – TextMeshPro im Menü der Hierarchy View und nennen Sie es InfoAnzeige.

Legen Sie im grafischen Element ANCHOR PRESETS den Ausgangspunkt für die Positionierung auf `top` und `center` fest. Vergessen Sie nicht, vorher die beiden Tasten [⇧] und [Alt] zu drücken. Die Werte für POS X und POS Y sind 0 und -100, die Werte für WIDTH und HEIGHT betragen 700 und 200.

In der Komponente TEXTMESHPRO – TEXT (UI) ist die Einstellung für FONT STYLE `Bold` und der Wert für die Schriftgröße in der Eigenschaft FONT SIZE 24. Bei der Eigenschaft ALIGNMENT für die Ausrichtung nehmen Sie eine horizontale Zentrierung (Wert: CENTER) und eine vertikale Zentrierung (Wert: MIDDLE) vor. Bei COLOR stellen Sie die Schriftfarbe »Rot« mit den RGB-Werten 255/0/0 ein. Als Starttext tragen Sie drei Sätze im Feld TEXT INPUT ein, jeweils in einer eigenen Zeile:

```
Bei Betätigen einer beliebigen Taste beginnt das Spiel.
Lenke den Affen mit den Pfeiltasten.
Sammle die Bananen, und vermeide die Tiger.
```

Kontrollieren Sie im Spiel, ob die Info-Anzeige wie gewünscht erscheint (siehe Abbildung 4.28).

Abbildung 4.28 Info-Anzeige

Ändern Sie die Klasse `Spieler` wie folgt:

```
using UnityEngine;
using TMPro;
public class Spieler : MonoBehaviour
{
    ...
    public TextMeshProUGUI infoAnzeige;
    ...
    void Update()
    {
        ...
        if (!spielGestartet && (xEingabe != 0 || yEingabe != 0))
        {
```

```
        ...
        infoAnzeige.text = "";
    }
    ...
}

void OnCollisionEnter2D(Collision2D coll)
{
    if (coll.gameObject.CompareTag("Gewinn"))
    {
        anzahlPunkte++;
        gewinn.SetActive (false);

        if (anzahlPunkte < 6)
        {
            punkteAnzeige.text = "Punkte: " + anzahlPunkte;
            if (anzahlPunkte == 1)
                infoAnzeige.text = "Du hast bereits 1 Punkt!";
            else
                infoAnzeige.text = "Du hast bereits " + anzahlPunkte +
                    " Punkte!";
            Invoke (nameof(NaechsterGewinn), 2);
        }
        else
        {
            infoAnzeige.text = "Du hast gewonnen!";
            ...
        }
    }

    else if (coll.gameObject.CompareTag("Gefahr"))
    {
        ...
        if (anzahlLeben > 0)
        {
            infoAnzeige.text = "Du hast nur noch " + anzahlLeben + " Leben!";
            ...
        }
        else
        {
```

```
                infoAnzeige.text = "Du hast verloren!";
                ...
            }
        }
    }

    void NaechsterGewinn()
    {
        float xNeu = Random.Range(-8.0f, 8.0f);

        float yNeu;
        if (anzahlPunkte < 2) yNeu = -2.7f;
        else if (anzahlPunkte < 4) yNeu = 0.15f;
        else yNeu = 3;

        gewinn.transform.position = new Vector2(xNeu, yNeu);
        gewinn.SetActive (true);
        infoAnzeige.text = "";
    }

    void NaechstesLeben()
    {
        transform.position = new Vector2(0, -4.4f);
        gameObject.SetActive(true);
        infoAnzeige.text = "";
    }
}
```

Listing 4.11 Die Klasse »Spieler« – Infos anzeigen

Der öffentliche Verweis `infoAnzeige` ermöglicht die Verbindung zu der Textkomponente der Anzeige im UNITY EDITOR.

In der Methode `Update()` wird die Anleitung nach der ersten Bewegung des Affen, also nach dem Start des Spiels, mithilfe einer leeren Zeichenkette in der Info-Anzeige ausgeblendet.

Erfolgte eine Kollision mit den Bananen, wird das Spielobjekt `Gewinn` in der Methode `OnCollisionEnter2D()` mithilfe der Methode `SetActive()` deaktiviert. Hat der Spieler noch keine sechs Punkte, wird der Text `Du hast bereits x Punkte!` angezeigt. Hier muss zwischen der Einzahl `Punkt` und der Mehrzahl `Punkte` unterschieden werden (siehe Abbildung 4.29). Neu ist, dass nach zwei Sekunden die Methode `NaechsterGewinn()` aufgerufen wird. Das geschieht wie bei der Methode NaechstesLeben() durch Verwendung der Methode Invoke(). Hat der Spieler bereits sechs Punkte, wird der Text Du hast gewonnen! angezeigt.

Abbildung 4.29 Anzeige nach dem Gewinn des zweiten Punkts

Erfolgte eine Kollision mit einem der Tiger, wird durch die Methode OnCollisionEnter2D() ein Hinweis wie in Abbildung 4.30 eingeblendet. Der Inhalt hängt davon ab, ob der Spieler noch Leben besitzt oder nicht.

Abbildung 4.30 Anzeige nach dem Verlust des zweiten Lebens

Die neue Position der Bananen wird nunmehr erst in der neuen Methode NaechsterGewinn() statt in der Methode OnCollisionEnter2D() bestimmt. Zudem wird das Spielobjekt Gewinn wieder aktiviert, und der Hinweis wird wieder ausgeblendet. In der Methode NaechstesLeben() wird der zuvor gegebene Hinweis ebenso wieder ausgeblendet.

Die beiden Hinweise Verloren und Gewonnen erschienen bisher in den Anzeigen für die Punkte bzw. für die Anzahl der Leben. Diese Anweisungen müssen noch entfernt werden.

Ziehen Sie nun im UNITY EDITOR das Spielobjekt InfoAnzeige aus der HIERARCHY VIEW auf den neuen Slot herüber. Testen Sie das Spiel und kontrollieren Sie, ob in allen beschriebenen Situationen die richtigen Hinweise erscheinen bzw. wieder ausgeblendet werden.

4.4.7 Starten Sie ein neues Spiel

Der Benutzer soll am Ende eines Spiels unmittelbar ein neues Spiel starten können, ohne den Spielmodus zu verlassen. Dazu soll er nur auf die Schaltfläche NEUES SPIEL in der oberen rechten Ecke klicken müssen.

Eine Schaltfläche erzeugen Sie über den Menüpunkt UI • BUTTON - TEXTMESHPRO im Menü der HIERARCHY VIEW. Nennen Sie das neue Spielobjekt SpielNeuButton. Legen Sie im grafischen Element ANCHOR PRESETS den Ausgangspunkt für die Positionierung auf top und right fest. Vergessen Sie nicht, vorher die beiden Tasten [⇧] und [Alt] zu drücken. Die Werte für Pos X und Pos Y betragen –125 und –55, die Werte für Width und Height 180 und 30.

Die Schaltfläche besitzt automatisch ein Unterobjekt vom Typ Text (TMP) für die Aufschrift. In dessen Eigenschaft Text Input der Komponente TextMeshPro – Text (UI) tragen Sie Neues Spiel ein. Die Schriftgröße setzen Sie auf 16, die Schriftfarbe auf »Schwarz«. Kontrollieren Sie, ob die Schaltfläche im Spiel so wie in Abbildung 4.31 erscheint.

Abbildung 4.31 Die Schaltfläche »Neues Spiel«

Ändern Sie die Klasse Spieler so, wie Sie es in Listing 4.12 sehen. Fügen Sie dabei unter anderem eine neue Methode am Ende der Klasse Spieler ein, die im Spiel per Klick auf die Schaltfläche aufgerufen wird:

```
...
public class Spieler : MonoBehaviour
{
   ...
   void OnCollisionEnter2D(Collision2D coll)
   {
      ...
            infoAnzeige.text = "Du hast gewonnen!";
            spielGestartet = false;
      ...
            infoAnzeige.text = "Du hast verloren!";
            spielGestartet = false;
      ...
   }
   ...
   public void SpielNeuButton_Click()
   {
      if (spielGestartet)
         return;

      anzahlPunkte = 0;
      anzahlLeben = 3;
```

```
        float zeitAlt = 0;
        if (PlayerPrefs.HasKey("zeitAlt"))
            zeitAlt = PlayerPrefs.GetFloat("zeitAlt");

        punkteAnzeige.text = "Punkte: 0";
        lebenAnzeige.text = "Leben: 3";
        zeitAnzeige.text = "Zeit:    0.0 sec.";
        zeitAltAnzeige.text =
            string.Format("Alt: {0,6:0.0} sec.", zeitAlt);
        infoAnzeige.text =
            "Bei Betätigen einer beliebigen Taste beginnt das Spiel.\n"
            + "Lenke den Affen mit den Pfeiltasten.\n"
            + "Sammle die Bananen, und vermeide die Tiger.";

        transform.position = new Vector2(0, -4.4f);
        gameObject.SetActive(true);

        gewinn.transform.position = new Vector2(4, -2.7f);
        gewinn.SetActive (true);
    }
}
```

Listing 4.12 Die Klasse »Spieler« – Spiel neu starten

Wird das Spiel gewonnen oder verloren, wird die boolesche Variable `spielGestartet` auf `false` gesetzt. Damit kann in der neuen Methode erkannt werden, ob das Spiel noch läuft oder nicht.

Zur besseren Erkennbarkeit trägt die neue Methode den Namen `SpielNeuButton_Click()`. Betätigt der Benutzer die Schaltfläche während eines laufenden Spiels, soll nichts passieren. Daher wird zunächst die Variable `spielGestartet` abgefragt. Steht sie auf `true`, wird die Methode mithilfe der Anweisung `return;` unmittelbar verlassen. Der Rest der Methode wird nicht mehr ausgeführt.

Steht die Variable `spielGestartet` auf `false`, werden einige Startwerte gesetzt: Punkte auf 0, Leben auf 3 sowie die Spielzeit des vorherigen Spielers. Alle Anzeigen erhalten ihre Starttexte. Der Affe und die Bananen werden an ihre jeweilige Startposition gesetzt und aktiviert.

Die Methode `SpielNeuButton_Click()` müssen Sie nun im Unity Editor mit dem Ereignis »Klick auf Schaltfläche« verbinden. Aus diesem Grund wurde sie mit dem Schlüsselwort public öffentlich zugänglich gemacht. Klicken Sie auf das Pluszeichen im Bereich ON CLICK() der Komponente BUTTON der Schaltfläche: Ein neuer Listeneintrag mit einem leeren Slot auf der linken Seite erscheint.

In diesen Slot ziehen Sie aus der HIERARCHY VIEW dasjenige Spielobjekt, in dessen SCRIPT-Komponente die gewünschte Methode steht, also das Spielobjekt Spieler (siehe Abbildung 4.32, linke Seite).

Klappen Sie die rechte Liste auf, die zu Beginn den Eintrag No Function hat. Wählen Sie aus der Liste das Spielobjekt Spieler aus und anschließend die Methode SpielNeuButton_Click(). Die Methode ist nun mit dem Ereignis verbunden (siehe Abbildung 4.32, rechte Seite).

Abbildung 4.32 Das Ereignis »On Click ()« verweist auf eine Methode.

Testen Sie das Spiel und betätigen Sie die Schaltfläche während eines laufenden Spiels: Es sollte nichts passieren. Gewinnen und verlieren Sie je einmal und betätigen Sie anschließend die Schaltfläche: Das Spiel wird auf seinen Anfang gesetzt. Haben Sie gewonnen, wird die betreffende Zeit als »alte« Zeit angezeigt.

4.4.8 Beenden Sie die Anwendung

Es soll eine weitere Schaltfläche in der oberen rechten Ecke geben, mit deren Hilfe der Benutzer die Anwendung beenden kann.

Erzeugen Sie diese Schaltfläche, indem Sie die erste kopieren, und nennen Sie sie ANWENDUNGENDEBUTTON. Sie liegt ein wenig tiefer, hat für POS Y einen Wert von –90 und trägt die Aufschrift Anwendung beenden (siehe Abbildung 4.33).

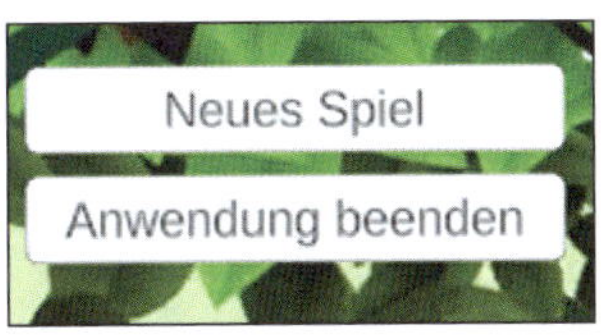

Abbildung 4.33 Die Schaltfläche »Anwendung beenden«

Fügen Sie eine weitere Methode am Ende der Klasse Spieler ein:

```
public void AnwendungEndeButton_Click()
{
   if (!spielGestartet)
      Application.Quit();
}
```

Listing 4.13 Die Klasse »Spieler« – Anwendung beenden

In der öffentlichen Methode `AnwendungEndeButton_Click()` dient die statische Methode `Quit()` der Klasse `Application` zum Beenden der Anwendung. Die Methode `Quit()` wirkt allerdings nur bei der ausführbaren Version des Spiels (siehe Abschnitt 4.5). Daher kann jetzt noch kein Test erfolgen.

Verbinden Sie die Methode im Unity Editor wie im vorherigen Abschnitt mit dem Ereignis. Da die Schaltfläche als Kopie der ersten Schaltfläche erzeugt wird, ist im Bereich On Click () der Komponente Button der Schaltfläche zurzeit eine Verbindung zu der Methode `SpielNeuButton_Click()` zu sehen. Wählen Sie stattdessen die Methode `AnwendungEndeButton_Click()` des Spieler-Scripts aus. Damit sieht die Verbindung so aus wie in Abbildung 4.34.

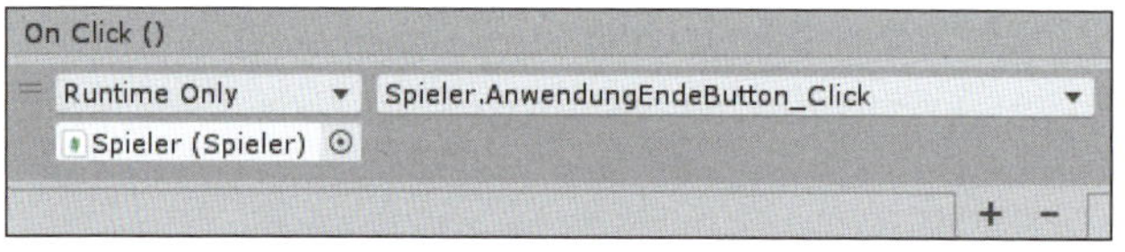

Abbildung 4.34 Zuordnung der Methode »AnwendungEndeButton_Click«

4.4.9 Ideen für Erweiterungen

In diesem Abschnitt habe ich einige Ideen notiert, mit denen Sie Ihr Projekt zu Übungszwecken erweitern können. Solche zusätzlichen Ideen finden Sie auch in den jeweils letzten Abschnitten der meisten anderen Projekte in diesem Buch. Manche der genannten Ideen können Sie erst später umsetzen, wenn Sie in diesem Buch weitere Unity-Elemente kennengelernt haben. Lassen Sie aber auch Ihrer Fantasie freien Lauf und setzen Sie eigene Ideen um.

Hinweis

Diese Änderungsvorschläge sollen Sie motivieren, sich noch intensiver mit dem Aufbau des Projekts zu beschäftigen. So erweitern Sie Ihre Kenntnisse und Fähigkeiten auch für die anderen Projekte. Gehen Sie bei den Änderungen schrittweise vor und testen Sie sie nach jedem Schritt.

Einige Möglichkeiten für dieses Projekt:

- Ändern Sie die Anzahl, die Größe und die Position der Bananen und der Tiger.
- Die Bananen sollen sich regelmäßig oder zufällig bewegen, ähnlich wie bereits die Tiger.
- Arbeiten Sie an der Umgebung: Ändern Sie die Anzahl und die Position der weißen Plattform-Objekte. Fügen Sie zusätzlich weiße Wände ein, die übersprungen werden müssen. Gestalten Sie weiße Räume mit kleinen Eingängen. Platzieren Sie die Bananen und die Tiger in diesen Räumen.
- Speichern Sie die Zeit eines Spielers nur, falls sie besser ist als die vorher gespeicherte Zeit oder falls noch gar keine Zeit gespeichert wurde.
- Fügen Sie Audio-Signale zu den verschiedenen Ereignissen hinzu.
- Erstellen Sie mit den oben genannten Maßnahmen mehrere Level, die einen immer höheren Schwierigkeitsgrad haben (siehe Kapitel 21). Hat ein Spieler ein Level geschafft, kommt er automatisch zum nächsten Level.
- Speichern Sie den Namen des Spielers, seine Zeit und das erreichte Level in einer Highscore-Liste (siehe Kapitel 20).

4.5 Erzeugen Sie eine ausführbare Version

Eine ausführbare Version des Projekts, wie Sie sie in Kapitel 3 gespielt haben, wird auch *Build* genannt. Zur Erstellung eines Builds rufen Sie den Menüpunkt FILE • BUILD PROFILES auf. Wählen Sie im Dialogfeld BUILD PROFILES in der Liste PLATFORMS den Eintrag WINDOWS aus, wie in Abbildung 4.35 zu sehen. Auf der rechten Seite erscheint anschließend die Seite WINDOWS.

Im Feld SCENE LIST stehen diejenigen Szenen Ihres Spiels, die in der ausführbaren Version enthalten sein sollen. In diesem Projekt gibt es nur eine Szene, die den Namen `SampleScene` hat. Sollte sie noch nicht im Feld SCENE LIST eingetragen sein, wechseln Sie über den Button OPEN SCENE LIST auf die Seite SCENE LIST, markieren die Szene und fügen sie durch Betätigung der Schaltfläche ADD OPEN SCENES hinzu. Wechseln Sie anschließend wieder zurück zur Seite WINDOWS.

Starten Sie das Erstellen der ausführbaren Version, indem Sie die Liste BUILD aufklappen und den Eintrag CLEAN BUILD auswählen. Dann öffnet sich ein Dialogfeld zur Auswahl eines Verzeichnisses in Ihrem Projektverzeichnis. Fügen Sie mithilfe des Kontextmenüs ein neues Verzeichnis hinzu, am besten mit dem Namen *Builds*, und wählen Sie diesen Ordner aus. Eine ausführbare Datei wird erstellt und steht Ihnen anschließend zur Verfügung. Sie trägt den Namen des Projekts, versehen mit der Endung *.exe*.

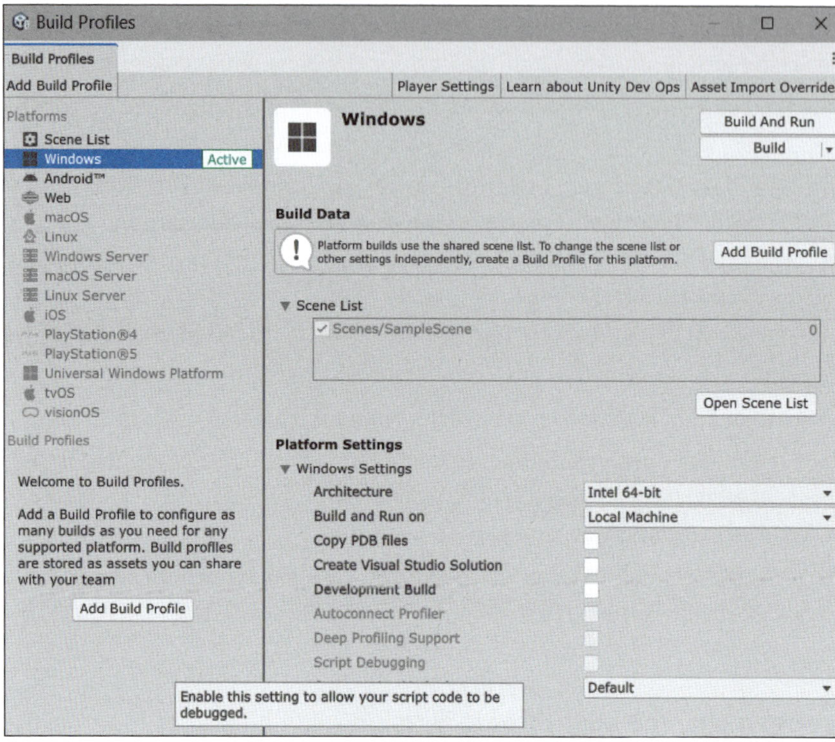

Abbildung 4.35 Die Plattform »Windows«

Starten Sie die Anwendung direkt aus dem Verzeichnis heraus. Testen Sie die Schaltfläche ANWENDUNG BEENDEN. Sie sollte nur in den folgenden Fällen reagieren: Sie haben das Spiel noch nicht gestartet oder Sie haben es soeben gewonnen oder verloren.

Sollten sich in der ausführbaren Version die Tiger zu langsam bewegen, so stellen Sie die Werte anders ein. Zum Beispiel können Sie die Werte für den Aufruf der Methode `RandomRange()` in der Methode `Start()` der Klasse `Gefahren` auf die Werte 1.5 und 3.0 statt auf 0.4 und 0.8 setzen.

Um den Bildschirmmodus zu ändern, öffnen Sie das Dialogfeld PROJECT SETTINGS über den Menüpunkt EDIT • PROJECT SETTINGS. Klappen Sie auf der Seite PLAYER den Bereich RESOLUTION AND PRESENTATION auf. Wählen Sie in der Liste FULLSCREEN MODE den Eintrag FULLSCREEN WINDOW (siehe Abbildung 4.36). Das habe ich bei allen Beispielprojekten dieses Buchs gemacht.

Es kann vorkommen, dass sich die Positionen der Elemente der Benutzeroberfläche von den Positionen unterscheiden, die Sie in der GAME VIEW gesehen haben. In diesem Fall müssten Sie sie für die ausführbare Version korrigieren.

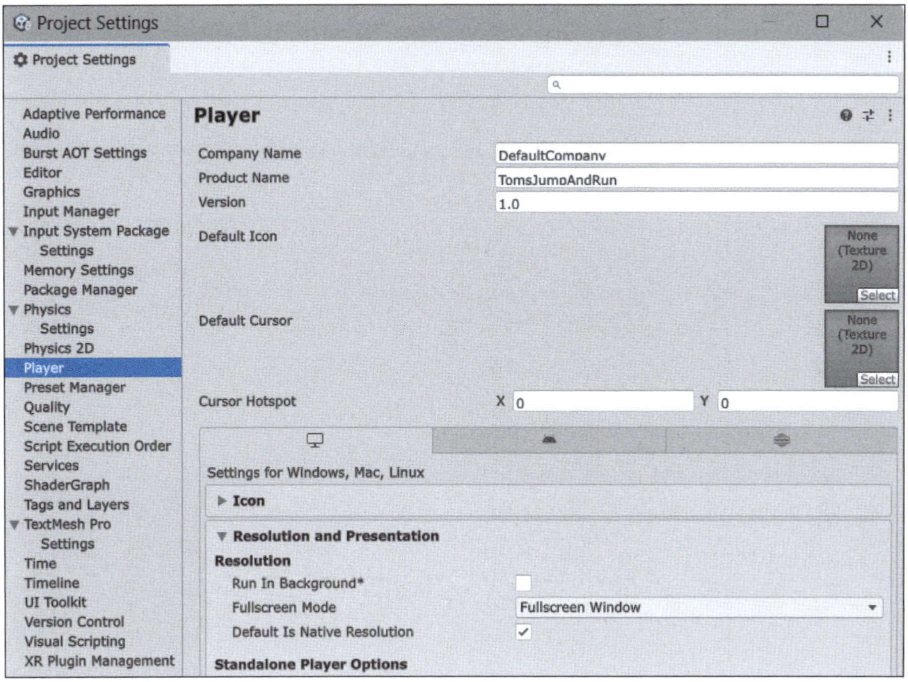

Abbildung 4.36 Das Dialogfeld »Project Settings«

Im Feld PRODUCT NAME könnten Sie den Namen und damit die Titelzeile des ausführbaren Programms ändern, falls es in einem verkleinerten Fenster angezeigt wird (siehe ebenfalls Abbildung 4.36).

Falls Sie Änderungen am Projekt vorgenommen haben, müssen Sie den Build neu erstellen, um eine aktuelle Version der ausführbaren Datei zu haben.

Kapitel 5
Ein 2D-Breakout-Spiel

In diesem Kapitel entwickeln Sie das 2D-Breakout-Spiel *TomsBreakout*. Das Projekt ist etwas aufwendiger als das erste Projekt *TomsJumpAndRun*. Dennoch geht es diesmal dank der Kenntnisse, die Sie bei der Erstellung des ersten Spiels gesammelt haben, wesentlich schneller voran. Das neue Spiel enthält einige bisher unbekannte Elemente, die ich an passender Stelle ausführlich erläutern werde. Zunächst sollen Sie es selbst spielen, um es kennenzulernen.

5.1 Führen Sie das Spiel aus

Öffnen Sie das Verzeichnis der Unity-Projekte. Starten Sie das ausführbare Programm *TomsBreakout.exe* im Unterverzeichnis *TomsBreakout/Builds*. Die Anwendung füllt den gesamten Bildschirm (siehe Abbildung 5.1). Um die Anwendung zu beenden, können Sie die Tastenkombination `Alt` + `F4` betätigen.

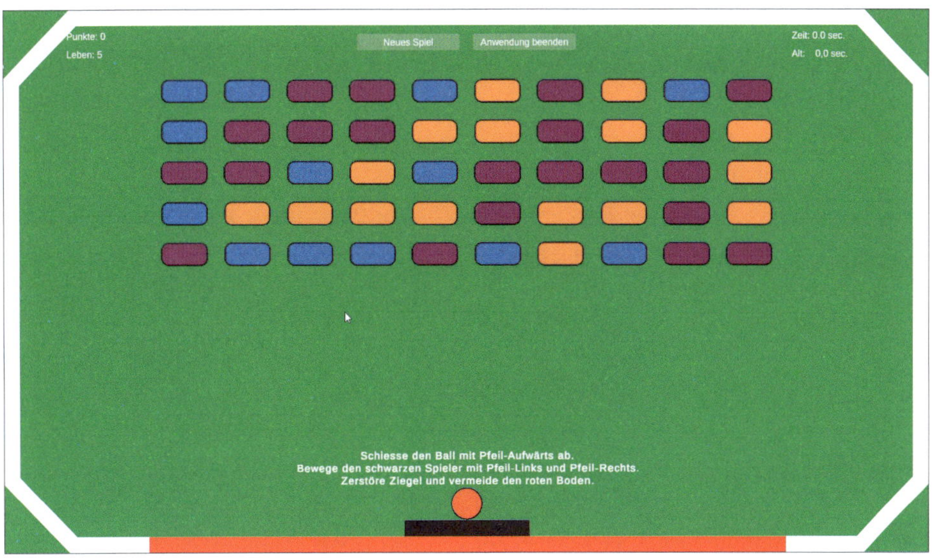

Abbildung 5.1 Das Spiel »TomsBreakout«

Wie Sie sehen, handelt es sich um ein einfaches Breakout-Spiel. Ziel des Spiels ist es, mit dem roten Ball nacheinander alle Ziegel zu treffen und sie auf diese Weise zu zerstören. Indem Sie Taste [↑] einmal drücken, setzen Sie den Ball in Bewegung. Er bewegt sich anschließend selbstständig über das Spielfeld und prallt von verschiedenen Hindernissen ab.

Sobald er einen der Ziegel berührt, erhalten Sie einen Punkt. Gleichzeitig hören Sie ein Audio-Signal. Anschließend verschwindet der betreffende Ziegel. Sobald alle 50 Ziegel verschwunden sind, haben Sie gewonnen. Die Zeit, die Sie dafür benötigt haben, wird festgehalten.

Sie können den schwarzen Spieler am Boden hin- und herschieben. Auf diese Weise können Sie den Ball davor bewahren, den roten Bereich am Boden zu berühren. Bei einer solchen Berührung verlieren Sie eines von fünf Leben. Nach Verlust des letzten Lebens haben Sie das Spiel verloren.

Der Ball wird nach jedem zehnten getroffenen Ziegel schneller, sodass es schwieriger wird, ihn vor einer Kollision mit dem roten Bodenbereich zu bewahren.

Es soll nicht verschwiegen werden, dass das Spiel noch nicht perfekt ist. Gelegentlich können die folgenden Fehlersituationen auftreten, deren Auflösung ich aus Gründen der Übersichtlichkeit noch nicht im Code berücksichtigt habe – mit zunehmender Kenntnis und Erfahrung können Sie diese Fehler aber verbessern:

- Durch das Abprallen kann der Ball auf eine Bahn geraten, auf der er vom Spieler nicht mehr erreicht werden kann.
- Die Geschwindigkeit des Balls ändert sich unabhängig von der Anzahl der getroffenen Ziegel minimal.
- Die Anzahl der getroffenen Ziegel stimmt aufgrund von gleichzeitigen Mehrfach-Kollisionen nicht mit der Anzeige überein.

So, dann spielen Sie erst einmal ein paar Runden. Wie in Abschnitt 3.1 beschrieben, könnten Sie statt der Pfeiltasten auch die WASD-Tasten nutzen.

5.2 Erzeugen Sie das Projekt und die Assets

Um dieses Spiel selbst zu entwickeln, legen Sie zunächst mithilfe des Templates Universal 2D ein neues 2D-Projekt an, z. B. mit dem Namen *MeinBreakout*. Der Unity Editor öffnet sich mit dem neuen Projekt. Wählen Sie in der Game View die beiden Listeneinträge 16:9 Aspect und Play Maximized wie im vorherigen Projekt aus. Vergessen Sie nicht, mindestens nach jedem Abschnitt die geänderte Spielszene zu speichern.

Legen Sie jetzt in der PROJECT VIEW das Asset-Verzeichnis SPRITES an, importieren Sie aus dem Verzeichnis *FreieAssets* die Bilddateien *BallRot.png*, *Rot.png*, *Schwarz.png*, *Weiss.png*, *Rasen.png*, *ZiegelEins.png*, *ZiegelZwei.png* sowie *ZiegelDrei.png* und legen Sie sie im Verzeichnis SPRITES ab.

Die drei Dateien, deren Name mit »Ziegel« beginnt, enthalten drei farbige Ziegel. Die Datei *Rasen.png* dient zum Erstellen des Hintergrunds.

Legen Sie in der PROJECT VIEW zudem das Asset-Verzeichnis SCRIPTS an, in dem wir später die C#-Programme ablegen werden.

5.2.1 Fügen Sie ein Audio-Asset ein

Audio-Assets werden meist Ereignissen oder Abläufen zugeordnet, die während des Spiels auftreten, und dienen zur akustischen Verdeutlichung.

Legen Sie in der PROJECT VIEW das Asset-Verzeichnis AUDIO an, importieren Sie aus dem Verzeichnis *FreieAssets/TomsBreakout* die Audio-Datei *KollisionZiegel.wav* und legen Sie sie im Asset-Verzeichnis AUDIO ab. Diese Datei wird bei der Kollision des roten Balls mit einem der Ziegel abgespielt. Im unteren Bereich der INSPECTOR VIEW können Sie sie zur Probe mit der Schaltfläche PLAY abspielen, die Sie am üblichen Symbol mit dem Pfeil nach rechts erkennen (siehe Abbildung 5.2).

Abbildung 5.2 Abspielen einer Audio-Datei zur Probe

Sie können Audio-Dateien vieler unterschiedlicher Typen als Audio-Assets importieren.

5.2.2 Erstellen Sie ein 2D-Material

2D-Materialien werden den 2D-Collidern von Spielobjekten zugeordnet. Damit legen Sie das Verhalten dieser Spielobjekte bei Kollisionen fest.

Bevor Sie ein 2D-Material erzeugen, legen Sie zunächst in der PROJECT VIEW das Asset-Verzeichnis MATERIALS an. Markieren Sie das neue Verzeichnis und rufen Sie im Hauptmenü den Menüpunkt ASSETS • CREATE • 2D • PHYSICS MATERIAL 2D auf. Nennen Sie das neue 2D-Material `PrallMat`.

Es wird später den 2D-Collidern des Balls und sämtlicher Spielobjekte zugeordnet, von denen der Ball abprallt. Dabei handelt es sich um alle weißen Begrenzungen, alle Ziegel und den schwarzen Spieler. In der INSPECTOR VIEW können Sie die Eigenschaften des 2D-Materials so wie in Abbildung 5.3 einstellen.

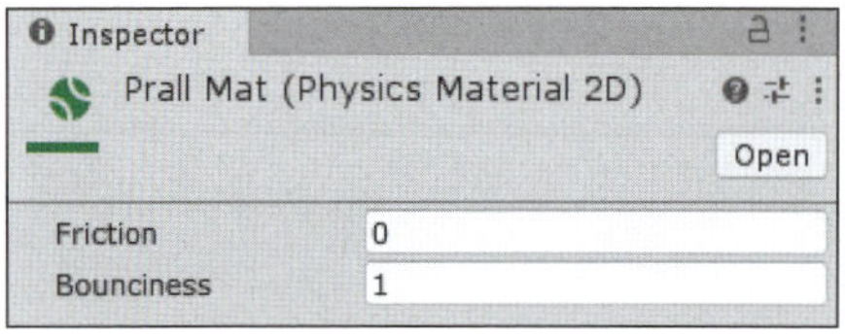

Abbildung 5.3 Eigenschaften des 2D-Materials »PrallMat«

Die Eigenschaft FRICTION steht für die Reibung des 2D-Materials. Der Wert 0 bedeutet: Es tritt keine Reibung auf, und beim Aufprall entspricht der Einfallwinkel dem Ausfallwinkel. Prallt also der Ball z. B. von links unten mit einem Winkel von 45 Grad an die Decke, bewegt er sich anschließend nach rechts unten, und das weiterhin in einem Winkel von 45 Grad zur Decke.

Die Eigenschaft BOUNCINESS steht für das Verhalten bei einem Aufprall. Der Wert 1 bedeutet: Die Geschwindigkeit bleibt gleich. Der Ball wird also bei einem Aufprall weder verlangsamt noch beschleunigt, er bewegt sich nur in eine andere Richtung weiter.

5.2.3 Lernen Sie 2D-Materialien kennen

In diesem Abschnitt finden Sie eine allgemeine Erläuterung zu 2D-Materialien und zu ihren Eigenschaften FRICTION und BOUNCINESS ohne direkten Bezug zum Projekt *TomsBreakout*. Zum besseren Verständnis müssen wir zunächst drei Situationen unterscheiden:

1. Das Spielobjekt bewegt sich entlang einer Begrenzung in einem Winkel von 0 Grad (z. B. auf dem Boden): In diesem Fall wirkt sich nur der Wert der Eigenschaft FRICTION aus.
2. Das Spielobjekt prallt senkrecht auf eine Begrenzung, also in einem Winkel von 90 Grad: In diesem Fall wirkt sich nur der Wert der Eigenschaft BOUNCINESS aus. Das Spielobjekt bewegt sich nach dem Aufprall in die entgegengesetzte Richtung und weiterhin in einem Winkel von 90 Grad.
3. Das Spielobjekt prallt schräg auf eine Begrenzung, also in einem Winkel zwischen 0 und 90 Grad: In diesem Fall wirken sich beide Werte aus.

Betrachten wir zunächst Fall 1, also nur die Eigenschaft FRICTION:

- Wert 0: keine Reibung, wie auf einer Eisfläche
- Wert zwischen 0 und 1: Es tritt Reibung auf.
- Wert 1: hohe Reibung, wie auf Gummi

Bei einem Reibungswert, der größer als 0 ist, wird ein Teil der Bewegungsenergie des rutschenden Spielobjekts in Wärme umgewandelt. Die Wärme bemerken wir in Unity nicht. Das Ergebnis für uns ist aber: Das Spielobjekt wird langsamer.

Betrachten wir nun Fall 2, also nur die Eigenschaft BOUNCINESS:

- Ein Wert, der kleiner als 1 ist, entspricht dem *realen elastischen Stoß*. Ein Teil der Bewegungsenergie des aufprallenden Spielobjekts wird in Verformungsenergie umgewandelt. Die Verformung bemerken wir in Unity nicht. Das Ergebnis für uns: Das Spielobjekt wird langsamer.
- Ein Wert von 1 entspricht dem *idealen elastischen Stoß*. Die Bewegungsenergie des aufprallenden Spielobjekts bleibt vollständig erhalten. Das Ergebnis für uns: Das Spielobjekt bleibt gleich schnell.
- Ein Wert, der größer als 1 ist, entspricht dem *superelastischen Stoß*. Die Bewegungsenergie des aufprallenden Spielobjekts wird durch die Energie, die vom anderen Spielobjekt übertragen wird, erhöht. Die Ursache dafür bemerken wir in Unity nicht. Das Ergebnis für uns: Das Spielobjekt wird schneller.

Als Letztes betrachten wir Fall 3, also beide Eigenschaften gemeinsam:

- Bei einem Reibungswert von 0 gilt *Einfallswinkel gleich Ausfallswinkel*. Ein Spielobjekt, das z. B. von links unten mit einem Winkel von 45 Grad an die Decke prallt, bewegt sich anschließend nach rechts unten weiter, und zwar immer noch in einem Winkel von 45 Grad zur Decke.
- Bei einem Reibungswert, der größer als 0 ist, geht ein Teil der Bewegungsenergie in Wärme über. Der Winkel zur Decke wird im obigen Fall größer als 45 Grad. Das Ergebnis für uns: Das Spielobjekt wird langsamer und bewegt sich zwar nach unten, aber nicht mehr ganz so weit nach rechts.

Im letztgenannten Fall dreht sich das Spielobjekt zusätzlich um seinen Drehpunkt. Bei einem kreisrunden Spielobjekt wirkt sich das höchstens optisch aus. Bei Spielobjekten, die nicht kreisrund sind, werden dadurch ihre gesamte Lage und Bewegung und damit auch ihr Verhalten beim nächsten Aufprall verändert.

5.2.4 Erzeugen Sie ein Prefab

Der Begriff *Prefab* steht abgekürzt für *pre-fabricated*, also vorgefertigt. Bei einem Prefab in Unity handelt es sich um ein vorgefertigtes Spielobjekt. Es gibt zwei Gründe für seinen Einsatz:

1. Ein Spielobjekt soll erst im Verlauf eines Spiels erscheinen, nach dem Eintritt eines bestimmten Ereignisses. Das ließe sich aber auch erreichen, indem ein zunächst deaktiviertes Spielobjekt erst später aktiviert wird.
2. Gleichartige Spielobjekte treten in großer Zahl auf, wie z. B. die Ziegel in diesem Projekt.

Ein Prefab erzeugen Sie zunächst wie ein klassisches Spielobjekt in der HIERARCHY VIEW: Sie fügen Komponenten hinzu und stellen Eigenschaften ein. Anschließend ziehen Sie das fertig vorbereitete Spielobjekt in die PROJECT VIEW. Damit entsteht ein Prefab dieses Spielobjekts. Anschließend können Sie das Spielobjekt aus der HIERARCHY VIEW entfernen. Auch in der PROJECT VIEW können Sie das Prefab noch verändern und einstellen.

Um die drei Ziegel-Prefabs zu erzeugen, ziehen Sie zunächst die drei Sprite-Assets mit den Bilddateien *ZiegelEins.png*, *ZiegelZwei.png* sowie *ZiegelDrei.png* als Spielobjekte in die HIERARCHY VIEW. Geben Sie den Spielobjekten die Namen `ZiegelEins`, `ZiegelZwei` bzw. `ZiegelDrei`. Die TRANSFORM-Komponenten bleiben (fast) unverändert bei einem Scale von 1/1/0 und einer Position bzw. Rotation von 0/0/0.

Erzeugen Sie nun ein neues Tag mit dem Namen `Ziegel` und ordnen Sie es allen drei Spielobjekten zu. Es dient zur Erkennung bei einer Kollision. Fügen Sie dann allen drei Spielobjekten ein BOX COLLIDER 2D hinzu. Das Material-Asset `PrallMat` ziehen Sie jeweils auf den Slot der Eigenschaft MATERIAL des Colliders (siehe Abbildung 5.4).

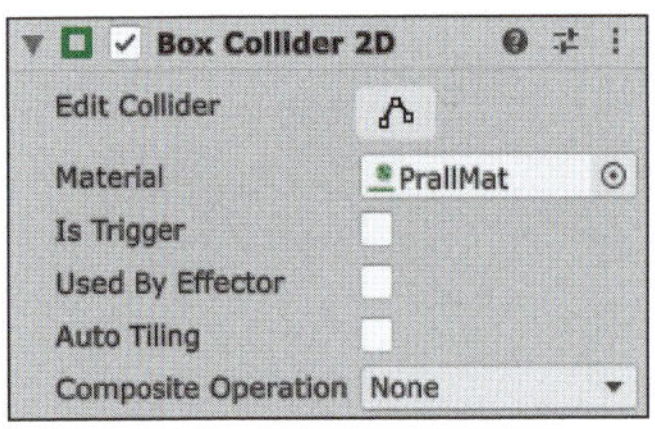

Abbildung 5.4 Collider mit Material

Legen Sie nun in der PROJECT VIEW das Asset-Verzeichnis PREFABS an. Ziehen Sie die drei fertigen Ziegel-Spielobjekte aus der HIERARCHY VIEW in dieses Verzeichnis. Dadurch entstehen drei Prefab-Assets in den Dateien *ZiegelEins.prefab*, *ZiegelZwei.prefab* und *ZiegelDrei.prefab*. In Abbildung 5.5 sehen Sie sie in alphabetischer Sortierung.

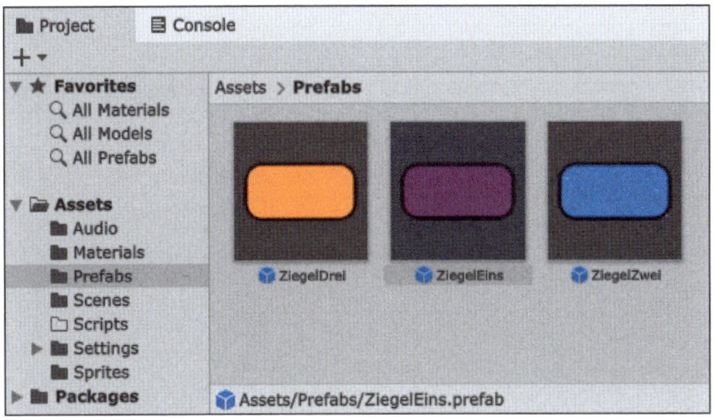

Abbildung 5.5 Prefab-Assets

Die drei Ziegel-Spielobjekte können Sie jetzt aus der HIERARCHY VIEW löschen. Später erzeugen wir noch mithilfe der drei Prefabs und C# insgesamt 50 Ziegel-Spielobjekte.

5.3 Fügen Sie Spielobjekte ein

Die Spielobjekte fügen wir zum einen im UNITY EDITOR, zum anderen mithilfe von C#-Code in das Spielfeld ein.

5.3.1 Füllen Sie das Spielfeld

Erstellen Sie mithilfe des Sprite-Assets `Rasen` das Spielobjekt `Hintergrund` und setzen Sie den Scale auf 5.92/3.33/0. Legen Sie das Spielobjekt mit dem Wert –1 für die Eigenschaft ORDER IN LAYER im Bereich ADDITIONAL SETTINGS der Komponente SPRITE RENDERER in den Hintergrund.

Erstellen Sie ein neues leeres Spielobjekt mit dem Namen `Raum`, das als Verzeichnis dient. Öffnen Sie das Menü der zugehörigen TRANSFORM-Komponente über die drei Punkte in der oberen rechten Ecke und setzen Sie mit dem Menüpunkt RESET die Werte zurück.

Erzeugen Sie im Spielobjekt `Raum` durch Einfügen bzw. Kopieren die Spielobjekte aus Tabelle 5.1 und weisen Sie ihnen die angegebenen Werte zu. Alle Spielobjekte werden aus dem Sprite-Asset `Weiss` erzeugt, nur das Spielobjekt `BodenMitte` aus dem Sprite-Asset `Rot`. Allen Spielobjekten wird außerdem ein BOX COLLIDER 2D hinzugefügt, dem das Material `PrallMat` zugewiesen wird.

Name	Position	Rotation	Scale
`EckeObenLinks`	–8.14/4.26/0	0/0/45	6/1/0
`Decke`	0/4.85/0	0/0/0	50.7/1/0
`EckeObenRechts`	8.14/4.26/0	0/0/315	6/1/0
`WandLinks`	–8.73/0/0	0/0/0	1/24.9/0
`WandRechts`	8.73/0/0	0/0/0	1/24.9/0
`EckeUntenLinks`	–8.14/–4.26/0	0/0/315	6/1/0
`BodenLinks`	–6.85/–4.85/0	0/0/0	5/1/0
`BodenMitte`	0/–4.85/0	0/0/0	40.65/1/0
`BodenRechts`	6.85/–4.85/0	0/0/0	5/1/0
`EckeUntenRechts`	8.14/–4.26/0	0/0/45	6/1/0

Tabelle 5.1 Spielobjekte im Verzeichnis »Raum«

Das Spielobjekt `Spieler` erzeugen Sie aus dem Sprite-Asset `Schwarz`. Es besitzt die folgenden Transform-Werte: Position 0/–4.55/0, Rotation 0/0/0 und Scale 8/1/0. Fügen Sie ein Box Collider 2D hinzu, dem Sie das Material `PrallMat` zuweisen.

Das Spielobjekt `Ball` erzeugen Sie mithilfe des Sprite-Assets `BallRot`. Für es gelten die folgenden Transform-Werte: Position 0/–4.1/0, Rotation 0/0/0 und Scale 0.222/0.222/0. Fügen Sie zwei Komponenten hinzu: ein Circle Collider 2D, dem Sie das Material `PrallMat` zuweisen, und ein Rigidbody 2D, bei dem Sie die Schwerkraft mithilfe der Eigenschaft Gravity Scale auf 0 setzen.

Hinweis

Der Ball soll sich nicht aufgrund der Schwerkraft, sondern nur aufgrund der beschleunigenden Kraft zu Beginn des Spiels bewegen. Anschließend kollidiert er mit den restlichen Spielobjekten. Da die Reibung einen Wert von 0 hat, wird der Ball dabei nicht langsamer.

5.3.2 Erzeugen Sie einen Ziegel

Die Ziegel erzeugen Sie mithilfe der Prefabs und C#. Damit Sie den Vorgang kennenlernen, erstellen wir in diesem Abschnitt zunächst einen einzelnen Ziegel mithilfe des Prefabs `ZiegelEins`.

In den folgenden Abschnitten wird zunächst eine Gruppe von fünf Ziegeln erstellt, danach 50 Ziegel mithilfe von zehn Gruppen aus jeweils fünf Ziegeln. Als Letztes erzeugen wir die 50 Ziegel mithilfe der drei unterschiedlichen Ziegel-Prefabs, wobei die Auswahl jedes einzelnen Ziegels von einem Zufallsgenerator vorgenommen wird.

Erstellen Sie als Erstes im Verzeichnis SCRIPTS ein neues Script-Asset vom Typ MONOBEHAVIOUR SCRIPT in der Datei *Spieler.cs* mit der Klasse `Spieler`. Die Klasse sollte wie folgt aussehen:

```
using UnityEngine;
public class Spieler : MonoBehaviour
{
   public GameObject ziegelEinsPrefab;
   public GameObject ziegelZweiPrefab;
   public GameObject ziegelDreiPrefab;

   void Start()
   {
      Instantiate(ziegelEinsPrefab,
         new Vector2(-6.6f, -0.25f), Quaternion.identity);
   }
}
```

Listing 5.1 Die Klasse »Spieler« – einen Ziegel erstellen

Die Prefabs müssen im Code verfügbar sein. Daher wird jeweils ein Verweis erzeugt, hier mit den Namen `ziegelEinsPrefab`, `ziegelZweiPrefab` und `ziegelDreiPrefab`.

In der Methode `Start()` wird die Methode `Instantiate()` aufgerufen. Diese erstellt einen Klon, also eine Kopie eines Objekts. Der Name des geklonten Originalobjekts muss als erster Parameter angegeben werden. Es folgen die Position des Objekts als `Vector2`-Objekt und die Rotation des Objekts als `Quaternion`-Objekt. Eine Quaternion dient in Unity als eine mathematische Repräsentation einer Rotation. Die statische Eigenschaft `identity` der Klasse `Quaternion` steht für »keine Rotation«.

Ordnen Sie im UNITY EDITOR das C#-Script dem Spielobjekt `Spieler` zu, ziehen Sie die drei Ziegel-Prefabs auf die zugehörigen Slots und starten Sie das Spiel: Sie sehen den ersten Ziegel an der angegebenen Position, also am linken Rand des Spielfelds auf der halben Höhe (siehe Abbildung 5.6).

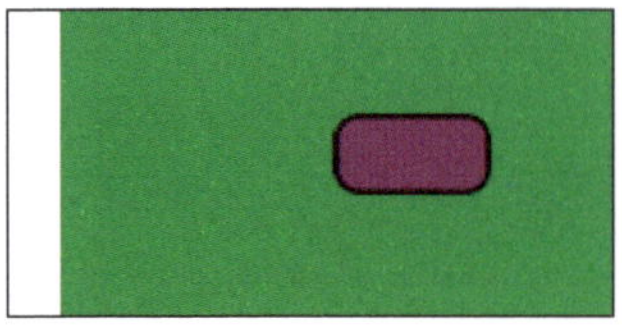

Abbildung 5.6 Erster Ziegel

5.3.3 Wiederholen Sie den Vorgang

Ändern Sie die Methode `Start()` wie folgt:

```
void Start()
{
   for(int y = 1; y <= 5; y++)
   {
      Instantiate(ziegelEinsPrefab, new Vector2(
         -6.6f, y * 0.75f - 0.25f), Quaternion.identity);
   }
}
```

Listing 5.2 Die Klasse »Spieler« – eine Gruppe von fünf Ziegeln

Generell gibt es zwei wichtige *Kontrollstrukturen* zur Steuerung eines Programms: Verzweigungen und Schleifen. Einfache und mehrfache Verzweigungen und ihre Auswirkungen haben Sie bereits kennengelernt.

Eine *Schleife* dient zur Wiederholung eines Vorgangs. Es gibt verschiedene Typen von Schleifen. Nutzen Sie die `for`-Schleife, falls es sich um einen sehr regelmäßigen Vorgang handelt und Sie bereits wissen, wie häufig er ausgeführt werden soll. Das ist hier der Fall, denn wir möchten genau fünf Ziegel in einem gleichmäßigen Abstand erzeugen.

Eine `for`-Schleife wird mithilfe einer Variablen gesteuert, der sogenannten *Schleifenvariablen*. Eine `for`-Schleife besitzt zur Steuerung innerhalb von runden Klammern drei Bestandteile:

- Der erste Teil enthält den *Startausdruck*. Die Schleifenvariable erhält ihren Startwert. In diesem Fall: Die ganzzahlige Variable `y` erhält den Wert 1.
- Nach einem Semikolon folgt die *Laufbedingung* für die Schleifenvariable. Solange diese gilt, wird die Schleife durchlaufen. In diesem Fall: Solange `y` einen Wert hat, der kleiner oder gleich 5 ist, läuft die Schleife.

- Nach dem zweiten Semikolon folgt die *Änderung der Schleifenvariablen*, die nach jedem Durchlauf der Schleife vorgenommen wird. In diesem Fall: Der Wert von `y` wird um 1 erhöht.

Achten Sie darauf, nach der schließenden runden Klammer der `for`-Schleife kein Semikolon zu setzen.

Die vorliegende Schleife wird fünfmal durchlaufen. Damit werden fünf Ziegel erzeugt. Die X-Position der Ziegel ist gleich. Die Y-Position wird mithilfe des aktuellen Werts von `y` berechnet und unterscheidet sich immer um den Wert 0.75. Das ist der Abstand von einer Ziegel-Oberkante zur nächsten. So ergeben sich die Werte 0.5, 1.25, 2.0, 2.75 und 3.5. Starten Sie das Spiel: Sie sehen eine Gruppe von fünf Ziegeln an der angegebenen Position (siehe Abbildung 5.7).

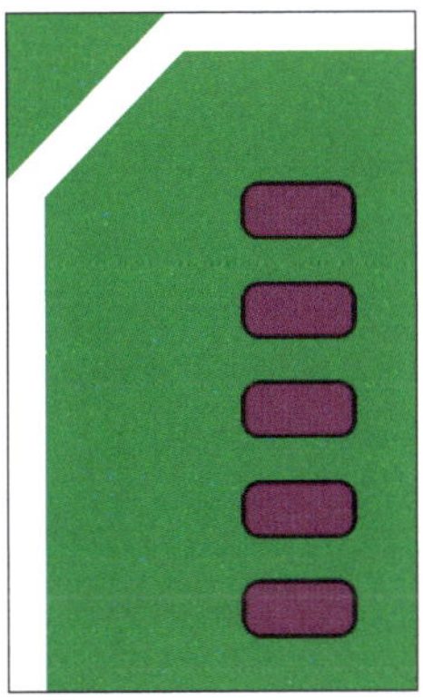

Abbildung 5.7 Eine Gruppe von fünf Ziegeln

Hinweis

Es kommt häufig vor, dass Sie die Schleifenvariable zur Berechnung von Faktoren benötigen. Diese können Sie zunächst einmal grob berechnen. Anschließend können Sie die Anordnung testen und sie dank der Testergebnisse genauer einstellen. Hier ist der Faktor 0.75 für den Abstand zwischen den Elementen zuständig und der Wert –0.25 für die gesamte Anordnung der Gruppe.

5.3.4 Wiederholen Sie die Wiederholung

Ändern Sie die Methode `Start()` wiederum:

```
void Start()
{
```

```
    for (int x = 1; x <= 10; x++)
    {
      for (int y = 1; y <= 5; y++)
      {
        Instantiate(ziegelEinsPrefab, new Vector2(x * 1.2f - 6.6f,
          y * 0.75f - 0.25f), Quaternion.identity);
      }
    }
}
```

Listing 5.3 Die Klasse »Spieler« – ein Raster mit zehn mal fünf Ziegeln

Die bereits bekannte Schleife mit der Schleifenvariablen y steht nun innerhalb einer äußeren Schleife mit der Schleifenvariablen x. Eine solche Konstruktion nennt sich auch *geschachtelte Schleife*.

Die äußere Schleife startet bei x = 1 und läuft, solange x einen Wert kleiner oder gleich 10 hat. Nach jedem Durchlauf wird der Wert von x um 1 erhöht. Die äußere Schleife wird somit zehnmal durchlaufen. Dabei wird die innere Schleife jeweils fünfmal durchlaufen. Die Methode Instantiate() wird also insgesamt 50-mal aufgerufen: Es werden 50 Ziegel erzeugt (siehe Abbildung 5.8).

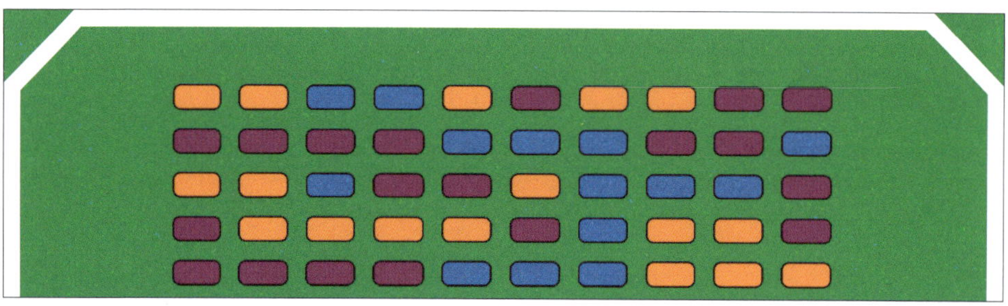

Abbildung 5.8 Zehn mal fünf Ziegel

Die X-Position wird aus dem aktuellen Wert von x berechnet und unterscheidet sich immer um den Wert 1.2. Das ist der Abstand von der linken Kante eines Ziegels zur linken Kante des nächsten Ziegels. Damit ergeben sich die Werte –5.4, –4.2, –3.0, –1.8, –0.6, 0.6, 1.8, 3.0, 4.2 und 5.4. Starten Sie das Spiel: Sie sehen ein Raster von zehn mal fünf Ziegeln an der angegebenen Position.

Die beiden Variablen x und y hätten Sie auch zu Beginn der Methode Start() erzeugen können. In diesem Fall würden sie für die gesamte Methode gelten und nicht nur für das Innere der jeweiligen Schleife.

Hinweis

Wie bei einer Verzweigung gilt: Enthält eine Schleife nur eine einzelne Anweisung, können Sie die geschweiften Klammern auch weglassen. Die Anweisung mit der Methode `Instantiate()` ist eine einzelne Anweisung bezüglich der inneren Schleife. Zudem stellt die innere `for`-Schleife eine einzelne Anweisung bezüglich der äußeren Schleife dar. Hier habe ich die Klammern allerdings zur deutlicheren Darstellung dennoch stehen gelassen.

5.3.5 Erzeugen Sie unterschiedliche Ziegel

Ändern Sie die Methode `Start()` ein letztes Mal:

```
void Start()
{
   for (int x = 1; x <= 10; x++)
   {
      for (int y = 1; y <= 5; y++)
      {
         int zufall = Random.Range(1, 4);
         GameObject ziegel = zufall switch
         {
            1 => ziegelEinsPrefab,
            2 => ziegelZweiPrefab,
            _ => ziegelDreiPrefab,
         };
         Instantiate(ziegel, new Vector2(x * 1.2f - 6.6f,
            y * 0.75f - 0.25f), Quaternion.identity);
      }
   }
}
```

Listing 5.4 Die Klasse »Spieler« – zufällig ausgewählte Ziegel

Sind die beiden Parameter der statischen Methode `Range()` der Klasse `Random` ganzzahlig, wird ein ganzzahliger Wert geliefert. Der erste Parameter gibt das mögliche Minimum an, der zweite Parameter gibt die nächste ganze Zahl oberhalb des möglichen Maximums an. Der Aufruf `Random.Range(1,4)` liefert also eine ganze Zahl mit dem Wert 1, 2 oder 3.

Mithilfe einer mehrfachen Verzweigung wird entschieden, welches der drei Ziegel-Prefabs für den aktuellen Ziegel verwendet wird. Bei einer mehrfachen Verzweigung können statt einer `if-else`-Verzweigung auch ein `switch`-Block oder ein `switch`-Ausdruck zum Einsatz kommen. Auf diese Weise können viele unterschiedliche Fälle übersichtlich notiert werden.

Es wird eine Variable mit dem Namen `ziegel` deklariert, die als allgemeiner Verweis auf ein Objekt des Typs `GameObject` gilt. Anschließend erfolgt die Zuweisung des passenden Verweises an diese Variable mithilfe eines `switch`-Ausdrucks. Dabei wird der Wert der Variablen `zufall` untersucht:

- Hat sie den Wert 1, wird der Verweis auf das erste Ziegel-Prefab zugewiesen.
- Beim Wert 2 wird der Verweis auf das zweite Ziegel-Prefab zugewiesen.
- Handelt es sich um einen anderen Wert, tritt der sogenannte Default-Fall ein und es wird der Verweis auf das dritte Ziegel-Prefab zugewiesen.

Beachten Sie die vorgegebene Schreibweise des `switch`-Ausdrucks: Zuweisung eines Werts, Schlüsselwort `switch`, geschweifte Klammern, Operator `=>`, Kommata nach den verschiedenen Möglichkeiten, Default-Möglichkeit als letzte Option, Unterstrich vor der Default-Möglichkeit und Semikolon am Ende des Ausdrucks.

5.4 Erstellen Sie den Spielablauf

Zur besseren Übersicht wird der Spielablauf zunächst unabhängig von der Benutzeroberfläche erstellt. Notwendige Ausgaben erscheinen in vorläufiger Form in der Statuszeile und in der CONSOLE VIEW.

5.4.1 Senden Sie den Ball ab

Nach dem Start des Spiels soll sich der Benutzer zunächst mit dem Spielfeld vertraut machen. Der Ball soll erst abgesendet werden, wenn der Spieler die Taste [↑] betätigt.

Ändern Sie die Klasse `Spieler` wie folgt:

```
using UnityEngine;
public class Spieler : MonoBehaviour
{
    ...
    public GameObject ball;
    Rigidbody2D ballRB;
    bool ballUnterwegs = false;
```

```
    void Start()
    {
        ...
        ballRB = ball.GetComponent<Rigidbody2D>();
    }

    void Update()
    {
        float xEingabe = Input.GetAxis("Horizontal");
        float yEingabe = Input.GetAxis("Vertical");

        if (!ballUnterwegs && yEingabe > 0)
        {
            ballRB.AddForce(new Vector2(240, 160));
            ballUnterwegs = true;
        }
    }
}
```

Listing 5.5 Die Klasse »Spieler« – Ball absenden

Zunächst wird ein öffentlicher Verweis auf das Spielobjekt `Ball` eingeführt. Dann folgt ein Verweis auf die Komponente RIGIDBODY 2D des Balls. Die boolesche Variable `ballUnterwegs` enthält die Information, ob der Ball unterwegs ist oder nicht. Zu Beginn ist das noch nicht der Fall.

In der Methode `Start()` wird ein Verweis auf die Komponente RIGIDBODY 2D des Spielobjekts `Ball` ermittelt und zugewiesen. Die *generische Methode* `GetComponent()` liefert einen Verweis auf eine beliebige Komponente eines Spielobjekts. Eine generische Methode enthält einen Datentyp innerhalb von spitzen Klammern. Sie kann somit auf unterschiedliche Datentypen angewendet werden.

So könnten Sie auch einen Verweis auf die Komponente TRANSFORM eines Spielobjekts ermitteln. Ein Beispiel für dasselbe Spielobjekt:

```
Transform ballTF = ball.GetComponent<Transform>();
```

Der weitere Zugriff würde mithilfe von `ballTF.position...` erfolgen. Speziell für die häufig genutzte Komponente TRANSFORM steht uns aber auch die Eigenschaft `transform` eines Spielobjekts zur Verfügung. Somit können wir die bekannte Schreibweise `transform.position...` nutzen.

In der Methode Update() werden zunächst die Eingaben des Benutzers ermittelt. Die Eingabe des Benutzers in horizontaler Richtung wird zurzeit noch nicht weiterverarbeitet. Daher sehen Sie eine diesbezügliche Warnung in der Statuszeile. Falls der Ball nicht unterwegs ist und die Taste [↑] betätigt wird, erfolgt das Absenden des Balls.

Die Methode AddForce() führt dazu, dass für einen kurzen Zeitraum eine beschleunigende Kraft auf die Komponente RIGIDBODY 2D des Spielobjekts ausgeübt wird. Wirken keine weiteren Kräfte, bewegt sich das Objekt anschließend mit gleichmäßiger Geschwindigkeit. Der Parameter der Methode AddForce() hat den Typ Vector2 und gibt die Richtung der Kraft an. Im vorliegenden Fall wirkt die Kraft nach rechts oben.

Hinweis

Eine Kraft kann mithilfe eines Richtungsvektors angegeben werden, der einen Betrag und eine Richtung besitzt. Beide Werte lassen sich aus den Komponenten X und Y des Vector2-Objekts berechnen.

Die boolesche Variable ballUnterwegs wird auf true gesetzt. Dies sorgt dafür, dass durch eine weitere Betätigung der Taste [↑] keine erneute Kraft ausgeübt werden kann, falls der Ball bereits unterwegs ist.

Ziehen Sie im UNITY EDITOR das Spielobjekt Ball in den zugehörigen Slot des Spieler-Scripts. Starten Sie das Spiel und betätigen Sie die Taste [↑]: Der Ball wird abgesendet und prallt von den Spielobjekten ab. In der aktuellen Version prallt er auch noch vom roten Bodenbereich ab. Das wird später geändert.

5.4.2 Bewegen Sie den Spieler

Der schwarze Spieler soll nach links und rechts bewegt werden können, allerdings erst, nachdem der Ball abgesendet wurde, also unterwegs ist.

Ändern Sie die Klasse Spieler wie folgt:

```
using UnityEngine;
public class Spieler : MonoBehaviour
{
   ...
   readonly float eingabeFaktor = 10;
   ...
   void Update()
   {
      ...
```

```
        if (ballUnterwegs)
        {
            float xNeu = transform.position.x +
                xEingabe * eingabeFaktor * Time.deltaTime;
            if (xNeu < -6) xNeu = -6;
            if (xNeu > 6) xNeu = 6;
            transform.position = new Vector2(xNeu, transform.position.y);
        }
    }
}
```

Listing 5.6 Die Klasse »Spieler« – Spieler bewegen

Für die Umsetzung der Benutzereingabe wird wie im vorherigen Projekt ein Faktor benötigt. In der Methode `Update()` wurden die Eingaben bereits zu Beginn in den Variablen `xEingabe` und `yEingabe` gespeichert.

Ist der Ball unterwegs, wird eine neue X-Position für den Spieler ermittelt. Sobald sie zu weit links oder zu weit rechts liegt, wird sie auf einen bestimmten Wert begrenzt.

Starten Sie das Spiel, und senden Sie den Ball ab. Bewegen Sie den Spieler nach ganz links (siehe Abbildung 5.9) und ganz rechts.

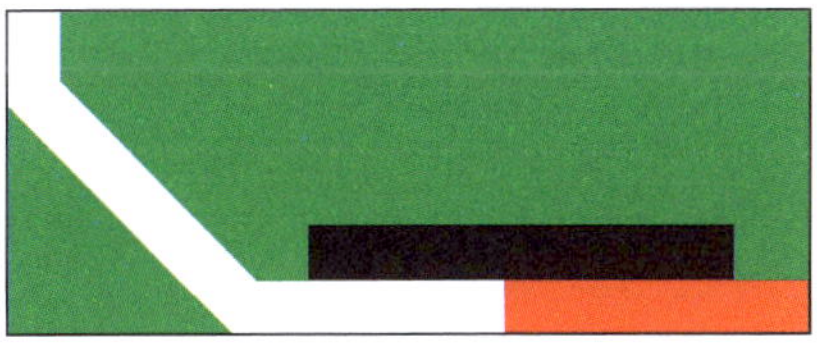

Abbildung 5.9 Linke Grenzposition

5.4.3 Sammeln Sie Punkte

Nach der Kollision des Balls mit einem Ziegel soll der Benutzer einen Punkt erhalten. Anschließend soll der betreffende Ziegel verschwinden. Außerdem soll der Ball nach Erreichen einer bestimmten Punktzahl schneller werden, sodass es schwieriger wird, ihn vor einer Kollision mit dem roten Bodenbereich zu bewahren. Sobald der letzte Ziegel verschwunden ist, hat der Benutzer gewonnen.

Um das zu erreichen, führen wir ein neues C#-Script vom Typ MonoBehaviour Script mit der Klasse `Ball` in der Datei *Ball.cs* ein, das wie folgt aussieht:

```
using UnityEngine;
public class Ball : MonoBehaviour
```

```
{
   public GameObject spieler;
   public AudioClip kollisionZiegelAudio;
   int anzahlPunkte = 0;
   Rigidbody2D rb;

   void Start()
   {
      rb = GetComponent<Rigidbody2D>();
   }

   void OnCollisionEnter2D(Collision2D coll)
   {
      GameObject anderesObjekt = coll.gameObject;

      if (anderesObjekt.CompareTag("Ziegel"))
      {
         AudioSource.PlayClipAtPoint(kollisionZiegelAudio, transform.position);
         anzahlPunkte++;

         if (anzahlPunkte < 50)
         {
            Destroy(anderesObjekt, 0.1f);
            if (anzahlPunkte % 10 == 0)
               rb.linearVelocity = new Vector2(
                  rb.linearVelocity.x * 1.1f, rb.linearVelocity.y * 1.1f);
            Debug.Log ("Punkte: " + anzahlPunkte +
               " Geschwindigkeit: " + rb.linearVelocity.magnitude);
         }
         else
         {
            Destroy(anderesObjekt);
            spieler.SetActive(false);
            gameObject.SetActive(false);
            Debug.Log("Du hast gewonnen.");
         }
      }
   }
}
```

Listing 5.7 Die Klasse »Ball« – Punkte sammeln

Zu Beginn werden zwei öffentliche Verweise eingeführt, zum einen auf das Spielobjekt `Spieler`, zum anderen auf ein Objekt der Klasse `AudioClip`. Ein solches Objekt wird zum Abspielen des Audio-Prefabs benötigt. Die ganzzahlige Variable `anzahlPunkte` dient zum Zählen.

Ähnlich wie in der Klasse `Spieler` wird ein Verweis auf die Komponente RIGIDBODY 2D des Balls ermittelt und in der Methode `Start()` zugewiesen. Da wir uns in der Klasse `Ball` befinden, ist der Verweis leichter zu erreichen als von der Klasse `Spieler` aus.

In der Methode `OnCollisionEnter2D()` wird zunächst das Spielobjekt ermittelt, mit dem die Kollision erfolgte. Wird es aufgrund seines Tags als Ziegel erkannt, wird die Punktzahl erhöht. Außerdem ertönt im Moment der Kollision ein Audio-Signal. Dazu wird die statische Methode `PlayClipAtPoint()` der Klasse `AudioSource` aufgerufen. Sie dient dazu, das `AudioClip`-Objekt an einem bestimmten Punkt abzuspielen (hier am Ort des Balls).

Die Methode `Destroy()` dient dazu, ein Spielobjekt, eine Komponente oder ein Asset zu zerstören und damit aus dem Spiel zu nehmen. Wird beim Aufruf nur ein Parameter übergeben, wird das betreffende Objekt sofort zerstört. Ein zweiter Parameter dient zur Angabe eines Zeitraums in Sekunden. Erst nach dessen Ablauf wird das Objekt zerstört.

Im vorliegenden Fall werden die ersten 49 Ziegel erst nach 0.1 Sekunden gelöscht. Der Ball soll zunächst vom Ziegel abprallen. Erst anschließend soll der Ziegel verschwinden. Ansonsten könnte es passieren, dass sich der Ball einfach weiterbewegen würde, statt von dem Ziegel abzuprallen. Erst der letzte Ziegel wird sofort zerstört, weil anschließend das Spiel sowieso endet.

Hinweis

Der *Modulo-Operator* `%` berechnet den *Rest* einer ganzzahligen Division. Ein Beispiel: `24 % 10` ergibt 4, denn 24 geteilt durch 10 ergibt 2, Rest 4. Ergibt `a % b` einen Rest von 0, gilt: *a ist durch b ohne Rest teilbar.*

Der Modulo-Operator wird hier genutzt, um die Geschwindigkeit des Balls nach dem Erreichen von 10, 20, 30 bzw. 40 Punkten jeweils zu erhöhen.

Die Eigenschaft `linearVelocity` einer Komponente vom Typ RIGIDBODY 2D enthält die geradlinige Geschwindigkeit des Rigidbodys, also des zugehörigen Spielobjekts. Sie hat den Typ `Vector2`. Mithilfe der Untereigenschaften `x` und `y` können der X-Anteil und der Y-Anteil der Geschwindigkeit und damit die Bewegungsrichtung ermittelt werden. Im vorliegenden Fall werden beide Anteile mit dem Faktor 1.1 multipliziert und so um 10 % erhöht. Ihr Verhältnis zueinander ändert sich nicht, die Richtung bleibt also gleich.

Die Methode `SetActive()` wird nach dem Zerstören des letzten Ziegels zweimal aufgerufen: einmal zum Deaktivieren des Spielers und einmal zum Deaktivieren des aktuellen Spielobjekts, also des Balls.

Zurzeit verfügt das Projekt noch über keinerlei Anzeige. Daher werden vorläufige Ausgaben mithilfe der statischen Methode `Log()` der Klasse `Debug` eingeführt. Die Methode benötigt eine Zeichenkette als Parameter.

> **Hinweis**
>
> Eine solche Ausgabe von kommentierten Werten während eines Programmlaufs ist sehr nützlich zur Kontrolle von Werten, insbesondere bei der Fehlersuche.

Während des Spiels sehen Sie die jeweils letzte Ausgabe in der Statuszeile am unteren linken Rand des Spielfelds (siehe Abbildung 5.10). Alle Ausgaben nacheinander können Sie in der Console View verfolgen (siehe Abbildung 5.11).

Abbildung 5.10 Kontrollausgabe in der Statuszeile

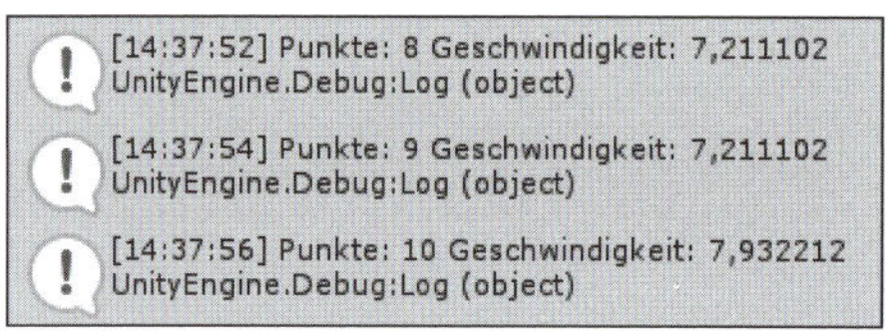

Abbildung 5.11 Kontrollausgabe in der »Console View«

Im vorliegenden Fall wird neben der Punktzahl mithilfe der Untereigenschaft `magnitude` der Betrag der Geschwindigkeit angezeigt. Eine Geschwindigkeit lässt sich, wie eine Kraft, mit einem Richtungsvektor angeben, der einen Betrag und eine Richtung besitzt. In Abbildung 5.11 sehen Sie, dass sich der Betrag nach dem Erreichen des zehnten Punkts um 10 % erhöht hat. Treffen Sie den 50. Ziegel, erscheint der folgende Text: `Du hast gewonnen.`

Ordnen Sie das neue C#-Script im Unity Editor dem Spielobjekt `Ball` zu. Ziehen Sie das Spielobjekt `Spieler` und das Audio-Asset `KollisionZiegel` auf den jeweils zugehörigen Slot des Ball-Scripts. Starten Sie nun das Spiel, senden Sie den Ball ab und treffen Sie mindestens zehn Ziegel. Beachten Sie die Statuszeile und die Console View.

Hinweis

Kontrollausgaben in der CONSOLE VIEW werden später im endgültigen Projekt nicht mehr benötigt. Sie dienen nur zu Ihrer Information während der Entwicklung. Sie müssen sie aber nicht vollständig entfernen, sondern können sie einfach *auskommentieren*. Häufig benötigt man diese Ausgaben später noch einmal. Um die Anweisung auszukommentieren, setzen Sie sie zwischen die Kommentarklammern /* und */.

5.4.4 Wie Sie Leben verlieren

Zu Beginn stehen dem Benutzer fünf Leben zur Verfügung. Nach der Kollision des Balls mit dem roten Bodenbereich soll der Benutzer ein Leben verlieren. Anschließend sollen Spieler und Ball wieder auf der Startposition am unteren Rand platziert werden, damit der Ball von dort erneut abgesendet werden kann. Nach dem Verlust des letzten Lebens hat der Benutzer verloren.

Ändern Sie dazu die Klasse `Ball` wie folgt:

```
using UnityEngine;
public class Ball : MonoBehaviour
{
   ...
   public Spieler spielerKlasse;
   int anzahlLeben = 5;
   ...
   void OnCollisionEnter2D(Collision2D coll)
   {
      ...
      else if (anderesObjekt.CompareTag("BodenMitte"))
      {
         anzahlLeben--;

         spieler.SetActive(false);
         gameObject.SetActive(false);
         spielerKlasse.ballUnterwegs = false;

         if (anzahlLeben >= 1)
         {
```

```
                Invoke (nameof(NaechstesLeben), 1);
                Debug.Log ("Leben: " + anzahlLeben);
            }
            else
            {
                Debug.Log("Du hast verloren.");
            }
        }
    }

    void NaechstesLeben()
    {
        spieler.SetActive(true);
        spieler.transform.position = new Vector2(0, -4.55f);

        gameObject.SetActive(true);
        transform.position = new Vector2(0, -4.1f);
    }
}
```

Listing 5.8 Die Klasse »Ball« – Leben verlieren

In der Klasse `Spieler` ist die Variable `ballUnterwegs` noch nicht von außen zugänglich. Daher erscheint eine Fehlermeldung. Ordnen Sie dieser Variablen den Zugriffsmodifizierer `public` zu, und die Meldung verschwindet.

Führen Sie im Unity Editor das neue Tag `BodenMitte` ein und ordnen Sie es dem gleichnamigen Spielobjekt zu.

Kommen wir nun zu den obigen Script-Änderungen: Zuerst wird der öffentliche Verweis `spielerKlasse` eingeführt. Dabei handelt es sich um einen Verweis auf ein Objekt der Klasse `Spieler`. Da es im Projekt nur ein Objekt dieser Klasse gibt, nämlich das Spielobjekt `Spieler`, haben wir damit Zugriff auf den aktuellen Wert der soeben öffentlich gemachten Eigenschaft `ballUnterwegs` dieses Spielobjekts.

Die ganzzahlige Variable `anzahlLeben` dient zum Zählen.

Wird in der Methode `OnCollisionEnter2D()` festgestellt, dass die Kollision mit dem roten Bodenbereich erfolgte, wird die Anzahl der Leben um 1 verringert. Anschließend werden der Spieler und der Ball deaktiviert. Die Variable `ballUnterwegs` des Objekts der Klasse `Spieler` wird auf `false` gesetzt. Damit wird das erneute Absenden des Balls mithilfe der Taste [↑] ermöglicht.

Sind noch Leben übrig, wird die Methode `NaechstesLeben()` mithilfe der Methode `Invoke()` zeitverzögert aufgerufen. In jedem Fall werden mithilfe der Methode `Debug.Log()` vorläufige Ausgaben in der Statuszeile und in der CONSOLE VIEW vorgenommen.

In der Methode `NaechstesLeben()` werden der Spieler und der Ball wieder aktiviert und auf ihre jeweilige Startposition gesetzt.

Ziehen Sie das Spielobjekt `Spieler` im UNITY EDITOR auf den neuen Slot `Spieler Klasse` (siehe Abbildung 5.12). Ähnlich wie bei einem Slot für ein Textfeld wird dabei nicht das Spielobjekt selbst, sondern seine SCRIPT-Komponente mit dem Verweis verbunden.

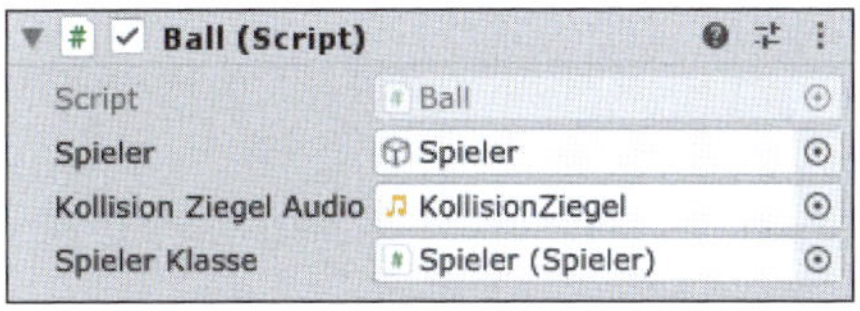

Abbildung 5.12 Das Spielobjekt »Spieler« auf dem Slot »Spieler Klasse«

Das Spielobjekt `BodenMitte` ist mit dem Material `PrallMat` verbunden. Allerdings führt eine Kollision des Balls nicht mehr zu einem Abprallen, sondern zum Verlust eines Lebens und dem kurzzeitigen Verschwinden des Balls. Auch wenn es nicht notwendig ist, lösen wir die Zuordnung des Materials `PrallMat` zum Spielobjekt `BodenMitte` wieder: Klicken Sie rechts neben der Eigenschaft MATERIAL der Komponente BOX COLLIDER 2D des Spielobjekts auf den Kreis. Dadurch erscheint das Dialogfeld SELECT PHYSICSMATERIAL2D. Markieren Sie den Eintrag `None` (siehe Abbildung 5.13).

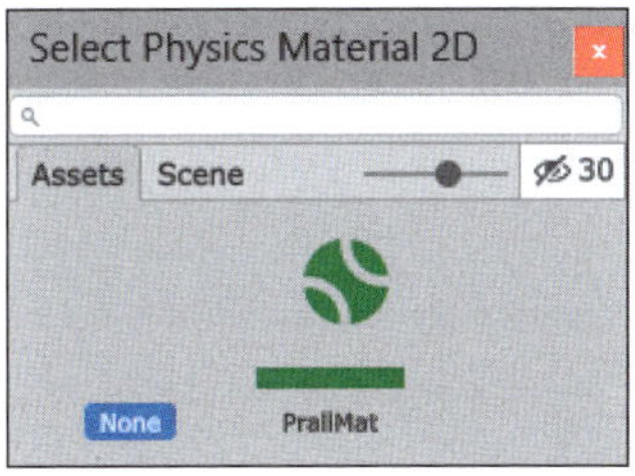

Abbildung 5.13 Kein Material zuordnen

Mit den Änderungen in diesem Abschnitt haben Sie den wichtigsten Teil des Spielablaufs erstellt. Später müssen Sie noch die Zeitmessung, komfortable Anzeigen und Schaltflächen hinzufügen. Starten Sie aber erst einmal das Spiel und versuchen Sie, es zu gewinnen.

5.5 Gestalten Sie die Benutzeroberfläche

Die Benutzeroberfläche in diesem Projekt enthält Textfelder und Schaltflächen, ähnlich denen aus dem Projekt *TomsJumpAndRun*. Wir können die Elemente einzeln erzeugen und gestalten.

Aber wir können sie auch einfach aus dem anderen Projekt übernehmen und an dieses Projekt anpassen. Dazu importieren wir in den beiden folgenden Abschnitten ein *Unity Package*, das aus einem anderen Projekt stammt. Eine allgemeine Beschreibung zur Arbeit mit Unity Packages finden Sie in Abschnitt 22.2.

5.5.1 Exportieren Sie ein Unity Package

Öffnen Sie das Projekt *TomsJumpAndRun*. Ziehen Sie die beiden Spielobjekte `UI` und `EventSystem` aus der HIERARCHY VIEW in die PROJECT VIEW. Damit entstehen in der PROJECT VIEW die beiden Prefab-Assets `UI` und `EventSystem`, die alle Elemente der Benutzeroberfläche mitsamt dem zugehörigen Ereignissystem enthalten.

Markieren Sie beide Prefab-Assets, und rufen Sie den Menüpunkt EXPORT PACKAGE im Kontextmenü auf. Nun öffnet sich das Dialogfeld EXPORTING PACKAGE. Stellen Sie sicher, dass die gewünschten Prefab-Assets `UI` und `EventSystem` markiert sind (siehe Abbildung 5.14). Das intern verwendete Asset `TextMesh Pro` wurde dem Export automatisch hinzugefügt.

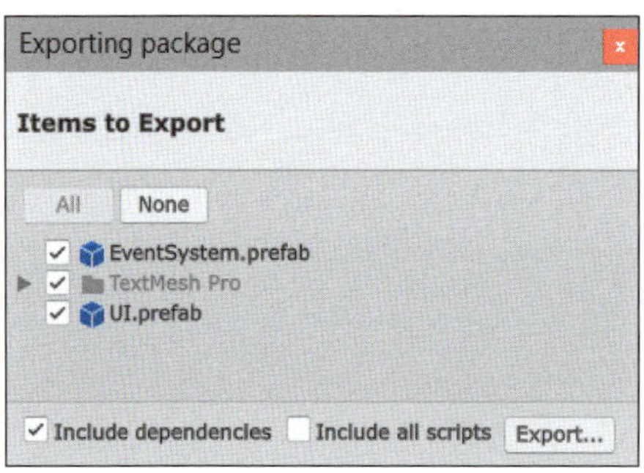

Abbildung 5.14 Pakete exportieren

Betätigen Sie die Schaltfläche EXPORT. Wählen Sie ein geeignetes Zielverzeichnis aus, benennen Sie die neue Datei, z. B. *UI.unitypackage*, und betätigen Sie die Schaltfläche SPEICHERN. Die Endung *unitypackage* wird bei dem Dateinamen vorgegeben.

Das Projekt *TomsJumpAndRun* soll unverändert bleiben. Die beiden Prefab-Assets werden hier nicht mehr benötigt und können daher entfernt werden.

5.5.2 Importieren Sie ein Unity Package

Öffnen Sie das Projekt *TomsBreakout*. Rufen Sie den Menüpunkt IMPORT PACKAGE • CUSTOM PACKAGE des Hauptmenüs ASSETS auf. Wählen Sie die zuvor gespeicherte Datei *UI.unitypackage* aus und betätigen Sie die Schaltfläche ÖFFNEN. Jetzt öffnet sich das Dialogfeld IMPORT UNITY PACKAGE. Stellen Sie sicher, dass die drei Prefab-Assets `UI`, `EventSystem` und `TextMesh Pro` markiert sind (siehe Abbildung 5.15), und betätigen Sie die Schaltfläche IMPORT.

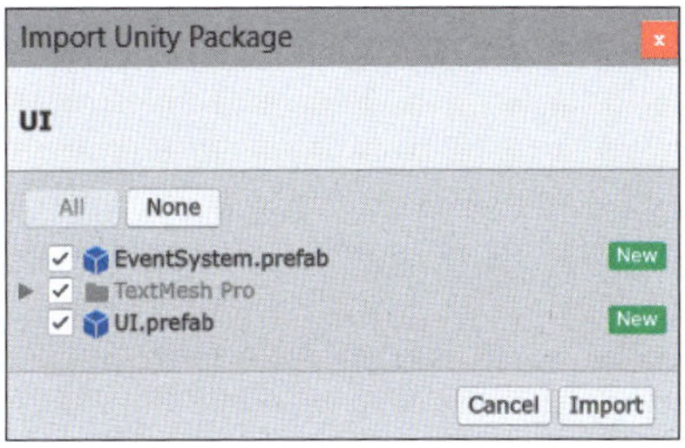

Abbildung 5.15 Pakct importieren

Damit erscheinen die Prefab-Assets in der PROJECT VIEW. Ziehen Sie die beiden Prefabs `UI` und `EventSystem` aus der PROJECT VIEW in die HIERARCHY VIEW. Dort gibt es anschließend das Verzeichnis `UI` mit den untergeordneten Spielobjekten und das Spielobjekt `EventSystem`.

Zusätzlich erscheint wie im vorherigen Projekt das Dialogfeld TMP IMPORTER. Betätigen Sie darin die Schaltfläche IMPORT TMP ESSENTIALS und schließen Sie das Dialogfeld. Entfernen Sie anschließend die beiden Prefab-Assets `UI` und `EventSystem` aus der PROJECT VIEW. Sie werden nicht mehr benötigt.

Starten Sie das Spiel. Sie sehen die Elemente der Benutzeroberfläche an den Positionen und mit dem Aussehen, wie wir sie in unserem *anderen* Projekt festgelegt hatten. Daher müssen noch Anpassungen erfolgen.

Hinweis

Alle Projekte dieses Buchs stehen auch als Unity Packages in den Materialien zum Buch für den Import zur Verfügung.

5.5.3 Passen Sie die Benutzeroberfläche an

Ändern Sie die Eigenschaften der Elemente der Benutzeroberfläche gemäß Tabelle 5.2. Die Eigenschaften, die hier nicht genannt werden, bleiben unverändert. Soll der Ausgangspunkt für die Positionierung geändert werden, führen Sie dies zuerst durch, bevor Sie die Werte für die Eigenschaften Pos X und Pos Y eintragen.

Name	Änderungen bei Eigenschaftswerten
`PunkteAnzeige`	Pos X/Pos Y: 200/–50 Font Style: Nicht Fett Font Size: 16
`LebenAnzeige`	Pos X/Pos Y: 200/–80 Font Style: Nicht Fett Font Size: 16 Text Input: `Leben: 5`
`ZeitAnzeige`	Ausgangspunkt: `top/right` Pos X/Pos Y: –170/–50 Width/Height: 120/30 Font Style: Nicht Fett Font Size: 16
`ZeitAltAnzeige`	Ausgangspunkt: `top/right` Pos X/Pos Y: –170/–80 Width/Height: 120/30 Font Style: Nicht Fett Font Size: 16
`InfoAnzeige`	Ausgangspunkt: `bottom/center` Pos X/Pos Y: 0/150 Font Size: 18 Vertex Color: RGB 255/255/255 Text Input (ein Satz pro Zeile): `Schieße den Ball mit Pfeil-Aufwärts ab. Bewege den schwarzen Spieler mit Pfeil-Links und Pfeil-Rechts. Zerstöre Ziegel und meide den roten Boden.`

Tabelle 5.2 Elemente der Benutzeroberfläche

Name	Änderungen bei Eigenschaftswerten
SpielNeuButton	Ausgangspunkt: top/center Pos X/Pos Y: –100/–55 Normal Color: A = 32 Highlighted Color: A = 32 Pressed Color: A = 128 Selected Color: A = 32 Unterelement Text (TMP): Vertex Color: RGB 255/255/255
AnwendungEndeButton	Wie bei SpielNeuButton, außer: Pos X/Pos Y: 100/–40

Tabelle 5.2 Elemente der Benutzeroberfläche (Forts.)

Die Eigenschaft **A** in einem der Color-Dialogfelder bestimmt den Alpha-Wert, also die Transparenz der Farbe. Ein Wert von 0 steht für vollständige Transparenz, ein Wert von 255 für vollständig undurchsichtig. Da sich der Ball durch die Schaltflächen hindurchbewegt, sollten sie fast transparent sein. In diesem Fall ist Weiß als Schriftfarbe günstig.

5.5.4 Punkte, Leben und Infos anzeigen

Zum Füllen der Textfeld-Spielobjekte PunkteAnzeige, LebenAnzeige und InfoAnzeige ändern Sie die Klasse Ball wie folgt:

```
using UnityEngine;
using TMPro;
public class Ball : MonoBehaviour
{
    ...
    public TextMeshProUGUI punkteAnzeige;
    public TextMeshProUGUI lebenAnzeige;
    public TextMeshProUGUI infoAnzeige;
    ...
    void OnCollisionEnter2D(Collision2D coll)
    {
        ...
```

```
        if (anderesObjekt.CompareTag("Ziegel"))
        {
            ...
            punkteAnzeige.text = "Punkte: " + anzahlPunkte;
            ...
            else
            {
                ...
                infoAnzeige.text = "Du hast gewonnen!";
            }
        }
        else if (anderesObjekt.CompareTag("BodenMitte"))
        {
            ...
            lebenAnzeige.text = "Leben: " + anzahlLeben;
            ...
            if (anzahlLeben >= 1)
            {
                ...
                infoAnzeige.text = "Du hast nur noch " + anzahlLeben + " Leben!";
            }
            else
            {
                infoAnzeige.text = "Du hast verloren!";
            }
        }
    }

    void NaechstesLeben()
    {
        infoAnzeige.text = "";
        ...
    }
}
```

Listing 5.9 Die Klasse »Ball« – Punkte, Leben und Infos anzeigen

Zu Beginn wird der Namensraum `TMPro` eingebunden, damit die Klasse `TextMeshProUGUI` zur Verfügung steht. Dann werden öffentliche Verweise zu den drei Textfeldern eingerichtet. Alle vorläufigen Anzeigen mithilfe von `Debug.Log()` werden entfernt oder auskommentiert.

Die Punkte-Anzeige und die Leben-Anzeige werden in der Methode OnCollisionEnter2D() nach Änderung der Anzahl der Punkte bzw. der Anzahl der Leben aktualisiert. In der Info-Anzeige wird in der betreffenden Situation Du hast gewonnen! bzw. Du hast verloren! eingeblendet. Nach dem Verlust eines Lebens wird kurzzeitig ein Hinweis mit der verbleibenden Anzahl an Leben angezeigt, der in der Methode NaechstesLeben() wieder ausgeblendet wird.

Ziehen Sie im Unity Editor die drei Textfelder auf die zugehörigen Slots, und starten Sie das Spiel. Testen Sie alle Änderungen der Anzeigen.

5.5.5 Messen Sie die Spielzeit

Die Zeitmessung soll erst starten, nachdem der erste Ball abgesendet wurde. Ändern Sie zunächst die Klasse Spieler wie folgt:

```
using UnityEngine;
using TMPro;
public class Spieler : MonoBehaviour
{
   ...
   public TextMeshProUGUI infoAnzeige;
   public TextMeshProUGUI zeitAnzeige;
   public bool spielGestartet = false;
   public float spielZeitStart;
   ...
   void Update()
   {
      ...
      if (!ballUnterwegs && yEingabe > 0)
      {
         ...
         if (!spielGestartet)
         {
            spielGestartet = true;
            spielZeitStart = Time.time;
         }
         infoAnzeige.text = "";
      }
      ...
      if (spielGestartet)
         zeitAnzeige.text = string.Format(
```

```
            "Zeit: {0,6:0.0} sec.", Time.time - spielZeitStart);
    }
}
```

Listing 5.10 Die Klasse »Spieler« – Zeit messen

Auch hier wird der Namensraum TMPro eingebunden und es werden öffentliche Verweise zu den beiden Anzeigen für die Infos und die Zeit eingerichtet. Die boolesche Variable spielGestartet enthält die Information, ob das Spiel läuft und demnach die Zeit gemessen wird. In der float-Variablen spielZeitStart wird der Startzeitpunkt gespeichert. Auf beide Variablen wird später auch in der Klasse Ball zugegriffen, daher werden sie hier öffentlich zugänglich gemacht.

Die Änderungen in der Methode Update():

- Falls der Ball abgesendet wird, aber das Spiel bisher noch nicht gestartet ist, wird es nun gestartet. Damit beginnt die Zeitmessung. Außerdem wird die kurze Spielanleitung in der Info-Anzeige ausgeblendet.
- Ist das Spiel gestartet, wird die verstrichene Zeit ermittelt und formatiert angezeigt.

Ändern Sie zudem die Methode OnCollisionEnter2D() der Klasse Ball, sodass nach dem erfolgreichen Ende des Spiels die Spielzeit ermittelt und als Info angezeigt wird:

```
...
infoAnzeige.text = string.Format(
    "Du hast gewonnen, in {0,6:0.0} sec.",
    Time.time - spielerKlasse.spielZeitStart);
...
```

Listing 5.11 Die Klasse »Ball« – Zeit anzeigen

Ziehen Sie im Unity Editor die beiden Textfelder auf die zugehörigen Slots und starten Sie das Spiel. Testen Sie die Zeitmessung und die betreffenden Anzeigen in beiden Textfeldern.

5.5.6 Zeigen Sie die vorherige Zeit an

Die Zeit wird dauerhaft gespeichert und beim nächsten Spiel wieder angezeigt. Ändern Sie die Klasse Spieler wie folgt:

```
...
public class Spieler : MonoBehaviour
{
```

```
    ...
    public TextMeshProUGUI zeitAltAnzeige;
    void Start()
    {
        ...
        float zeitAlt = 0;
        if (PlayerPrefs.HasKey("zeitAlt"))
            zeitAlt = PlayerPrefs.GetFloat("zeitAlt");
        zeitAltAnzeige.text = string.Format("Alt: {0,6:0.0} sec.", zeitAlt);
    }
    ...
}
```

Listing 5.12 Die Klasse »Spieler« – vorherige Zeit anzeigen

Hier wird als Erstes ein öffentlicher Verweis auf die neue Anzeige eingerichtet. Am Ende der Methode `Start()` wird – falls vorhanden – die gemessene Zeit des vorherigen Spiels von der Festplatte geladen und angezeigt. Ziehen Sie im Unity Editor das Textfeld auf den neuen Slot.

Ändern Sie zudem die Methode `OnCollisionEnter2D()` der Klasse `Ball`, sodass nach dem erfolgreichen Ende des Spiels die Spielzeit nicht nur ermittelt und angezeigt, sondern auch gespeichert wird:

```
...
float spielZeitAktuell = Time.time - spielerKlasse.spielZeitStart;
infoAnzeige.text = string.Format(
    "Du hast gewonnen, in {0,6:0.0} sec.", spielZeitAktuell);
PlayerPrefs.SetFloat("zeitAlt", spielZeitAktuell);
PlayerPrefs.Save();
...
```

Listing 5.13 Die Klasse »Ball« – Zeit speichern

Die aktuelle Spielzeit wird zweimal benötigt, einmal zur Anzeige und einmal zum dauerhaften Speichern. Daher wird sie nur einmal ermittelt und einer Variablen zugewiesen.

Starten Sie das Spiel. Testen Sie die Speicherung der Spielzeit und das betreffende Textfeld in zwei aufeinanderfolgenden Spielen (siehe Abbildung 5.16).

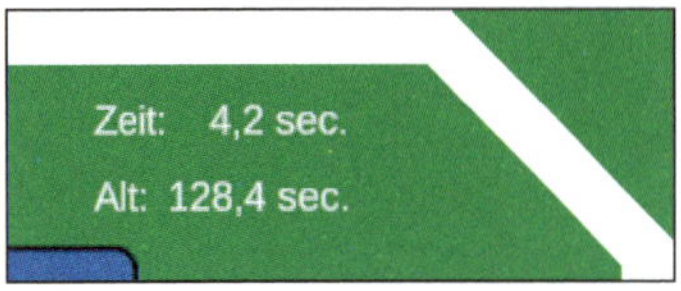

Abbildung 5.16 Anzeige der aktuellen und der vorherigen Zeit

5.5.7 Starten Sie ein neues Spiel

Nach dem Ende eines Spiels soll der Benutzer die Möglichkeit haben, durch Betätigen der entsprechenden Schaltfläche das Spiel neu zu starten. In der Klasse `Spieler` wird die Methode `SpielNeuButton_Click()` eingeführt.

Beim Erstellen der Methode fällt sofort auf, dass eine ganze Reihe von Anweisungen bereits auf dieselbe Art in anderen Methoden der Klasse `Spieler` oder der Klasse `Ball` ausgeführt werden. Daher führen wir weitere Methoden ein, die mehrmals aufgerufen werden können.

Hinweis

Durch eine solche *Modularisierung* ist der Code insgesamt übersichtlicher und besser zu warten.

Hier folgt der erste Teil des neu geordneten Codes der Klasse `Spieler`:

```
...
public class Spieler : MonoBehaviour
{
   public GameObject ziegelEinsPrefab;
   public GameObject ziegelZweiPrefab;
   public GameObject ziegelDreiPrefab;
   public GameObject ball;
   public Ball ballKlasse;

   Rigidbody2D ballRB;
   public bool ballUnterwegs = false;
   readonly float eingabeFaktor = 10;

   public TextMeshProUGUI punkteAnzeige;
   public TextMeshProUGUI lebenAnzeige;
   public TextMeshProUGUI infoAnzeige;
   public TextMeshProUGUI zeitAnzeige;
```

```
    public TextMeshProUGUI zeitAltAnzeige;

    public bool spielGestartet = false;
    public float spielZeitStart;

    void Start()
    {
        ballRB = ball.GetComponent<Rigidbody2D>();
        ZiegelErzeugen();
        ZeitAltLaden();
    }

    void ZiegelErzeugen()
    {
        for (int x = 1; x <= 10; x++)
        {
            for (int y = 1; y <= 5; y++)
            {
                int zufall = Random.Range(1, 4);
                GameObject ziegel = zufall switch
                {
                    1 => ziegelEinsPrefab,
                    2 => ziegelZweiPrefab,
                    _ => ziegelDreiPrefab,
                };
                Instantiate(ziegel, new Vector2(x * 1.2f - 6.6f,
                    y * 0.75f - 0.25f), Quaternion.identity);
            }
        }
    }

    void ZeitAltLaden()
    {
        float zeitAlt = 0;
        if (PlayerPrefs.HasKey("zeitAlt"))
            zeitAlt = PlayerPrefs.GetFloat("zeitAlt");
        zeitAltAnzeige.text = string.Format("Alt: {0,6:0.0} sec.", zeitAlt);
    }
...
```

Listing 5.14 Die Klasse »Spieler« – erster Teil

In Listing 5.14 wird der öffentliche Verweis `ballKlasse` auf ein Objekt der Klasse `Ball` eingerichtet, damit ein Zugriff auf seine öffentlichen Eigenschaften erfolgen kann. Das Erzeugen der 50 Ziegel und das Laden der vorherigen Zeit werden mehrfach benötigt und daher in Methoden mit passendem Namen ausgelagert. Beide Methoden werden in der Methode `Start()` aufgerufen.

Am Inhalt der Methode `Update()` hat sich nichts geändert. Nun folgt der daran anschließende zweite Teil der Klasse `Spieler`:

```
   ...
   public void SpielNeuButton_Click()
   {
      if (spielGestartet)
         return;

      ballKlasse.anzahlPunkte = 0;
      ballKlasse.anzahlLeben = 5;

      punkteAnzeige.text = "Punkte: 0";
      lebenAnzeige.text = "Leben: 5";
      zeitAnzeige.text = "Zeit:    0.0 sec.";
      infoAnzeige.text = "Schieße den Ball mit "
         + "Pfeil-Aufwärts ab.\nBewege den schwarzen "
         + "Spieler mit Pfeil-Links und Pfeil-Rechts.\n"
         + "Zerstöre Ziegel und meide den roten Boden.";

      ZeitAltLaden();
      ZiegelErzeugen();
      AufStartpunkt();
   }

   public void AufStartpunkt()
   {
      gameObject.SetActive(true);
      transform.position = new Vector2(0, -4.55f);

      ball.SetActive(true);
      ball.transform.position = new Vector2(0, -4.1f);
   }
}
```

Listing 5.15 Die Klasse »Spieler« – zweiter Teil

Läuft das Spiel bereits, bewirkt das Betätigen der Schaltfläche nichts, da die Methode unmittelbar wieder verlassen wird.

Läuft das Spiel noch nicht, erhalten die Eigenschaften `anzahlPunkte` und `anzahlLeben` aus der Klasse `Ball` ihre Startwerte. Alle Anzeigen werden zurückgesetzt und es erfolgt ein Aufruf der beiden Methoden zum Erzeugen der 50 Ziegel bzw. zum Laden der vorherigen Zeit.

Die neue Methode `AufStartpunkt()` aktiviert den Spieler und den Ball und setzt beide auf ihre Startposition. Diese Methode ist öffentlich, da sie auch von der Klasse `Ball` aus aufgerufen wird.

Dann folgen die Änderungen in der Klasse `Ball`:

Die beiden Eigenschaften `anzahlPunkte` und `anzahlLeben` werden mithilfe des Schlüsselworts `public` öffentlich zugänglich gemacht.

Nach den beiden Info-Anzeigen `Du hast gewonnen` und `Du hast verloren` erscheint nun jeweils die nachfolgende Anweisung. Sie ermöglicht den Start eines neuen Spiels nach Betätigen der Schaltfläche:

```
spielerKlasse.spielGestartet = false;
```

Die Methode `NaechstesLeben()` kann verkürzt werden, da das Zurücksetzen des Spielers und des Balls auf die Startposition bereits in einer eigenen Methode erfolgt:

```
void NaechstesLeben()
{
    infoAnzeige.text = "";
    spielerKlasse.AufStartpunkt();
}
```

Listing 5.16 Die Klasse »Ball« – die Methode »NaechstesLeben()«

Verbinden Sie im Unity Editor die Methode `SpielNeuButton_Click()` mit dem Klick-Ereignis der betreffenden Schaltfläche. Ziehen Sie die beiden Anzeigen für Punkte und Leben und das Spielobjekt `Ball` auf die zugehörigen Slots der Klasse `Spieler`. Ziehen Sie das Spielobjekt `Ball` auf den zugehörigen Slot `Ball Klasse` der Klasse `Spieler` und starten Sie das Spiel. Testen Sie die Schaltfläche Neues Spiel nach dem Ende eines Spiels.

5.5.8 Beenden Sie die Anwendung

In der Klasse `Spieler` führen wir eine weitere Methode ein, damit die ausführbare Version des Spiels beendet werden kann:

```
public void AnwendungEndeButton_Click()
{
   if (!spielGestartet)
      Application.Quit();
}
```

Listing 5.17 Die Klasse »Spieler« – die Methode »AnwendungEndeButton_Click()«

Verbinden Sie die Methode `AnwendungEndeButton_Click()` im UNITY EDITOR mit dem Klick-Ereignis der betreffenden Schaltfläche. Erstellen Sie eine ausführbare Version des Spiels und testen Sie die Schaltfläche ANWENDUNG BEENDEN (siehe Abbildung 5.17).

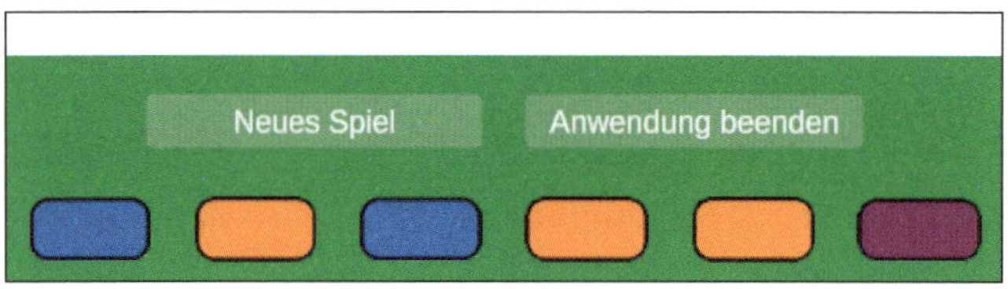

Abbildung 5.17 Zwei Schaltflächen

5.5.9 Ideen für Erweiterungen

Einige Möglichkeiten für dieses Projekt:

- Ändern Sie die Anzahl, die Größe und die Position der Ziegel.
- Erstellen Sie unterschiedliche Typen von Ziegeln, die erst nach mehreren Kollisionen zerstört werden: Ziegel des Typs 3 müssen dreimal getroffen werden, Ziegel des Typs 2 zweimal, Ziegel des Typs 1 nach wie vor nur einmal. Ändern Sie die Typen dieser Ziegel nach jeder Kollision. So erkennt der Spieler, wie oft der betreffende Ziegel noch getroffen werden muss.
- Arbeiten Sie an der Umgebung, an der der Ball abprallt: Ändern Sie die Form des äußeren Rands. Fügen Sie zusätzliche weiße Hindernisse ein. Erstellen Sie quadratische Hindernisse, die Sie um 45 Grad drehen.
- Zurzeit sieht es so aus: Nach jedem zehnten Ziegel wird die Geschwindigkeit des Balls erhöht. Nach dem Verlust eines Lebens startet der Ball wieder mit der Standardgeschwindigkeit. Die erhöhte Geschwindigkeit soll aber auch nach dem Verlust eines Lebens beibehalten werden.
- Beseitigen Sie die in Abschnitt 5.1 beschriebenen Fehlersituationen. Der Ball könnte z. B. seine Richtung nach einer bestimmten Tastenkombination minimal verändern.
- Fügen Sie verschiedene Level und eine Highscore-Liste ein (siehe Abschnitt 4.4.9).

Kapitel 6
Ein 2D-Spiel für zwei Spieler

Entwickeln Sie das Spiel *TomsPong* als 2D-Spiel für zwei Spieler. Wie Sie am Namen erkennen, handelt es sich um eine abgewandelte Version des ersten Computerspiels, das eine weltweite Verbreitung fand: *Pong*.

Auch dieses Projekt enthält einige Ihnen bisher unbekannte Elemente, die ich ausführlich erläutern werde. Zunächst sollten Sie es gegen eine andere Person spielen, um es kennenzulernen. Obwohl: Aufgrund der Bekanntheit des Spiels ist das vermutlich gar nicht nötig.

Am Ende des Kapitels werde ich in einem eigenen Abschnitt noch eine Variante des Spiels erläutern, in der der linke Spieler durch eine *künstliche Intelligenz* ersetzt wird: das Projekt *TomsKIPong*.

Hinweis

Beginnend mit diesem Spiel verzichte ich nun darauf, jedes Projekt vollständig auszustatten. Es wird also nicht immer eine Info-Anzeige zur Erläuterung des Spielablaufs, eine Anzeige für das Ende des Spiels, eine Zeitmessung oder Schaltflächen zum Start eines neuen Spiels und zum Beenden der Anwendung geben. Diese Elemente habe ich ja bereits ausreichend erläutert. Sie können sie bei Bedarf ergänzen.

6.1 Führen Sie das Spiel aus

Starten Sie das ausführbare Programm *TomsPong.exe* im Projektverzeichnis *TomsPong/Builds*. Wie bei den restlichen Projekten dieses Buchs füllt die Anwendung den gesamten Bildschirm (siehe Abbildung 6.1) und kann mithilfe der Tastenkombination `Alt` + `F4` beendet werden.

Die beiden Benutzer des Spiels haben das Ziel, selbst Punkte zu gewinnen, den Gegner am Punktgewinn zu hindern und insgesamt mehr Punkte als der Gegner zu sammeln. In dieser Variante findet das Spiel auf einer Rasenfläche statt, die mit einigen Maulwurfshügeln versehen ist.

Abbildung 6.1 Das Spiel »TomsPong«

Kommen wir zunächst zum Aufschlag. Zu Beginn hat der rechte Benutzer den Aufschlag. Der Ball liegt beim rechten schwarzen Spieler. Er kann den Ball mithilfe der Taste ← in Bewegung setzen. Sobald der Ball mit einer der beiden roten Begrenzungen kollidiert, erhält der gegenüberliegende Spieler einen Punkt. Anschließend hat dieser Spieler den Aufschlag, und beide Spieler werden wieder in die Startposition gesetzt. Der linke schwarze Spieler kann seinen Aufschlag mithilfe der Taste D ausführen.

Jeder Benutzer kann seinen schwarzen Spieler nur dann bewegen, wenn sich der Ball in seine Richtung bewegt. Auf diese Weise wird vermieden, dass ein Spieler den anderen durch fortwährenden Tastendruck blockiert.

Während der Ball im Spiel ist, kann der linke Benutzer seinen Spieler mithilfe der Tasten W und S nach oben und unten verschieben. Ebenso kann der rechte Benutzer seinen Spieler mithilfe der Tasten ↑ und ↓ nach oben und unten verschieben. Auf diese Weise haben die Benutzer die Möglichkeit, den Ball zurückzuschlagen. Der Ball wird so vor einer Kollision mit der roten Begrenzung bewahrt und bleibt im Spiel.

Außerdem kann der linke Spieler mithilfe der Taste D kurzzeitig ein kleines Stück nach rechts verschoben werden. Ebenso kann der rechte Spieler mithilfe der Taste ← kurzzeitig ein kleines Stück nach links verschoben werden (siehe Abbildung 6.2). Auf diese Weise ergeben sich Variationen beim Zurückschlagen des Balls.

Vor jedem Aufschlag werden drei Maulwürfe mitsamt dem zugehörigen Hügel als Hindernisse auf zufällige Positionen im mittleren Bereich des Spielfelds gesetzt. Dadurch ergeben sich zusätzliche Kollisionen und überraschende Änderungen der Ballrichtung. Nach jedem Zurückschlagen des Balls wird der Ball etwas schneller. Auf diese Weise kommt jeder noch so lange Ballwechsel einmal zu einem Ende.

Abbildung 6.2 Horizontale Bewegung des Spielers

Natürlich handelt es sich noch nicht um ein perfektes Spiel. Gelegentlich können die folgenden Fehlersituationen auftreten, deren Auflösung ich aus Gründen der Übersichtlichkeit noch nicht im Code berücksichtigt habe – mit zunehmender Kenntnis und Erfahrung können Sie diese Fehler aber beheben:

- Durch das Abprallen kann der Ball auf eine Bahn geraten, auf der er von keinem Spieler mehr erreicht werden kann.
- Die Geschwindigkeit des Balls ändert sich nach bestimmten Kollisionssituationen selbstständig.

So, dann spielen Sie und Ihr Gegner erst einmal ein paar Runden!

6.2 Bereiten Sie das Spiel vor

Nachdem Sie das Projekt angelegt haben, füllen Sie das Spielfeld mit den Spielobjekten. Anschließend erzeugen Sie die Benutzeroberfläche mit den beiden Punkte-Anzeigen. Zuletzt setzen Sie die Hindernisse per Code auf zufällige Positionen im mittleren Bereich des Spielfelds.

6.2.1 Erzeugen Sie das Projekt und die Assets

Um Ihr Spiel selbst zu entwickeln, legen Sie mithilfe des Templates UNIVERSAL 2D zunächst ein neues 2D-Projekt an, z. B. mit dem Namen *MeinPong*. Der UNITY EDITOR öffnet sich mit dem neuen Projekt. Wählen Sie in der GAME VIEW wieder die beiden Listeneinträge 16:9 ASPECT und PLAY MAXIMIZED aus (wie für alle Unity-Projekte dieses Buchs). Vergessen Sie nicht, mindestens nach jedem Abschnitt die Spielszene zu speichern.

Legen Sie in der PROJECT VIEW das Asset-Verzeichnis SPRITES an und importieren Sie aus dem Verzeichnis *FreieAssets* die Bilddateien *BallTennis.png*, *Bueschel.png*, *Maulwurf.png*, *Rasen.png*, *Rot.png*, *Schwarz.png* und *Weiss.png*. Legen Sie diese Dateien im Verzeichnis SPRITES ab.

Erzeugen Sie zudem das Asset-Verzeichnis MATERIALS und erstellen Sie in ihm mithilfe des Menübefehls ASSETS • CREATE • 2D • PHYSICS MATERIAL 2D das neue 2D-Material `PrallMat`. Weisen Sie ihm den Wert 0 für die Eigenschaft FRICTION und den Wert 1 für die Eigenschaft BOUNCINESS zu. Es wird später den 2D-Collidern des Balls und sämtlicher Spielobjekte zugeordnet, von denen der Ball abprallt.

Legen Sie zudem das Asset-Verzeichnis SCRIPTS für das C#-Programm und das Asset-Verzeichnis PREFABS für das Grasbüschel-Prefab an.

6.2.2 Erzeugen Sie das Spielfeld und das UI

Ziehen Sie das Sprite-Asset `Rasen` mithilfe der Maus in die HIERARCHY VIEW. Nennen Sie das neue Spielobjekt `Hintergrund` und stellen Sie den Scale auf 5.8/3.2/0. Setzen Sie den Wert –2 für die Eigenschaft ORDER IN LAYER im Bereich ADDITIONAL SETTINGS der Komponente SPRITE RENDERER.

Erstellen Sie ein neues leeres Spielobjekt mit dem Namen `Raum`, das als Verzeichnis dient. Erzeugen Sie darin die vier Spielobjekte mit den Werten aus Tabelle 6.1. Allen vier Spielobjekten fügen Sie dann ein BOX COLLIDER 2D hinzu. Den 2D-Collidern der weißen Spielobjekte weisen Sie das Material `PrallMat` zu.

Name	Position	Scale	Sprite-Asset
`Decke`	0/4.85/0	59.25/1/0	`Weiss`
`WandLinks`	–8.74/0/0	1/31.3/0	`Rot`
`WandRechts`	8.74/0/0	1/31.3/0	`Rot`
`Boden`	0/–4.85/0	59.25/1/0	`Weiss`

Tabelle 6.1 Spielobjekte im Verzeichnis »Raum«

Erzeugen Sie mithilfe des Sprite-Assets `Maulwurf` die drei Hindernisse `HindernisEins`, `HindernisZwei` und `HindernisDrei`, zunächst an der Position 0/0/0. Der Scale bleibt jeweils bei 1/1/0. Die Rotationen sind unterschiedlich eingestellt, und zwar auf 0/0/–30, 0/0/0 und 0/0/30. Den Hindernissen wird ein Box Collider 2D hinzugefügt, ebenfalls mit dem Material `PrallMat`. Durch die Kollisionen ergeben sich überraschende Richtungsänderungen. Die Hindernisse werden später bei jedem neuen Aufschlag zufällig positioniert.

Die beiden Spielobjekte `SpielerLinks` und `SpielerRechts` werden aus dem Sprite-Asset `Schwarz` erzeugt. Sie besitzen die folgenden Transform-Werte: Position –8.44/0/0 bzw. 8.44/0/0 und Scale 1/8/0. Fügen Sie ein Box Collider 2D hinzu, dem Sie ebenfalls das Material `PrallMat` zuweisen.

Das Spielobjekt `Ball` erzeugen Sie aus dem Sprite-Asset `BallTennis`. Es gelten die folgenden Transform-Werte: Position 7.99/0/0 und Scale 1/1/0. Fügen Sie noch zwei Komponenten hinzu:

- ein Circle Collider 2D mit dem Material `PrallMat`
- ein Rigidbody 2D, bei dem Sie die Schwerkraft mithilfe der Eigenschaft Gravity Scale auf 0 setzen

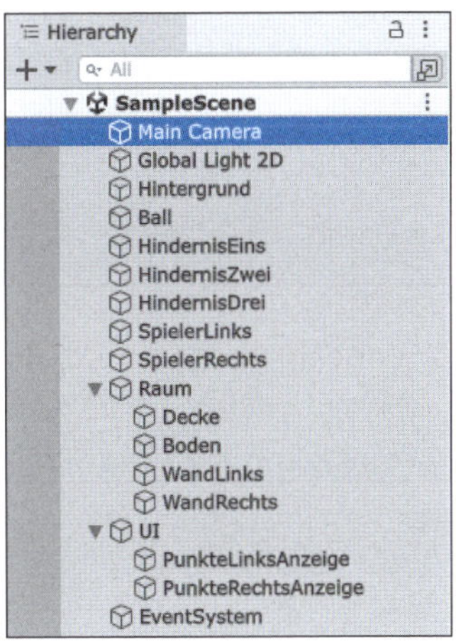

Abbildung 6.3 Hierarchie der Spielobjekte

Erzeugen Sie die Benutzeroberfläche ähnlich wie in den vorherigen Projekten. Sie enthält die beiden Textfelder `PunkteLinksAnzeige` und `PunkteRechtsAnzeige` innerhalb eines Canvas, den Sie `UI` nennen (siehe Abbildung 6.3). Dabei gelten die Werte aus Tabelle 6.2.

Name	Werte
PunkteLinksAnzeige	Ausgangspunkt für die Positionierung: top/left Pos X/Pos Y: 60/–60 Width/Height: 50/30 Text Input: 0 Font Style: Fett Font Size: 20 Color: RGB 0/0/0
PunkteRechtsAnzeige	Wie PunkteLinksAnzeige, außer: Ausgangspunkt für die Positionierung: top/right Pos X/Pos Y: –30/–60

Tabelle 6.2 Elemente der Benutzeroberfläche

Mithilfe des Sprite-Assets Bueschel erzeugen Sie ein Spielobjekt mit demselben Namen. Anschließend legen Sie es in das Asset-Verzeichnis Prefabs und löschen es in der Hierarchy View. Im folgenden C#-Script erzeugen Sie dann mithilfe des Prefabs insgesamt 100 Grasbüschel. Das Prefab hat den Scale 1/1/0 und den Wert –1 für die Eigenschaft Order in Layer. Damit liegen die Büschel vor dem Rasen, aber immer hinter den anderen Spielobjekten. Sie dienen nur zur Verschönerung.

6.2.3 Gestalten Sie das Spielfeld

Die Grasbüschel und die Hindernisse werden durch ein C#-Script positioniert. Fast alle Ereignisse im Projekt beziehen sich auf das Spielobjekt Ball. Daher erstellen wir nur ein einziges Script-Asset vom Typ MonoBehaviour Script, und zwar mit der Klasse Ball in der Datei *Ball.cs*. Die Klasse sollte wie folgt aussehen:

```
using UnityEngine;
public class Ball : MonoBehaviour
{
   public GameObject hEins, hZwei, hDrei, bueschelPrefab;

   void Start()
   {
      for(int i=0; i<100; i++)
         Instantiate(bueschelPrefab, new Vector2(Random.Range(-8.0f,8.0f),
```

```
            Random.Range(-4.5f,4.5f)), Quaternion.identity);
        HindernisseSetzen();
    }

    void HindernisseSetzen()
    {
        hEins.transform.position = new Vector2
         (Random.Range(-3.0f,3.0f), Random.Range(-3.5f,3.5f));

        do
        {
            hZwei.transform.position = new Vector2
             (Random.Range(-3.0f,3.0f), Random.Range(-3.5f,3.5f));
        }
        while((hZwei.transform.position - hEins.transform.position).magnitude < 2);

        do
        {
            hDrei.transform.position = new Vector2
             (Random.Range(-3.0f,3.0f), Random.Range(-3.5f,3.5f));
        }
        while((hDrei.transform.position - hEins.transform.position).magnitude < 2
            || (hDrei.transform.position - hZwei.transform.position).magnitude < 2);
    }
}
```

Listing 6.1 Die Klasse »Ball« – Hindernisse positionieren

Die drei Hindernisse und das Prefab für die Grasbüschel müssen im UNITY EDITOR verfügbar sein. Daher werden öffentlich zugängliche Verweise angelegt. Sie haben alle denselben Typ und denselben Zugriffsmodifizierer `public`. Daher können sie, durch Kommata getrennt, in *einer* Anweisung deklariert werden.

In der Methode `Start()` werden die Positionen der insgesamt 100 Grasbüschel mit zufälligen X- und Y-Werten gesetzt, die im Bereich des gesamten Spielfelds liegen.

Da die Hindernisse bei jedem Aufschlag neu positioniert werden, gibt es eine eigene Methode mit dem Namen `HindernisseSetzen()`. Diese Methode wird zum ersten Mal in der Methode `Start()` aufgerufen. Die Positionen der drei Hindernisse werden ebenfalls mit zufälligen X- und Y-Werten gesetzt. Diese liegen allerdings nur im mittleren Bereich des Spielfelds, nicht direkt vor den Spielern.

Beim zweiten Hindernis wird darauf geachtet, dass es nicht zu nah am ersten Hindernis liegt (siehe Abbildung 6.4). Zu diesem Zweck wird die Position innerhalb einer Schleife berechnet. Eventuell muss diese Berechnung wiederholt werden. Bisher kennen wir zur Programmierung von Wiederholungen nur die `for`-Schleife. Diese nutzen Sie, falls es sich um einen sehr regelmäßigen Vorgang handelt und Sie bereits wissen, wie häufig er ausgeführt werden soll.

Abbildung 6.4 Hindernisse mit Abstand

Im vorliegenden Fall kann es sein, dass bereits beim ersten Mal eine geeignete Position für das zweite Hindernis gefunden wird. Es kann aber auch vorkommen, dass weitaus mehr Versuche benötigt werden.

Hinweis

Aus dem soeben genannten Grund muss eine `do-while`-Schleife verwendet werden, denn sie wird mindestens einmal durchlaufen, gegebenenfalls aber auch mehrmals. Nach dem Schlüsselwort `while` folgt in Klammern eine Bedingung, wie bei einer Verzweigung mit `if`. Ist die Bedingung wahr, wird die Schleife noch einmal durchlaufen. Im vorliegenden Fall trifft dies zu, wenn der Abstand der beiden Hindernisse voneinander zu gering ist.

Die Position eines Hindernisses steht als `Vector3`-Wert zur Verfügung, auch wenn wir uns bisher nur im zweidimensionalen Raum bewegen. Die Klasse `Vector3` wird, genauso wie die Klasse `Vector2`, häufig benötigt und stellt Eigenschaften und Methoden für Vektoren im dreidimensionalen Raum zur Verfügung.

Zur Berechnung des Abstands werden die beiden `Vector3`-Werte, die die Position der beiden Hindernisse angeben, voneinander abgezogen. Dadurch ergibt sich wiederum ein `Vector3`-Wert. Dieser repräsentiert den Vektor, der von einem Hindernis zum anderen verläuft. Dessen Betrag, also die Länge des Vektors, wird mithilfe der Eigenschaft `magnitude` ermittelt. Ist der Betrag zu gering, wird die Schleife noch einmal durchlaufen und eine neue Position für das zweite Hindernis gesetzt.

Derselbe Vorgang wird für das dritte Hindernis durchgeführt. Allerdings muss diesmal mithilfe einer logischen Verknüpfung geprüft werden, ob die Position zu nah am ersten Hindernis oder zu nah am zweiten Hindernis liegt. In beiden Fällen muss eine neue Position gesucht werden.

Hinweis

Wie bei einer Verzweigung oder einer `for`-Schleife gilt: Enthält eine `do-while`-Schleife nur eine einzelne Anweisung, können die geschweiften Klammern weggelassen werden. Im vorliegenden Fall habe ich sie allerdings stehen gelassen, damit Sie die Struktur der Schleife besser erkennen.

Ordnen Sie im Unity Editor das C#-Script dem Spielobjekt `Ball` zu, ziehen Sie die drei Hindernis-Spielobjekte und das Büschel-Prefab auf die zugehörigen Slots und starten Sie das Spiel mehrmals nacheinander: Die drei Hindernisse und die 100 Büschel werden jedes Mal zufällig positioniert.

Hinweis

Sollte die Zuordnung des Scripts zum Spielobjekt misslingen, prüfen Sie, ob Script und Szene gespeichert wurden. Sollte das Problem weiterhin auftreten, schließen Sie den Unity Editor mit dem Projekt und öffnen es dann erneut.

6.3 Erstellen Sie den Spielablauf

Zunächst programmieren Sie den Aufschlag für die beiden Spieler. Dann folgt die vertikale Bewegung der beiden Spieler, anschließend die horizontale Bewegung. Als Letztes realisieren Sie die Auswertung der Kollisionen mit den beiden roten Begrenzungen, inklusive der Anzeige der Punkte.

6.3.1 Führen Sie den Aufschlag aus

Hat der rechte Spieler Aufschlag, soll der Ball durch Drücken der Taste [←] ins Spiel gebracht werden. Der linke Spieler kann den Aufschlag durch Drücken der Taste [D] ausführen. Ergänzen Sie dazu die Klasse `Ball` wie folgt:

```
using UnityEngine;
public class Ball : MonoBehaviour
{
   ...
   Rigidbody2D rb;
   bool aufschlagRechts = true;

   void Start()
   {
      rb = GetComponent<Rigidbody2D>();
      ...
   }
   ...
   void Update()
   {
      if (rb.linearVelocity.x == 0)
      {
         if (aufschlagRechts && Input.GetKeyDown(KeyCode.LeftArrow))
            rb.AddForce (new Vector2(-200, 300));
         else if (!aufschlagRechts && Input.GetKeyDown(KeyCode.D))
            rb.AddForce (new Vector2(200, 300));
      }
   }
}
```

Listing 6.2 Die Klasse »Ball« – Aufschlag

Die boolesche Variable `aufschlagRechts` steht zu Beginn auf `true`, weil der rechte Spieler den ersten Aufschlag hat. Nach einem Punktgewinn kann der Aufschlag wechseln. Hat der linke Spieler Aufschlag, wird die Variable auf `false` gesetzt.

Die Variable `rb` verweist auf den Rigidbody des Balls. Ist die Geschwindigkeit dieses Rigidbodys in X-Richtung gleich 0, also in der Situation vor einem Aufschlag, kann er mithilfe der Methode `AddForce()` bewegt werden. Das geschieht in Abhängigkeit vom Wert der booleschen Variablen und von der Information, ob eine bestimmte Taste gedrückt wurde.

Die Klasse `Input` stellt die Eingaben der Benutzer für den programmierten Spielablauf zur Verfügung. Bisher haben wir die statische Methode `GetAxis()` genutzt, die im Standardfall das Drücken der Pfeiltasten für die horizontale und die vertikale Bewegung auswertet.

In diesem Projekt werden verschiedene Tasten für unterschiedliche Spieler ausgewertet, daher genügt uns der Standardfall nicht mehr. Stattdessen nutzen wir die statische Methode `GetKeyDown()`. Sie reagiert auf das Ereignis *Eine Taste bewegt sich nach unten* bezüglich einer bestimmten Taste, die als Parameter übergeben wird.

Die Parameter `KeyCode.LeftArrow` und `KeyCode.D` stammen aus der vordefinierten *Enumeration* `KeyCode`.

Hinweis

Eine Enumeration ist eine Aufzählung von zusammengehörigen Konstanten. Eine *Konstante* dient wie eine Variable zum Speichern eines Werts. Allerdings kann dieser Wert nicht verändert werden. Konstanten werden verwendet, weil man sich den Namen der Konstanten leichter merken kann als den zugehörigen Wert.

Sie können eigene Konstanten oder Enumerationen erstellen. Weitaus häufiger nutzen Sie allerdings vordefinierte Konstanten oder Enumerationen, wie beispielsweise im vorliegenden Fall.

Starten Sie das Spiel und versuchen Sie, einen Aufschlag für einen der beiden Spieler auszuführen. Das sollte nur für den rechten Spieler gelingen. Setzen Sie einmal kurzfristig die boolesche Variable `aufschlagRechts` auf `false` und die X-Position des Balls im UNITY EDITOR auf –7.99. Starten Sie dann das Spiel erneut und versuchen Sie noch einmal, einen Aufschlag für einen der beiden Spieler auszuführen. Jetzt sollte es nur für den linken Spieler gelingen.

6.3.2 Bewegen Sie die Spieler vertikal

Bewegt sich der Ball nach rechts, soll der rechte Spieler mithilfe der Tasten [↑] und [↓] vertikal verschoben werden können. Bewegt sich der Ball nach links, soll der linke Spieler mithilfe der Tasten [W] und [S] vertikal verschoben werden können. Die Klasse `Ball` wird dazu wie folgt ergänzt:

```
using UnityEngine;
public class Ball : MonoBehaviour
{
   ...
```

```
public GameObject spielerLinks;
public GameObject spielerRechts;
readonly float eingabeFaktor = 10;
...
void Update()
{
   if (rb.linearVelocity.x > 0)
   {
      if (Input.GetKey (KeyCode.UpArrow))
      {
         float yNeu = spielerRechts.transform.position.y +
            eingabeFaktor * Time.deltaTime;
         if (yNeu > 3.5f) yNeu = 3.5f;
         spielerRechts.transform.position = new Vector2(8.44f, yNeu);
      }
      else if (Input.GetKey (KeyCode.DownArrow))
      {
         float yNeu = spielerRechts.transform.position.y -
            eingabeFaktor * Time.deltaTime;
         if (yNeu < -3.5f) yNeu = -3.5f;
         spielerRechts.transform.position = new Vector2(8.44f, yNeu);
      }
   }
   else if (rb.linearVelocity.x < 0)
   {
      if (Input.GetKey (KeyCode.W))
      {
         float yNeu = spielerLinks.transform.position.y +
            eingabeFaktor * Time.deltaTime;
         if (yNeu > 3.5f) yNeu = 3.5f;
         spielerLinks.transform.position = new Vector2(-8.44f, yNeu);
      }
      else if (Input.GetKey (KeyCode.S))
      {
         float yNeu = spielerLinks.transform.position.y -
            eingabeFaktor * Time.deltaTime;
         if (yNeu < -3.5f) yNeu = -3.5f;
         spielerLinks.transform.position = new Vector2(-8.44f, yNeu);
      }
   }
   else if (rb.linearVelocity.x == 0)
```

```
        ...
    }
}
```

Listing 6.3 Die Klasse »Ball« – vertikale Bewegung der Spieler

Zuerst werden zwei öffentlich zugängliche Verweise auf die beiden Spieler erzeugt. In der Methode `Update()` wird zunächst geprüft, ob sich der Ball nach rechts oder nach links bewegt. Erst als Letztes wird überprüft, ob er sich gar nicht in X-Richtung bewegt. Innerhalb der mehrfachen Verzweigung steht also die Abfrage des Zustands mit der geringsten Wahrscheinlichkeit ganz hinten. Bei mehrfachen Verzweigungen sollten Sie dies möglichst immer so handhaben, denn das verbessert die Performance Ihres Programms.

Bewegt sich der Ball nach rechts, wird geprüft, ob die Taste [↑] gedrückt ist. Diesmal wird die statische Methode `GetKey()` genutzt. Sie reagiert auf das Ereignis *Die Taste ist unten* bezüglich einer bestimmten Taste. Im Unterschied zum vorherigen Abschnitt, in dem die Methode `GetKeyDown()` genutzt wurde, soll das andauernde Drücken der Taste zu einer wiederholten Registrierung des Ereignisses und damit zu einer kontinuierlichen Bewegung des Spielers führen.

Dadurch wird eine neue Y-Position für den rechten Spieler ermittelt, die etwas weiter oben liegen soll. Der Positionsbereich muss mit einer Verzweigung auf den Wert 3.5 begrenzt werden. Ansonsten könnte der rechte Spieler nach oben über die Begrenzung hinausgeschoben werden (siehe Abbildung 6.5). Auf die gleiche Art und Weise wird die Bewegung des rechten Spielers nach unten erzeugt und begrenzt.

Abbildung 6.5 Der rechte Spieler hat die obere Begrenzung erreicht.

Bewegt sich der Ball nach links, läuft es ebenso für den linken Spieler ab. In der Mehrfachverzweigung bleibt nur noch der Fall übrig, dass sich der Ball horizontal gar nicht bewegt. Daher könnte die Bedingung `if (rb.linearVelocity.x == 0)` nach dem `else` auch entfernt werden. Ich habe sie nur zum besseren Verständnis stehen gelassen.

Ziehen Sie im UNITY EDITOR die beiden Spieler auf die zugehörigen Slots, starten Sie das Spiel und führen Sie einen Aufschlag aus. Versuchen Sie, die beiden Spieler in Abhängigkeit von der horizontalen Richtung des Balls vertikal zu verschieben. Das sollte jeweils nur für einen Spieler gelingen.

6.3.3 Bewegen Sie die Spieler horizontal

Bewegt sich der Ball nach rechts, soll der rechte Spieler mithilfe der Taste [←] kurzzeitig ein kleines Stück nach links verschoben werden können. Bewegt sich der Ball nach links, soll der linke Spieler mithilfe der Taste [D] kurzzeitig ein kleines Stück nach rechts verschoben werden können. Ergänzen Sie dazu die Klasse `Ball` wie folgt:

```
using UnityEngine;
public class Ball : MonoBehaviour
{
   ...
   void Update()
   {
      if (rb.linearVelocity.x > 0)
      {
         ...
         else if (Input.GetKeyDown (KeyCode.LeftArrow))
         {
            spielerRechts.transform.Translate (-0.3f, 0, 0);
            Invoke (nameof(SpielerRechtsZurueck), 0.2f);
         }
      }
      else if (rb.linearVelocity.x < 0)
      {
         ...
         else if (Input.GetKeyDown (KeyCode.D))
         {
            spielerLinks.transform.Translate (0.3f, 0, 0);
            Invoke (nameof(SpielerLinksZurueck), 0.2f);
         }
      }
      ...
   }

   void SpielerRechtsZurueck()
```

```
    {
        spielerRechts.transform.Translate (0.3f, 0, 0);
    }

    void SpielerLinksZurueck()
    {
        spielerLinks.transform.Translate (-0.3f, 0, 0);
    }
}
```


Listing 6.4 Die Klasse »Ball« – horizontale Bewegung der Spieler

Diesmal handelt es sich wieder um eine einmalige und nicht um eine kontinuierliche Bewegung der beiden Spieler. Daher nutzen wir erneut die Methode `GetKeyDown()`. Die Spieler werden mit der Methode `Translate()` um den Wert 0.3 nach links bzw. rechts verschoben (siehe Abbildung 6.6). Die Methode `Translate()` muss mit einem `Vector3`-Wert aufgerufen werden.

Abbildung 6.6 Horizontale Verschiebung

Hinweis

Die Methode `Translate()` bietet eine verkürzte Schreibweise für eine relative Bewegung, also eine Bewegung, die relativ zu einem bestimmten Punkt ausgeführt wird. Die Methode ist allerdings nicht geeignet, falls der Wert der neuen Position benötigt wird, um ihn z. B. auf Gültigkeit zu prüfen. In diesem Fall sollten Sie weiterhin mit absoluten Positionsangaben arbeiten und der Eigenschaft `position` direkt Werte zuweisen.

Mithilfe der Methode Invoke() wird nach 0.2 Sekunden die Methode SpielerRechtsZurueck() bzw. SpielerLinksZurueck() aufgerufen, die die erfolgte Verschiebung wieder rückgängig macht.

Starten Sie das Spiel und führen Sie einen Aufschlag aus. Versuchen Sie, die beiden Spieler entsprechend der Richtung des Balls kurzzeitig horizontal zu verschieben.

6.3.4 Sammeln Sie Punkte

Sobald der Ball mit einer der beiden roten Begrenzungen kollidiert, erhält der gegenüberliegende Spieler einen Punkt. Anschließend hat dieser Spieler den Aufschlag. Außerdem soll sich die Geschwindigkeit des Balls nach einer Kollision mit einem der beiden Spieler erhöhen. Die Klasse Ball wird dazu weiter ergänzt:

```
using UnityEngine;
using TMPro;
public class Ball : MonoBehaviour
{
   ...
   int punkteLinks = 0;
   int punkteRechts = 0;
   public TextMeshProUGUI punkteLinksAnzeige;
   public TextMeshProUGUI punkteRechtsAnzeige;
   ...
   void OnCollisionEnter2D(Collision2D coll)
   {
      if (coll.gameObject.CompareTag("WandLinks"))
      {
         punkteRechts++;
         punkteRechtsAnzeige.text = punkteRechts + "";
         aufschlagRechts = true;
         gameObject.SetActive (false);
         Invoke (nameof(BallAufStartRechts), 1);
      }
      else if (coll.gameObject.CompareTag("WandRechts"))
      {
         punkteLinks++;
         punkteLinksAnzeige.text = punkteLinks + "";
         aufschlagRechts = false;
         gameObject.SetActive (false);
         Invoke (nameof(BallAufStartLinks), 1);
```

```
        }
        else if (coll.gameObject.CompareTag("Spieler"))
            rb.linearVelocity = new Vector2(rb.linearVelocity.x * 1.02f,
                rb.linearVelocity.y * 1.02f);
    }

    void BallAufStartRechts()
    {
        transform.position = new Vector2(7.99f, 0);
        BallAufStart ();
    }

    void BallAufStartLinks()
    {
        transform.position = new Vector2(-7.99f, 0);
        BallAufStart ();
    }

    void BallAufStart()
    {
        HindernisseSetzen();
        spielerLinks.transform.position = new Vector2(-8.44f, 0);
        spielerRechts.transform.position = new Vector2(8.44f, 0);
        gameObject.SetActive (true);
    }
}
```

Listing 6.5 Die Klasse »Ball« – Punktgewinn

Fügen Sie im UNITY EDITOR in der INSPECTOR VIEW drei neue Tags in der Liste TAGS & LAYERS ein: `WandLinks`, `WandRechts` und `Spieler`. Die beiden erstgenannten Tags weisen Sie den gleichnamigen Spielobjekten zu, das letztgenannte Tag den beiden Spielern.

In der Klasse `Ball` aus Listing 6.5 haben Sie zwei Zähler für die Punkte der beiden Spieler eingeführt und auf 0 gesetzt. Zudem wurden hier zwei öffentlich zugängliche Verweise auf die beiden Punkte-Anzeigen erzeugt. Vergessen Sie nicht, den Namensraum `TMPro` einzubinden.

Bei einer Kollision des Balls mit der linken Wand wird der Punktestand des rechten Spielers erhöht und neu angezeigt. Die boolesche Variable `aufschlagRechts` zeigt an, dass der rechte Spieler jetzt den Aufschlag hat. Der Ball wird deaktiviert, und es wird mit einer

Verzögerung von einer Sekunde die Methode `BallAufStartRechts()` aufgerufen. In dieser Methode wird der Ball für den Aufschlag des rechten Spielers positioniert. Anschließend wird die Methode `BallAufStart()` aufgerufen.

Dementsprechend wird dasselbe nach einer Kollision des Balls mit der rechten Wand für den linken Spieler durchgeführt.

In der Methode `BallAufStart()`, die in beiden Fällen aufgerufen wird, werden die Hindernisse neu positioniert. Beide Spieler werden auf ihre jeweilige Startposition gesetzt. Der Ball wird für den nächsten Aufschlag wieder aktiviert.

Bei einer Kollision des Balls mit einem der beiden Spieler wird die Geschwindigkeit des Balls für beide Richtungsanteile um jeweils 2 % erhöht. Ihr Verhältnis zueinander ändert sich nicht, die Richtung bleibt also gleich.

Ziehen Sie im Unity Editor die beiden Punkte-Anzeigen auf die zugehörigen Slots, und testen Sie das fertige Spiel.

6.3.5 Eine kleine Übung

Ich habe dem Projekt *TomsPong* einige Audio-Signale hinzugefügt. Die Audio-Dateien für den Asset-Import finden Sie im Verzeichnis *Freie Assets/TomsPong*. Vervollständigen Sie Ihr Projekt bei den folgenden Ereignissen:

- beim Aufschlag durch einen Spieler
- wenn der Ball am Rand oder an einem Hindernis abprallt
- wenn ein Spieler einen Punkt erzielt
- bei der horizontalen Verschiebung eines Spielers

Zu diesem Zweck müssen Sie jeweils diejenige Stelle im Code finden, an der das betreffende Ereignis auftritt.

6.3.6 Ideen für Erweiterungen

Einige Möglichkeiten für dieses Projekt:

- Ändern Sie die Anzahl, die Größe und den Positionsbereich der Hindernisse. Bearbeiten Sie die Form des äußeren Rands. Ändern Sie die Größe des schwarzen Spielers.
- Beseitigen Sie die Fehlersituationen, die ich in Abschnitt 6.1 beschrieben habe.
- Begrenzen Sie die Spiele: Hat einer der Spieler zehn Punkte erreicht, hat er gewonnen. Das aktuelle Spiel endet. Nach Betätigung der zugehörigen Schaltfläche folgt das nächste Spiel.

6.4 Künstliche Intelligenz

Bei der *künstlichen Intelligenz* (kurz: *KI*) wird die menschliche Intelligenz mithilfe von programmierten Abläufen (*Algorithmen*) teilweise nachgebildet, unter anderem bei Computerspielen. Unity bietet dazu einige vorgefertigte Algorithmen.

Dieser Abschnitt enthält eine Variante des Spiels *Pong*, in der die Bewegung des linken Spielers durch einen eigenen, Unity-unabhängigen Algorithmus ersetzt wird. Das Projekt *TomsKIPong* ist eine Kopie des Projekts *TomsPong* mit den nachfolgend beschriebenen Änderungen. In Abschnitt 22.1 beschreibe ich, wie ein Projekt kopiert werden kann.


```
public class Ball : MonoBehaviour
{
   ...
   void Update()
   {
      ...
      else if (rb.linearVelocity.x < 0)
      {
         float yNeu = spielerLinks.transform.position.y +
            eingabeFaktor * Time.deltaTime;
         if (yNeu > 3.5f) yNeu = 3.5f;
         Vector3 oben = new(-8.44f, yNeu, 0);

         yNeu = spielerLinks.transform.position.y -
            eingabeFaktor * Time.deltaTime;
         if (yNeu < -3.5f) yNeu = -3.5f;
         Vector3 unten = new(-8.44f, yNeu, 0);

         if ((oben - transform.position).magnitude <
               (unten - transform.position).magnitude)
            spielerLinks.transform.position = oben;
         else
            spielerLinks.transform.position = unten;
      }
      ...
   }
   ...
}
```

Listing 6.6 Die Klasse »Ball« – Änderung für KI

Bewegt sich der Ball nach links, werden zwei mögliche Positionen für den linken Spieler berechnet: knapp oberhalb und knapp unterhalb der aktuellen Position. Für die folgende Abstandsberechnung müssen diese möglichen Positionen als `Vector3`-Werte angegeben werden.

Danach wird der Abstand dieser beiden möglichen Positionen zum Ball berechnet. Der linke Spieler wird anschließend zu der Position mit dem geringeren Abstand zum Ball bewegt. So ist die Wahrscheinlichkeit höher, dass er den Ball zurückschlagen kann.

Der Aufschlag des linken Spielers wird nach wie vor durch Betätigung der Taste D ausgeführt. Die Methode `SpielerLinksZurueck()` wird nicht mehr benötigt, da es keine horizontale Verschiebung des linken Spielers mehr gibt.

Da es sich um ein kopiertes Projekt handelt, sollten Sie noch die Titelzeile in der ausführbaren Version ändern (siehe Abschnitt 4.5).

Hinweis

Sollte der linke Spieler nun *unschlagbar* sein: Erzeugen Sie verschiedene Level (siehe Kapitel 21), in denen der linke Spieler eine andere Größe erhält und sich nicht kontinuierlich, sondern in Sprüngen bewegt.

Kapitel 7
Ein Gedächtnistrainer als 2D-Projekt

Sie entwickeln den Gedächtnistrainer *TomsChimp* als 2D-Projekt. Mit einem ähnlichen Aufbau wurde in Japan die erstaunliche Leistung des Gedächtnisses von Schimpansen ermittelt. Wie immer werden Sie das Projekt zunächst selbst ausführen, um es kennenzulernen.

7.1 Führen Sie das Training aus

Starten Sie das ausführbare Programm *TomsChimp.exe* im Projektverzeichnis *TomsChimp/Builds*.

Abbildung 7.1 Das Projekt »TomsChimp«

Der Benutzer sieht wie in Abbildung 7.1 einige Schaltflächen, die der Reihe nach mit den Zahlen von 0 bis maximal 9 nummeriert sind. Im Beispiel gibt es die Zahlen von 0 bis 2. Er prägt sich ihre Reihenfolge an den zufällig verteilten Positionen ein. Nach kurzer Zeit verschwinden die Zahlen und es sind nur noch die Schaltflächen zu sehen. Der Benutzer versucht nun, sie nacheinander in der richtigen Reihenfolge anzuklicken.

Gelingt ihm das, erscheinen nach einer kurzen Pause wiederum Schaltflächen, und zwar eine mehr als vorher. Es wird also schwerer für ihn. Kann er sich alle zehn Positionen merken, hat er es geschafft.

Macht er jedoch einen Fehler, erscheinen nach einer kurzen Pause wiederum Schaltflächen, aber eine weniger als vorher. Es wird also leichter für ihn. Der Benutzer versucht aber, wieder auf die nächsthöhere Stufe zu gelangen.

So, dann versuchen Sie es einmal selbst!

7.2 Bereiten Sie das Training vor

Als Erstes erstellen Sie das Projekt, den Hintergrund und die Benutzeroberfläche. Um ein eigenes Training zu entwickeln, legen Sie mithilfe des Templates UNIVERSAL 2D ein neues 2D-Projekt an, z. B. mit dem Namen *MeinChimp*. Der UNITY EDITOR öffnet sich mit dem neuen Projekt. Legen Sie die beiden Asset-Verzeichnisse SPRITES und SCRIPTS an.

Importieren Sie aus dem Verzeichnis *FreieAssets* die Bilddatei *Dschungel.png* und legen Sie sie als Asset im Verzeichnis SPRITES ab. Erstellen Sie mithilfe dieses Assets das Spielobjekt `Hintergrund` und legen Sie es mit dem Wert –1 für die Eigenschaft ORDER IN LAYER im Bereich ADDITIONAL SETTINGS der Komponente SPRITE RENDERER in den Hintergrund. Stellen Sie den Scale auf 0.98/0.87/0.

Erzeugen Sie die erste Schaltfläche (für die Zahl 0) mithilfe des Menüpunkts UI • BUTTON - TEXTMESHPRO im Menü der HIERARCHY VIEW. Nennen Sie sie `Zahl0`, ohne Leerzeichen zwischen »Zahl« und »0«. Das umgebende Verzeichnis benennen Sie wie gewohnt mit `UI`.

Legen Sie den Ausgangspunkt für die Positionierung auf `bottom/left` fest. Die Werte für POS X und POS Y betragen 40 und 40, die Werte für WIDTH und HEIGHT 50 und 50. Ausgehend von der linken unteren Ecke lassen sich die zufälligen Werte für die Positionierung der Schaltflächen einfacher bestimmen.

Die RGB-Einstellung für die dunkelgrüne Farbe der Schaltfläche ist 0/64/0. Dies gilt für alle Farbeigenschaften, also für NORMAL COLOR, HIGHLIGHTED COLOR, PRESSED COLOR, SELECTED COLOR und DISABLED COLOR. Der Wert für die Transparenz wird bei allen Farbeigenschaften über die Eigenschaft **A** der Farbe auf 128 gesetzt. Nur bei der Eigenschaft HIGHLIGHTED COLOR beträgt er 255, damit die Schaltfläche besser sichtbar ist, wenn der Benutzer mit der Maus über sie fährt. Die Werte für die Eigenschaften des Unterelements TEXT lauten: TEXT INPUT: 0, FONT STYLE: Bold, VERTEX COLOR: 255/255/255, FONT SIZE: 24.

Kopieren Sie die Schaltfläche insgesamt neunmal und nennen Sie die Kopien Zahl1 bis Zahl9. Ändern Sie jeweils den Text im Unterelement TEXT auf 1 bis 9. Die Kopien können ihre Position behalten, sie liegen also zunächst alle übereinander. Beim Start des Projekts werden sie an zufälligen Stellen positioniert. Es werden jeweils nur diejenigen aktiviert, die benötigt werden.

Erzeugen Sie ein Textfeld mithilfe des Menüpunkts UI • TEXT - TEXTMESHPRO im Menü der HIERARCHY VIEW und nennen Sie es InfoAnzeige. Legen Sie den Ausgangspunkt für die Positionierung auf middle/center fest. POS X und POS Y bleiben bei 0/0, WIDTH und HEIGHT stehen bei 300/30. FONT STYLE wird auf Bold gesetzt und FONT SIZE auf 20. Der Text wird horizontal und vertikal zentriert. Die Schriftfarbe soll Weiß sein. Der Starttext lautet: Positionen merken.

7.3 Das Training für drei Zahlen

Die Schaltflächen mit den Zahlen von 0, 1 und 2 werden auf zufällige Positionen verteilt. Dabei wird darauf geachtet, dass die Positionen nicht doppelt vorkommen. Die Abläufe zum Löschen der Zahlen und zum Prüfen der Reihenfolge werden festgelegt.

7.3.1 Verteilen Sie die Zahlen

Erzeugen Sie im Verzeichnis SCRIPTS ein neues C#-Script vom Typ MONOBEHAVIOUR SCRIPT mit dem Namen Training. Die Klasse Training sollte wie folgt aussehen:

```
using UnityEngine;
using TMPro;

public class Training : MonoBehaviour
{
   public GameObject[] Zahl = new GameObject[10];
   int zahlMax;

   void Start()
   {
      zahlMax = 2;
      ButtonsVerteilen();
```

```
    }

    void ButtonsVerteilen()
    {
        for (int i = 0; i <= zahlMax; i++)
            Zahl[i].GetComponent<RectTransform>().position =
                new Vector2(Random.Range(1,25) * 50,
                    Random.Range(1,14) * 50 - 10);

        for (int i = zahlMax + 1; i <= 9; i++)
            Zahl[i].SetActive (false);
    }
}
```

Listing 7.1 Die Klasse »Training«

Zu Beginn wird der Namensraum `TMPro` eingebunden, der für die später erfolgenden Änderungen der Info-Anzeige zur Verfügung stehen muss.

Hinweis

In diesem Projekt arbeiten Sie zum ersten Mal mit einem *Datenfeld* (engl. *array*). Datenfelder werden verwendet, um auf größere Mengen zusammengehöriger Daten desselben Datentyps zuzugreifen:

- Ein Datenfeld besteht aus einer bestimmten Anzahl von Elementen.
- Jedes Element entspricht einer einzelnen Variablen des betreffenden Datentyps und kann mithilfe einer laufenden Nummer in rechteckigen Klammern erreicht werden. Diese Nummer wird *Index* genannt.
- Die Nummerierung eines Datenfelds beginnt bei 0. Dies wirkt zunächst ungewöhnlich. Zur Vereinfachung beginnen die Nummerierung und die Namen der Schaltflächen daher ebenfalls bei 0.

Wir möchten auf die zehn Schaltflächen der Benutzeroberfläche in zusammenhängender Form zugreifen. Daher legen wir ein öffentlich zugängliches Datenfeld von insgesamt zehn Verweisen auf Objekte vom Typ `GameObject` an. Sie werden später im UNITY EDITOR mit den zehn Schaltflächen verbunden (siehe Abbildung 7.2).

Der erste Teil der Deklaration (`public GameObject[] Zahl`) legt fest, dass es sich bei der Variablen `Zahl` um ein Datenfeld von Verweisen auf Objekte vom Typ `GameObject` handelt. Im zweiten Teil der Deklaration (`new GameObject[10]`) wird festgelegt, dass das Datenfeld zehn einzelne Elemente umfasst.

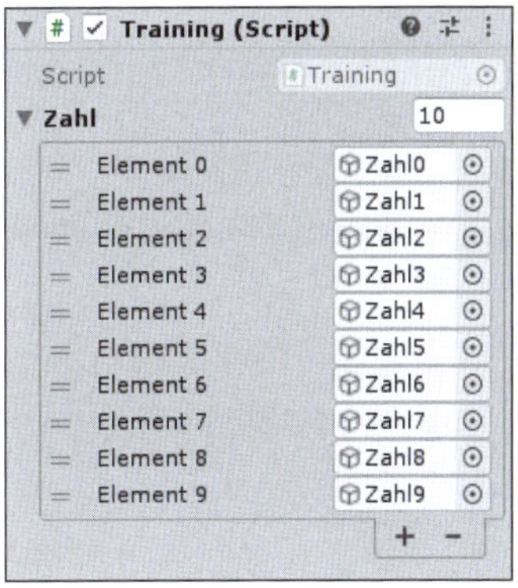

Abbildung 7.2 Zehn Verweise auf zehn Schaltflächen

In der Variablen zahlMax wird der Wert der größten sichtbaren Zahl gespeichert. Zu Beginn hat sie den Wert 2. Zunächst werden also drei Schaltflächen mit den Zahlen 0, 1 und 2 angezeigt. Gemäß den oben genannten Regeln wird später dafür gesorgt, dass sich der Wert nach dem Anklicken der Schaltflächen in der richtigen Reihenfolge erhöht bzw. nach einem falschen Klick verringert.

In der Methode Start() und mehrmals während des Programmlaufs werden die Schaltflächen mit den Zahlen zufällig verteilt. Der Vorgang wird in die Methode ButtonsVerteilen() ausgelagert.

In der Methode ButtonsVerteilen() wird eine erste for-Schleife für die Werte von 0 bis zahlMax durchlaufen. Um mehrere oder alle Elemente eines Datenfelds zu bearbeiten, sind for-Schleifen sehr gut geeignet. Die Schleifenvariable i wird dabei als Index für das Datenfeld genutzt.

Der Ausdruck Zahl[i].GetComponent<RectTransform>().position dient zum Zugriff auf die Eigenschaft position der RectTransform-Komponente des i-ten Elements des Datenfelds. Es werden also nacheinander die Positionen der einzelnen Schaltflächen festgelegt.

Der Aufruf Random.Range(1,25) liefert eine ganze Zahl zwischen 1 und 24. Die beiden ganzen Zahlen 1 und 24 liegen innerhalb des Bereichs, können also ebenfalls vorkommen. Entsprechend liefert der Aufruf Random.Range(1,14) eine ganze Zahl zwischen 1 und 13.

Die Schaltflächen haben eine Breite und eine Höhe von 50. Sie sollen sich nicht überlappen. Der zufällige Wert wird daher mit 50 multipliziert, sodass die Positionen nur in einem Raster der Breite 50 mal 50 liegen können.

- Auf diese Weise ergeben sich für die X-Position folgende mögliche Werte: 50, 100, 150, 200 ... 1150, 1200.

- Die erste mögliche Y-Position soll bei 40 liegen, daher wird der Wert 10 abgezogen. Für die Y-Position ergeben sich damit diese möglichen Werte: 40, 90, 140, 190 ... 590, 640.

In Abschnitt 7.3.3 sorgen wir noch dafür, dass keine Position doppelt vorkommt, also keine zwei Schaltflächen genau aufeinanderliegen.

In der Methode `ButtonsVerteilen()` wird noch eine zweite `for`-Schleife für die Deaktivierung der restlichen Schaltflächen durchlaufen. Diese sind zunächst nicht am Ablauf beteiligt.

Ziehen Sie das Script-Asset `Training` auf das Spielobjekt `Main Camera`. Dieses Spielobjekt habe ich ausgewählt, weil es immer vorhanden ist und standardmäßig keine eigene SCRIPT-Komponente besitzt. Ziehen Sie die zehn Schaltflächen auf die zehn Slots in der INSPECTOR VIEW (siehe Abbildung 7.2).

Starten Sie das Training mehrmals nacheinander. Die ersten drei Schaltflächen erscheinen jeweils an zufälligen Positionen. Setzen Sie `zahlMax` im Code versuchsweise auf einen anderen Wert zwischen 0 und 9. Nun erscheint jeweils die passende Anzahl an Schaltflächen.

Hinweis

Wenn Sie für `zahlMax` einen Wert außerhalb des Bereichs von 0 bis 9 wählen, erhalten Sie die Fehlermeldung, dass sich der Index des Datenfelds außerhalb des erlaubten Bereichs befindet (siehe Abbildung 7.3). Im Zusammenhang mit Datenfeldern ist das ein häufiger Fehler. Die Fehlermeldung wird zur Laufzeit in der Statuszeile angezeigt. Nach Beendigung des Trainings sehen Sie sie in der CONSOLE VIEW.

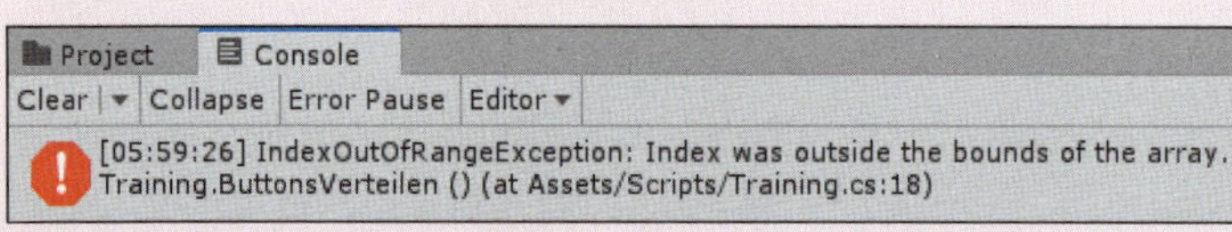

Abbildung 7.3 Ungültiger Index

7.3.2 Vermeiden Sie doppelte Positionen

Mithilfe einer Erweiterung in der Methode `ButtonsVerteilen()` sorgen wir dafür, dass keine Position doppelt vorkommt, also keine zwei Schaltflächen genau aufeinanderliegen:

```
void ButtonsVerteilen()
{
   for (int i = 0; i <= zahlMax; i++)
   {
      bool positionDoppelt;
      Vector3 positionNeu;

      do
      {
         positionNeu = new Vector3(Random.Range(1,25) * 50,
            Random.Range(1,14) * 50 - 10, 0);
         positionDoppelt = false;

         for(int k = 0; k < i; k++)
         {
            if((Zahl[k].GetComponent<RectTransform>().position -
               positionNeu).magnitude < 25)
            {
               positionDoppelt = true;
               break;
            }
         }
      }
      while(positionDoppelt);

      Zahl[i].GetComponent<RectTransform>().position = positionNeu;
   }

   for (int i = zahlMax + 1; i <= 9; i++)
      Zahl[i].SetActive (false);
}
```

Listing 7.2 Die Klasse »Training« – keine doppelten Positionen

Für jede neu ermittelte Position einer Schaltfläche muss festgestellt werden, ob eine der bereits vorhandenen Schaltflächen dieselbe Position hat.

Die äußere `for`-Schleife mit der Schleifenvariablen `i` läuft wie bisher von `0` bis `zahlMax`. Es wird also jeweils eine Position für die `i`-te Schaltfläche ermittelt. Innerhalb einer `do-while`-Schleife wird eine mögliche Position errechnet und in `positionNeu` gespeichert. In der inneren for-Schleife mit der Schleifenvariablen k wird nacheinander für alle bereits vorhandenen Schaltflächen geprüft, ob der Abstand zwischen ihrer Position und positionNeu zu gering ist. Die Position muss für die Abstandsberechnung wiederum als Vector3-Wert erfasst werden.

Ist der Abstand zu gering, ist eine Position doppelt belegt. Schleifen können mithilfe des Schlüsselworts break unmittelbar abgebrochen werden. Dies wird an dieser Stelle für die innere for-Schleife durchgeführt, da die restlichen Schaltflächen nicht mehr geprüft werden müssen. Das Programm befindet sich anschließend nach wie vor innerhalb der umschließenden do-while-Schleife. Es muss ein neuer Wert für positionNeu ermittelt werden.

Die boolesche Variable positionDoppelt steuert den Vorgang. Sie wird zunächst auf false gesetzt. Ist der Abstand zu gering, wird sie auf true gesetzt. Das führt dazu, dass die do-while -Schleife erneut durchlaufen wird.

Nach dem erfolgreichen Ende der do-while-Schleife steht fest, dass positionNeu nicht doppelt vorkommt. Diese Position wird der i-ten Schaltfläche zugewiesen.

Setzen Sie zahlMax im Code versuchsweise kurzzeitig auf den Wert 9 und starten Sie das Training mehrmals nacheinander. Keine Schaltfläche liegt genau auf einer anderen Schaltfläche.

7.3.3 Löschen Sie die Zahlen

Nach einer kurzen Zeit sollen die Zahlen auf den Schaltflächen gelöscht werden. Dazu erweitern wir die Klasse Training wie folgt:

```
public class Training : MonoBehaviour
{
   public TextMeshProUGUI infoAnzeige;
   ...
   void ButtonsVerteilen()
   {
      ...
      Invoke (nameof(ZahlenLoeschen), zahlMax);
   }

   void ZahlenLoeschen()
   {
      for (int i = 0; i <= zahlMax; i++)
```

```
            Zahl[i].GetComponentInChildren<TextMeshProUGUI>().text = "";
        infoAnzeige.text = "Nacheinander anklicken";
        Invoke(nameof(InfoEntfernen), 1);
    }

    void InfoEntfernen()
    {
        infoAnzeige.GetComponent<RectTransform>().transform.Translate(0, 500, 0);
    }
}
```


Listing 7.3 Die Klasse »Training« – Zahlen löschen

Am Ende der Methode `ButtonsVerteilen()` sorgt die Methode `Invoke()` dafür, dass die Methode `ZahlenLoeschen()` zeitverzögert aufgerufen wird. Die Zeit bis zum Aufruf steht dem Benutzer zur Verfügung, um sich die Positionen der Schaltflächen einzuprägen. Diese Zeit hängt von der Anzahl der Schaltflächen ab. Die Textfelder mit den Zahlen sind den Schaltflächen jeweils untergeordnet.

Hinweis

Zur Erinnerung: Ein übergeordnetes Spielobjekt wird *Parent* (dt. Elternteil) genannt, ein untergeordnetes Spielobjekt *Child* (dt. Kind). Die Mehrzahl von Child ist *Children* (dt. Kinder).

Auf die Komponenten der Kinder können Sie über die Methode `GetComponentInChildren()` zugreifen, in diesem Fall auf die Komponente vom Typ TEXTMESHPROUGUI. Die betreffende Komponente wird zunächst beim Elternteil gesucht. Ist sie dort nicht vorhanden, wird sie bei den Kindern gesucht. Die Eigenschaft TEXT INPUT erhält eine leere Zeichenkette als Wert.

Der Infotext wird über den öffentlich zugänglichen Verweis auf das Textfeld geändert. Es erscheint kurz der Infotext `"Nacheinander anklicken"`. Das Textfeld mit dem Infotext wird mithilfe der Methode `InfoEntfernen()` nach einer Sekunde an eine Position außerhalb des Spielfelds verschoben, damit es nicht eine der zufällig verteilten Schaltflächen verdeckt.

Ziehen Sie das Textfeld auf den zugehörigen Slot und starten Sie das Training mehrmals nacheinander mit unterschiedlichen Werten für `zahlMax`. Die Zahlen werden jeweils nach der entsprechenden Zeit gelöscht.

7.3.4 Prüfen Sie die Reihenfolge

Allen zehn Schaltflächen wird die gemeinsame Klasse Zahlen aus dem neuen Script-Asset vom Typ MONOBEHAVIOUR SCRIPT mit dem Namen Zahlen zugewiesen. Die Klasse enthält die Methode Button_Click(), die dem Ereignis *Schaltfläche wird angeklickt* zugeordnet wird. In der Klasse wird geprüft, ob die Schaltflächen in der richtigen Reihenfolge angeklickt werden:

```
using UnityEngine;
using TMPro;
using System;

public class Zahlen : MonoBehaviour
{
   static int erwartet = 0;

   public void Button_Click()
   {
      int geklickt = Convert.ToInt32(name.Substring (4, 1));

      if (geklickt == erwartet)
      {
         GetComponentInChildren<TextMeshProUGUI>().text = geklickt + "";
         erwartet++;
      }
      else
         GetComponentInChildren<TextMeshProUGUI>().text = "X";
   }
}
```

Listing 7.4 Die Klasse »Zahlen«

An dieser Stelle arbeiten Sie zum ersten Mal mit einer statischen Eigenschaft in einer Klasse. Eine solche Eigenschaft ist keinem einzelnen Objekt der Klasse zugeordnet, sondern der gesamten Klasse. Auf diese Weise ist es z. B. möglich, Informationen zwischen den verschiedenen Objekten einer Klasse zu transportieren.

Die statische Eigenschaft erwartet ist eine int-Variable. Sie enthält die Zahl, deren Schaltfläche als Nächste angeklickt werden soll. Zu Beginn ist das die Zahl 0.

In der Methode Button_Click() wird die Zahl ermittelt, deren zugehörige Schaltfläche angeklickt wurde. Die Eigenschaft name enthält den ganzen Namen als string-Wert.

Die Methode `Substring()` liefert einen Teil eines `string`-Werts. Der erste Parameter gibt die Position des ersten Zeichens, der zweite Parameter die Länge des gewünschten Teils an. Die Positionen der einzelnen Zeichen eines `string`-Werts sind nummeriert. Die Nummerierung beginnt wie bei einem Datenfeld bei 0. Ist der Name der Schaltfläche `Zahl2`, liefert `Substring(4,1)` den Text `"2"`.

Die statische Methode `ToInt32()` der Klasse `Convert` aus dem Namensraum `System` wandelt Objekte unterschiedlichen Datentyps in einen `int`-Wert um. Hier wird aus dem Text `"2"` der `int`-Wert 2.

Nun können die beiden `int`-Werte `geklickt` und `erwartet` miteinander verglichen werden. Wurde als Erstes die Schaltfläche `Zahl0` angeklickt, trifft die Bedingung `geklickt == erwartet` zu. Die Zahl wird mithilfe einer leeren Zeichenkette in einen `string`-Wert umgewandelt. Dieser wird der `string`-Eigenschaft `text` zugewiesen. Damit wird der Text auf der Schaltfläche angezeigt.

Der Wert von `erwartet` erhöht sich. Beim nächsten Klick sollte also die Schaltfläche `Zahl1` angeklickt werden. Wird eine andere Schaltfläche als die erwartete angeklickt, wird das Zeichen `X` auf der angeklickten Schaltfläche angezeigt.

Hinweis

Noch einmal zum Verständnis der statischen Eigenschaft: Die Variable `erwartet` gibt es insgesamt nur einmal. Sie wird beim Anklicken einer beliebigen Schaltfläche geprüft bzw. geändert.

Ordnen Sie das C#-Script `Zahlen` allen zehn Schaltflächen auf einmal zu. Markieren Sie dazu alle zehn Schaltflächen in der HIERARCHY VIEW. Ziehen Sie anschließend das C#-Script auf die Schaltfläche ADD COMPONENT in der INSPECTOR VIEW.

Die Ereignismethode `Button_Click()` muss den zehn Schaltflächen jeweils einzeln zugewiesen werden, denn die Ermittlung des Namens der angeklickten Schaltfläche ist objektbezogen. Markieren Sie eine der Schaltflächen, z. B. `Zahl2`. Klicken Sie auf das Pluszeichen im Bereich ON CLICK () der Komponente BUTTON der Schaltfläche. Wählen Sie das Spielobjekt `Zahl2` auf der linken Seite sowie die Klasse `Zahlen` und die Methode `Button_Click()` auf der rechten Seite aus (siehe Abbildung 7.4). Wiederholen Sie diesen Vorgang für jede einzelne Schaltfläche.

Stellen Sie `zahlMax` im Code auf den Originalwert von 2, starten Sie das Training und klicken Sie die Schaltflächen in der richtigen Reihenfolge an. Erscheinen nacheinander die Zahlen? Starten Sie das Training erneut und klicken Sie eine Schaltfläche in der falschen Reihenfolge an. Erscheint das Zeichen `X`?

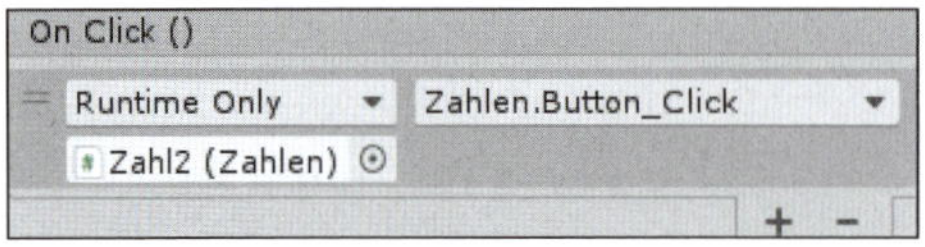

Abbildung 7.4 Die Ereignismethode zuordnen

Momentan wirkt sich ein Klick auf eine der Schaltflächen unmittelbar aus. Wir werden das Programm aber noch verbessern, sodass sich ein Klick erst nach dem Löschen der Zahlen auf den Schaltflächen auswirkt.

7.4 Das Training erweitern

In diesem Abschnitt legen Sie die Abläufe zum Verringern und zum Erhöhen der Anzahl der Schaltflächen fest. Dann folgen noch kleine Verbesserungen.

7.4.1 Machen Sie das Training leichter

Wenn der Benutzer eine falsche Schaltfläche angeklickt hat, soll das Training leichter werden: Beim nächsten Mal soll eine Schaltfläche weniger erscheinen als vorher. In der Klasse `Training` kommen dafür zwei Methoden hinzu:

```
public class Training : MonoBehaviour
{
   ...
   public void Zurueck()
   {
      zahlMax--;
      infoAnzeige.GetComponent<RectTransform>().transform.Translate(0, -500, 0);
      infoAnzeige.text = "Fehler, zurück auf " + zahlMax;
      Invoke (nameof(Weiter), 2);
   }

   void Weiter()
   {
      infoAnzeige.text = "Positionen merken";
      ButtonsVerteilen();
   }
}
```

Listing 7.5 Die Klasse »Training« – es wird leichter.

Die Methode Zurueck() muss öffentlich zugänglich sein, da sie von außerhalb der Klasse aufgerufen wird. In der Methode wird der Wert von zahlMax verringert, das Training wird also leichter. Die Info-Anzeige erscheint wieder im Spielfeld und gibt eine passende Fehlermeldung aus. Nach zwei Sekunden wird die Methode Weiter() aufgerufen, in der der Bildschirm mit einer nunmehr verringerten Anzahl von Schaltflächen gefüllt wird.

Die Klasse Zahlen erweitern wir wie folgt:

```
public class Zahlen : MonoBehaviour
{
   ...
   public Training training;
   public void Button_Click()
   {
      ...
      if (geklickt == erwartet) { ... }
      else
      {
         GetComponentInChildren<TextMeshProUGUI>().text = "X";
         erwartet = 0;
         training.Zurueck();
      }
   }
}
```

Listing 7.6 Die Klasse »Zahlen« – es wird leichter.

Hier wird ein öffentlich zugänglicher Verweis auf die Klasse Training eingeführt. Wenn der Benutzer eine Schaltfläche in der falschen Reihenfolge anklickt, wird die Variable erwartet auf 0 gesetzt, da beim nächsten Mal wieder mit der Zahl 0 begonnen wird. Dann wird die Methode Zurueck() der Klasse Training aufgerufen.

Markieren Sie alle zehn Schaltflächen in der HIERARCHY VIEW. Ziehen Sie anschließend das Spielobjekt Main Camera auf den zugehörigen Slot. Damit wird die Klasse Training dem öffentlich zugänglichen Verweis der Klasse Zahlen zugeordnet (siehe Abbildung 7.5).

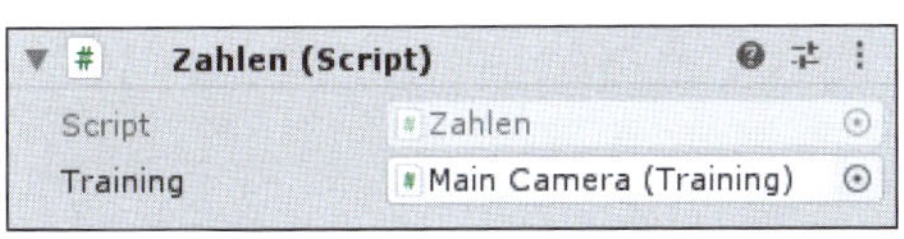

Abbildung 7.5 Verweis auf die Klasse »Training«

Starten Sie das Training und klicken Sie eine Schaltfläche in der falschen Reihenfolge an. Nach der Fehlermeldung erscheinen weniger Schaltflächen als vorher, das Training wird also leichter. Allerdings sind nicht alle Schaltflächen beschriftet. Das holen wir im folgenden Abschnitt nach.

7.4.2 Machen Sie das Training schwerer

Wenn der Benutzer alle Schaltflächen in der richtigen Reihenfolge angeklickt hat, soll das Training schwerer werden: Es soll eine Schaltfläche mehr erscheinen als vorher. In der Klasse `Training` gibt es dafür folgende Änderungen:

```
public class Training : MonoBehaviour
{
   public int zahlMax;
   ...
   void ButtonsVerteilen()
   {
      ...
      for (int i = 0; i <= 9; i++)
      {
         if (i <= zahlMax)
         {
            Zahl[i].SetActive (true);
            Zahl[i].GetComponentInChildren<TextMeshProUGUI>().text = i + "";
         }
         else
            Zahl[i].SetActive (false);
      }
      ...
   }
   ...
   public void Vorwaerts()
   {
      zahlMax++;
      infoAnzeige.GetComponent<RectTransform>().transform.Translate(0, -500, 0);
      infoAnzeige.text = "Geschafft, vorwärts auf " + zahlMax;
      Invoke (nameof(Weiter), 2);
   }
}
```

Listing 7.7 Die Klasse »Training« – es wird schwerer.

Die Eigenschaft zahlMax muss mithilfe von public öffentlich zugänglich gemacht werden, da ein Zugriff von außerhalb der Klasse erfolgt. Die untere for-Schleife in der Methode ButtonsVerteilen() muss neu gestaltet werden. Um sie zu aktivieren bzw. zu deaktivieren, müssen alle Schaltflächen durchlaufen werden. Damit stellen Sie sicher, dass auf allen angezeigten Schaltflächen die zugehörige Zahl steht.

Hinweis

Sie können einer öffentlich zugänglichen Eigenschaft auf verschiedene Arten einen Startwert zuweisen. Wählen Sie dabei unterschiedliche Werte, wird die folgende Reihenfolge beachtet:

- Zuweisung bei der Deklaration innerhalb der Klasse
- Eingabe im Slot innerhalb des Unity Editors: Sie überschreibt die Zuweisung bei der Deklaration.
- Zuweisung innerhalb der Methode Start(): Sie überschreibt die Eingabe im Slot.

In der Methode Vorwaerts() wird der Wert von zahlMax erhöht, das Training wird also schwerer. In der Info-Anzeige wird eine passende Erfolgsmeldung ausgegeben. Nach zwei Sekunden wird die Methode Weiter() aufgerufen, in der der Bildschirm mit einer nunmehr erhöhten Anzahl von Schaltflächen gefüllt wird.

Die Klasse Zahlen wird wie folgt erweitert:

```
public class Zahlen : MonoBehaviour
{
   ...
   public void Button_Click()
   {
      ...
      if (geklickt == erwartet)
      {
         GetComponentInChildren<TextMeshProUGUI>().text = geklickt + "";
         if (erwartet == training.zahlMax)
         {
            erwartet = 0;
            training.Vorwaerts();
         }
         else
            erwartet++;
      }
```

```
        else { ... }
    }
}
```

Listing 7.8 Die Klasse »Zahlen« – es wird schwerer.

Nachdem der Benutzer eine Schaltfläche in der richtigen Reihenfolge angeklickt hat, wird geprüft, ob das die letzte aktuell angezeigte Schaltfläche war:

- Ist das der Fall, wird die Variable `erwartet` auf 0 gesetzt, da beim nächsten Mal wieder mit der Zahl 0 begonnen wird. Dann wird die Methode `Vorwaerts()` der Klasse `Training` aufgerufen.
- Ist das nicht der Fall, wird die Variable `erwartet` nur erhöht.

Starten Sie das Training und klicken Sie alle Schaltflächen in der richtigen Reihenfolge an. Die Erfolgsmeldung erscheint und das Training wird schwerer.

7.4.3 Optimieren Sie das Training

Der logische Ablauf des Trainings steht jetzt grundsätzlich. Sie müssen nur noch drei kleine Verbesserungen vornehmen:

1. Der Klick auf eine Schaltfläche soll sich erst auswirken, nachdem sich der Benutzer die Positionen der Zahlen einprägen konnte und die Zahlen nicht mehr angezeigt werden.
2. Legen Sie eine Obergrenze für `zahlMax` fest. Dadurch verhindern Sie, dass die Größe des Datenfelds und die maximale Anzahl an vorhandenen Schaltflächen überschritten werden.
3. Bauen Sie eine kleine Verzögerung für den Start des Trainings ein. In der ausführbaren Version dauert es ein paar Sekunden, bis nach dem Unity-Introbild die Benutzeroberfläche erscheint. In der Zwischenzeit ist die Beschriftung der ersten drei Schaltflächen bereits verschwunden.

Als mögliche Erweiterung wäre dafür auch eine *dynamische Lösung* denkbar, die eine *generische Liste* verwendet (siehe Abschnitt 12.3.2) und Prefabs (siehe Abschnitt 5.2.4) für die Schaltflächen.

In der Klasse `Training` gibt es folgende Änderungen:

```
public class Training : MonoBehaviour
{
    readonly int zahlMaxGrenze = 9;
    public bool buttonsKlickbar = false;
```

```
    ...
    void Start()
    {
        zahlMax = 2;
        for (int i = 0; i <= 9; i++)
            Zahl[i].SetActive (false);
        Invoke (nameof(ButtonsVerteilen), 3);
    }

    void ZahlenLoeschen()
    {
        ...
        buttonsKlickbar = true;
    }

    public void Vorwaerts()
    {
        zahlMax++;
        buttonsKlickbar = false;
        infoAnzeige.GetComponent<RectTransform>().transform.Translate(0, -500, 0);

        if (zahlMax > zahlMaxGrenze)
            infoAnzeige.text = "Mehr geht zurzeit nicht";
        else
        {
            infoAnzeige.text = "Geschafft, vorwärts auf " + zahlMax;
            Invoke (nameof(Weiter), 2);
        }
    }

    public void Zurueck()
    {
        zahlMax--;
        buttonsKlickbar = false;
        infoAnzeige.GetComponent<RectTransform>().transform.Translate(0, -500, 0);
        infoAnzeige.text = "Fehler, zurück auf " + zahlMax;
        Invoke (nameof(Weiter), 2);
    }
}
```

Listing 7.9 Die Klasse »Training« – Verbesserungen

Der Wert der Variablen `zahlMaxGrenze` dient als Obergrenze. Auf diese Weise kann die Variable `zahlMax` maximal auf 9 gesetzt werden.

In der Methode `Start()` werden zunächst alle Schaltflächen deaktiviert, da sie ansonsten kurzzeitig unten links sichtbar wären. Der erste Aufruf der Methode `ButtonVerteilen()` erfolgt erst nach drei Sekunden. In dieser Methode werden die benötigten Schaltflächen wieder aktiviert.

Die Auswirkung eines Klicks auf eine Schaltfläche wird mithilfe der öffentlich zugänglichen Eigenschaft `buttonsKlickbar` vom Datentyp `bool` gesteuert. Diese Eigenschaft wird erst nach dem Löschen der Zahlen auf den Schaltflächen auf `true` gesetzt. Beim Durchlauf der Methoden `Vorwaerts()` und `Zurueck()` wird sie wieder auf `false` gesetzt, da anschließend die Schaltflächen zum Einprägen neu verteilt werden.

In der Methode `Vorwaerts()` wird geprüft, ob die Obergrenze erreicht ist. Ist das der Fall, ist das Training erfolgreich beendet.

Die Klasse `Zahlen` wird wie folgt erweitert:

```
public class Zahlen : MonoBehaviour
{
   ...
   public void Button_Click()
   {
      if (!training.buttonsKlickbar)
         return;
      ...
   }
}
```

Listing 7.10 Die Klasse »Zahlen« – Verbesserungen

Sind die Schaltflächen noch nicht »freigegeben«, wird die Methode unmittelbar wieder verlassen. Testen Sie das fertige Training.

7.4.4 Ideen für Erweiterungen

Einige Möglichkeiten für dieses Projekt:

- Geben Sie jeder Schaltfläche eine individuelle, unveränderliche Farbe. Auf diese Weise kann sich der Benutzer die Schaltflächen leichter merken.

- Geben Sie jeder Schaltfläche eine individuelle Farbe, die sich bei jeder Änderung der Anzahl der Schaltflächen zufällig ändert. So ist es für den Benutzer schwerer, sich die Schaltflächen zu merken.
- Arbeiten Sie ohne Ziffern, sondern nur mit Farben auf den Schaltflächen. Geben Sie allen Schaltflächen eine neutrale Farbe, nachdem sich der Benutzer die Positionen gemerkt hat. Er soll nun die Schaltflächen in einer fest vorgegebenen Farbreihenfolge anklicken, die Sie ihm z. B. am oberen Rand des Bildschirms anzeigen. Dazu sollten Sie den Positionsbereich etwas verkleinern, damit am oberen Rand des Bildschirms keine Schaltflächen angezeigt werden.
- Ändern Sie bei jeder Änderung der Anzahl der Schaltflächen die vorgegebene Farbreihenfolge.
- Erstellen Sie die oben genannten Varianten in eigenen Szenen und wechseln Sie die Szene automatisch nach bestimmten Ereignissen.

Kapitel 8
Ein 2D-Space-Shooter

In diesem Kapitel entwickeln Sie einen Klassiker unter den Computerspielen: einen 2D-Space-Shooter. Diese Version trägt den Namen *TomsSpaceShooter*. Starten Sie das ausführbare Programm *TomsSpaceShooter.exe* im Projektverzeichnis *TomsSpaceShooter/Builds*.

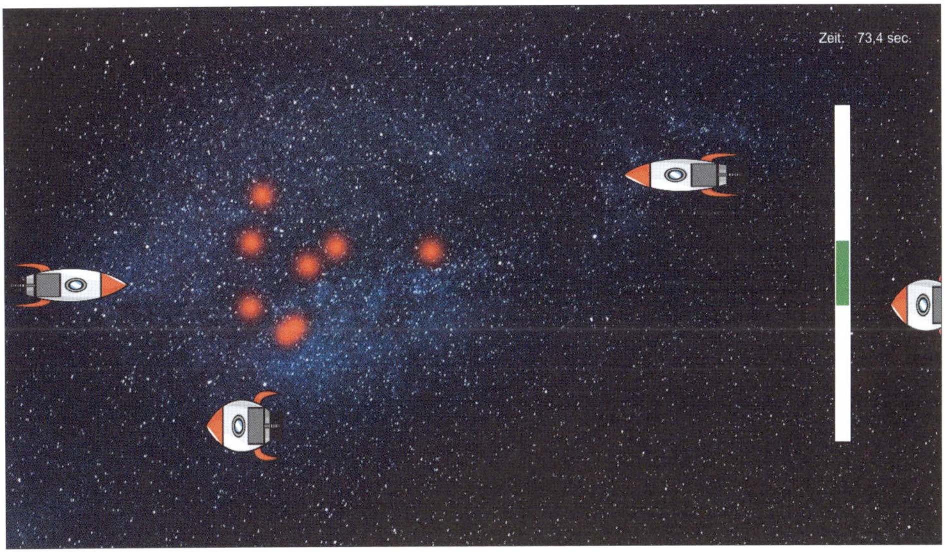

Abbildung 8.1 Das Spiel »TomsSpaceShooter«

Der Spieler steuert wie in Abbildung 8.1 sein eigenes langes und schlankes Raumschiff, das sich am linken Rand des Spielfelds befindet, mithilfe der Tasten [↑] und [↓] durch den Weltraum. Es bleibt immer am linken Rand, weil sich der Betrachter in positiver X-Richtung gemeinsam mit dem Raumschiff bewegt. Der Spieler soll mehrere Aufgaben lösen:

- Er soll mithilfe der linken [Strg]-Taste möglichst viele der kurzen und kompakten gegnerischen Raumschiffe abschießen, die von rechts heranfliegen. Bei jedem Treffer gewinnt er Energie hinzu.

- Er kann an die heranfliegenden langen und schlanken befreundeten Raumschiffe ankoppeln und sein eigenes Raumschiff auftanken. Dabei gewinnt er ebenfalls Energie hinzu.
- Kein gegnerisches Raumschiff soll ihn treffen. Er würde den Aufprall zwar dank seines Schutzschilds überleben, aber Energie verlieren.
- Er soll seinen Heimatplaneten schützen, der sich links außerhalb des sichtbaren Spielfelds befindet. Daher soll er möglichst wenige gegnerische Raumschiffe an sich vorbeilassen. Er würde dabei ebenfalls Energie verlieren.
- Er soll möglichst kein befreundetes Raumschiff abschießen, das mit seinen Kameraden bemannt ist. Dadurch würde er ebenfalls Energie verlieren und hätte auch keine Gelegenheit mehr, an diesem Raumschiff aufzutanken.

Die Explosion eines Raumschiffs nach einem Abschuss wird mithilfe eines *Partikelsystems* von Unity auf dem Bildschirm angezeigt.

Auf der rechten Seite gibt es eine grüne Energieanzeige auf weißem Hintergrund. Zu Beginn steht dem Spieler 25 % Energie zur Verfügung. Sobald er die 100-%-Marke erreicht hat, ist das Spiel zu Ende und er hat die Raumschlacht gewonnen. Sobald er die 0-%-Marke erreicht hat, ist das Spiel ebenfalls zu Ende, aber er hat die Raumschlacht verloren.

Im Verlauf des Spiels werden sowohl die gegnerischen als auch die befreundeten Raumschiffe schneller, sodass es immer schwieriger wird.

So, dann spielen Sie erst einmal ein paar Runden!

8.1 Bereiten Sie das Spiel vor

Um das Spiel selbst zu entwickeln, legen Sie mithilfe des Templates UNIVERSAL 2D zunächst ein neues 2D-Projekt an, z. B. mit dem Namen *MeinSpaceShooter*. Legen Sie zunächst das Asset-Verzeichnis SCRIPTS für die C#-Programme an. Legen Sie dann das Asset-Verzeichnis SPRITES an und importieren Sie aus dem Verzeichnis *FreieAssets* die Bilddateien *Sterne.png*, *Rakete.png*, *Rot.png*, *Gruen. png* und *Weiss.png* in dieses Verzeichnis. Vergessen Sie nicht, mindestens nach jedem Abschnitt die geänderte Spielszene zu speichern.

Ziehen Sie das Asset `Sterne` mit der Maus in die HIERARCHY VIEW und lassen Sie es unterhalb des Spielobjekts `Main Camera` los. Geben Sie dem neuen Spielobjekt den Namen `Sterne` und stellen Sie den Scale auf 1/1/0.

Das Spielobjekt dient als Hintergrund und soll keine anderen Spielobjekte verdecken. Weisen Sie daher der Eigenschaft ORDER IN LAYER im Bereich ADDITIONAL SETTINGS der Komponente SPRITE RENDERER den Wert –3 zu. Zur Erklärung des Werts: Die beiden Spielobjekte für die Energieanzeige auf der rechten Seite erhalten für diese Eigenschaft später die Werte –1 und –2. Daher stehen alle drei Spielobjekte immer in einer bestimmten Reihenfolge hinter den aktiven Spielobjekten, die bei dieser Eigenschaft den Standardwert 0 besitzen.

8.1.1 Gestalten Sie die beiden Explosions-Prefabs

Legen Sie das Asset-Verzeichnis PREFABS an. Öffnen Sie das Menü der HIERARCHY VIEW, indem Sie auf das Pluszeichen klicken. Wählen Sie den Menüpunkt EFFECTS • PARTICLE SYSTEM aus, um ein Spielobjekt vom Typ *Partikelsystem* zu erzeugen. Öffnen Sie das Menü der TRANSFORM-Komponente über die drei Punkte in der oberen rechten Ecke und setzen Sie mit dem Menüpunkt RESET die Werte zurück. Ein solches Partikelsystem erzeugt standardmäßig über einen festgelegten Zeitraum viele einzelne Partikel, die sich von einem Zentrum aus nach außen bewegen und eine bestimmte Lebensdauer haben.

Das Partikelsystem dient zur Darstellung der auseinanderfliegenden Bruchstücke bei der Explosion eines gegnerischen Raumschiffs. Benennen Sie das Spielobjekt in `ExplosionRot` um. Ziehen Sie es in das Asset-Verzeichnis PREFABS und löschen Sie es anschließend aus der HIERARCHY VIEW. Die Explosion wird nicht dauerhaft benötigt, sondern nur, wenn ein Geschoss des eigenen Raumschiffs eines der gegnerischen Raumschiffe trifft.

Nachdem Sie das Prefab markiert haben, stellen Sie einige seiner Parameter in der INSPECTOR VIEW ein (siehe Abbildung 8.2).

Nach jedem Treffer sollen nur eine Sekunde lang Partikel erzeugt werden. Stellen Sie daher die Eigenschaft DURATION auf 1 und entfernen Sie bei der Eigenschaft LOOPING die Markierung. Die Lebensdauer eines einzelnen Partikels soll ebenfalls nur eine Sekunde betragen. Stellen Sie daher die Eigenschaft START LIFETIME auf 1. Die Größe stellen Sie über die Eigenschaft START SIZE ein; sie besitzt den Wert 1. Es sollen insgesamt nur zehn Partikel erzeugt werden. Stellen Sie daher die Eigenschaft MAX PARTICLES auf 10. Die Farbe der Partikel wird über die Eigenschaft START COLOR mit den Werten 255/0/0 auf Rot eingestellt.

Kopieren Sie das Prefab und nennen Sie die Kopie `ExplosionGruen`. Es dient zur Darstellung der Explosion eines versehentlich getroffenen befreundeten Raumschiffs. Die Farbe der Partikel stellen Sie über die Eigenschaft START COLOR mit den Werten 0/255/0 auf Grün ein.

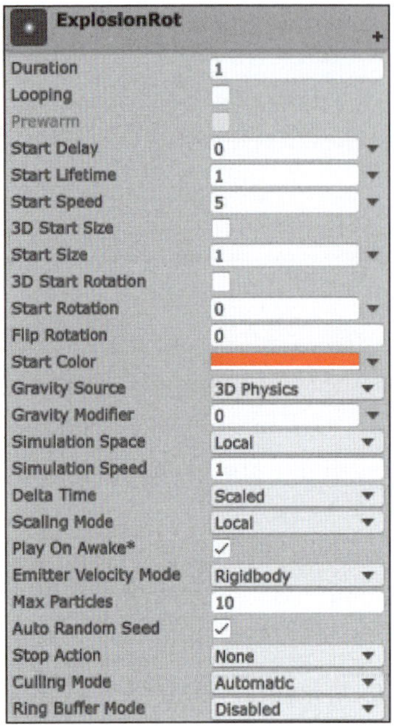

Abbildung 8.2 Einstellungen für das Spielobjekt »ExplosionRot«

8.1.2 Erzeugen Sie Ihr Raumschiff und die Geschosse

Das Spielobjekt `Spieler` steht für das eigene Raumschiff. Es wird mithilfe des Sprite-Assets `Rakete` erzeugt, besitzt den Scale 0.5/0.8/0, eine Rotation von 0/0/–90 und steht an der Position –7.7/0/0. Es erhält eine Komponente vom Typ RIGIDBODY 2D, die nicht der Schwerkraft unterliegt (GRAVITY SCALE auf 0). Zudem besitzt es eine Komponente vom Typ BOX COLLIDER 2D.

Eine Kollision des eigenen Raumschiffs mit einem der anderen Raumschiffe soll nur zu einer Änderung der Energieanzeige führen, nicht aber zu einer Änderung der Bewegung des Raumschiffs. Daher soll es nicht als ein physisches Kollisionsobjekt dienen, sondern nur als ein sogenannter *Trigger*. Allgemein dient ein Trigger zum Auslösen eines Ereignisses.

Im Collider des Raumschiffs setzen Sie daher ein Häkchen bei IS TRIGGER (siehe Abbildung 8.3). Als Folge führt das Ereignis *Kollision* nun zur Ereignismethode `OnTriggerEnter2D()` und nicht mehr zur Ereignismethode `OnCollisionEnter2D()`.

Erstellen Sie ein neues leeres Spielobjekt mit dem Namen `Geschosse`. Es dient als Verzeichnis für die drei Spielobjekte `Geschoss0`, `Geschoss1` und `Geschoss2`. Sie werden mithilfe des Sprite-Assets `Rot` erzeugt und stehen für die roten Geschosse, die das eigene

Raumschiff abfeuert. Sie besitzen den Scale 2/0.5/0. Die Spielobjekte deaktivieren Sie zunächst im Kästchen links neben dem Namen des Objekts, indem Sie das Häkchen löschen (siehe Abbildung 8.4).

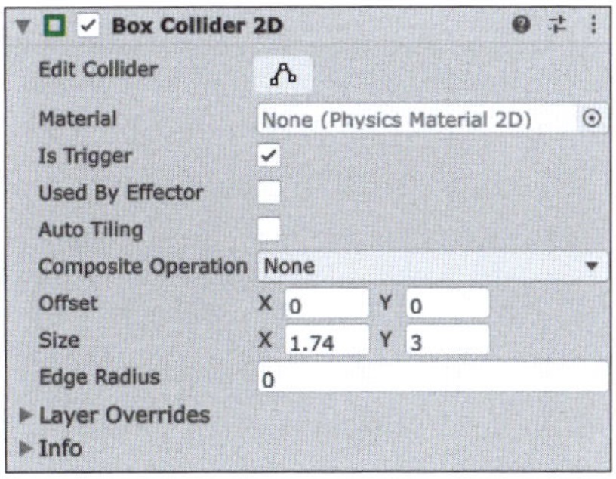

Abbildung 8.3 Ein Collider als Trigger

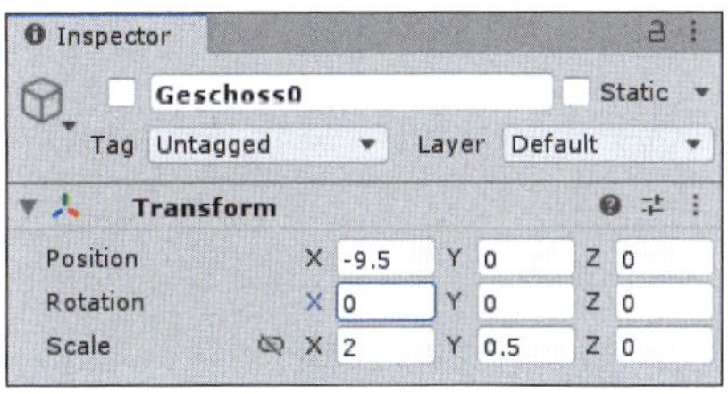

Abbildung 8.4 Deaktivierte Geschosse

Die Geschosse stehen links außerhalb des sichtbaren Bereichs an ihrer *Ruheposition* –9.5/0/0 zum Abfeuern zur Verfügung. Erst nach Betätigung der Taste `Strg` wird eines von ihnen aktiviert und bewegt sich nach rechts. Es beginnt seine Flugbahn unmittelbar vor der jeweiligen Position des eigenen Raumschiffs.

Die Geschosse erhalten eine RIGIDBODY-2D-Komponente, die nicht der Schwerkraft unterliegt. Sie besitzen eine Komponente vom Typ BOX COLLIDER 2D, bei der die Markierung IS TRIGGER gesetzt ist. Die Kollision eines Geschosses mit einem der anderen Raumschiffe soll ebenfalls nicht zu einer Änderung der Bewegung führen.

Hinweis

Die Beschränkung auf drei Geschosse dient dazu, ein *zielloses Geballer* zu vermeiden. Sind zu einem bestimmten Zeitpunkt bereits drei Geschosse auf ihrem Weg zu einem anderen Raumschiff, kann kein viertes Geschoss mehr abgefeuert werden. Ein Geschoss steht erst wieder nach einem Treffer zur Verfügung oder nachdem es den Bildschirmbereich über den rechten Rand hinaus verlassen hat.

8.1.3 Erstellen Sie die anderen Raumschiffe

Erzeugen Sie ein neues leeres Spielobjekt mit dem Namen Gefahren. Es dient als Verzeichnis für die drei Spielobjekte Gefahr0, Gefahr1 und Gefahr2. Sie werden ebenfalls mithilfe des Sprite-Assets Rakete erzeugt, stehen für alle gegnerischen Raumschiffe und besitzen den Scale 0.8/0.5/0 sowie die Rotation 0/0/90. Aus Sicht des Betrachters fliegen sie von rechts nach links in den sichtbaren Bereich des Bildschirms herein, und zwar ausgehend von den drei Startpositionen 10/3/0, 15/0/0 und 20/–3/0. Weil wir ihre Anzahl beschränken, sind zu einem bestimmten Zeitpunkt maximal drei von ihnen im Anflug.

Das Spielobjekt Gewinn steht für alle befreundeten Raumschiffe und wird auch mithilfe des Sprite-Assets Rakete erzeugt. Es besitzt zur besseren Erkennbarkeit denselben Scale wie das eigene Raumschiff, und zwar 0.5/0.8/0. Die Rotation ist 0/0/90. Es fliegt von rechts nach links in den sichtbaren Bereich des Bildschirms herein, und zwar ausgehend von der Startposition 25/3/0. Zu einem bestimmten Zeitpunkt ist maximal eines im Anflug.

In Abbildung 8.5 sehen Sie die Startpositionen der bisher eingeführten Spielobjekte. Die Positionen liegen größtenteils außerhalb des im Spiel sichtbaren Bereichs, also außerhalb des inneren Rahmens.

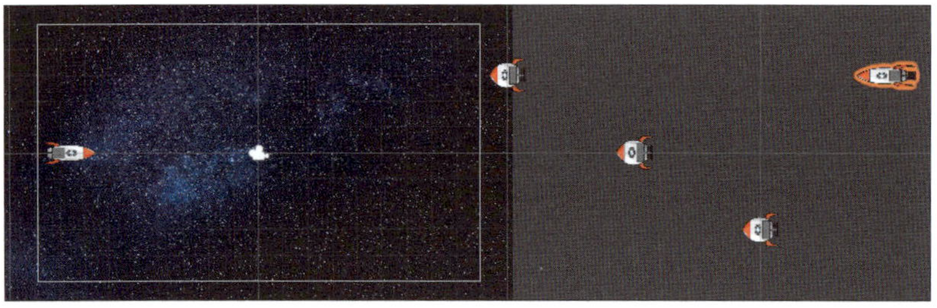

Abbildung 8.5 Startpositionen

Alle Raumschiffe besitzen eine Box-Collider-2D-Komponente. Erzeugen Sie nun die beiden neuen Tags Gefahr und Gewinn. Ordnen Sie den drei gegnerischen Raumschiffen das Tag Gefahr zu, dem befreundeten Raumschiff hingegen das Tag Gewinn. Im fertigen Programm bewegen sich alle vier Objekte nach dem Start des Spiels auf das eigene Raumschiff zu. Ihre Geschwindigkeit wird im Verlauf des Spiels erhöht.

8.1.4 Gestalten Sie die Energieanzeige

Erzeugen Sie ein neues leeres Spielobjekt mit dem Namen EnergieAnzeige. Es dient als Verzeichnis für das weiße Spielobjekt Balkenbasis mit dem Scale 1/20.7/0 und für das grüne Spielobjekt Balkenwert mit dem Scale 0.8/5/0. Beide stehen an der Position 7/0/0. Die Energieanzeige gilt für uns als Bestandteil der Benutzeroberfläche. Sie wird von den Raumschiffen beim Hindurchfliegen nicht bemerkt.

Das Spielobjekt Balkenwert soll immer vor dem Spielobjekt Balkenbasis sichtbar sein. Weisen Sie der Eigenschaft ORDER IN LAYER im Bereich ADDITIONAL SETTINGS der Komponente SPRITE RENDERER beider Spielobjekte die folgenden Werte zu: Balkenwert –1, Balkenbasis –2.

Damit gilt für alle Spielobjekte des Projekts die folgende Reihenfolge in Z-Richtung: Im Vordergrund stehen die Spielobjekte für die Raumschiffe und die Geschosse, dann folgt das Spielobjekt Balkenwert, anschließend das Spielobjekt Balkenbasis und als Letztes das Spielobjekt Sterne.

8.1.5 Erstellen Sie die Benutzeroberfläche

Erzeugen Sie die Benutzeroberfläche mit den beiden Textfeldern ZeitAnzeige und InfoAnzeige innerhalb des Canvas UI. Verwenden Sie dazu die Werte aus Tabelle 8.1.

Name	Werte
ZeitAnzeige	Ausgangspunkt für die Positionierung: top/right Pos X/Pos Y: –70/–40 WIDTH/HEIGHT: 160/30 TEXT INPUT: Zeit: 0.0 sec. FONT SIZE: 20 VERTEX COLOR: RGB 255/255/255
InfoAnzeige	Ausgangspunkt für die Positionierung: middle/center Pos X/Pos Y: 0/0 WIDTH/HEIGHT: 240/30 TEXT INPUT: (leer) FONT SIZE: 20 ALIGNMENT: horizontal und vertikal zentriert VERTEX COLOR: RGB 255/255/255

Tabelle 8.1 Elemente der Benutzeroberfläche

8.2 Erstellen Sie den Spielablauf

Legen Sie zunächst das Verhalten der Raumschiffe und Geschosse fest. Anschließend folgt die Programmierung der Anzeigen für den Benutzer.

8.2.1 Bewegen Sie Ihr Raumschiff und feuern Sie

Bewegen Sie das eigene Raumschiff und lassen Sie es Geschosse abfeuern. Erstellen Sie dazu das C#-Script `Spieler` vom Typ MonoBehaviour Script im Asset-Verzeichnis Scripts.

Die Klasse `Spieler` sieht wie folgt aus:

```
using UnityEngine;
public class Spieler : MonoBehaviour
{
   readonly float eingabeFaktor = 10;
   public GameObject[] geschoss = new GameObject[3];

   void Update()
   {
      float yEingabe = Input.GetAxis("Vertical");
      float yNeu = transform.position.y +
         yEingabe * eingabeFaktor * Time.deltaTime;
      if (yNeu > 4.75f)        yNeu = 4.75f;
      else if (yNeu < -4.75f) yNeu = -4.75f;
      transform.position = new Vector2(transform.position.x, yNeu);

      if (Input.GetButtonDown ("Fire1"))
         for(int i=0; i<3; i++)
            if (!geschoss[i].activeSelf)
            {
               geschoss[i].transform.position = new Vector2
                  (transform.position.x + 1.7f, transform.position.y);
               geschoss[i].SetActive (true);
               break;
            }
   }
}
```

Listing 8.1 Die Klasse »Spieler«

Hiermit wird ein öffentlich zugängliches Datenfeld erzeugt, das drei Verweise auf Objekte vom Typ `GameObject` enthält. Es dient zum Zugriff auf die drei Geschosse innerhalb der Klasse `Spieler`.

In der Methode `Update()` werden verschiedene Tasten ausgewertet. Die Betätigung der Tasten [↑] und [↓] führt zu einer Bewegung des Spielers, also des eigenen Raumschiffs, in Y-Richtung. Es soll sich nicht nach oben oder unten aus dem sichtbaren Bereich hinausbewegen. Daher wird die Bewegung auf den Bereich zwischen –4.75 und 4.75 begrenzt.

Die statische Methode `GetButtonDown()` der Klasse `Input` liefert die Information, ob die virtuelle Taste [Fire1] der Tastatur gedrückt ist oder nicht. Im Standardfall handelt es sich dabei um die linke [Strg]-Taste.

Über den Menüpunkt EDIT • PROJECT SETTINGS kommen Sie zum Dialogfeld PROJECT SETTINGS. Wählen Sie die Seite INPUT MANAGER aus. Hier können Sie die Vorbelegung der Tasten betrachten (siehe Abbildung 8.6).

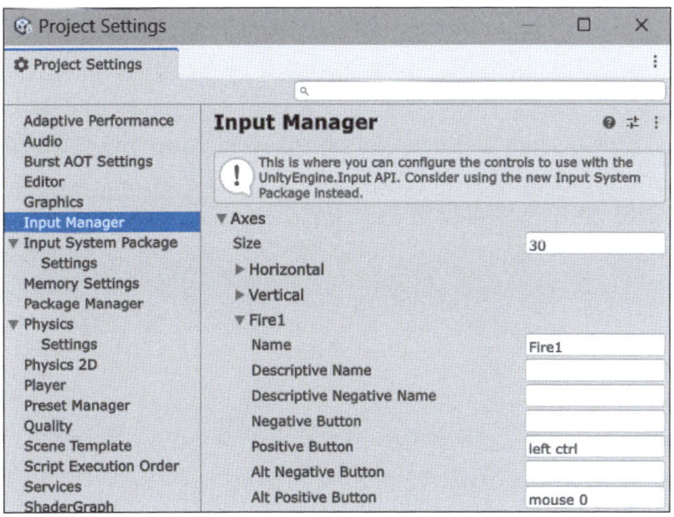

Abbildung 8.6 Der »Input Manager« mit der Taste »Fire1«

Ist die linke [Strg]-Taste gedrückt, werden nacheinander alle drei Geschosse geprüft. Die Eigenschaft `activeSelf` liefert die Information, ob das betreffende Geschoss aktiviert oder deaktiviert ist. Ist es deaktiviert, kann es aktiviert und unmittelbar vor dem Raumschiff platziert werden, aber noch ohne eigene Bewegung. In diesem Fall wird die `for`-Schleife mithilfe von `break` unmittelbar abgebrochen.

Sollte die for-Schleife bis zum Ende laufen, ohne dass ein deaktiviertes Geschoss gefunden wird, sind alle drei Geschosse bereits auf dem Bildschirm unterwegs. Der Benutzer kann dann kein viertes Geschoss abfeuern.

Ordnen Sie im UNITY EDITOR das C#-Script Spieler dem Spielobjekt Spieler zu. Ziehen Sie die drei Geschosse auf die zugehörigen Slots in der INSPECTOR VIEW (siehe Abbildung 8.7). Starten Sie das Spiel, und testen Sie die Grenzen der Bewegung für das eigene Raumschiff. Setzen Sie es an verschiedene Positionen und feuern Sie jeweils ein Geschoss ab. Beim vierten Mal sollte kein Geschoss mehr erscheinen.

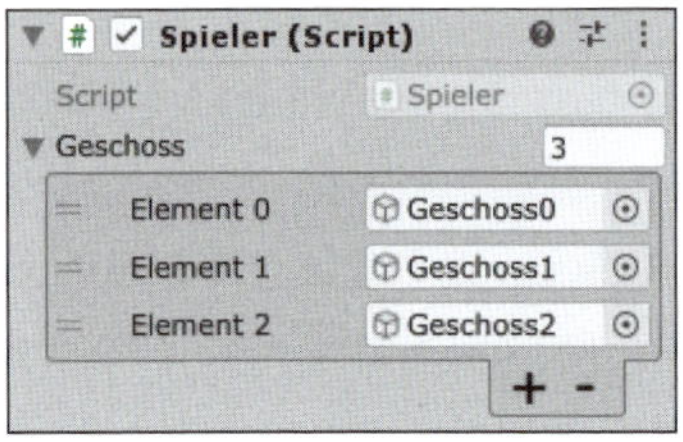

Abbildung 8.7 Das Datenfeld für die »Geschoss«-Spielobjekte

8.2.2 Bewegen Sie die Geschosse nach dem Abfeuern

Sie bewegen die Geschosse nach rechts über den Bildschirm. Kurz vor dem Erreichen des rechten Bildschirmrands verschwinden sie von selbst. Erstellen Sie dazu das C#-Script Geschoss vom Typ MONOBEHAVIOUR SCRIPT im Asset-Verzeichnis SCRIPTS. Die Klasse Geschoss sieht wie folgt aus:

```
using UnityEngine;
public class Geschoss : MonoBehaviour
{
   void Update()
   {
      transform.position = new Vector2(transform.position.x +
         5 * Time.deltaTime, transform.position.y);
      if (transform.position.x > 7.5f)
      {
         transform.position = new Vector2(-9.5f, 0);
         gameObject.SetActive(false);
      }
   }
}
```

Listing 8.2 Die Klasse »Geschoss«

In der Methode Update() wird ein Geschoss gleichmäßig nach rechts bewegt. Hat es die X-Position 7.5 erreicht, wird es deaktiviert und an die Ausgangsposition außerhalb des sichtbaren Bereichs zurückgesetzt. Anschließend steht es wieder zum Abfeuern zur Verfügung.

Ordnen Sie im Unity Editor das C#-Script Geschoss den drei Geschoss-Spielobjekten zu. Starten Sie das Spiel, feuern Sie mehrmals kurz nacheinander von verschiedenen Positionen aus und beachten Sie die Flugbahnen. Erst nach dem Verschwinden eines der Geschosse können Sie dieses Geschoss als nächstes Geschoss erneut abfeuern.

8.2.3 Bewegen Sie die anderen Raumschiffe

Im Verlauf des Spiels werden die anderen Raumschiffe schneller, also die drei gegnerischen Raumschiffe und auch das befreundete Raumschiff. Dadurch wird es für das eigene Raumschiff immer schwieriger, mit ihnen zu interagieren. Die individuellen Werte für den Zeitpunkt ihres Erscheinens und für ihre Geschwindigkeit werden gemeinsam ermittelt.

Erstellen Sie das C#-Script GefahrGewinn vom Typ MonoBehaviour Script im Asset-Verzeichnis Scripts.

Die Klasse GefahrGewinn sieht wie folgt aus:

```
using UnityEngine;
public class GefahrGewinn : MonoBehaviour
{
   public float xAenderungBasis;
   float xAenderung;

   void Start()
   {
      xAenderungBasis = 0.6f * Time.deltaTime;
      xAenderung = 0.6f * Time.deltaTime;
   }

   void Update()
   {
      transform.position = new Vector2(transform.position.x -
         xAenderung, transform.position.y);
      if (transform.position.x < -9.0f)
      {
```

```
            transform.position = new Vector2(
               Random.Range(10.0f, 19.0f), Random.Range(-4.5f, 4.5f));
            xAenderungBasis *= 1.01f;
            xAenderung = xAenderungBasis * Random.Range(0.9f, 1.1f);
         }
      }
   }
```

Listing 8.3 Die Klasse »GefahrGewinn«

Die Geschwindigkeit der drei gegnerischen Raumschiffe und des befreundeten Raumschiffs in X-Richtung wird mithilfe von zwei Variablen ermittelt:

- Es gibt die `float`-Variable `xAenderungBasis`. Sie hat zu Beginn den Wert `0.6f * Time.deltaTime` und erhöht sich während des Spiels. Die Variable ist öffentlich zugänglich, damit sie auch z. B. nach der Explosion eines Raumschiffs verändert werden kann.
- Zudem gibt es die `float`-Variable `xAenderung`. Sie hat zu Beginn ebenfalls den Wert `0.6f * Time.deltaTime`. Ihr Wert basiert während des Spiels auf dem Wert von `xAenderungBasis`, besitzt aber zusätzlich einen zufälligen Anteil.

Mithilfe dieser beiden Variablen erhält jedes Raumschiff eine individuelle Geschwindigkeit, die sich im Durchschnitt langsam steigert.

Aus dem Startwert für `xAenderung` ergibt sich die Geschwindigkeit der vier ersten Raumschiffe, die zu Beginn des Spiels von der rechten Seite aus hereinfliegen. Sie erscheinen zu unterschiedlichen Zeitpunkten, weil sie verschiedene Startpositionen haben.

Als Nächstes wird in der Methode `Update()` die Bewegung realisiert: Die X-Position ändert sich jeweils um `xAenderung`.

Hat ein Raumschiff den sichtbaren Bereich nach links verlassen, erscheint es als ein *neues, schnelleres* Raumschiff von einer neuen Startposition aus. Diese liegt dank des Zufallsgenerators zwischen 10.0 und 19.0 in X-Richtung (also rechts außerhalb des sichtbaren Bereichs) und zwischen –4.5 und 4.5 in Y-Richtung (also zwischen der oberen und der unteren Begrenzung des Bildschirms).

Der Wert von `xAenderungBasis` wird um 1 % erhöht. Dabei wird der kombinierte Zuweisungsoperator `*=` genutzt. Er dient zur Verkürzung der Anweisung `xAenderungBasis = xAenderungBasis * 1.01f;`.

Der damit berechnete Wert von `xAenderung` liegt dank des Zufallsgenerators *in der Nähe davon*, genauer gesagt zwischen dem 0.9-Fachen und dem 1.1-Fachen des Werts von `xAenderungBasis`.

Ordnen Sie im UNITY EDITOR das C#-Script `GefahrGewinn` den vier Spielobjekten zu, die für die drei gegnerischen Raumschiffe und das befreundete Raumschiff stehen. Starten Sie das Spiel, und beobachten Sie das Erscheinen der Raumschiffe und ihre Geschwindigkeiten.

8.2.4 Lassen Sie die Raumschiffe explodieren

Wenn ein Geschoss auf ein anderes Raumschiff trifft, explodiert dieses Schiff. Anschließend steht das Geschoss wieder zum Abfeuern zur Verfügung, und das andere Raumschiff erscheint neu. Ändern Sie dazu die Klasse `Geschoss` wie folgt:


```
public class Geschoss : MonoBehaviour
{
   public GefahrGewinn gefahrGewinnKlasse;
   public GameObject explosionRot;
   public GameObject explosionGruen;
   ...
   void OnTriggerEnter2D(Collider2D coll)
   {
      if (coll.gameObject.CompareTag("Gefahr"))
         Instantiate(explosionRot, transform.position, Quaternion.identity);
      else if (coll.gameObject.CompareTag("Gewinn"))
         Instantiate(explosionGruen, transform.position, Quaternion.identity);

      transform.position = new Vector2(-9.5f, 0);
      gameObject.SetActive(false);
      coll.gameObject.transform.position = new Vector2(
         Random.Range(9.5f, 19.0f), Random.Range(-4.75f, 4.75f));
      gefahrGewinnKlasse.xAenderungBasis *= 1.01f;
   }
}
```

Listing 8.4 Die Klasse »Geschoss« – Treffer und Explosion

Sie richten drei öffentlich zugängliche Verweise ein: für den Zugriff auf die öffentlich zugängliche Eigenschaft `xAenderungBasis` der Klasse `GefahrGewinn` und für den Zugriff auf die beiden Explosions-Prefabs.

Eine Kollision eines Geschosses mit einem der anderen Raumschiffe führt nicht zu einer Bewegung des Raumschiffs. Im *Box Collider 2D* der Geschosse wurde daher bereits die Markierung IS TRIGGER gesetzt. Eine Berührung führt zu der Ereignismethode `OnTriggerEnter2D()`.

Der Parameter der bisher genutzten Methode `OnCollisionEnter2D()` ist ein Verweis auf ein Objekt der Klasse `Collision2D`. Es enthält Daten zur Kollision.

Hier wird die Methode `OnTriggerEnter2D()` genutzt. Ihr Parameter ist ein Verweis auf ein Objekt der Klasse `Collider2D`. Es enthält Daten zu dem 2D-Collider, mit dem eine Kollision erfolgte. Die Eigenschaft `gameObject` des 2D-Colliders verweist auf das zugehörige Spielobjekt. Es wird geprüft, ob das Tag des Spielobjekts auf ein gegnerisches oder ein befreundetes Raumschiff hinweist. Anschließend wird mithilfe der Methode `Instantiate()` eine Kopie des zugehörigen Explosions-Prefabs am Ort des Geschosses erzeugt.

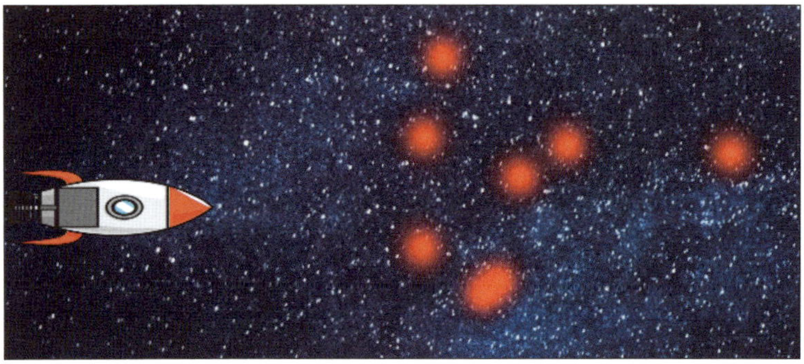

Abbildung 8.8 Ein gegnerisches Raumschiff explodiert.

Gleichzeitig mit der Explosion (siehe Abbildung 8.8) passiert Folgendes:

- Das Geschoss wird an seine Ruheposition gesetzt und deaktiviert. Es steht damit wieder zum Abfeuern zur Verfügung.
- Das getroffene Raumschiff wird als *neues* Raumschiff an eine zufällig gewählte Startposition gesetzt.
- Der Basiswert für die zufällige Geschwindigkeitsänderung der Raumschiffe erhöht sich um 1 %.

Ziehen Sie eines der Spielobjekte, denen die Klasse `GefahrGewinn` zugeordnet ist, auf den zugehörigen Slot der drei Geschoss-Spielobjekte (siehe Abbildung 8.9). Damit ist die Klasse `GefahrGewinn` zugeordnet. Ziehen Sie die beiden Prefabs `ExplosionRot` und `ExplosionGruen` ebenfalls auf die zugehörigen Slots der drei Geschoss-Spielobjekte.

Abbildung 8.9 Slots für die Klasse der drei Geschosse

Starten Sie das Spiel, feuern Sie auf die anderen Raumschiffe und beobachten Sie die unterschiedlich gefärbten Trümmer nach der Explosion. Die Geschosse und die Raumschiffe verschwinden bei der Explosion unmittelbar.

8.2.5 Kollidieren Sie mit den anderen Raumschiffen

Bei einer Kollision mit einem gegnerischen Raumschiff verliert der Spieler Energie. Die Ankopplung an ein befreundetes Raumschiff erhöht hingegen seine Energie. Ändern Sie dazu die Klasse `Spieler`:


```
using UnityEngine;
public class Spieler : MonoBehaviour
{
   ...
   public GefahrGewinn gefahrGewinnKlasse;
   int energie = 10;
   public GameObject balkenWert;
   ...
   void OnTriggerEnter2D(Collider2D coll)
   {
      coll.gameObject.transform.position = new Vector2
         (Random.Range(9.5f,19.0f), Random.Range(-4.75f,4.75f));
      gefahrGewinnKlasse.xAenderungBasis *= 1.01f;
      if (coll.gameObject.CompareTag("Gefahr"))
         EnergieAnzeige(-1);
      else if (coll.gameObject.CompareTag("Gewinn"))
         EnergieAnzeige(1);
   }

   void EnergieAnzeige(int wert)
   {
      energie += wert;
      balkenWert.transform.localScale = new Vector2(0.8f, energie / 2.0f);
   }
}
```

Listing 8.5 Die Klasse »Spieler« – Kollision mit einem Raumschiff

Sie richten hiermit zwei öffentlich zugängliche Verweise ein: zum einen für den Zugriff auf die öffentlich zugängliche Eigenschaft `xAenderungBasis` der Klasse `GefahrGewinn`, zum anderen für den Zugriff auf den grünen Balken der Energieanzeige.

Die `int`-Variable `energie` steht für den Wert der aktuellen Energie des eigenen Raumschiffs. Der Startwert ist 10.

In der Methode `OnTriggerEnter2D()` werden zunächst zwei bereits bekannte Vorgänge ausgelöst:

1. Das getroffene Raumschiff wird als *neues* Raumschiff an eine zufällig gewählte Startposition gesetzt.
2. Der Basiswert für die Geschwindigkeitsänderung der Raumschiffe erhöht sich um 1 %.

Die Methode `EnergieAnzeige()` erwartet beim Aufruf eine ganze Zahl als Parameter. Sie steht für die Energieänderung: 1 bzw. –1.

Innerhalb der Methode wird der Energiewert geändert. Dabei wird der kombinierte Zuweisungsoperator `+=` genutzt. Er dient zur Verkürzung der Anweisung `energie = energie + wert;`.

Zur Visualisierung des Werts wird die Größe des Spielobjekts `BalkenWert` mithilfe der Eigenschaft `localScale` geändert. Diese Eigenschaft steht für die Eigenschaft Scale der Transform-Komponente und hat wie die Eigenschaft Position den Typ `Vector3`. Die Breite des Balkens bleibt gleich, die Höhe wird dem Energiewert angepasst.

Ziehen Sie eines der Spielobjekte, denen die Klasse `GefahrGewinn` zugeordnet ist, auf den zugehörigen Slot des Spielobjekts `Spieler` (siehe Abbildung 8.10). Ziehen Sie zudem das Spielobjekt `BalkenWert` auf den zugehörigen Slot.

Abbildung 8.10 Slots für die Klasse des eigenen Raumschiffs

Starten Sie das Spiel und kollidieren Sie sowohl mit befreundeten als auch mit gegnerischen Raumschiffen. Beobachten Sie die unterschiedlichen Änderungen der Energieanzeige.

8.2.6 Führen Sie weitere Änderungen der Energie herbei

Die Explosion eines anderen Raumschiffs nach einem Treffer und das Vorbeifliegen eines gegnerischen Raumschiffs am eigenen Raumschiff führen ebenfalls zu einer Energieänderung.

Dazu müssen Sie zunächst die Methode `EnergieAnzeige()` in der Klasse `Spieler` öffentlich machen: `public void EnergieAnzeige(...)`.

Ändern Sie zudem die Klasse `Geschoss` wie folgt:

```
public class Geschoss : MonoBehaviour
{
   public Spieler spielerKlasse;
   ...
   void OnTriggerEnter2D(Collider2D coll)
   {
      if (coll.gameObject.CompareTag("Gefahr"))
      {
         Instantiate(explosionRot, transform.position, Quaternion.identity);
         spielerKlasse.EnergieAnzeige (1);
      }
      else if (coll.gameObject.CompareTag("Gewinn"))
      {
         Instantiate(explosionGruen, transform.position, Quaternion.identity);
         spielerKlasse.EnergieAnzeige (-1);
      }
      ...
   }
}
```

Listing 8.6 Die Klasse »Geschoss« – Energieänderung

In Listing 8.6 wird ein öffentlich zugänglicher Verweis auf die Klasse `Spieler` eingerichtet. Bei der Kollision eines Geschosses mit einem der anderen Raumschiffe wird die Methode `EnergieAnzeige()` mit dem zugehörigen Änderungswert aufgerufen.

Ändern Sie die Klasse `GefahrGewinn` wie folgt:

```
public class GefahrGewinn : MonoBehaviour
{
   public Spieler spielerKlasse;
   ...
```

```
    void Update()
    {
        ...
        if (transform.position.x < -9.0f)
        {
            ...
            if(gameObject.CompareTag("Gefahr"))
                spielerKlasse.EnergieAnzeige(-1);
        }
    }
}
```

Listing 8.7 Die Klasse »GefahrGewinn« – Energieänderung

In Listing 8.7 wird ebenso ein Verweis auf die Klasse `Spieler` eingerichtet. Beim Vorbeiflug eines gegnerischen Raumschiffs wird ebenfalls die Methode `EnergieAnzeige()` mit dem zugehörigen Änderungswert aufgerufen.

Ziehen Sie das Spielobjekt `Spieler` auf den zugehörigen Slot der drei Geschosse und der vier anderen Raumschiffe. Starten Sie das Spiel, führen Sie die hier genannten Energieänderungen herbei und beobachten Sie die Energieanzeige.

8.2.7 Messen Sie die Zeit und beenden Sie das Spiel

Nach dem Start des Spiels läuft die Zeit in der Anzeige oben rechts. Überschreitet die Energie den Wert 40, haben Sie gewonnen. Unterschreitet sie den Wert 1, haben Sie verloren. In beiden Fällen ist das Spiel beendet, die Zeit wird angehalten, alle Raumschiffe und Geschosse werden deaktiviert und es wird eine zusätzliche Info angezeigt. Um das zu erreichen, ändern Sie die Klasse `Spieler`:

```
using UnityEngine;
using TMPro;
public class Spieler : MonoBehaviour
{
    ...
    public GameObject[] gefahr = new GameObject[3];
    public GameObject gewinn;
    float zeitStart;
    bool spielGestartet = true;
    public TextMeshProUGUI zeitAnzeige;
    public TextMeshProUGUI infoAnzeige;
```

```
  void Start()
  {
    zeitStart = Time.time;
  }

  void Update()
  {
    ...
    if(spielGestartet)
      zeitAnzeige.text = string.Format("Zeit: {0,6:0.0} sec.",
        Time.time - zeitStart);
  }
  ...
  public void EnergieAnzeige(int wert)
  {
    ...
    if (energie > 40) EndeSpiel ("gewonnen");
    if (energie < 1) EndeSpiel ("verloren");
  }

  void EndeSpiel(string tx)
  {
    spielGestartet = false;
    infoAnzeige.text = "Sie haben " + tx;

    for (int i = 0; i < 3; i++)
    {
      geschoss [i].SetActive (false);
      gefahr [i].SetActive (false);
    }
    gewinn.SetActive (false);
  }
}
```


Listing 8.8 Die Klasse »Spieler« – Zeitmessung und Spielende

Wie für die Geschosse wird ein öffentlich zugängliches Datenfeld erzeugt, das die Verweise auf die drei gegnerischen Raumschiffe enthält. Hinzu kommen öffentlich zugängliche Verweise auf das befreundete Raumschiff und die beiden Textfelder, nicht zu vergessen der Namespace `TMPro`.

In der Methode `Start()` wird der Zeitpunkt des Spielstarts in der `float`-Variablen `zeitStart` gespeichert. In der Methode `Update()` wird die aktuelle Differenz zum Startzeitpunkt ermittelt und im Textfeld angezeigt, falls die boolesche Variable `spielGestartet` auf `true` steht. In der Methode `EnergieAnzeige()` wird ermittelt, ob das Spiel zu Ende ist. In diesem Fall wird die Methode `EndeSpiel()` mit einem Parameter des Typs `string` aufgerufen.

In der Methode `EndeSpiel()` wird `spielGestartet` auf `false` gesetzt, damit die Anzeige der Zeit angehalten wird. Dann wird der passende Infotext ausgegeben. Die Raumschiffe und Geschosse werden deaktiviert.

Ziehen Sie die Spielobjekte der vier anderen Raumschiffe und die beiden Textfelder auf die zugehörigen Slots und testen Sie die Zeitanzeige sowie das Ende des Spiels für beide Situationen.

8.2.8 Die ausführbare Version

Sollten sich in der ausführbaren Version die anderen Raumschiffe zu langsam bewegen, so stellen Sie die Werte anders ein. Zum Beispiel können Sie die Werte in der Methode `Start()` der Klasse `GefahrGewinn` jeweils auf 2.5 statt auf 0.6 setzen und die Werte für den Aufruf der Methode `RandomRange()` in der Methode `Update()` der Klasse `GefahrGewinn` auf die Werte 0.7 und 1.3 statt auf 0.9 und 1.1. Anschließend müssen Sie den Build neu erstellen, um eine aktuelle Version der ausführbaren Datei zu haben.

8.2.9 Eine kleine Übung

Ich habe dem Projekt *TomsSpaceShooter* einige Audio-Signale hinzugefügt. Die Audio-Dateien für den Asset-Import finden Sie im Verzeichnis *Freie Assets/TomsSpaceShooter*. Vervollständigen Sie Ihr Projekt bei den folgenden Ereignissen:

- Abfeuern eines Geschosses
- Explosion eines gegnerischen Raumschiffs
- Explosion eines befreundeten Raumschiffs
- Kollision mit einem gegnerischen Raumschiff oder ein Raumschiff verlässt den sichtbaren Bildschirmbereich nach links
- Kollision mit einem befreundeten Raumschiff
- Gewinnen des Spiels
- Verlieren des Spiels

Zu diesem Zweck müssen Sie jeweils diejenige Stelle im Code der zugehörigen Klasse finden, an der das betreffende Ereignis auftritt.

8.2.10 Ideen für Erweiterungen

Einige Möglichkeiten für dieses Projekt:

- Ändern Sie die Anzahl, die Form, die Größe und die Geschwindigkeit der gegnerischen und der befreundeten Raumschiffe.
- Lassen Sie die gegnerischen Raumschiffe Geschosse abfeuern.
- Ermöglichen Sie die Unterstützung durch einen Mitspieler. Dieser steuert sein eigenes Raumschiff mithilfe der WASD-Tasten, also der vier Tasten [W], [A], [S] und [D] (mehr dazu finden Sie z. B. in Abschnitt 17.1). Der linke Spieler bewegt sich senkrecht, und zwar am linken Rand. Der rechte Spieler bewegt sich ebenfalls senkrecht, etwas rechts davon. So können die beiden Spieler nicht miteinander kollidieren. Allerdings sollte der linke Spieler darauf achten, dass er seinen *Wingman* nicht abschießt. Das verringert die gemeinsame Energie.
- Fügen Sie verschiedene Level und eine Highscore-Liste ein (siehe Kapitel 20).

Kapitel 9
Das erste 3D-Projekt

Mit Einführung der dritten Dimension werden Ihre Projekte räumlicher und realistischer. Gleichzeitig werden sie auch komplexer. Wenn Sie die bisherigen Kapitel durchgearbeitet haben, sind Sie aber im Vorteil: Sie haben bereits viele Unity-Elemente und grundsätzliche Abläufe in 2D-Projekten kennengelernt und können sie in 3D-Projekten in gleicher oder ähnlicher Form weiterverwenden.

In einem ersten 3D-Projekt mit dem Namen *DreiDimensionen* werde ich anhand von einfachen 3D-Objekten einige Grundlagen erläutern. Ähnlich wie in unserem Einführungsprojekt *ZweiDimensionen* aus Kapitel 2 handelt es sich nicht um ein Spielprojekt, sondern Sie lernen hier typische 3D-Elemente kennen. Einige der Abläufe können Sie zudem in Ihren eigenen 3D-Projekten einsetzen.

9.1 Grundlagen eines 3D-Projekts

In diesem Abschnitt lernen Sie die Kamera kennen sowie die Elemente und Materialien, aus denen einfache 3D-Objekte zusammengesetzt sind. Außerdem gestalten Sie die dreidimensionale Ansicht in der SCENE VIEW.

9.1.1 Kamera, Skybox und Licht

Erstellen Sie ein neues Projekt mit dem Namen *DreiDimensionen*. Wählen Sie das Template UNIVERSAL 3D aus. Damit erhalten 3D-Projekte die passenden Voreinstellungen.

Wie bei 2D-Projekten gibt es zu Beginn bereits das Spielobjekt `Main Camera`. Wir setzen es auf die Position –2/1/–7 und schauen damit aus einer leicht erhöhten Position von links vorn auf die Szene. In der Komponente CAMERA • ENVIRONMENT des Spielobjekts `Main Camera` finden Sie die Eigenschaft BACKGROUND TYPE. Sie steht auf dem Standardwert `Skybox`. Mit dieser Einstellung wird der Eindruck einer realen Szene inklusive eines Himmels und eines Horizonts erzeugt. Würden Sie z. B. stattdessen den Wert `Solid Color` verwenden, dann würde der Hintergrund nur in einer einheitlichen Farbe dargestellt.

Außerdem gibt es in 3D-Projekten zu Beginn ein Licht-Objekt. Es sorgt für eine Beleuchtung der Elemente und dient zur Erzeugung von Schatten und zur weiteren Verbesserung der räumlichen Wirkung. Sie können in einem Projekt mehrere Licht-Objekte gleichzeitig einsetzen.

Hier handelt es sich um ein Licht-Objekt vom Typ *Directional Light*. Wir belassen es bei den Standardwerten, also bei der Position 0/3/0 und bei der Rotation 50/330/0.

Hinweis

Es gibt unter anderem die folgenden Typen von Licht-Objekten:

- Ein Objekt des Typs *Directional Light* beleuchtet die gesamte Szene aus einer bestimmten Richtung. Die Lichtstärke ist überall gleich. Die Wirkung ist ähnlich wie beim Licht der Sonne.
- Ein Objekt des Typs *Point Light* strahlt von einem bestimmten Punkt aus in alle Richtungen. Die Lichtstärke nimmt mit der Entfernung zu diesem Punkt ab. Die Wirkung ist ähnlich wie beim Licht einer Glühlampe.
- Ein Objekt des Typs *Spot Light* strahlt ebenfalls von einem bestimmten Punkt aus. Die Lichtstärke nimmt ebenso mit der Entfernung zu diesem Punkt ab. Allerdings wird das Licht mithilfe eines Winkels eingeschränkt, sodass sich ein Lichtkegel ergibt. Die Wirkung in der Szene ist ähnlich wie beim Licht eines Scheinwerfers.

9.1.2 Einfache 3D-Objekte

Sie können in Ihren 3D-Unity-Projekten beliebige komplexe 3D-Objekte einsetzen. Diese 3D-Objekte erstellen Sie in der Regel mithilfe von verschiedenen Modellierungsprogrammen außerhalb von Unity. Im Unity Editor werden Ihnen aber bereits einige einfache 3D-Objekte zur Verfügung gestellt, die für viele Projekte ausreichen. Einige dieser Objekte fügen wir im Folgenden ein. Klappen Sie dazu jeweils das Menü der Hierarchy View auf, indem Sie auf das Pluszeichen klicken:

- Erzeugen Sie einen Würfel mithilfe des Menüpunkts 3D Object • Cube. Er bleibt im Zentrum der Darstellung an der Position 0/0/0. Die Namen der 3D-Spielobjekte nutzen wir in diesem Projekt unverändert. Der Würfel heißt also `Cube`.
- Erzeugen Sie als Nächstes mithilfe des Menüpunkts 3D Object • Sphere eine Kugel. Positionieren Sie sie bei 0/2/0. Verschieben Sie sie also auf der positiven Y-Achse, sodass sie sich oberhalb des Würfels befindet.
- Jetzt folgt eine Kapsel, die Sie mithilfe des Menüpunkts 3D Object • Capsule erstellen. Verschieben Sie sie auf der positiven X-Achse, und zwar an die Position 4/0/0.

- Als Letztes erstellen Sie über den Menüpunkt 3D OBJECT • CYLINDER noch einen Zylinder. Verschieben Sie ihn auf der negativen X-Achse an die Position –4/0/0.

Abbildung 9.1 zeigt die vier Spielobjekte in der SCENE VIEW. Das Spielobjekt `Cube` im Zentrum der Darstellung ist markiert. Seine drei Achsen sind gut zu erkennen.

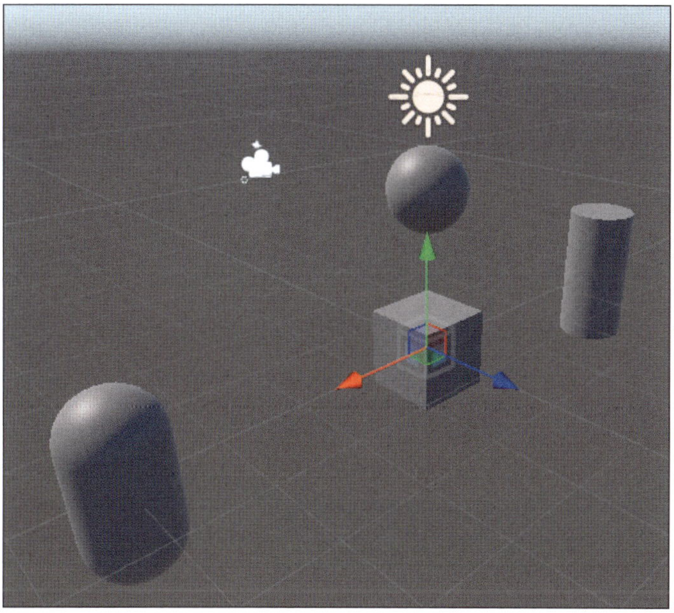

Abbildung 9.1 Einfache 3D-Objekte in der »Scene View«

Hinweis

Der Einfluss des Lichts, der Schattenwurf und die Skybox sind in Abbildung 9.1 gut zu erkennen. Standardmäßig werden die Objekte perspektivisch dargestellt. Objekte, die weiter weg vom Betrachter sind, werden also kleiner angezeigt. Auch das trägt zur Verbesserung der räumlichen Wirkung bei.

9.1.3 Farbiges Oberflächenmaterial

Die Oberflächen der 3D-Objekte sollen eine Farbe erhalten. Erstellen Sie das Asset-Verzeichnis MATERIALS. Öffnen Sie durch einen Klick auf das Pluszeichen das Menü der PROJECT VIEW und erzeugen Sie in dem neuen Verzeichnis mithilfe des Menüpunkts MATERIAL ein neues Asset für Oberflächenmaterialien. Nennen Sie es `OrangeMat` als Abkürzung für *Orangefarbenes Oberflächenmaterial*.

Markieren Sie das Asset und stellen Sie in der INSPECTOR VIEW die Farbe für die Oberfläche ein: Wählen Sie für die Eigenschaft BASE MAP im Bereich SURFACE INPUTS (siehe Abbildung 9.2) die RGB-Werte 255/128/0.

Erstellen Sie mithilfe von Kopien drei weitere Assets für farbige Oberflächenmaterialien: `HellblauMat`, `DunkelrotMat` und `GelbMat`. Sie erhalten für die Eigenschaft BASE MAP im Bereich SURFACE INPUTS die RGB-Werte 0/128/255, 255/0/128 bzw. 255/255/0.

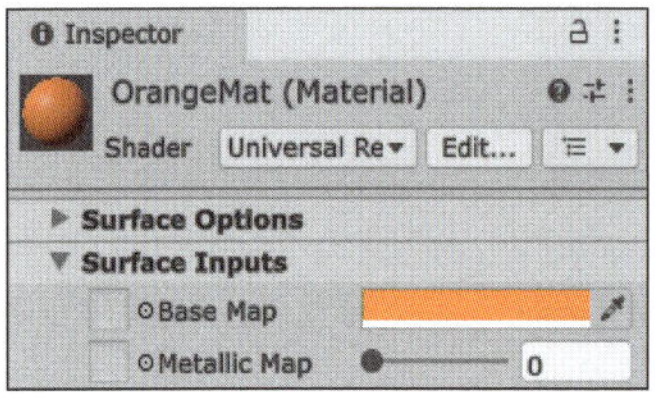

Abbildung 9.2 Farbe für ein Oberflächenmaterial

Zur Zuordnung der Oberflächenmaterialien klappen Sie bei den einzelnen Spielobjekten in der Komponente MESH RENDERER den Bereich MATERIALS auf (siehe Abbildung 9.3). Ziehen Sie das jeweilige Material-Asset auf die Eigenschaft ELEMENT 0. Die Kugel wird orangefarben, die Kapsel hellblau, der Zylinder dunkelrot und der Würfel gelb.

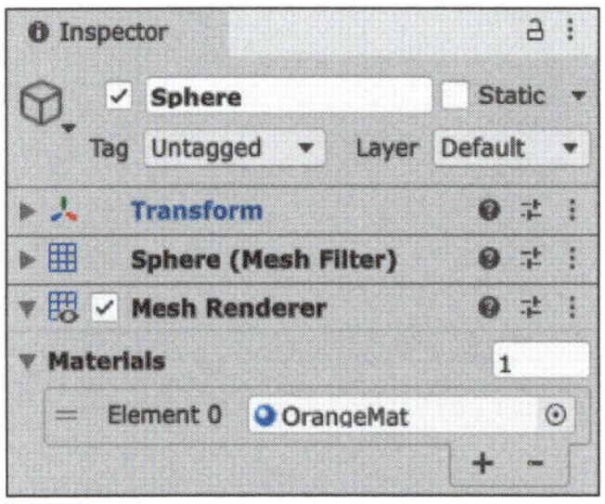

Abbildung 9.3 Oberflächenmaterial zuordnen

Hinweis

Auf der Oberfläche von 3D-Körpern könnten neben den farbigen Materialien auch sogenannte *Texturen* abgebildet werden. Dabei handelt es sich um 2D-Bilder, die einen 3D-Körper realistischer wirken lassen.

In der Version 6 von Unity ist das Erstellen von Texturen, die sich auch für die ausführbare Version eines Projekts eignen, wesentlich aufwendiger als in früheren Unity-Versionen geworden – und damit deutlich schwerer verständlich für Einsteiger. Zudem sind 3D-Körper mit farbigen Oberflächenmaterialien im Buch besser zu erkennen. Daher habe ich in diesem Einsteigerbuch nicht mit Texturen für 3D-Körper gearbeitet.

9.1.4 Oberflächenmaterial wechseln

Sie können das Aussehen von 3D-Objekten zur Laufzeit eines Projekts verändern, indem Sie z. B. das Oberflächenmaterial wechseln, wie im folgenden Code für den Zylinder:

```
using UnityEngine;
public class Cylinder : MonoBehaviour
{
    public Material dunkelrotMat;
    public Material gelbMat;

    void Update()
    {
        if (Input.GetKeyDown(KeyCode.B))
            GetComponent<MeshRenderer>().material = gelbMat;
        else if (Input.GetKeyDown(KeyCode.F))
            GetComponent<MeshRenderer>().material = dunkelrotMat;
    }
}
```

Listing 9.1 Die Klasse »Cylinder«

In Listing 9.1 werden die beiden öffentlich zugänglichen Variablen `dunkelrotMat` und `gelbMat` vom Datentyp `Material` erstellt. Falls der Benutzer die Taste [B] oder die Taste [F] betätigt, erhält die Eigenschaft `material` der Komponente MESH RENDERER des zugehörigen Spielobjekts einen neuen Wert.

Ordnen Sie das C#-Script im neuen Asset-Verzeichnis SCRIPTS vom Typ MONOBEHAVIOUR SCRIPT dem Spielobjekt `Cylinder` zu. Ziehen Sie dann im UNITY EDITOR die beiden Material-Assets auf die zugehörigen Slots.

9.1.5 Die Ansicht in der »Scene View« gestalten

Da wir nun einige Objekte zur Verfügung haben, können wir uns die Möglichkeiten veranschaulichen, mit denen die Ansicht in der SCENE VIEW gestaltet werden kann. Klicken Sie zunächst auf das Handsymbol in der kleinen Symbolleiste TOOLS, die Sie links oben in der SCENE VIEW sehen:

- *Verschieben* Sie die Ansicht in der SCENE VIEW, indem Sie die Maus bei gedrückter *linker* Maustaste nach links, rechts, oben oder unten schieben.

- *Drehen* Sie die Ansicht in der SCENE VIEW um verschiedene Achsen, indem Sie die Maus bei gedrückter *rechter* Maustaste nach links, rechts, oben oder unten schieben.
- *Zoomen* Sie in der SCENE VIEW, indem Sie die Taste `Alt` drücken und halten und gleichzeitig die Maus bei gedrückter *rechter* Maustaste nach links, rechts, oben oder unten schieben.

Rechts oben in der SCENE VIEW sehen Sie ein kleines Hilfselement, ein sogenanntes *Gizmo* (siehe Abbildung 9.4). Es zeigt Ihnen die aktuelle Lage der drei Koordinatenachsen und die aktuelle Darstellungsart an.

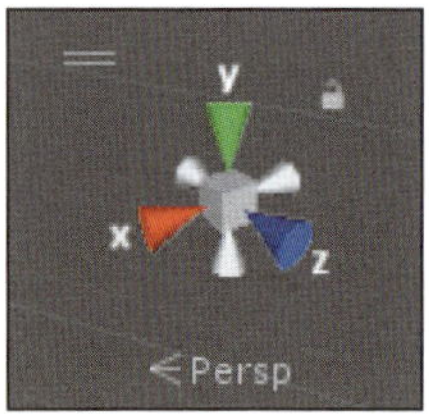

Abbildung 9.4 Gizmo

Hinweis

Wie in Abschnitt 2.8.1 wenden Sie auch hier die *Linke-Hand-Regel* an: Der Daumen der linken Hand weist in Richtung der positiven X-Achse. Der Zeigefinger der linken Hand weist in Richtung der positiven Y-Achse. Der Mittelfinger der linken Hand wird, von der Handfläche aus gesehen, nach vorn gestreckt. Damit weist er in Richtung der positiven Z-Achse.

Der positive Teil der Achse (oder kurz: die positive Achse) ist derjenige Teil mit dem farbigen Kegel und der Achsenbezeichnung (x, y oder z). Die negative Achse ist diejenige mit dem nicht farbigen Kegel.

Klicken Sie einmal auf den Schriftzug PERSP (Abkürzung für *perspektivisch*) unter dem Gizmo: Die Darstellungsart wechselt zu *isometrisch*, der Text des Schriftzugs zu ISO. Alle 3D-Objekte werden nun unabhängig von ihrer Entfernung zum Betrachter gleich groß dargestellt. Der räumliche Effekt geht dadurch verloren. Mit einem erneuten Klick auf den Schriftzug wechseln Sie wieder zur perspektivischen Darstellungsart.

Klicken Sie nacheinander auf die drei positiven Achsen des Gizmos. Anschließend betrachten wir die Szene aus der jeweiligen positiven Achsenrichtung. Klicken Sie nacheinander auf die drei negativen Achsen. Anschließend betrachten wir die Szene aus der jeweiligen negativen Achsenrichtung.

Versuchen Sie durch Verschieben, Drehen und Zoomen ungefähr die Ansicht in Abbildung 9.5 herzustellen: Die positive X-Achse des Gizmos weist nach rechts, die positive Y-Achse weist nach oben: Die Ansicht wird so gedreht, dass die linke und die obere Seite des (markierten) Würfels zu sehen sind. Das ist beim ersten Mal nicht ganz einfach, stellt aber eine gute Übung dar.

Abbildung 9.5 Gewünschte Ansicht

Bei Bedarf können Sie nun auch die Ansicht in der GAME VIEW gleichartig gestalten. Wählen Sie dazu in der HIERARCHY VIEW das Spielobjekt `Main Camera` aus und rufen Sie den Menüpunkt GAMEOBJECT • ALIGN WITH VIEW auf. Dabei werden die Transformwerte der Kamera geändert. Setzen Sie diese anschließend wieder zurück auf die Position -2/1/-7 und die Rotation 0/0/0.

9.2 Verschieben und Drehen

Beim Verschieben und besonders beim Drehen von 3D-Objekten sollten Sie eine gute Vorstellung vom dreidimensionalen Raum haben. Wir sorgen nun mithilfe von Programmcode im Projekt *DreiDimensionen* dafür, dass unsere Objekte einige Bewegungen vollführen.

9.2.1 Spielobjekte drehen

In diesem Abschnitt ordnen wir den 3D-Objekten *Drehmomente* zu. Damit werden Drehungen der 3D-Objekte um bestimmte Achsen des dreidimensionalen Koordinatensystems verdeutlicht.

Hinweis

Was ist ein *Drehmoment*? Nehmen wir an, die vorhandenen 3D-Objekte könnten sich nur drehen, aber ihre Position nicht verändern. Nehmen wir des Weiteren an, Sie stecken eine lange Stange durch ein 3D-Objekt, z. B. durch den Würfel, der im Zentrum steht, und zwar genau entlang seiner Y-Achse. Drücken Sie nun in X-Richtung außerhalb des Würfels gegen die Stange, dreht sich der Würfel um seine Z-Achse: Sie üben ein Drehmoment aus. Das Drehmoment ergibt sich aus der Formel *Kraft mal Hebelarm*. Es gilt:

- Je größer Ihre Kraft ist, desto größer ist das Drehmoment.
- Je größer die Entfernung Ihres Angriffspunkts vom Würfel ist, desto größer ist Ihr Hebelarm und damit auch das Drehmoment.

Dem Zylinder, dem Würfel und der Kapsel ordnen wir nun jeweils eine RIGIDBODY-Komponente zu. Das geschieht in der INSPECTOR VIEW mithilfe der Schaltfläche ADD COMPONENT. Achten Sie bei 3D-Objekten darauf, die Komponente RIGIDBODY aus der Kategorie PHYSICS zu wählen. Wählen Sie *nicht* die Komponente RIGIDBODY 2D aus der Kategorie PHYSICS 2D, denn sie ist nur für *zwei*dimensionale Objekte sinnvoll.

Für alle drei Spielobjekte gilt: Entfernen Sie in der Komponente RIGIDBODY die Markierung bei der Eigenschaft USE GRAVITY, sodass die 3D-Objekte keiner Schwerkraft unterliegen. Setzen Sie den Wert für ANGULAR DAMPING auf 0, damit einer Drehung kein Widerstand entgegengesetzt wird.

Erstellen Sie im Asset-Verzeichnis SCRIPTS ein weiteres C#-Script vom Typ MONOBEHAVIOUR SCRIPT und geben Sie ihm den Namen Cube. Ordnen Sie es dem gleichnamigen Spielobjekt zu. In Listing 9.2 sehen Sie den Code für die Drehung des Würfels um die Y-Achse:

```
using UnityEngine;
public class Cube : MonoBehaviour
{
   void Update()
   {
      if (Input.GetKeyDown (KeyCode.U))
         GetComponent<Rigidbody>().AddTorque (0, 5, 0);
      else if (Input.GetKeyDown (KeyCode.I))
         GetComponent<Rigidbody>().AddTorque (0, -5, 0);
   }
}
```

Listing 9.2 Die Klasse »Cube«

Betätigt der Benutzer die Taste [U] oder die Taste [I], wird die Methode `AddTorque()` der Komponente RIGIDBODY aufgerufen. Damit wird dem 3D-Objekt ein Drehmoment zugeordnet, und zwar um die Achse, die mit den folgenden Parametern für `x`, `y` und `z` festgelegt wird. In der Klasse `Cube` handelt es sich jeweils um die Y-Achse. Anschließend dreht sich das 3D-Objekt immer weiter, da der Drehung kein Widerstand entgegengesetzt wird (ANGULAR DAMPING = 0).

Hinweis

Ein positiver Wert erzeugt eine Drehung in positiver Drehrichtung, ein negativer Wert entsprechend in negativer Drehrichtung. Um sich die Drehrichtung um eine Achse zu verdeutlichen, können Sie wiederum die linke Hand nutzen: Zeigen Sie mit dem Daumen Ihrer linken Hand in Richtung der positiven Achse, um die gedreht wird. Krümmen Sie die restlichen Finger der Hand ein wenig. Ihre Fingerspitzen weisen nun in die positive Drehrichtung um die jeweilige Achse.

Betätigt der Benutzer die Tasten [U] oder [I] mehrfach, werden weitere Drehmomente addiert. Das 3D-Objekt dreht sich dann schneller bzw. langsamer oder ändert seine Drehrichtung.

Nun sollen zwei weitere Drehungen hinzukommen. Ergänzen Sie zunächst die Methode `Update()` der Klasse `Cylinder` wie folgt, damit eine Drehung des Zylinders um die X-Achse ermöglicht wird:

```
void Update()
{
   ...
   else if (Input.GetKeyDown(KeyCode.E))
      GetComponent<Rigidbody>().AddTorque(5, 0, 0);
   else if (Input.GetKeyDown(KeyCode.R))
      GetComponent<Rigidbody>().AddTorque(-5, 0, 0);
}
```

Listing 9.3 Die Klasse »Cylinder« – Ergänzung

Erstellen Sie nun ein weiteres C#-Script vom Typ MONOBEHAVIOUR SCRIPT mit dem Namen `Capsule` und ordnen Sie es dem gleichnamigen Spielobjekt zu. Hier folgt der Code für die Drehung der Kapsel um die Z-Achse:

```
using UnityEngine;
public class Capsule : MonoBehaviour
{
```

```
    void Update()
    {
        if (Input.GetKeyDown (KeyCode.A))
            GetComponent<Rigidbody>().AddTorque (0, 0, 5);
        else if (Input.GetKeyDown (KeyCode.S))
            GetComponent<Rigidbody>().AddTorque (0, 0, -5);
    }
}
```

Listing 9.4 Die Klasse »Capsule«

Betätigen Sie die im Programmcode notierten Tasten und führen Sie sich anhand der Drehungen die Achsen, Drehmomente und Drehrichtungen vor Augen. In Abbildung 9.6 sehen Sie eine Momentaufnahme, nachdem alle drei Objekte in Drehung versetzt wurden.

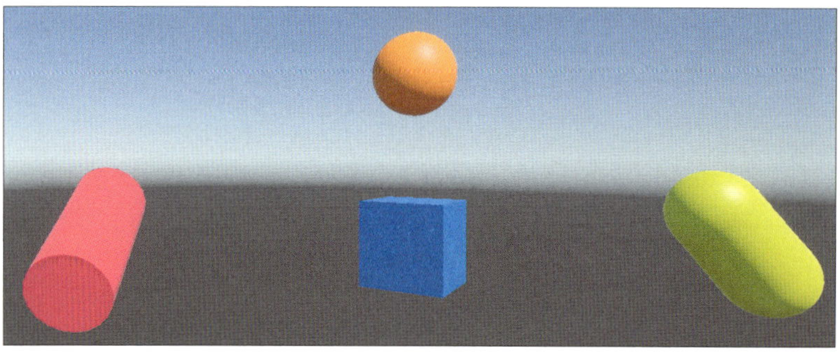

Abbildung 9.6 Der Zylinder, der Würfel und die Kapsel drehen sich.

9.2.2 Animiert verschieben

Ein Spielobjekt soll sich mithilfe von Programmcode wie bei einer Animation in einer bestimmten Zeit von einem Startpunkt A zu einem Zielpunkt B bewegen. Erstellen Sie dazu im Asset-Verzeichnis SCRIPTS ein weiteres C#-Script vom Typ MONOBEHAVIOUR SCRIPT mit dem Namen Sphere und ordnen Sie es dem gleichnamigen Spielobjekt zu:

```
using UnityEngine;
public class Sphere : MonoBehaviour
{
    bool bewegung;
    float zeitGesamt;
    Vector3 startPunkt;
    Vector3 streckeGesamt;
```

```
    float bewegungZeitStart;

    void Start()
    {
        bewegung = false;
        zeitGesamt = 5;
        startPunkt = new Vector3(0, 2, 0);
        Vector3 zielPunkt = new (0, -2, 0);
        streckeGesamt = zielPunkt - startPunkt;
    }

    void Update()
    {
        if (Input.GetKeyDown (KeyCode.H) && !bewegung)
        {
            bewegung = true;
            bewegungZeitStart = Time.time;
        }

        if (bewegung)
        {
            float zeitAnteil = (Time.time - bewegungZeitStart) / zeitGesamt;
            Vector3 streckeAnteil = zeitAnteil * streckeGesamt;
            transform.position = startPunkt + streckeAnteil;
            if(zeitAnteil >= 1)
                bewegung = false;
        }
    }
}
```

Listing 9.5 Die Klasse »Sphere« – Verschiebung von A nach B

In Listing 9.5 werden zunächst einige Variablen deklariert, die innerhalb der gesamten Klasse gelten. Sie werden innerhalb der Methoden erläutert.

In der Methode `Start()` werden die Daten für die gewünschte Bewegung festgelegt. Die boolesche Variable `bewegung` wird auf `false` gesetzt. Sie steht nur während der Bewegung auf `true`. Die Gesamtzeit für die Bewegung wird auf fünf Sekunden gesetzt. Den Variablen für den Startpunkt und den Zielpunkt der Bewegung werden `Vector3`-Werte zugewiesen. Die Gesamtstrecke ist ebenfalls ein `Vector3`-Wert. Sie entspricht dem Vektor vom Startpunkt zum Zielpunkt.

Hinweis

Wenn Sie einem neu deklarierten Verweis unmittelbar ein neues Objekt desselben Typs zuweisen, können Sie beim Erzeugen des Objekts den Namen des Typs weglassen. Sie schreiben also

```
Vector3 zielPunkt = new (0, -2, 0);
```

statt

```
Vector3 zielPunkt = new Vector3 (0, -2, 0);
```

In der Methode `Update()` wird die Bewegung nach Betätigung der Taste [H] gestartet, falls sie zurzeit nicht ausgeführt wird. Dabei wird der Startzeitpunkt festgehalten.

Nach dem Start der Bewegung wird das 3D-Objekt kontinuierlich weiterbewegt und es wird der Anteil an der Gesamtzeit berechnet, der seit dem Startzeitpunkt vergangen ist. Daraus wird der zugehörige Anteil an der Gesamtstrecke berechnet. Anschließend wird das 3D-Objekt auf die Position gesetzt, die sich aus dem Startpunkt und diesem Streckenanteil ergibt. Die Bewegung wird gestoppt, falls die Gesamtzeit abgelaufen ist. Das 3D-Objekt hat in diesem Fall den Zielpunkt erreicht.

Testen Sie die Bewegung. Da das Spielobjekt keinen Rigidbody besitzt, bewegt es sich durch das Spielobjekt `Cube` hindurch (siehe Abbildung 9.7). Stellen Sie nun unterschiedliche Zielpunkte und Laufzeiten ein und starten Sie die Bewegung erneut. Versehen Sie das Spielobjekt `Sphere` kurzzeitig mit einem Rigidbody (ohne Schwerkrafteinwirkung) und beobachten Sie die Auswirkungen.

Abbildung 9.7 Die Kugel bewegt sich von A nach B.

9.2.3 Kamera bewegen

Sie können nicht nur die Spielobjekte, sondern auch die Kamera bewegen. Damit vergrößern Sie das mögliche Spielfeld. Zudem wird das Spiel anschaulicher. Folgende Bewegungen werden in diesem Abschnitt beschrieben:

- Die Kamera wird geradlinig bewegt.
- Die Kamera wird um sich selbst gedreht.
- Die Kamera wird um einen bestimmten Punkt gedreht.

In Kapitel 15 finden Sie außerdem ein Projekt, bei dem der Benutzer selbst mit der Kamera herauszoomen und wieder hineinzoomen kann.

Erstellen Sie zunächst im Asset-Verzeichnis SCRIPTS ein weiteres C#-Script vom Typ MONOBEHAVIOUR SCRIPT mit dem Namen `KameraBewegen` und ordnen Sie es dem Spielobjekt `Main Camera` zu:


```
using UnityEngine;
public class KameraBewegen : MonoBehaviour
{
   void Update()
   {
      if (Input.GetKeyDown (KeyCode.C))
         transform.Translate (0.2f, -0.1f, 0.7f);
      else if (Input.GetKeyDown (KeyCode.V))
         transform.Translate (-0.2f, 0.1f, -0.7f);
      else if (Input.GetKeyDown (KeyCode.O))
         transform.Rotate(0, 5, 0);
      else if (Input.GetKeyDown (KeyCode.P))
         transform.Rotate(0, -5, 0);
      else if (Input.GetKeyDown (KeyCode.J))
         transform.RotateAround (new Vector3 (-4, 0, 0),
            new Vector3 (0, 1, 0), 5);
      else if (Input.GetKeyDown (KeyCode.K))
         transform.RotateAround (new Vector3 (-4, 0, 0),
            new Vector3 (0, 1, 0), -5);
   }
}
```

Listing 9.6 Die Klasse »KameraBewegen«

In der Klasse `KameraBewegen` führt die Betätigung der Taste [C] oder der Taste [V] zu einer kurzen geradlinigen Bewegung der Kamera auf der Linie zwischen der Startposition der Kamera (bei –2/1/–7) und dem Nullpunkt des Koordinatensystems. Die Parameter der Methode `Translate()` stehen in demselben Verhältnis zueinander.

Die Betätigung der Taste [O] oder der Taste [P] führt zu einer 5-Grad-Drehung der Kamera um ihre eigene Y-Achse. Die Parameter der Methode `Rotate()` geben den Winkel an, um den das Spielobjekt um die eigene X-, Y- und Z-Achse weitergedreht wird.

Die Betätigung der Taste [J] oder der Taste [K] führt zu einer 5-Grad-Drehung der Kamera um eine Achse herum, die parallel zur Y-Achse des Koordinatensystems durch die Mitte des nicht gedrehten Zylinders verläuft. Die drei Parameter der Methode `RotateAround()` geben Folgendes an:

- den Punkt, um den gedreht wird (hier die Position des Zylinders)
- die Lage der Drehachse, die durch den genannten Punkt verläuft (hier eine Achse parallel zur Y-Achse)
- den Winkel, um den das Spielobjekt um die genannte Achse weitergedreht wird

Betätigen Sie die genannten Tasten, und führen Sie sich die Bewegung der Kamera und die Auswirkungen vor Augen. In Abbildung 9.8 sehen Sie die Ansicht, nachdem die Taste [J] mehrmals betätigt wurde.

Abbildung 9.8 Kamera wird um den Zylinder gedreht.

9.2.4 Animiert drehen

Nun soll sich ein Spielobjekt mithilfe von Programmcode wie bei einer Animation in einer bestimmten Zeit und von einem Startwinkel A ausgehend so lange um eine bestimmte Achse drehen, bis ein Zielwinkel B erreicht ist. Das realisieren Sie mithilfe des folgenden Codes für das Spielobjekt `Main Camera`:

```
using UnityEngine;
public class KameraBewegen : MonoBehaviour
{
   bool bewegung;
   float zeitGesamt;
   float winkelGesamt;
   float bewegungZeitStart;
   float zeitAnteilAlt;

   void Start()
   {
      bewegung = false;
      zeitGesamt = 3;
      winkelGesamt = 90;
      zeitAnteilAlt = 0;
   }

   void Update()
   {
      if...
      else if (Input.GetKeyDown (KeyCode.L) && !bewegung)
      {
         bewegung = true;
         bewegungZeitStart = Time.time;
      }

      if (bewegung)
      {
         float zeitAnteil = (Time.time - bewegungZeitStart) / zeitGesamt;
         float winkelAenderung = (zeitAnteil - zeitAnteilAlt) * winkelGesamt;
         transform.RotateAround (new Vector3 (0, 0, 0),
            new Vector3 (0, 1, 0), winkelAenderung);
         zeitAnteilAlt = zeitAnteil;
         Debug.Log (transform.eulerAngles.y);
         if(zeitAnteil >= 1)
            bewegung = false;
      }
   }
}
```

Listing 9.7 Die Klasse »KameraBewegen« mit einer Drehung von A nach B

Der Ablauf ähnelt demjenigen bei der Verschiebung von einem Startpunkt A zu einem Zielpunkt B aus Abschnitt 9.2.2. Zunächst werden einige Variablen deklariert, die innerhalb der gesamten Klasse gelten. Sie werden innerhalb der Methoden erläutert.

In der Methode `Start()` werden die Daten für die gewünschte Bewegung festgelegt. Die boolesche Variable `bewegung` wird auf `false` gesetzt. Sie steht nur während der Bewegung auf `true`. Die Gesamtzeit für die Bewegung wird auf drei Sekunden gesetzt und der Gesamtwinkel auf 90 Grad. Da sich der Winkel bei der Methode `RotateAround()` immer relativ zum vorhergehenden Winkel ändert, muss der Zeitpunkt der vorhergehenden Änderung gespeichert werden (hier in der Variablen `zeitAnteilAlt`).

In der Methode `Update()` wird die Bewegung nach Betätigung der Taste [L] gestartet, falls sie zurzeit nicht ausgeführt wird. Dabei wird der Startzeitpunkt festgehalten.

Nach dem Start der Bewegung wird das 3D-Objekt kontinuierlich weitergedreht und es wird der Anteil an der Gesamtzeit berechnet, der seit dem Startzeitpunkt vergangen ist. Anschließend wird der Winkel berechnet, um den sich das Spielobjekt seit der letzten Änderung weiterdrehen soll. Diese Drehung wird mithilfe der Methode `RotateAround()` ausgeführt und findet hier um die Y-Achse herum statt, die durch das Zentrum des Koordinatensystems verläuft. Der aktuelle Zeitanteil wird zur Durchführung der nächsten Änderung gespeichert. Die Bewegung wird gestoppt, falls die Gesamtzeit abgelaufen ist.

Der aktuelle Drehwinkel um die Y-Achse wird mithilfe der statischen Methode `Log()` der Klasse `Debug` zur Kontrolle ausgegeben. Die TRANSFORM-Komponente besitzt die Untereigenschaft `eulerAngles`. Diese hat den Typ `Vector3` und gibt die Drehung um die X-Achse, um die Y-Achse und um die Z-Achse in einem Winkel von 0 bis 360 Grad an.

Starten Sie die Bewegung. Stellen Sie unterschiedliche Zielwinkel und Laufzeiten ein, und starten Sie die Bewegung erneut. Beachten Sie auch die Kontrollausgabe des Drehwinkels in der Statuszeile.

9.2.5 Übersicht

In Tabelle 9.1 sehen Sie alle Tastencodes, die wir im Projekt *DreiDimensionen* verwenden, und zwar in der Reihenfolge, in der sie in diesem Kapitel eingesetzt wurden:

Taste	Erläuterung
B	Der Zylinder erhält ein Material mit gelber Farbe.
F	Der Zylinder erhält ein Material mit dunkelroter Farbe.

Tabelle 9.1 Tastencodes im Projekt »DreiDimensionen«

Taste	Erläuterung
U	Der Würfel erhält ein positives Drehmoment um die Y-Achse.
I	Der Würfel erhält ein negatives Drehmoment um die Y-Achse.
E	Der Zylinder erhält ein positives Drehmoment um die X-Achse.
R	Der Zylinder erhält ein negatives Drehmoment um die X-Achse.
A	Die Kapsel erhält ein positives Drehmoment um die Z-Achse.
S	Die Kapsel erhält ein negatives Drehmoment um die Z-Achse.
H	Die Kugel wird animiert von Punkt A nach Punkt B verschoben.
C	Die Kamera wird verschoben, und zwar vom Betrachter weg.
V	Die Kamera wird verschoben, und zwar zum Betrachter hin.
O	Die Kamera wird positiv um ihre Y-Achse gedreht.
P	Die Kamera wird negativ um ihre Y-Achse gedreht.
J	Die Kamera wird positiv um eine Achse gedreht, die parallel zur Y-Achse steht.
K	Die Kamera wird negativ um eine Achse gedreht, die parallel zur Y-Achse steht.
L	Die Kamera wird animiert um einen Punkt von Winkel A nach Winkel B gedreht.

Tabelle 9.1 Tastencodes im Projekt »DreiDimensionen« (Forts.)

Möglicherweise vermissen Sie bei den Bewegungen und Drehungen den Faktor `Time.deltaTime`. Im vorliegenden Projekt gibt es aber nur

- einmalige Bewegungen auf eine neue Position,
- einmalige Drehungen auf eine neue Rotationsposition und
- kontinuierliche Änderungen mithilfe einer eigenen Zeitsteuerung.

Daher wird der Wert von `Time.deltaTime` nicht benötigt.

Kapitel 10
Eine 3D-Animation

Unity bietet die Möglichkeit, Animationen auch ohne Programmcode zu erstellen und einzubinden. Animationen können Sie sich als kleine Filme vorstellen, die Sie erstellen und nach bestimmten Ereignissen ablaufen lassen. Eine Animation zu erstellen ist ein aufwendiger Vorgang, den ich Ihnen in diesem Kapitel an einem einfachen Beispiel im Projekt *AnimationDreiD* zeigen werde.

Der Vorgang besteht aus mehreren Schritten:

- aus dem Erstellen und Gestalten einer Animation
- aus dem Einstellen des ANIMATOR CONTROLLERS
- aus dem Auslösen der Animation per Programmcode

10.1 Schaffen Sie die Voraussetzungen

Machen wir uns zunächst mit der fertigen Animation vertraut. Für sie werden verschiedene Elemente zu einem größeren Spielobjekt zusammengesetzt.

10.1.1 Betrachten Sie die fertige Animation

Das Projekt *AnimationDreiD* beschränkt sich auf die Grundprinzipien einer Animation, ohne vom Wesentlichen abzulenken. Ein »Mensch«, der aus 3D-Objekten vom Typ *Capsule* und *Sphere* aufgebaut ist, steht auf einem Boden (siehe Abbildung 10.1).

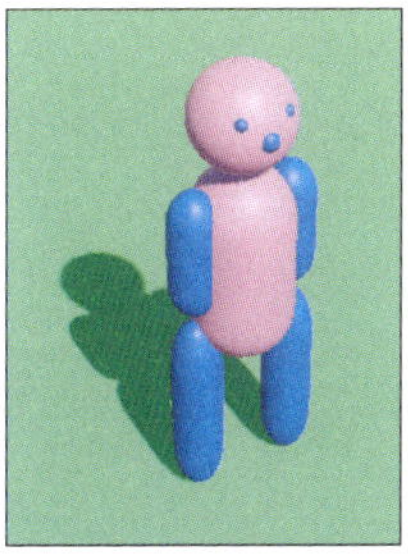

Abbildung 10.1 Der »Mensch« steht.

Wird die Taste [↑] betätigt, geht der Mensch nach vorn. Dabei werden seine Beine und seine Arme animiert (siehe Abbildung 10.2).

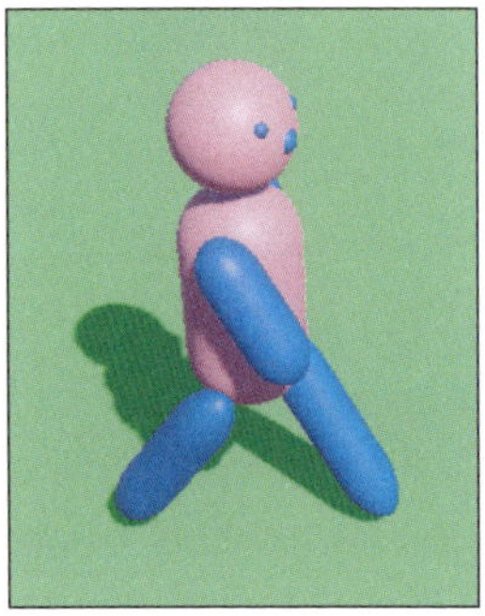

Abbildung 10.2 Der »Mensch« geht.

Die Taste [←] und die Taste [→] führen dazu, dass er sich um seine eigene Achse nach links oder rechts dreht. Anschließend kann er in die entsprechende Richtung gehen (siehe Abbildung 10.3).

Abbildung 10.3 Der »Mensch« geht nach einer Drehung.

10.1.2 Bauen Sie das Beispiel auf

Erstellen Sie auf der Basis des Templates UNIVERSAL 3D ein neues 3D-Projekt, z. B. mit dem Namen *MeineAnimationDreiD*. Legen Sie in der PROJECT VIEW das Asset-Verzeichnis MATERIALS an und erstellen Sie darin die drei Assets `HellblauMat`, `HellgruenMat` und `RosaMat` für Oberflächenmaterialien. Wählen Sie für die Eigenschaft BASE MAP im Bereich SURFACE INPUTS die RGB-Werte 0/128/255, 128/255/128 bzw. 255/128/255.

Das Spielobjekt `Boden` ist ein 3D-Objekt vom Typ *Plane*. Es hat einen Scale von 5/1/5, und das Oberflächenmaterial ist `HellgruenMat`. Das Spielobjekt `Main Camera` hat die Position

0/20/–20 und die Rotation 35/0/0. Das Spielobjekt `Directional Light` hat die Position 0/20/0 und die Rotation 50/–30/0.

Das Spielobjekt `Mensch` dient als Verzeichnis und als übergeordnetes Spielobjekt für die Körperteile. Es wird als leeres Spielobjekt erzeugt. Setzen Sie die Werte der TRANSFORM-Komponente mithilfe des Komponenten-Menüs auf die Standardwerte zurück. In Abbildung 10.4 sehen Sie die vollständige HIERARCHY VIEW.

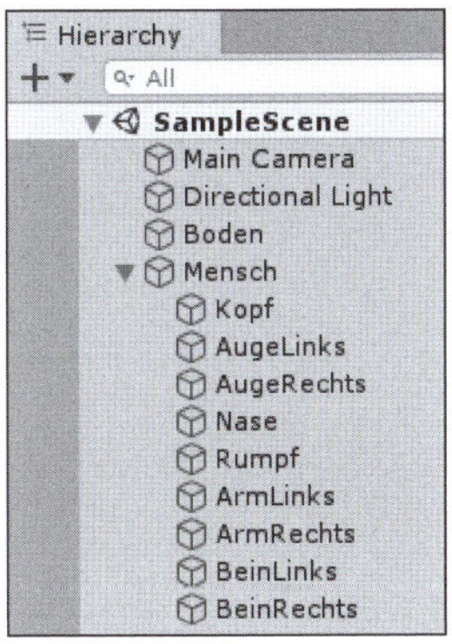

Abbildung 10.4 »Hierarchy View«

Die Positionen und Bewegungen der Körperteile sind relativ zur Position und Bewegung des übergeordneten Spielobjekts `Mensch`. Setzen Sie auch hier die Werte der jeweiligen TRANSFORM-Komponente mithilfe des Komponenten-Menüs zunächst auf die Standardwerte zurück, bevor Sie sie auf die Einstellwerte aus Tabelle 10.1 setzen. Kopf und Rumpf besitzen das Oberflächenmaterial `RosaMat`, die restlichen Körperteile `HellblauMat`.

Name	3D-Typ	Position	Scale
`Kopf`	*Sphere*	0/8/0	2/2/2
`AugeLinks`	*Sphere*	0.75/8.35/0.45	0.25/0.25/0.25
`AugeRechts`	*Sphere*	0.75/8.35/–0.45	0.25/0.25/0.25
`Nase`	*Sphere*	0.9/8/0	0.4/0.4/0.4
`Rumpf`	*Capsule*	0/5/0	2/2/2
`ArmLinks`	*Capsule*	0/5.5/1	1/1.3/1
`ArmRechts`	*Capsule*	0/5.5/–1	1/1.3/1

Tabelle 10.1 Die Körperteile unseres Menschen

Name	3D-Typ	Position	Scale
`BeinLinks`	*Capsule*	0/2/1	1/2/1
`BeinRechts`	*Capsule*	0/2/–1	1/2/1

Tabelle 10.1 Die Körperteile unseres Menschen (Forts.)

10.2 Erstellen Sie die Animation

Die Animation wird in einer festgelegten Reihenfolge erstellt.

10.2.1 Legen Sie die Animation an

Bevor Sie die Animation erstellen, legen Sie in der PROJECT VIEW ein neues Asset-Verzeichnis mit dem Namen ANIMATIONS an. Die Animation soll in Bezug auf das übergeordnete Spielobjekt `Mensch` angelegt werden. Markieren Sie dieses und rufen Sie den Menüpunkt WINDOW • ANIMATION • ANIMATION im Hauptmenü auf. Nun öffnet sich das Fenster ANIMATION VIEW, in dem Sie die Animationen erstellen können. Ziehen Sie das Fenster an seinem Reiter in den unteren Bereich neben die PROJECT VIEW und die CONSOLE VIEW.

Betätigen Sie in der ANIMATION VIEW die Schaltfläche CREATE. Wählen Sie als Speicherort für die neue Animation das soeben erstellte Verzeichnis ANIMATIONS aus und geben Sie ihr einen Namen, z. B. `Geht`. Nachdem Sie auf die Schaltfläche SPEICHERN geklickt haben, wird die Animation `Geht` angelegt, um das Verhalten »Mensch geht« zu verdeutlichen.

Wechseln Sie zur PROJECT VIEW. Das Asset-Verzeichnis ANIMATIONS enthält jetzt zwei neue Dateien (siehe Abbildung 10.5): die Animation in der Datei *Geht.anim* und den ANIMATOR CONTROLLER in der Datei *Mensch.controller*. Mit dem Controller arbeiten wir in Abschnitt 10.3.

Markieren Sie wiederum das Spielobjekt `Mensch`. In der INSPECTOR VIEW sehen Sie, dass eine Komponente vom Typ ANIMATOR hinzugekommen ist. Ihre Eigenschaft CONTROLLER verweist auf den ANIMATOR CONTROLLER in der neuen Datei *Mensch.controller* (siehe Abbildung 10.6).

Animationen werden immer bezüglich bestimmter Spielobjekte angelegt. Erzeugen Sie später eine Animation zu einem anderen Spielobjekt, wird dem Spielobjekt ein eigener Controller zugeordnet.

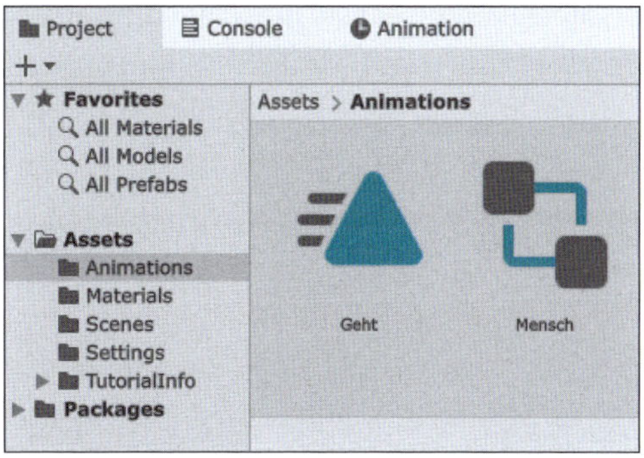

Abbildung 10.5 Animation und Controller

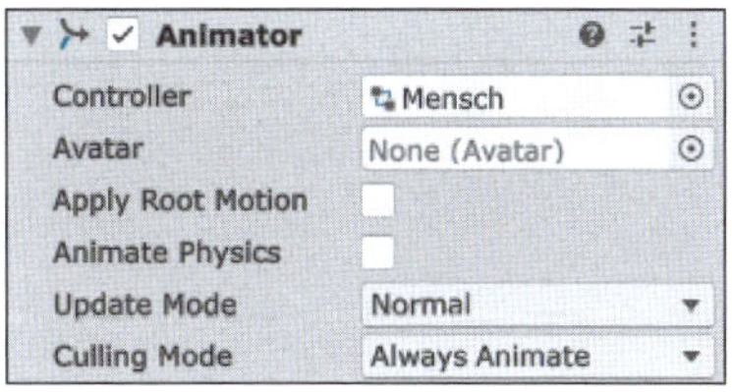

Abbildung 10.6 Die Komponente »Animator«

10.2.2 Drehen Sie das rechte Bein

Die Animation hat noch keinen Inhalt. Wechseln Sie zurück zur ANIMATION VIEW. Hier können Sie eine oder mehrere Eigenschaften des Spielobjekts `Mensch` und seiner Unterobjekte animieren. Insgesamt werden wir acht Eigenschaften animieren. Wir beginnen mit der Rotation des rechten Beins um die Z-Achse. Das Bein soll also nach vorn und nach hinten schwingen.

Betätigen Sie die Schaltfläche ADD PROPERTY. Klappen Sie die hierarchische Liste auf und klicken Sie auf das Pluszeichen ganz rechts neben der Eigenschaft ROTATION der Eigenschaft TRANSFORM des Spielobjekts `BeinRechts` (siehe Abbildung 10.7). Die erste Eigenschaft (BEINRECHTS:ROTATION) kann nun animiert werden.

Animationen haben eine Standardlänge von einer Sekunde. Dies können Sie auf der Registerkarte DOPESHEET erkennen. Unterhalb der Werte 0:00 und 1:00 in der Zeitskala sehen Sie jeweils kleine Rauten als Begrenzung der Animation. In jeder Sekunde laufen 60 *Frames* (Einzelbilder) ab. Jede Sekunde auf der Zeitskala wird also in 60 Teile zerlegt.

Wechseln Sie auf die Registerkarte CURVES, klappen Sie die Eigenschaft BEINRECHTS: ROTATION auf und markieren Sie die Untereigenschaft ROTATION.Z. Auf der zugehörigen waagerechten cyanfarbenen Linie sehen Sie zwei Rauten in derselben Farbe, und zwar bei den Zeitskala-Werten 0:00 und 1:00. Dabei handelt es sich um sogenannte *Keyframes*. Das sind Punkte, auf denen Sie bestimmte Werte für die animierte Eigenschaft einstellen können.

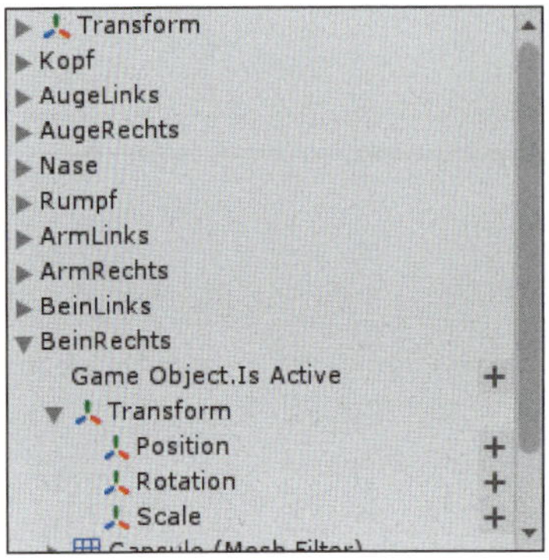

Abbildung 10.7 Eigenschaften, die animiert werden können

10.2.3 Erstellen Sie weitere Keyframes

Während der Animation soll der Wert für `Rotation.z` (kurz: der Z-Wert) folgende Werte besitzen:

- beim Zeitskala-Wert 0:00 den Wert 0 Grad (= keine Drehung)
- beim Zeitskala-Wert 0:15 den Wert 45 Grad
- beim Zeitskala-Wert 0:30 wieder den Wert 0 Grad
- beim Zeitskala-Wert 0:45 den Wert –45 Grad
- beim Zeitskala-Wert 1:00 wieder den Wert 0 Grad

Das bewirkt eine Drehung des Beins nach vorn, anschließend nach hinten und wieder zurück in die Ausgangsstellung. Es werden zwei weitere Keyframes bei den Zeitskala-Werten 0:15 und 0:45 benötigt.

Klicken Sie dazu auf der Zeitskala auf den Zeitskala-Wert 0:15. Betätigen Sie anschließend in der ANIMATION VIEW die Schaltfläche ADD KEYFRAME (Symbol: Raute mit Pluszeichen; in Abbildung 10.8 ist das in der unteren Reihe die zweite Schaltfläche von rechts).

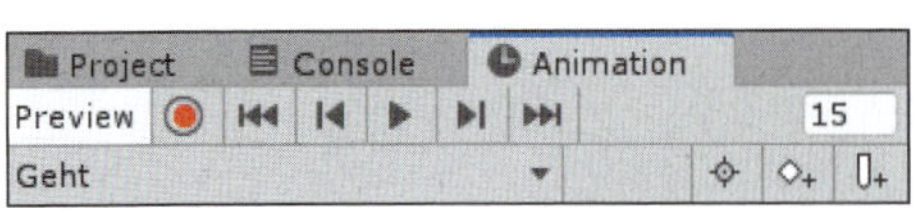

Abbildung 10.8 Die Symbolleiste der »Animation View«

Unterhalb des Zeitskala-Werts 0:15 erscheint eine weitere Raute. Wiederholen Sie den Vorgang beim Zeitskala-Wert 0:45. Anschließend besitzt die Kurve insgesamt vier Keyframes und sieht so aus wie in Abbildung 10.9. Beim Zeitskala-Wert 0:30 wird kein eigener Keyframe benötigt, da sich später an dieser Stelle sowieso ein Nulldurchgang ergibt.

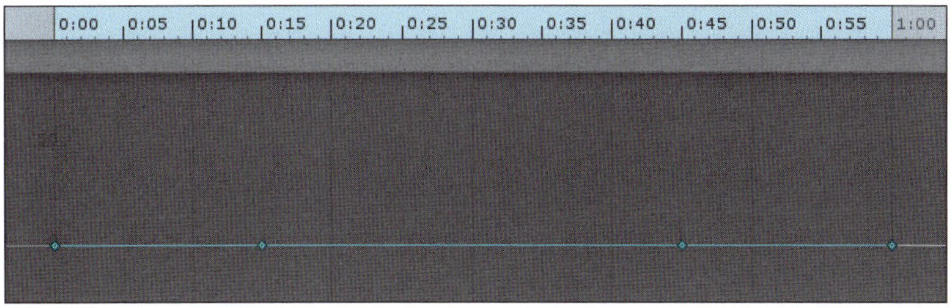

Abbildung 10.9 Zwei neue Keyframes bei 0:15 und 0:45

10.2.4 Stellen Sie die Keyframes ein

Es kann vorkommen, dass nach dem Hinzufügen eines Keyframes mehrere Keyframes gleichzeitig markiert sind. Möchten Sie nur den Wert für einen einzelnen Keyframe einstellen, klicken Sie einmal neben die cyanfarbene Linie. Anschließend können Sie auf jeden Keyframe einzeln zugreifen.

Betätigen Sie die rechte Maustaste genau auf dem Keyframe beim Zeitskala-Wert 0:15. Wählen Sie im Kontextmenü den Eintrag EDIT KEY, tragen Sie in dem kleinen Eingabefenster bei VALUE den Z-Wert 45 ein und betätigen Sie anschließend die Taste [↵]. Die Verlaufskurve der Animation ändert sich unmittelbar.

Wiederholen Sie den Editiervorgang für den Keyframe beim Zeitskala-Wert 0:45 mit dem Z-Wert –45. Sorgen Sie für einen gleichmäßigen Übergang bei allen vier Keyframes, indem Sie jeweils im Kontextmenü den Eintrag AUTO wählen. Die Verlaufskurve der Animation sieht anschließend so aus wie in Abbildung 10.10.

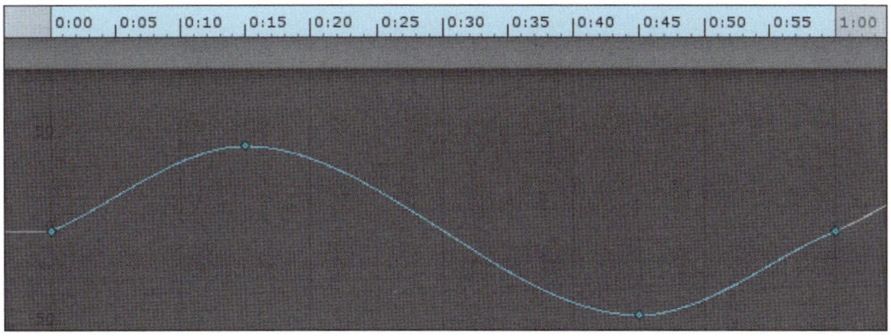

Abbildung 10.10 Verlauf der Rotation für »BeinRechts«

Ist die Verlaufskurve nur zum Teil sichtbar, können Sie wie folgt innerhalb der Registerkarte CURVES zoomen:

- Mausrad und gedrückte Taste [Strg]: horizontales Zoomen
- Mausrad und gedrückte Taste [⇧]: vertikales Zoomen

Die Animation ist fertig. Betätigen Sie zur Kontrolle die Schaltfläche PLAY (Symbol: schwarzer Pfeil nach rechts) der ANIMATION VIEW (siehe Abbildung 10.8), und betrachten Sie das Spielobjekt `BeinRechts` in der SCENE VIEW: Es dreht sich nach vorn und anschließend nach hinten.

Wie Sie am Verlauf der Animation sehen können, genügt die Drehung des Beines nicht. Es sollte gleichzeitig nach vorn und nach hinten verschoben werden, damit die Animation etwas natürlicher aussieht. Dazu kommen wir im folgenden Abschnitt.

10.2.5 Verschieben Sie das rechte Bein

Die Animation der nächsten Eigenschaft gelingt deutlich schneller, weil Sie bereits mit den Vorgängen vertraut sind.

Betätigen Sie die Schaltfläche ADD PROPERTY. Wählen Sie die Untereigenschaft POSITION der Eigenschaft TRANSFORM des Spielobjekts `BeinRechts` aus. Markieren Sie die Untereigenschaft POSITION.X. Nun erscheint eine rote Linie.

Fügen Sie zwei neue Keyframes bei den bekannten Zeitskala-Werten 0:15 und 0:45 hinzu. Sie erscheinen anschließend als rote Rauten. Tragen Sie für die Zeitskala-Werte mithilfe des Eintrags EDIT KEY aus dem Kontextmenü die X-Werte 1.3 und –1.3 ein und wählen Sie für alle vier Keyframes einen gleichmäßigen Übergang mithilfe des Eintrags AUTO.

Die Verlaufskurve der Animation sieht nach dem Zoomen so aus wie in Abbildung 10.11. Kontrollieren Sie sie, indem Sie die Animation starten.

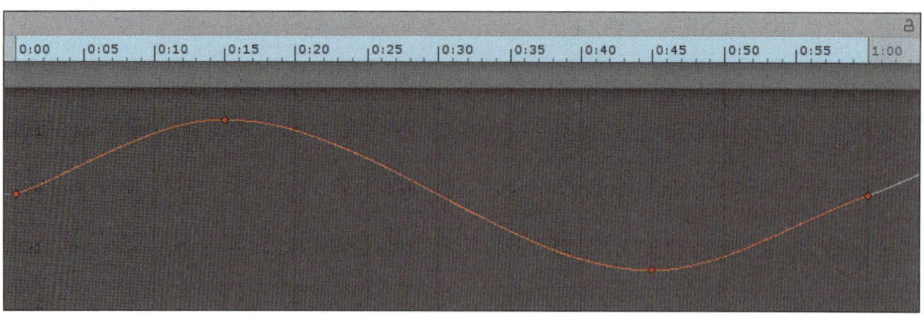

Abbildung 10.11 Verlauf der X-Position für »BeinRechts«

Bei der Erstellung von Animationen zeigt der Unity Editor noch kleine Schwächen. Es kann vorkommen, dass Fehlermeldungen in der Statuszeile erscheinen. Lassen Sie sich davon nicht irritieren.

10.3 Arbeiten Sie mit dem »Animator Controller«

Die bisher erstellte Animation soll vor ihrer Erweiterung auf die restlichen Körperteile zunächst mit der Bewegung des Spielobjekts verbunden werden.

10.3.1 Gestalten Sie die States

Wechseln Sie zur PROJECT VIEW und dort in das Verzeichnis ANIMATIONS. Führen Sie einen Doppelklick auf dem Controller in der Datei *Mensch.controller* aus. Dadurch öffnet sich der ANIMATOR CONTROLLER, in dem die verschiedenen Zustände (engl. *states*) zu erkennen sind, in denen sich das Spielobjekt `Mensch` befinden kann (siehe nachfolgend in Abbildung 10.12).

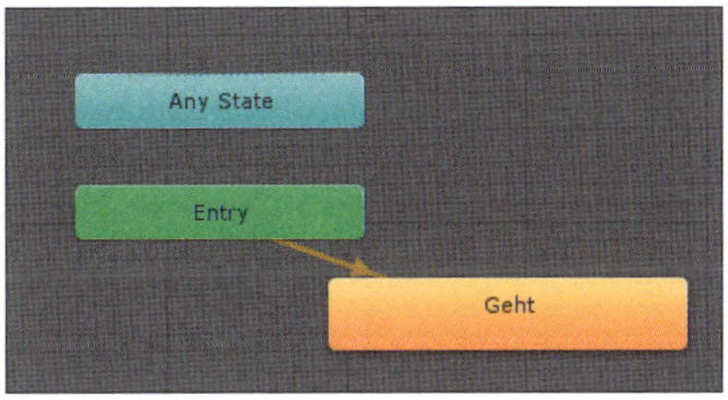

Abbildung 10.12 Die States zu Beginn

Es kann seinen Zustand mithilfe von Übergängen (engl. *transitions*) ändern, die Sie an den Pfeilen erkennen können. Sie können die Ansicht im ANIMATOR CONTROLLER wie folgt ändern:

- gedrückte Taste `Alt` und Mausrad: zoomen
- gedrückte Taste `Alt` und linke Maustaste: verschieben

Nachdem Sie die erste Animation erstellt haben, sieht es wie folgt aus: Nach dem Start des Projekts wechselt der Zustand vom grünen State ENTRY unmittelbar zum orangefarbenen DEFAULT STATE. Dieser Standardzustand entspricht der neu erstellten Animation GEHT. Die Animation würde also sofort beginnen. Wir möchten aber, dass das Spielobjekt `Mensch` nach dem Start des Projekts zunächst in den Ruhezustand STEHT wechselt. Sie müssen also einen neuen State erzeugen und diesen als DEFAULT STATE kennzeichnen.

Drücken Sie dazu innerhalb des ANIMATOR CONTROLLERS die rechte Maustaste und wählen Sie im Kontextmenü den Menüpunkt CREATE STATE • EMPTY. Markieren Sie den neuen State und geben Sie ihm in der INSPECTOR VIEW den Namen STEHT. Drücken Sie auf dem neuen State wieder die rechte Maustaste und wählen Sie im Kontextmenü den Menüpunkt SET AS LAYER DEFAULT STATE. Nun wird dieser State orangefarben. Gleichzeitig wird die Transition, die beim State ENTRY startet, hierher verschoben (siehe Abbildung 10.13).

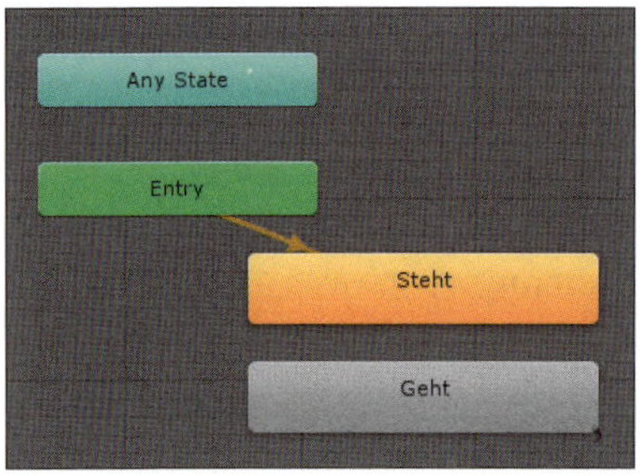

Abbildung 10.13 Neuer »Default State«: »Steht«

10.3.2 Erstellen Sie die Parameter

Eine Transition von einem Zustand in einen anderen Zustand wird mithilfe von Parametern durchgeführt. Diese Parameter werden später innerhalb des Programmcodes gesetzt. Im vorliegenden Projekt soll ein Parameter erstellt werden, der die Transition zwischen den States STEHT und GEHT steuert. Wechseln Sie dazu im linken Bereich des ANIMATOR CONTROLLERS auf die Registerkarte PARAMETERS.

Klicken Sie auf das Pluszeichen neben der leeren Liste der Parameter und wählen Sie aus der Liste, die nun erscheint, den Eintrag `Bool` aus. In der Liste gibt es jetzt einen neuen booleschen Parameter. Geben Sie ihm den Namen `GehtParameter` (siehe Abbildung 10.14). Seine Bedeutung wird im nächsten Abschnitt erläutert.

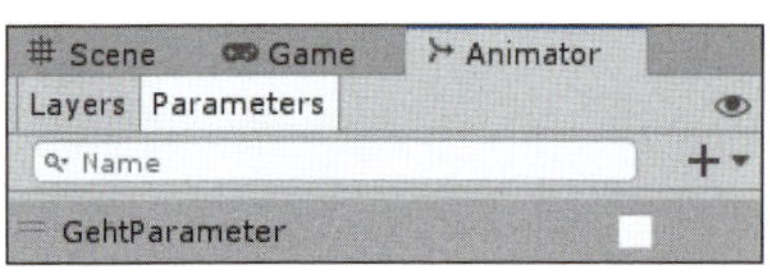

Abbildung 10.14 Neuer Parameter

10.3.3 Erzeugen Sie die Transitions

Nun sollen zwei Transitions erstellt werden: eine für den Wechsel vom State STEHT zum State GEHT, eine für den umgekehrten Wechsel. Klicken Sie mit der rechten Maustaste auf den State STEHT und wählen Sie den Menüpunkt MAKE TRANSITION. Jetzt erscheint ein weißer Transitionspfeil. Klicken Sie auf den Ziel-State GEHT. Damit ist die erste Transition erstellt. Erzeugen Sie auf dieselbe Weise eine Transition in umgekehrter Richtung (siehe Abbildung 10.15).

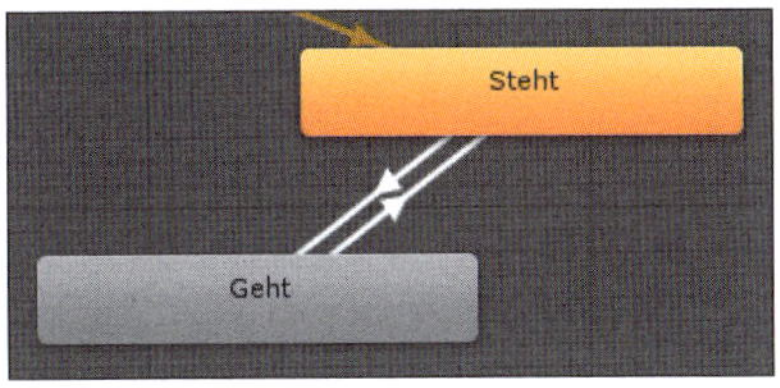

Abbildung 10.15 Zwei neue Transitions

Markieren Sie die erste Transition von STEHT zu GEHT. In der INSPECTOR VIEW sehen Sie ihre Eigenschaften. Entfernen Sie die Markierung bei der Eigenschaft HAS EXIT TIME. Ansonsten würden Sie einen verzögerten Start der Animation verursachen. Erzeugen Sie mithilfe des Pluszeichens in der Liste CONDITIONS einen neuen Eintrag namens `GehtParameter`, der den Wert `true` hat (siehe Abbildung 10.16).

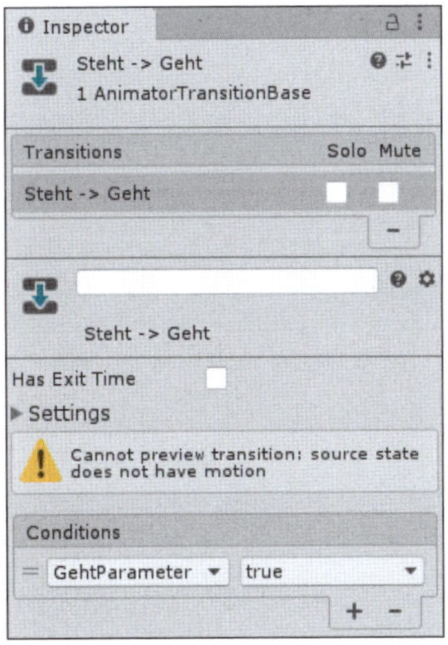

Abbildung 10.16 Einstellungen für die erste Transition

Wenn im Folgenden der Parameter `GehtParameter` den Wert `true` hat, wechselt der State von STEHT zu GEHT, und die zugehörige Animation wird abgespielt.

Stellen Sie auf die gleiche Weise die folgende Bedingung für die Transition von GEHT zu STEHT ein: `GehtParameter false`. Auch hier sollten Sie die Markierung bei der Eigenschaft HAS EXIT TIME entfernen.

10.4 Fügen Sie das C#-Script hinzu

In diesem Abschnitt verbinden wir die Elemente der Animation, die Abläufe im ANIMATOR CONTROLLER und die Aktionen des Benutzers mit einem C#-Script.

10.4.1 Verbinden Sie Bewegung und Animation

Erstellen Sie das Asset-Verzeichnis SCRIPTS und legen Sie darin ein neues C#-Script vom Typ MONOBEHAVIOUR SCRIPT mit dem Namen `MenschBewegen` an. Ordnen Sie es dem Spielobjekt `Mensch` zu.

Nun schreiben Sie den Code der Klasse `MenschBewegen`:

```
using UnityEngine;
public class MenschBewegen : MonoBehaviour
{
   Animator anim;
   void Start()
   {
      anim = GetComponent<Animator>();
   }

   void Update()
   {
      bool GehtVariable = false;
      if (Input.GetKey (KeyCode.UpArrow))
      {
         transform.Translate(new Vector3(5 * Time.deltaTime, 0, 0));
         GehtVariable = true;
      }
      anim.SetBool ("GehtParameter", GehtVariable);
   }
}
```

Listing 10.1 Die Klasse »MenschBewegen«

Dem Verweis auf das Objekt vom Typ *Animator* wird in der Methode `Start()` die entsprechende Komponente des Spielobjekts `Mensch` zugewiesen. Damit haben Sie einen schnellen Zugriff auf den ANIMATOR CONTROLLER des Spielobjekts. In der Methode `Update()` wird eine boolesche Variable mit dem Wert `false` eingeführt.

Wird keine Taste gedrückt, bleibt der Wert der Variablen bei `false`. Der Aufruf der Methode `SetBool()` führt zur Übergabe des Werts `false` an den Parameter `GehtParameter`. Befindet sich das Spielobjekt bereits im State STEHT, passiert nichts. Befindet sich das Spielobjekt im State GEHT, wird die Transition, also der Wechsel zum State STEHT, durchgeführt und die Animation endet.

Wird die Taste [↑] gedrückt, bewegt sich das Spielobjekt `Mensch` nach vorn, *der Nase nach*. Die Variable `GehtVariable` erhält den Wert `true`. Der Aufruf der Methode `SetBool()` führt zur Übergabe des Werts `true` an den Parameter `GehtParameter`. Befindet sich das Spielobjekt bereits im State GEHT, passiert nichts. Befindet sich das Spielobjekt im State STEHT, wird die Transition, also der Wechsel zum State GEHT, durchgeführt und die Animation beginnt.

Starten Sie das Projekt und bewegen Sie das Spielobjekt `Mensch` nach vorn. Das rechte Bein wird während der Bewegung animiert. Nach dem Ende der Bewegung endet auch die Animation. 10

10.4.2 Vervollständigen Sie die Animation

Animieren Sie auf die gleiche Weise das linke Bein und die beiden Arme. In Tabelle 10.2 sehen Sie die animierten Eigenschaften aller beteiligten Spielobjekte und deren Werte zu den verschiedenen Zeitpunkten.

Spielobjekt	Eigenschaft	Wert bei 0:15	Wert bei 0:45
`ArmLinks`	POSITION X	1	–1
`ArmLinks`	ROTATION Z	45	–45
`ArmRechts`	POSITION X	–1	1
`ArmRechts`	ROTATION Z	–45	45
`BeinLinks`	POSITION X	–1.3	1.3
`BeinLinks`	ROTATION Z	–45	45
`BeinRechts`	POSITION X	1.3	–1.3
`BeinRechts`	ROTATION Z	45	–45

Tabelle 10.2 Alle Bewegungen innerhalb der Animation

Das Spielobjekt Mensch soll sich auch drehen können. Ändern Sie dazu die Methode Update() der Klasse MenschBewegen wie folgt:

```
if (Input.GetKey (KeyCode.UpArrow))
   ...
else if (Input.GetKey (KeyCode.LeftArrow))
   transform.Rotate (new Vector3 (0, -1, 0));
else if (Input.GetKey (KeyCode.RightArrow))
   transform.Rotate (new Vector3 (0, 1, 0));
```

Listing 10.2 Die Klasse »MenschBewegen« – Drehung

Nach Betätigung der Taste [←] oder der Taste [→] wird die Methode Rotate() aufgerufen. Gedreht wird in negativer Richtung bzw. in positiver Richtung um die Y-Achse.

Sie können das Fenster ANIMATION VIEW schließen, indem Sie auf dem Reiter des Fensters das Kontextmenü mit der rechten Maustaste öffnen und den Menüpunkt CLOSE TAB aufrufen.

10.4.3 Ideen für Erweiterungen

Machen Sie das Aussehen und die Bewegungen des Menschen etwas natürlicher, indem Sie die Körperteile und die Animationen verändern:

- Fügen Sie Hände, Ohren und Augen hinzu.
- Ersetzen Sie ArmLinks durch OberarmLinks und UnterarmLinks. Verfahren Sie entsprechend beim anderen Arm und bei den Beinen.
- Ändern Sie die Animationen, damit sie zu den Körperteilen passen.

Kapitel 11
Ein 3D-Balancer

In diesem Kapitel entwickeln Sie einen 3D-Balancer, den Sie auch in meinem Projekt *TomsBalancer* finden. Bei diesem Spiel balancieren Sie einen dunkelroten Ball auf einer braunen Platte, treffen mit dem Ball einen hellblauen Zylinder und sammeln dadurch Punkte, möglichst ohne einen der dunkelgrünen Ränder der Platte zu berühren. Bei diesem Projekt kommen einige Elemente und Techniken zum Einsatz, die Sie bereits in der Einführung für 3D-Projekte in Kapitel 9 kennengelernt haben. Zunächst sollten Sie das Spiel selbst spielen, um es kennenzulernen.

11.1 Führen Sie das Spiel aus

Starten Sie das ausführbare Programm *TomsBalancer.exe* im Unterverzeichnis *Toms-Balancer/Builds* (siehe Abbildung 11.1).

Abbildung 11.1 Das Spiel »TomsBalancer«

Im Projekt *TomsBalancer* verläuft die X-Achse in der Mitte der Platte von links nach rechts. Auf die Y-Achse wird in dem Spiel kein Bezug genommen; sie verläuft von unten nach oben und »durchbohrt« das Zentrum der Platte. Die Z-Achse verläuft, aus Richtung des Benutzers gesehen, in der Mitte des Plattenbodens von vorn nach hinten.

Der Spieler wird als dunkelroter Ball dargestellt, der Gewinn als hellblauer Zylinder. Die Platte ist um keine der Achsen gedreht; sie ist also ausbalanciert. Daher bewegt sich der Ball zunächst nicht, nachdem er auf die Platte gefallen ist.

Sie können die Platte inklusive ihrer Ränder und des Gewinns drehen. Mithilfe der Taste [←] und der Taste [→] drehen Sie sie um die Z-Achse, also kippt sie nach links oder nach rechts. Mithilfe der Taste [↑] und der Taste [↓] drehen Sie sie um die X-Achse, also kippt sie vom Benutzer weg oder zum Benutzer hin. Als Folge davon rollt der Ball in die entsprechende Richtung. Sobald er sich in Z-Richtung bewegt, also vom Benutzer weg oder zum Benutzer hin, bewegt sich die Kamera mit.

Das Ziel des Spiels ist es, möglichst viele Punkte zu sammeln. Treffen Sie mit dem Ball den Gewinn, erhalten Sie einen Punkt. Nach einem solchen Treffer erscheint der Gewinn an einer anderen Stelle. Sobald Sie den Rand treffen, wird Ihnen ein Punkt abgezogen.

Die beiden Hilfsanzeigen unter der Punkte-Anzeige geben den Winkel an, um den die Platte aktuell bezüglich der X-Achse und der Z-Achse gedreht ist. Sie werden feststellen, dass die Platte maximal um 7.5 Grad zu einer Seite gekippt werden kann. Ansonsten wäre es zu schwierig, den rollenden Ball vor dem Rand abzufangen. Zudem könnte der Ball über den Rand fallen.

So, dann machen Sie sich einmal mit den Bewegungen vertraut und versuchen Sie, mehr Punkte zu gewinnen als zu verlieren.

11.2 Bereiten Sie das Spiel vor

In diesem Abschnitt erzeugen wir die Spielobjekte und die Benutzeroberfläche. Außerdem lernen Sie das Konzept der relativen Transform-Werte genauer kennen.

11.2.1 Erzeugen Sie das Projekt und die Assets

Um Ihr eigenes Spiel zu entwickeln, legen Sie zunächst ein neues 3D-Projekt auf Basis des Templates Universal 3D an, z. B. mit dem Namen *MeinBalancer*. Der Unity Editor öffnet sich mit dem neuen Projekt. Achten Sie auf die beiden Listeneinträge 16:9 Aspect und Play Maximized (wie bei allen Unity-Projekten dieses Buchs).

Das Spielobjekt `Main Camera` erhält die Position 0/4/–10 und die Rotation 30/0/0. So schauen wir von schräg oben auf die Platte. Die Lichtquelle `Directional Light` verbleibt an der Position 0/3/0 und bei der Rotation 50/330/0.

Erstellen Sie in der PROJECT VIEW das Asset-Verzeichnis MATERIALS. Erstellen Sie darin die Oberflächenmaterialien `BraunMat`, `DunkelgruenMat`, `DunkelrotMat` und `HellblauMat`. Sie erhalten für die Eigenschaft BASE MAP im Bereich SURFACE INPUTS die RGB-Werte 192/96/0, 0/128/0, 255/0/128 bzw. 0/128/255.

Legen Sie zudem das Asset-Verzeichnis SCRIPTS an, in dem wir später die C#-Programme ablegen. Vergessen Sie nicht, mindestens nach jedem Abschnitt die geänderte Spielszene zu speichern.

11.2.2 Erzeugen Sie das Spielfeld und das UI

Erzeugen Sie ein einfaches 3D-Objekt vom Typ *Cube* mit dem Namen `Platte`, und zwar mit der Position 0/–0.15/0 und dem Scale 10/0.3/10.

Erzeugen Sie vier weitere einfache 3D-Objekte vom Typ *Cube* sowie ein 3D-Objekt vom Typ *Cylinder* und ordnen Sie sie dem Spielobjekt `Platte` unter. Setzen Sie die Werte ihrer jeweiligen TRANSFORM-Komponente mithilfe des Komponenten-Menüs zurück. Aus den neuen Spielobjekten formen Sie mithilfe von *relativen Scale-Werten* die vier Ränder und den Gewinn. (Dazu erfahren Sie mehr in Abschnitt 11.2.3.) Noch liegen alle Spielobjekte übereinander. Benennen Sie sie wie folgt: `RandLinks`, `RandRechts`, `RandVorne`, `RandHinten` und `Gewinn`.

Erzeugen Sie zudem ein einfaches 3D-Objekt vom Typ *Sphere* und nennen Sie es `Spieler`. Die Position ist 0/3/0, die Scale-Werte werden auf 0.6/0.6/0.6 eingestellt. Alle einfachen 3D-Objekte besitzen automatisch von Beginn an einen passenden Collider. Das Spielobjekt `Spieler` erhält eine RIGIDBODY-Komponente, bei der die Eigenschaft USE GRAVITY markiert bleibt.

Weisen Sie die Oberflächenmaterialien wie folgt zu: für die Platte `BraunMat`, für die Rand-Objekte `DunkelgruenMat`, für den Gewinn `HellblauMat` und für den Spieler `DunkelrotMat`.

Gestalten Sie eine Benutzeroberfläche, ähnlich wie in einem 2D-Projekt. Erstellen Sie dazu mithilfe des Menüpunkts UI • TEXT - TEXTMESHPRO der HIERARCHY VIEW die drei Textfelder `PunkteAnzeige`, `XWinkelAnzeige` und `ZWinkelAnzeige` innerhalb eines Canvas, den Sie `UI` nennen. Dazu verwenden Sie die Werte aus Tabelle 11.1.

Name	Werte
PunkteAnzeige	Ausgangspunkt für die Positionierung: top/left Pos X/Pos Y: 100/–30 Width/Height: 160/30 Text Input: Punkte: 0 Font Size: 18 Vertex Color: RGB 0/0/0
XWinkelAnzeige	Wie PunkteAnzeige, außer: Pos X/Pos Y: 100/–60 Text Input: xWinkel: 0,0
ZWinkelAnzeige	Wie PunkteAnzeige, außer: Pos X/Pos Y: 100/–90 Text Input: zWinkel: 0,0

Tabelle 11.1 Elemente der Benutzeroberfläche

11.2.3 Relative Transform-Werte

Wir haben bereits mehrmals leere Spielobjekte als Verzeichnisse für andere Spielobjekte genutzt. Das diente meist nur der besseren Übersicht in der Hierarchy View. Die Transform-Daten eines leeren Spielobjekts wurden immer mithilfe des Komponenten-Menüs zurückgesetzt, und zwar auf 0/0/0 für Position und Rotation sowie auf 1/1/1 für den Scale.

In diesem Projekt dient erstmals ein Spielobjekt mit eigenen Transform-Daten als Verzeichnis für andere Spielobjekte: Das Spielobjekt Platte stellt gleichzeitig das Verzeichnis für die vier Rand-Objekte und den Gewinn dar (siehe Abbildung 11.2).

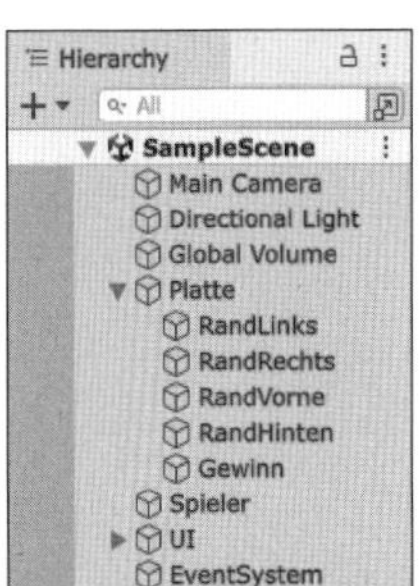

Abbildung 11.2 Übergeordnetes Spielobjekt »Platte«

Diese Spielobjekte sind der Platte untergeordnet. Das bietet folgenden großen Vorteil: Sobald die Platte bewegt wird, bewegen sich die anderen Spielobjekte mit.

Die in Tabelle 11.2 angegebenen Transform-Werte der untergeordneten Spielobjekte für den Rand und den Gewinn sind keine absoluten Werte, sondern beziehen sich auf die Transform-Daten des übergeordneten Spielobjekts `Platte`. Die Rotation beträgt jeweils 0/0/0.

Name	Position	Scale
`Platte`	0/–0.15/0	10/0.3/10
`RandLinks`	–0.495/1.2/0	0.01/1.5/1
`RandRechts`	0.495/1.2/0	0.01/1.5/1
`RandVorne`	0/1.2/–0.495	1/1.5/0.01
`RandHinten`	0/1.2/0.495	1/1.5/0.01
`Gewinn`	0.2/2/–0.2	0.06/1.5/0.06

Tabelle 11.2 Die Platte mit ihren untergeordneten Objekten

Zum Verständnis einer relativen Position betrachten wir einmal die X-Werte: Die relative X-Position –0.5 befindet sich am linken Rand der Platte, die relative X-Position 0.5 befindet sich am rechten Rand der Platte. Das können Sie an den X-Positionen der Spielobjekte `RandLinks` und `RandRechts` erkennen.

Einen relativen Scale-Wert erläutere ich anhand der Y-Werte: Der Gewinn und die Ränder sind in Y-Richtung anderthalbmal so dick wie die Platte (Faktor 1.5).

Hinweis

Möchten Sie einmal aus Neugier die *absoluten* Werte für Position oder Scale der untergeordneten Spielobjekte berechnen, multiplizieren Sie einfach die entsprechenden Werte des übergeordneten Spielobjekts mit den relativen Werten des untergeordneten Spielobjekts. Ein Beispiel: Der Gewinn hat die *absoluten* Scale-Werte 10 mal 0.06, 0.3 mal 1.5 und 10 mal 0.06, also 0.6/0.45/0.6.

Stellen Sie in der Scene View die folgende Ansicht her: Die X-Achse weist nach rechts, die Y-Achse weist nach oben und die Z-Achse weist demzufolge nach hinten. Die Ansicht wird ein wenig gedreht, damit wir später so auf die Platte schauen wie in Abbildung 11.1.

11.3 Erstellen Sie den Spielablauf

Zunächst soll die Platte um zwei Achsen gedreht werden können. Anschließend wird die Punktzahl durch eine Berührung des Gewinns erhöht und durch eine Kollision mit dem Rand verringert.

11.3.1 Drehen Sie die Platte

Die Platte soll mithilfe der Pfeiltasten nach links, nach rechts, vom Benutzer weg und zum Benutzer hin gedreht werden. Als Folge davon soll der Ball in die entsprechende Richtung rollen. Im Verzeichnis SCRIPTS erstellen Sie dazu ein Script-Asset vom Typ MONOBEHAVIOUR SCRIPT mit der Klasse `PlatteBewegen` in der Datei *PlatteBewegen.cs*.

Die Klasse sollte wie folgt aussehen:

```
using UnityEngine;
using TMPro;
public class PlatteBewegen : MonoBehaviour
{
   readonly float eingabeFaktor = 10;
   readonly float grenzWinkel = 7.5f;

   public TextMeshProUGUI xWinkelAnzeige;
   public TextMeshProUGUI zWinkelAnzeige;

   void Update()
   {
      float zEingabe = Input.GetAxis("Horizontal");
      float xEingabe = Input.GetAxis("Vertical");

      float zWinkelNeu = transform.eulerAngles.z -
         zEingabe * eingabeFaktor * Time.deltaTime;
      if (zWinkelNeu >= 0 && zWinkelNeu < 180
            && zWinkelNeu > grenzWinkel)
         zWinkelNeu = grenzWinkel;
      if (zWinkelNeu >= 180 && zWinkelNeu < 360
            && zWinkelNeu < 360 - grenzWinkel)
         zWinkelNeu = 360 - grenzWinkel;

      float xWinkelNeu = transform.eulerAngles.x +
         xEingabe * eingabeFaktor * Time.deltaTime;
```

```
        if (xWinkelNeu >= 0 && xWinkelNeu < 180
                && xWinkelNeu > grenzWinkel) xWinkelNeu = grenzWinkel;
        if (xWinkelNeu >= 180 && xWinkelNeu < 360
                && xWinkelNeu < 360 - grenzWinkel)
            xWinkelNeu = 360 - grenzWinkel;

        transform.eulerAngles = new Vector3(xWinkelNeu, 0, zWinkelNeu);

        xWinkelAnzeige.text = string.Format("xWinkel: {0,6:0.0}", xWinkelNeu);
        zWinkelAnzeige.text = string.Format("zWinkel: {0,6:0.0}", zWinkelNeu);
    }
}
```

Listing 11.1 Die Klasse »PlatteBewegen«

Der Eingabefaktor dient zur Skalierung der Eingabe des Benutzers bei der Berechnung des neuen Drehwinkels. Der Grenzwinkel verhindert eine Drehung, die einen Winkel von mehr als 7.5 Grad aufweist. Es werden zwei öffentlich zugängliche Verweise auf die beiden Anzeigen für die aktuellen Drehwinkel eingerichtet.

In der Methode `Update()` werden zunächst die Eingaben des Benutzers für die Drehung um die beiden Achsen festgehalten. Es wird der neue Drehwinkel um die Z-Achse berechnet, der sich aus dem alten Drehwinkel und der Eingabe des Benutzers ergibt. Bei der Begrenzung des Drehwinkels auf maximal 7.5 Grad müssen Sie Folgendes beachten:

- Eine Drehung nach vorn oder nach links ergibt einen positiven Drehwinkel, z. B. 5 Grad.
- Eine Drehung nach hinten oder nach rechts ergibt einen negativen Drehwinkel, z. B. –5 Grad. Die entsprechende Komponente des `Vector3`-Werts `eulerAngles` liefert für einen Drehwinkel von –5 Grad den Wert 355 Grad, also 360 minus 5 Grad.

Daher muss zunächst festgestellt werden, ob es sich um einen positiven oder einen negativen Drehwinkel handelt. Anschließend kann bezüglich des Grenzwerts Folgendes geprüft werden:

- Liegt der neue Drehwinkel im Bereich zwischen 0 und 180 Grad und überschreitet er den Grenzwert von 7.5 Grad, wird der Winkel auf 7.5 Grad gesetzt.
- Liegt der neue Drehwinkel im Bereich zwischen 180 und 360 Grad und unterschreitet er den Grenzwert von (360 minus 7.5 =) 352.5 Grad, wird der Drehwinkel auf 352.5 Grad gesetzt. Ebenso wird der neue Drehwinkel um die X-Achse berechnet.

Aus den beiden neuen Drehwinkeln für X und Z wird der neue `Vector3`-Wert für die Eigenschaft `eulerAngles` ermittelt; dann wird er zugewiesen. Die beiden neuen Drehwinkel werden zur Kontrolle in den beiden Anzeigen ausgegeben. Sie werden mithilfe der Methode `Format()` auf eine Stelle nach dem Komma formatiert.

In Abbildung 11.3 sehen Sie die Platte und die beiden Anzeigen für den Winkel, nachdem die Platte mithilfe der Taste [←] und der Taste [↓] bis zu den Grenzwerten gedreht wurde und der Ball daraufhin in die Ecke gerollt ist.

Ordnen Sie nun im UNITY EDITOR das C#-Script dem Spielobjekt `Platte` zu, ziehen Sie die zwei Anzeigen für die Drehwinkel auf die zugehörigen Slots und starten Sie das Spiel. Der Ball fällt aufgrund der Schwerkraft auf die Platte. Sie können die Platte um die beiden Achsen drehen. Allerdings rollt der Ball noch nicht. Dazu mehr im nächsten Abschnitt.

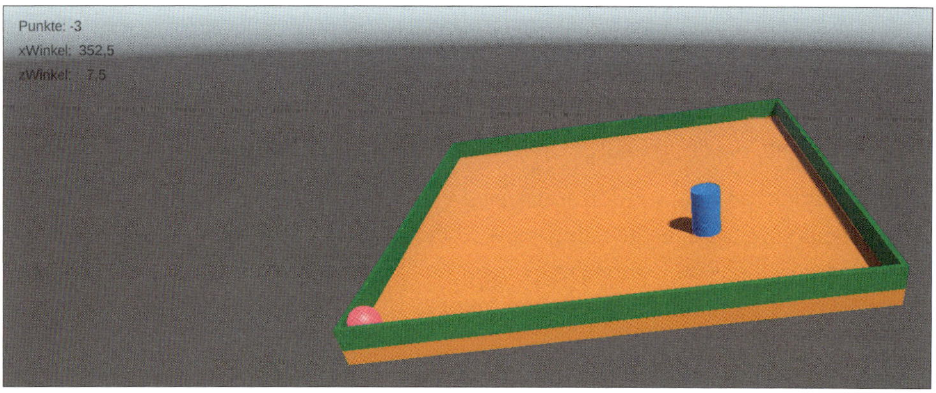

Abbildung 11.3 Die Platte wurde maximal gedreht.

11.3.2 Bewegen Sie den Ball und die Kamera

In diesem Abschnitt lösen Sie die beiden folgenden Probleme:

- Der Ball rollt nur, falls die Platte bei seinem Auftreffen bereits gedreht ist.
- Befindet sich der Ball an einem der Ränder, kann es passieren, dass der Ball in die Platte eindringt, falls der Benutzer die Platte schnell zurückkippt.

Dieses unerwünschte Verhalten werden wir mithilfe von C# verhindern. Außerdem wird die Kamera in Z-Richtung mit dem Ball bewegt.

Erstellen Sie dazu im Verzeichnis SCRIPTS ein Script-Asset vom Typ MONOBEHAVIOUR SCRIPT mit der Klasse `Spieler` in der Datei *Spieler.cs*.

Die Klasse sieht zunächst wie folgt aus:

```
using UnityEngine;
public class Spieler : MonoBehaviour
{
   public GameObject kamera;
   void Update()
   {
      kamera.transform.position = new Vector3(0, 4, transform.position.z - 10);
   }

   void OnCollisionStay(Collision coll)
   {
      if (coll.gameObject.CompareTag("Platte"))
      {
         transform.position = new Vector3 (transform.position.x,
            transform.position.y + 0.001f, transform.position.z);
      }
   }
}
```

Listing 11.2 Die Klasse »Spieler« – Ball und Kamera bewegen

Im UNITY EDITOR fügen Sie in der Liste TAGS & LAYERS der INSPECTOR VIEW drei neue Tags ein: `Platte`, `Gewinn` und `Rand`. Die beiden erstgenannten Tags weisen Sie den gleichnamigen Spielobjekten zu. Das Tag `Rand` weisen Sie hingegen allen vier Rändern zu.

Nun erzeugen Sie einen öffentlich zugänglichen Verweis auf die Kamera. In der Methode `Update()` wird die Z-Position der Kamera fortlaufend an die Z-Position des Spielers angepasst. Zu Beginn steht der Spieler bei der Z-Position 0 und die Kamera bei der Z-Position –10. Diese Distanz in Z-Richtung wird beibehalten.

Bei einem vollständigen Kollisionsvorgang können nacheinander drei Methoden aufgerufen werden: zu Beginn `OnCollisionEnter()`, im Verlauf `OnCollisionStay()` und am Ende `OnCollisionExit()`. Achten Sie auch auf die Namen der Methoden: Bei 2D-Projekten lautet der Name `OnCollisionEnter2D()`, bei 3D-Projekten `OnCollisionEnter()`.

Im vorliegenden Fall wird die Methode `OnCollisionStay()` genutzt, um die Y-Position des Balls bei einem eventuellen kurzzeitigen *Verbleib* in der Platte um ein kleines Stück zu erhöhen. Das reicht aus, um das Eindringen des Balls in die Platte zu verhindern und somit auch wieder das Rollen zu ermöglichen. Der Parameter hat den Typ `Collision` und stellt einen Verweis auf ein Objekt dar, das uns Daten zur Kollision liefern kann.

Ordnen Sie im Unity Editor das C#-Script dem Spielobjekt Spieler zu, ziehen Sie die Kamera auf den zugehörigen Slot und starten Sie das Spiel. Der Ball dringt nun nicht mehr in die Platte ein und rollt. Bei einer Bewegung in Z-Richtung bewegt sich die Kamera mit.

11.3.3 Ändern Sie die Punktzahl

Treffen Sie mit dem Ball den Gewinn, erhalten Sie einen Punkt. Nach einem solchen Treffer erscheint der Gewinn an einer anderen Stelle. Treffen Sie einen der Ränder, wird Ihnen ein Punkt abgezogen.

Ergänzen Sie die Klasse Spieler wie folgt:

```
using UnityEngine;
using TMPro;
public class Spieler : MonoBehaviour
{
   ...
   public GameObject gewinn;
   int punkte = 0;
   public TextMeshProUGUI punkteAnzeige;
   ...
   void OnTriggerEnter(Collider coll)
   {
      if (coll.gameObject.CompareTag("Gewinn"))
      {
         punkte++;
         punkteAnzeige.text = "Punkte: " + punkte;
         gewinn.SetActive (false);
         Invoke (nameof(NaechsterGewinn), 1);
      }
   }

   void NaechsterGewinn()
   {
      gewinn.SetActive(true);
      gewinn.transform.localPosition = new Vector3(
         Random.Range(-0.3f, 0.3f), 1.55f, Random.Range(-0.3f, 0.3f));
   }
```

```
    void OnCollisionEnter(Collision coll)
    {
        if (coll.gameObject.CompareTag("Rand"))
        {
            punkte--;
            punkteAnzeige.text = "Punkte: " + punkte;
        }
    }
    ...
}
```

Listing 11.3 Die Klasse »Spieler« – Punkte zählen

Eine Kollision des Balls mit dem Gewinn soll nur zum Punktezählen führen, nicht zu einer Richtungsänderung des Balls. Im CAPSULE COLLIDER des Gewinns wird daher die Markierung IS TRIGGER gesetzt. Eine Berührung führt nun zu der Ereignismethode `OnTriggerEnter()`. Achten Sie auch hier auf die Namen der Methoden: Bei 2D-Projekten lautet der Name `OnTriggerEnter2D()`, bei 3D-Projekten `OnTriggerEnter()`.

In der Klasse `Spieler` wird ein Punktezähler eingeführt und auf 0 gesetzt. Zudem werden zwei öffentlich zugängliche Verweise zum Gewinn und zur Punkte-Anzeige erzeugt.

In der Methode `OnTriggerEnter()` wird geprüft, ob die Kugel den Gewinn berührt hat. Ist das der Fall, wird die Punktzahl erhöht und neu angezeigt. Der Gewinn wird deaktiviert und nach einer Sekunde in der Methode `NaechsterGewinn()` wieder aktiviert. Seine relative Position auf der Platte wird über die Eigenschaft `localPosition` mithilfe von zufälligen X- und Z-Werten neu gesetzt.

Eine Kollision mit einem der Ränder führt zur Methode `OnCollisionEnter()` und zu einer Verringerung der Punktzahl.

Ziehen Sie nun den Gewinn und die Punkte-Anzeige auf die zugehörigen Slots und starten Sie das Spiel. Die Punkte-Anzeige ändert sich jetzt nach Berührungen des Gewinns und nach Kollisionen mit den Rändern.

11.3.4 Ideen für Erweiterungen

Einige Möglichkeiten für dieses Projekt:

- Ändern Sie die Größe und die rechteckige Form der Platte. Ändern Sie die Größe des Balls sowie die Anzahl und die Größe der Zylinder.

- Setzen Sie die Platte aus unterschiedlichen rechteckigen Einzelelementen zusammen, sodass sich eine große Ebene ergibt. Die Elemente werden alle gemeinsam auf einer Grundplatte angeordnet, jeweils mit relativen Transform-Werten. Die Pfeiltasten führen zu einer Drehung der Grundplatte und damit der gesamten Anordnung.
- Gehen Sie auf der Grundplatte in die dritte Dimension: Erstellen Sie mithilfe von unterschiedlichen, teilweise gedrehten 3D-Cubes Rampen, über die sich der Ball auf eine höhere Ebene bewegen lässt, und Stufen, über die der Ball auf eine niedrigere Ebene herunterfällt.
- Platzieren Sie eine bestimmte Anzahl von Zylindern an fest vorgegebenen Punkten und führen Sie eine Zeitmessung ein. Der Benutzer soll die Zylinder in einer vorgegebenen Reihenfolge in möglichst kurzer Zeit erreichen.
- Fügen Sie verschiedene Level und eine Highscore-Liste ein (siehe Kapitel 20).

Kapitel 12
Ein 3D-Tetris

In diesem Kapitel entwickeln Sie ein einfaches 3D-Tetris, das Sie auch in meinem Projekt *TomsCubeTris* finden. Spielen Sie es zunächst zum Kennenlernen selbst.

12.1 Führen Sie das Spiel aus

Starten Sie im Projektverzeichnis *TomsCubeTris/Builds* das ausführbare Programm *TomsCubeTris.exe* (siehe Abbildung 12.1).

Abbildung 12.1 Das Spiel »TomsCubeTris«

Im Projekt *TomsCubeTris* fallen nacheinander verschiedenfarbige Würfel herunter und landen auf der hellgrünen Platte. Aufgrund eines gewissen Luftwiderstands fallen sie langsam und sie können während des Falls mithilfe der vier Pfeiltasten nach links, rechts, vorn und hinten verschoben werden. Die Möglichkeiten für die Bewegungen sind allerdings begrenzt:

- Bei jedem Tastendruck geht es genau um eine Würfelbreite weiter.
- Ausgehend von der ursprünglichen Position in der Mitte können Sie die Würfel maximal um zwei Würfelbreiten in die verschiedenen Richtungen verschieben.

Auf diese Weise ergeben sich 5 × 5 = 25 mögliche Endpositionen auf der Platte. Ein Würfel kann auch auf einem anderen Würfel landen. Sobald ein Würfel gelandet ist, erscheint ein neuer Würfel, der mit leicht erhöhter Geschwindigkeit fällt. Damit wird die Positionierung der Würfel immer schwieriger. Sind alle 25 Positionen der untersten Ebene auf der Platte besetzt, verschwinden die betreffenden Würfel. Die Würfel der nächsthöheren Ebenen fallen anschließend um eine Ebene herunter.

So, dann versuchen Sie einmal, die Positionen der gelandeten Würfel und des fallenden Würfels aufeinander abzustimmen und möglichst viele Ebenen zu schaffen.

12.2 Bereiten Sie das Spiel vor

In diesem Abschnitt erstellen wir das Spielfeld und die Benutzeroberfläche. Für einen kleinen Trick setzen wir ein Würfel-Prefab ein.

12.2.1 Erzeugen Sie das Projekt und die Assets

Um das Spiel selbst zu entwickeln, legen Sie zunächst ein neues 3D-Projekt auf Basis des Templates UNIVERSAL 3D an, z. B. mit dem Namen *MeinCubeTris*. Der UNITY EDITOR öffnet sich mit dem neuen Projekt.

Das Spielobjekt `Main Camera` erhält zunächst die Position 1/1/–10 und die Rotation 0/0/0. Die Lichtquelle `Directional Light` verbleibt an der Position 0/3/0 und behält die Rotation 50/330/0.

Erstellen Sie in der PROJECT VIEW das Asset-Verzeichnis MATERIALS. Erstellen Sie in ihm die Oberflächenmaterialien `DunkelgruenMat`, `DunkelrotMat`, `GelbMat`, `HellblauMat`, `HellgruenMat` und `OrangeMat`. Sie erhalten für die Eigenschaft BASE MAP im Bereich SURFACE INPUTS die RGB-Werte 0/128/0, 255/0/128, 255/255/0, 0/128/255, 128/255/128 bzw. 255/128/0.

Legen Sie zudem die Asset-Verzeichnisse SCRIPTS und PREFABS an, in denen wir später die C#-Programme und die Prefabs ablegen.

12.2.2 Erzeugen Sie das Spielfeld und das UI

Erzeugen Sie insgesamt fünf einfache 3D-Objekte vom Typ *Cube* und geben Sie ihnen die Eigenschaften aus Tabelle 12.1.

Name	Material	Position	Scale
`Platte`	`HellgruenMat`	0/–3/0	7/0.001/7
`WandHinten`	`OrangeMat`	0/–2/3.5	7/2/0.5
`WandLinks`	`OrangeMat`	–3.7/–2/0.15	0.5/2/7.2
`WandRechts`	`OrangeMat`	3.7/–2/0.15	0.5/2/7.2
`Wuerfel`	`HellblauMat`	0/6/0	0.95/0.95/0.95

Tabelle 12.1 Spielobjekte

Da die Würfel per Code immer genau um den Wert 1 bewegt werden, verbleibt dank ihrer Größe von 0.95/0.95/0.95 ein kleiner Spalt zwischen den Würfeln. So bleiben sie zu den Seiten hin einzeln erkennbar. Gleichzeitig dient der Spalt als *Toleranz*: Sollte ein Würfel beim Erreichen seiner Endposition eventuell leicht verrutschen, kann er dennoch weitere fallende Würfel nicht behindern.

Stellen Sie in der SCENE VIEW die folgende Ansicht her: Die X-Achse weist nach rechts, die Y-Achse weist nach oben, die Z-Achse demzufolge nach hinten. Die Ansicht wird gedreht, damit wir später auf die Platte schauen wie in Abbildung 12.1. Richten Sie die GAME VIEW entsprechend aus (siehe dazu das Ende von Abschnitt 9.1.5).

Geben Sie dem Würfel eine RIGIDBODY-Komponente, bei der die Eigenschaft USE GRAVITY markiert bleibt. Die Eigenschaft LINEAR DAMPING zur Festlegung des Luftwiderstands erhält den Wert 4. Dieser Wert wird per Code für die später erscheinenden Würfel stetig verringert, sodass sie immer schneller fallen.

Setzen Sie Häkchen bei den Untereigenschaften **X**, **Y** und **Z** der Eigenschaft FREEZE ROTATION im Bereich CONSTRAINTS (siehe Abbildung 12.2). Das bewirkt, dass sich die Würfel um keine der drei Achsen drehen können: Sie sollen senkrecht fallen und anschließend genau aufeinanderliegen.

Erzeugen Sie eine Benutzeroberfläche mit dem Textfeld `PunkteAnzeige` innerhalb des Canvas `UI` mit den folgenden Werten:

- Ausgangspunkt für die Positionierung: `top/left`
- POS X/POS Y: 100/–40
- WIDTH/HEIGHT: 160/30
- TEXT INPUT: `Punkte: 0`

- Font Size: 18
- Vertex Color: RGB 0/0/0

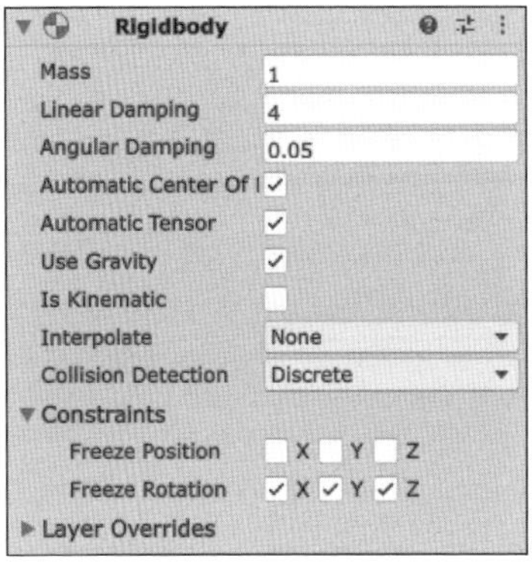

Abbildung 12.2 Die Eigenschaften »Linear Damping« und »Freeze Rotation«

12.2.3 Erstellen Sie das Würfel-Prefab

Kopieren Sie das Spielobjekt `Wuerfel`. Ziehen Sie die Kopie in das Verzeichnis Prefabs in der Project View und benennen Sie das erstellte Prefab in `WuerfelPrefab` um. Entfernen Sie die Kopie des Spielobjekts `Wuerfel` aus der Hierarchy View.

Das Würfel-Prefab nutzen wir für einen kleinen Trick: Sobald der fallende Würfel seine Endposition auf der Platte oder auf einem bereits gelandeten Würfel erreicht hat, wird er wieder auf die Startposition ganz oben gesetzt. Es fällt also immer derselbe Würfel herunter. Er wechselt nur sein Oberflächenmaterial.

An der Stelle, an der er gelandet ist, wird stattdessen eine Instanz des Würfel-Prefabs erzeugt, und zwar mit dem Material des zuvor gelandeten Würfels. Es findet also ein Austausch statt. So können die beiden Würfel-Typen leichter gehandhabt werden, denn

- es gibt das Spielobjekt, den fallenden Würfel, dem später noch weitere Fähigkeiten per Code hinzugefügt werden, und
- es gibt die gelandeten Würfel, die mithilfe einer sogenannten *generischen Liste* verwaltet werden (siehe Abschnitt 12.3.2).

12.3 Erstellen Sie den Spielablauf

Die fallenden Würfel müssen positioniert werden. Die liegenden Würfel werden mit einer generischen Liste verwaltet.

12.3.1 Bewegen Sie die Würfel

Die Würfel fallen aufgrund der Schwerkraft, die auf den Rigidbody einwirkt, in negativer Y-Richtung. Die kontrollierte Bewegung in X- und Z-Richtung findet in der Methode `Update()` statt. Im Verzeichnis SCRIPTS wird das Script-Asset vom Typ MONOBEHAVIOUR SCRIPT mit der Klasse `Wuerfel` in der Datei *Wuerfel.cs* erstellt. Die Klasse sollte zunächst wie folgt aussehen:

```
using UnityEngine;
public class Wuerfel : MonoBehaviour
{
   void Update()
   {
      float xNeu = transform.position.x;
      float zNeu = transform.position.z;

      if (Input.GetKeyDown (KeyCode.RightArrow))
      {
         xNeu++;
         if (xNeu > 2) xNeu = 2;
      }
      else if (Input.GetKeyDown (KeyCode.LeftArrow))
      {
         xNeu--;
         if (xNeu < -2) xNeu = -2;
      }

      if (Input.GetKeyDown (KeyCode.UpArrow))
      {
         zNeu++;
         if (zNeu > 2) zNeu = 2;
      }
      else if (Input.GetKeyDown (KeyCode.DownArrow))
      {
         zNeu--;
         if (zNeu < -2) zNeu = -2;
      }

      transform.position = new Vector3 (xNeu, transform.position.y, zNeu);
   }
}
```

Listing 12.1 Die Klasse »Wuerfel« – Bewegung der Würfel

Zunächst werden die alte X-Position und die alte Z-Position des Würfels gespeichert. Nach der Betätigung einer der Pfeiltasten wird dieser Wert um 1 erhöht oder verringert. Ein Überschreiten des Werts 2 oder ein Unterschreiten des Werts –2 wird verhindert. Auf diese Weise ergeben sich 5 × 5 = 25 mögliche Endpositionen auf der Platte. Die neu ermittelte Position wird dem Würfel zugewiesen.

Der Faktor `Time.deltaTime` wird im vorliegenden Projekt nicht benötigt, weil es nur einmalige Bewegungen auf eine neue Position und keine kontinuierlichen Änderungen in Abhängigkeit von der Geschwindigkeit des Bildaufbaus gibt.

Ordnen Sie im Unity Editor das C#-Script dem Spielobjekt `Wuerfel` zu, und starten Sie das Spiel. Sie können den fallenden Würfel bewegen. Zurzeit können Sie ihn auch noch nach einer Landung auf der Platte verschieben. Verdeutlichen Sie sich auf diese Weise einmal die 25 Endpositionen.

12.3.2 Eine »generische Liste«

Sobald ein Würfel gelandet ist, wird er mithilfe von C# mit einer Instanz des Würfel-Prefabs getauscht. Alle Instanzen des Würfel-Prefabs werden mit einer sogenannten *generischen Liste* verwaltet. Auf diese Weise

- kann geprüft werden, ob bereits 25 Würfel auf der Platte liegen, und
- die betreffenden Würfel können in diesem Fall zerstört werden.

Hinweis

Bei einer generischen Liste handelt es sich um ein vorgefertigtes Konstrukt aus der Gruppe der *generischen Datentypen*. Sie bietet mehr Möglichkeiten als ein einfaches Datenfeld.

Sie können auf die Elemente einer generischen Liste in einfacher Weise zugreifen, die zugehörigen Daten lesen oder verändern. Sie können weitere Elemente an beliebiger Stelle hinzufügen oder andere Elemente aus der Liste entfernen.

Das beschriebene Verhalten ist bereits vordefiniert, unabhängig vom Datentyp eines einzelnen Elements der Liste. Es kann sich also um eine Liste von `float`-Werten, von `int`-Werten, von Spielobjekten oder von anderen Objekten handeln.

Eine generische Liste bietet unter anderem folgende Methoden und Eigenschaften:

- `Add()` – zum Hinzufügen von Elementen am Ende der Liste
- `Contains()` – zum Prüfen der Liste auf bestimmte Inhalte

- `IndexOf()` – zum Ermitteln des Indexes, also der Position eines Elements in der Liste, für einen bestimmten Inhalt
- `Insert()` – zum Einfügen eines Elements an einer bestimmten Position in der Liste
- `RemoveAt()` – zum Entfernen eines Elements von einer bestimmten Position in der Liste
- `Remove()` – zum Entfernen eines Elements mit einem bestimmten Inhalt
- `Count` – zur Angabe der Anzahl der Elemente
- `[Index]` – zum Zugriff auf ein Element an einer bestimmten Position in der Liste (wie bei einem Datenfeld)

12.3.3 Fügen Sie Elemente zur Liste hinzu

In diesem Abschnitt legen Sie eine Liste von Würfeln an. Sobald das Spielobjekt `Wuerfel` gelandet ist, wird es mit einer neuen Instanz des Würfel-Prefabs getauscht. Ein Verweis auf diese Instanz wird zur Liste der Würfel hinzugefügt. Ergänzen Sie die Klasse `Wuerfel` dazu wie folgt:

```
using UnityEngine;
using System.Collections.Generic;
public class Wuerfel : MonoBehaviour
{
   public GameObject wuerfelPrefab;
   List<GameObject> wuerfelListe;
   Rigidbody rb;
   bool ende = false;
   public Material[] mat = new Material[4];

   void Start()
   {
      wuerfelListe = new List<GameObject>();
      rb = GetComponent<Rigidbody> ();
   }
   ...
   void Update()
   {
      if(ende) return;
      ...
   }
   ...
```

```
    void OnCollisionEnter(Collision coll)
    {
        Vector3 positionAlt = transform.position;
        if (positionAlt.y < 4)
        {
            Material materialAlt = GetComponent<MeshRenderer>().material;
            GetComponent<MeshRenderer>().material = mat[Random.Range(0,4)];

            transform.position = new Vector3 (0, 6, 0);
            rb.linearDamping *= 0.98f;

            Object objektVerweis = Instantiate
                (wuerfelPrefab, positionAlt, Quaternion.identity);
            GameObject spielObjektVerweis = (GameObject)objektVerweis;
            spielObjektVerweis.GetComponent<MeshRenderer>().material = materialAlt;
            wuerfelListe.Add (spielObjektVerweis);
        }
        else
            ende = true;
    }
}
```

Listing 12.2 Die Klasse »Wuerfel« – Liste anlegen und füllen

Um die generischen Datentypen nutzen zu können, müssen Sie in C# den Namensraum `System.Collections.Generic` einbinden. Zudem erstellen Sie einen öffentlich zugänglichen Verweis auf das Würfel-Prefab und ein öffentlich zugängliches Datenfeld für die vier verschiedenen Oberflächenmaterialien.

Mithilfe von `List<Datentyp> Verweisname` erzeugen Sie einen Verweis auf eine Liste von Verweisen auf Objekte eines bestimmten Datentyps. In diesem Fall handelt es sich um eine Liste von Verweisen auf `GameObject`-Objekte. In der Methode `Start()` wird mit `new List<Datentyp>()` eine neue leere Liste angelegt und dem Verweis zugeordnet.

Die RIGIDBODY-Komponente des Spielobjekts `Wuerfel` wird dem Verweis `rb` zugewiesen, der in der gesamten Klasse verfügbar ist. In der booleschen Variablen `ende` wird gespeichert, ob das Spiel zu Ende ist. Dank dieser Variablen wird in der Methode `Update()` verhindert, dass ein Würfel nach dem Ende des Spiels noch verschoben werden kann.

Bei einer Kollision des Spielobjekts `Wuerfel` wird zunächst seine Y-Position gespeichert. Ist die Y-Position größer oder gleich 4, ist der Würfel auf der obersten möglichen Ebene gelandet. In diesem Fall endet das Spiel, und die zugehörige boolesche Variable wird gesetzt.

Ist die Y-Position kleiner als 4, läuft das Spiel noch. Zunächst wird das Oberflächenmaterial des gelandeten Würfels gespeichert. Mithilfe eines Zufallsgenerators wird ihm ein neues Material zugewiesen. Anschließend kommt es zu einem Austausch des Spielobjekts `Wuerfel` mit dem Würfel-Prefab. Zunächst wird das Spielobjekt `Wuerfel` an die Startposition gesetzt, um anschließend erneut fallen zu können. Der Luftwiderstand wird über die Eigenschaft `linearDamping` um 2 % verringert, daher fällt das Spielobjekt `Wuerfel` jetzt schneller.

Mithilfe der Methode `Instantiate()` wird eine neue Instanz des Würfel-Prefabs an der alten Position des Spielobjekts `Wuerfel` erzeugt. Die Methode liefert einen Verweis auf ein Objekt des Basis-Datentyps `Object` zurück. Bisher haben wir diesen Rückgabewert nicht genutzt. Diesmal benötigen wir ihn zum Hinzufügen zur generischen Liste.

Zunächst muss der `Object`-Verweis mithilfe eines sogenannten *Casts* in einen `GameObject`-Verweis umgewandelt werden. Dabei wird der gewünschte Ziel-Datentyp in Klammern notiert. Aus dem `Object`-Verweis `objektVerweis` wird der `GameObject`-Verweis `spielObjektVerweis`. Dem Spielobjekt wird das Material des zuvor gelandeten Würfels zugewiesen.

Die Listenmethode `Add()` dient zum Hinzufügen von Elementen zu einer Liste. In Listing 12.2 wird der `GameObject`-Verweis der `GameObject`-Liste hinzugefügt. Auf diese Weise werden in der Liste die Verweise auf alle gelandeten Würfel gesammelt.

Die drei genannten Vorgänge könnten auch in einer einzigen Anweisung notiert werden, die allerdings unübersichtlich wird:

```
wuerfelListe.Add ((GameObject) Instantiate (
    wuerfelPrefab, positionAlt, Quaternion.identity));
```

Ziehen Sie im Unity Editor das Würfel-Prefab auf den zugehörigen Slot und die vier Oberflächenmaterialien auf die Slots des Datenfelds (siehe Abbildung 12.3).

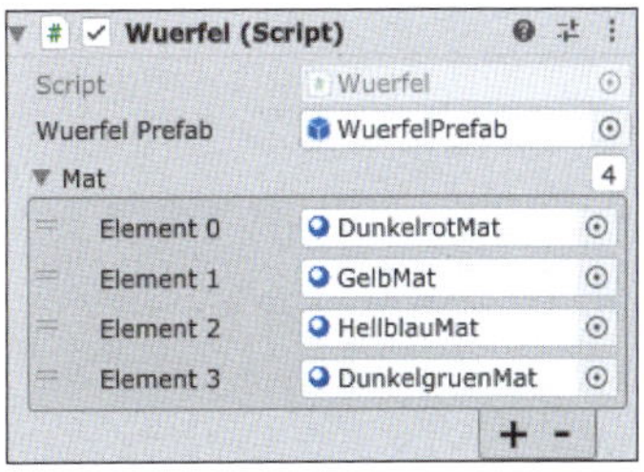

Abbildung 12.3 Slots für das Würfel-Prefab und die Materialien

Starten Sie das Spiel. Die Würfel landen nacheinander, der fallende Würfel wird immer schneller. Stapeln Sie einmal möglichst viele Würfel übereinander: Das Spiel endet, sobald ein Würfel auf der obersten Ebene gelandet ist.

Hinweis

Ein anderes Beispiel für einen *Cast*:

```
float x = 5.9f;
int y = (int) x;
```

Der Cast `(int)` wandelt den `float`-Wert 5.9 in der Variablen `x` in den `int`-Wert 5 um, der in der Variablen `y` gespeichert wird.

12.3.4 Entfernen Sie Elemente aus der Liste

Sobald 25 Würfel auf der Platte liegen, wird die unterste Ebene der Würfel entfernt, die darüberliegenden Würfel rutschen nach, und der Benutzer erhält einen Punkt. Erweitern Sie dazu die Klasse `Wuerfel` wie folgt:

```
using UnityEngine;
using TMPro;
using System.Collections.Generic;
public class Wuerfel : MonoBehaviour
{
    ...
    int punkte = 0;
    public TextMeshProUGUI punkteAnzeige;
    ...
    void OnCollisionEnter(Collision coll)
    {
        ...
        if (positionAlt.y < 4)
        {
            ...
            Pruefen ();
        }
        ...
    }

    void Pruefen()
```

```
    {
        int zaehler = 0;
        for (int k = 0; k < wuerfelListe.Count; k++)
            if (wuerfelListe[k].transform.position.y >= -2.75f &&
                    wuerfelListe[k].transform.position.y <= -2.35f)
                zaehler++;

        if (zaehler == 25)
        {
            punkte++;
            punkteAnzeige.text = "Punkte: " + punkte;

            for (int k = wuerfelListe.Count - 1; k >= 0; k--)
                if (wuerfelListe[k].transform.position.y >= -2.75f &&
                    wuerfelListe[k].transform.position.y <= -2.35f)
                {
                    Destroy (wuerfelListe [k]);
                    wuerfelListe.RemoveAt(k);
                }
        }
    }
}
```


Listing 12.3 Die Klasse »Wuerfel« – Elemente aus der Liste entfernen

In Listing 12.3 ist der Namensraum für die UI-Elemente hinzugekommen. Ein Punkte-Zähler wird eingeführt und auf 0 gesetzt. Zudem wird ein öffentlich zugänglicher Verweis auf die Punkte-Anzeige erzeugt.

Nachdem ein Würfel gelandet und der Austausch mit dem Würfel-Prefab vollzogen ist, wird die Methode `Pruefen()` aufgerufen.

In der Methode `Pruefen()` wird ein Würfel-Zähler eingeführt und auf 0 gesetzt. Eine `for`-Schleife dient zum Durchlaufen der gesamten Liste. In der Eigenschaft `Count` steht die Anzahl der Elemente. Dieser Wert wird zur Begrenzung der `for`-Schleife genutzt.

Der Teilausdruck `wuerfelListe[k]` liefert einen Verweis auf das `k`-te Element der Liste. Dessen Y-Position wird daraufhin geprüft, ob sie innerhalb eines gewissen Toleranzbereichs zwischen –2.35 und –2.75 liegt. Ist das der Fall, handelt es sich um einen Würfel, der auf der untersten Ebene, also auf der Platte, liegt, und der Zähler wird erhöht.

Liegt die Y-Position nicht im genannten Bereich, ist der Würfel auf einem bereits liegenden Würfel gelandet und wird nicht mitgezählt.

Wird beim Durchlaufen der gesamten Liste festgestellt, dass 25 Würfel auf der Platte liegen, ist eine Ebene vollständig gefüllt, und der Benutzer erhält einen Punkt. Die betreffenden 25 Würfel können als Spielobjekte zerstört und als Elemente aus der generischen Liste entfernt werden.

> **Hinweis**
> Um die Würfel aus der generischen Liste zu entfernen, sollten Sie eine abwärtslaufende `for`-Schleife nutzen. Sobald ein Element aus der Liste entfernt wird, rücken alle nachfolgenden Elemente um eine Position nach vorn. Würden Sie eine aufwärtslaufende Schleife zum Entfernen nutzen, würde nach jedem Entfernen eines Elements ein anderes Element bei der Prüfung übersprungen werden.

Mithilfe der *abwärtslaufenden* `for`*-Schleife* wird die Liste rückwärts durchlaufen, d. h. vom letzten bis zum ersten Element. Diese Schleife besteht aus drei Bestandteilen:

- aus dem *Startausdruck*: In ihm wird mithilfe der Eigenschaft `Count` die Position des letzten Elements der Liste ermittelt.
- aus der *Laufbedingung*: Solange `k` einen Wert hat, der größer oder gleich 0 ist, läuft die Schleife, also einschließlich bis zum ersten Element der Liste.
- aus der *Änderung der Schleifenvariablen*: Sie wird mithilfe von `k--` vorgenommen. (`k--` ist eine Abkürzung für die Anweisung `k = k - 1`).

Innerhalb der Schleife wird wiederum geprüft, ob der Würfel auf der Platte liegt. Ist das der Fall, wird das Spielobjekt mithilfe der Methode `Destroy()` zerstört und damit aus dem Spiel genommen. Außerdem wird das betreffende Element der Liste mit der Listenmethode `RemoveAt()` aus der Liste entfernt.

Nach dem Durchlaufen der Schleife gibt es nur noch diejenigen Elemente in der Liste, die auf Würfel verweisen, die noch nicht auf der Platte liegen.

Ziehen Sie im UNITY EDITOR die Punkte-Anzeige auf den zugehörigen Slot und starten Sie das fertige Spiel. Versuchen Sie, die unterste Ebene mit 25 Würfeln zu füllen, und beachten Sie die Punkte-Anzeige.

12.3.5 Eine kleine Übung

Ich habe dem Projekt *TomsCubeTris* einige Audio-Signale hinzugefügt. Die Audio-Dateien für den Asset-Import finden Sie im Verzeichnis *Freie Assets/TomsCubeTris*. Erweitern Sie Ihr Projekt bei den folgenden Ereignissen:

- beim Verschieben eines fallenden Würfels
- wenn ein Würfel auf einem Würfel oder auf der Ebene landet
- wenn eine Ebene entfernt wird
- beim Ende des Spiels

12.3.6 Ideen für Erweiterungen

Einige Möglichkeiten für dieses Projekt:

- Ändern Sie die möglichen Endpositionen für die Würfel. Es sollen z. B. 4 × 8 statt 5 × 5 Würfel platziert werden. Dazu passend müssen die Steuerungsmöglichkeiten und die Größe der Bodenplatte geändert werden.
- Führen Sie weitere Oberflächenmaterialien für die Würfel ein. Das Material der einzelnen fallenden Würfel wird jeweils zufällig aus diesen Materialien gewählt. Hat eine bestimmte Anzahl von nebeneinanderliegenden Würfeln dasselbe Material, werden diese entfernt.
- Fügen Sie verschiedene Level und eine Highscore-Liste ein (siehe Kapitel 20).

Kapitel 13
Ein Kopfrechentrainer als 3D-Projekt

Sie entwickeln den Kopfrechentrainer *TomsCalc* als 3D-Projekt. Er stellt dem Benutzer Aufgaben, die der Benutzer innerhalb einer begrenzten Zeit lösen soll. Gleichzeitig muss der Benutzer eine fallende Kugel bewegen, damit sie auf der richtigen Plattform landet.

13.1 Führen Sie das Training aus

Starten Sie das ausführbare Programm *TomsCalc.exe* im Projektverzeichnis *TomsCalc/ Builds* (siehe Abbildung 13.1).

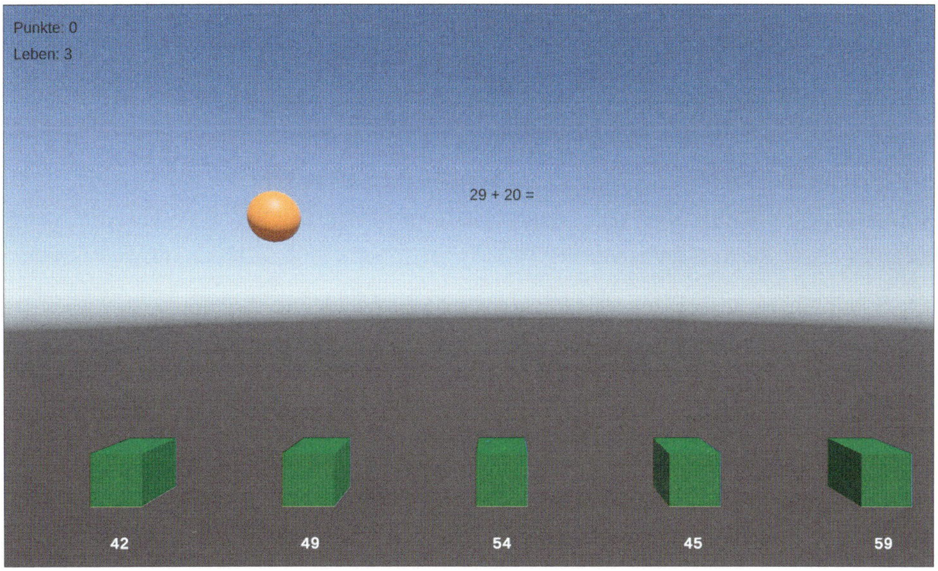

Abbildung 13.1 Das Projekt »TomsCalc«

In der Mitte des Bildschirms steht eine Rechenaufgabe, z. B. 15 + 22. Eine orangefarbene Kugel fällt von oben herunter und kann vom Benutzer nach links oder rechts gelenkt werden. Die Kugel soll möglichst auf derjenigen dunkelgrünen Plattform landen, unter der die richtige Lösung steht. Die Ermittlung der Aufgaben und der falschen Lösungen sowie die Verteilung aller Lösungsmöglichkeiten auf die Plattformen lassen wir unter anderem von einem Zufallsgenerator erledigen.

Landet die Kugel auf der Plattform mit der richtigen Lösung, erhält der Benutzer einen Punkt. Er soll eine möglichst hohe Punktzahl erreichen.

Landet die Kugel auf einer der Plattformen mit der falschen Lösung oder zwischen zwei Plattformen, verliert der Benutzer ein Leben. Ihm stehen insgesamt drei Leben zur Verfügung. Nach Verlust des letzten Lebens hat er verloren.

Nachdem die Kugel auf oder neben einer Plattform gelandet ist, wird nach einer kurzen Pause eine neue Aufgabe gestellt. Die Kugel wird nach oben gesetzt und fällt wieder herunter, diesmal etwas schneller.

So, dann versuchen Sie es einmal selbst.

13.2 Bereiten Sie das Training vor

Legen Sie mit dem Template UNIVERSAL 3D ein neues 3D-Projekt an, z. B. mit dem Namen *MeinCalc*. Das Spielobjekt `Main Camera` erhält die Position 0/3.5/–10 und die Rotation 0/0/0. Die Lichtquelle `Directional Light` verbleibt an der Position 0/3/0 und behält die Rotation 50/330/0.

Erstellen Sie in der PROJECT VIEW das Asset-Verzeichnis MATERIALS. Erzeugen Sie darin die Oberflächenmaterialien `DunkelgruenMat` und `OrangeMat` mit den RGB-Werten 0/128/0 bzw. 255/128/0 für die Eigenschaft BASE MAP im Bereich SURFACE INPUTS.

Das Spielobjekt `Kugel` ist ein 3D-Objekt vom Typ *Sphere*. Ordnen Sie dieser Kugel das Oberflächenmaterial `OrangeMat` und eine RIGIDBODY-Komponente zu. Entfernen Sie außerdem die Markierung bei USE GRAVITY.

Die fünf Spielobjekte `Plattform0` bis `Plattform4` sind 3D-Objekte vom Typ *Cube*. Ihnen weisen Sie das Oberflächenmaterial `DunkelgruenMat` zu. Die Spielobjekte haben einen Scale von 1/1/1. Ihre Positionen liegen bei Y = 0 und Z = 0. Die X-Werte gehen von –7.5 über –3.75, 0, 3.75 bis 7.5. Damit sind sie von links nach rechts angeordnet und gleich weit voneinander entfernt.

In Tabelle 13.1 sehen Sie die Namen und Einstellwerte für die insgesamt neun Textanzeigen auf der Benutzeroberfläche. Gemeinsam sind ihnen die Schriftgröße 24 und die Standardwerte für WIDTH und HEIGHT (160/30). Nur die Kommentaranzeige ist größer

(WIDTH: 400). Die fünf Lösungsanzeigen haben die Schriftfarbe Weiß (VERTEX COLOR: RGB 255/255/255) und den Schriftstil BOLD. Die restlichen Textanzeigen haben die Schriftfarbe Schwarz (VERTEX COLOR: RGB 0/0/0) und einen normalen Schriftstil. Die Anzeigen sind horizontal und vertikal zentriert ausgerichtet außer bei den Textelementen `PunkteAnzeige` und `LebenAnzeige`, die standardmäßig horizontal linksbündig und vertikal oben ausgerichtet sind.

Name	Ausgangspunkt für die Positionierung	Pos X/Pos Y	Text
AufgabeAnzeige	middle/center	0/150	Aufgabe
LoesungAnzeige0	bottom/center	–600/65	Lösung0
LoesungAnzeige1	bottom/center	–300/65	Lösung1
LoesungAnzeige2	bottom/center	0/65	Lösung2
LoesungAnzeige3	bottom/center	300/65	Lösung3
LoesungAnzeige4	bottom/center	600/65	Lösung4
KommentarAnzeige	middle/center	0/0	Kommentar
PunkteAnzeige	top/left	100/–40	Punkte: 0
LebenAnzeige	top/left	100/–80	Leben: 3

Tabelle 13.1 Textelemente der Benutzeroberfläche

Die Lösungsanzeigen sind ebenfalls von links nach rechts angeordnet und gleich weit voneinander entfernt. Nach dem Start des Trainings sehen Sie, dass sie jeweils unter der zugehörigen Plattform positioniert sind.

13.3 Erstellen Sie den Trainingsablauf

Ordnen Sie die Aufgabe, die richtige Lösung und die falschen Lösungen an. Sorgen Sie dafür, dass die Endposition der Kugel bewertet wird.

13.3.1 Erzeugen Sie die Aufgabe und die Lösungen

Erstellen Sie das Asset-Verzeichnis SCRIPTS und darin das Script-Asset vom Typ MONOBEHAVIOUR SCRIPT mit dem Namen `Kugel`.

Die Klasse Kugel sieht zunächst wie folgt aus:

```
using UnityEngine;
public class Kugel : MonoBehaviour
{
   readonly int[] loesung = new int[5];
   void Start()
   {
      AufgabeStellen ();
   }

   void AufgabeStellen()
   {
      // Aufgabe und richtige Lösung
      int a = Random.Range (10, 31);
      int b = Random.Range (10, 31);
      loesung [0] = a + b;

      // Erste falsche Lösung, +/- 10
      int zz = Random.Range (1, 3);
      if (zz == 1)
         loesung [1] = loesung [0] + 10;
      else
         loesung [1] = loesung [0] - 10;

      // Drei weitere falsche Lösungen
      for (int i = 2; i < 5; i++)
      {
         bool vorhanden;
         do
         {
            loesung [i] = loesung [0] + Random.Range (-10, 10);
            vorhanden = false;
            for (int k = 0; k < i; k++)
               if (loesung [k] == loesung [i])
               {
                  vorhanden = true;
                  break;
               }
         }
         while(vorhanden);
```

```
        }

        // Kontrollausgabe
        string ausgabe = "Aufgabe: " + a + "+" + b + ", Lösungen: ";
        for (int i = 0; i < 5; i++)
           ausgabe += loesung[i] + " ";
        Debug.Log (ausgabe);
    }
}
```

Listing 13.1 Die Klasse »Kugel« – Aufgabe und Lösungen

Im eindimensionalen Datenfeld `loesung` sollen alle Lösungen gespeichert werden. Das Stellen von Aufgaben soll mehrmals erfolgen, und zwar zu Beginn des Programms beim Erscheinen der ersten Kugel und nach dem Erscheinen aller folgenden Kugeln. Daher wird dies in die Methode `AufgabeStellen()` ausgelagert.

Innerhalb der Methode `AufgabeStellen()` werden zunächst die beiden zufälligen Werte zwischen 10 und 30 ermittelt, deren Summe im Kopf berechnet werden soll. Die richtige Lösung wird in `loesung[0]` gespeichert, dem ersten Element des Datenfelds.

Wiederum per Zufallsgenerator wird entschieden, ob die erste falsche Lösung von der richtigen Lösung um +10 oder um –10 abweicht. Sie wird im nächsten Element des Datenfelds gespeichert, also in `loesung[1]`. Damit steht eine falsche Lösung zur Wahl, die dieselbe Einerstelle wie die richtige Lösung hat. Der Benutzer soll nämlich nicht schon dadurch auf das richtige Ergebnis kommen, dass er die Einerstellen der beiden Werte summiert.

Dann werden drei weitere falsche Lösungen erzeugt, ebenfalls per Zufallsgenerator. Ihre Werte weichen maximal um den Wert 10 von der richtigen Lösung ab, damit der Benutzer nicht einfach durch eine Schätzung zum Ziel kommt. Sie müssen auch dafür sorgen, dass keine der fünf Lösungen doppelt vorkommt. Die richtige Lösung darf deswegen nicht doppelt vorkommen, weil der Benutzer in diesem Fall nicht eindeutig die richtige Plattform auswählen könnte. Eine falsche Lösung darf auch nicht doppelt vorkommen, weil der Benutzer in diesem Fall beide Lösungen sofort ausschließen könnte.

Zum Ablauf: Mithilfe einer äußeren `for`-Schleife werden die drei weiteren falschen Lösungen für die Datenfeld-Elemente `loesung[2]`, `loesung[3]` und `loesung[4]` ermittelt. Für jedes dieser Elemente wird eine `do-while`-Schleife durchlaufen. Innerhalb einer inneren `for`-Schleife wird das Element mit allen Elementen verglichen, die vor ihm im Datenfeld stehen. Ist es bereits vorhanden, wird die `for`-Schleife abgebrochen und die `do-while`-Schleife erneut durchlaufen.

Zur Kontrolle werden die beiden Werte der Aufgabenstellung und die Werte des Lösungsfelds in der Statuszeile ausgegeben (siehe Abbildung 13.2). Die Kontrollausgabe wird nach dem nächsten Abschnitt wieder entfernt.

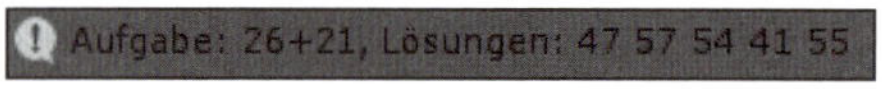

Abbildung 13.2 Aufgabe und angebotene Lösungen

Ziehen Sie im UNITY EDITOR das Script-Asset `Kugel` auf das Spielobjekt `Kugel`. Starten Sie das Programm mehrmals nacheinander und prüfen Sie die fünf Werte. Sie sollen sich voneinander unterscheiden und den oben genannten Bedingungen genügen.

13.3.2 Mischen Sie die Lösungen

Die fünf Lösungen sollen gemischt und unter den Plattformen angezeigt werden. Ändern Sie dazu die Klasse `Kugel` wie folgt:

```
using UnityEngine;
using TMPro;
public class Kugel : MonoBehaviour
{
   ...
   public TextMeshProUGUI aufgabeAnzeige;
   public TextMeshProUGUI kommentarAnzeige;
   public TextMeshProUGUI[] loesungAnzeige = new TextMeshProUGUI[5];
   readonly int[] posIndex = new int[5];
   ...
   void AufgabeStellen()
   {
      ...
      aufgabeAnzeige.text = a + " + " + b + " =";
      kommentarAnzeige.text = "";
      ...
      // Anfangspositionen der Lösungen festlegen
      for (int i = 0; i < 5; i++)
         posIndex [i] = i;

      // Positionen der Lösungen mischen
      for (int i = 0; i < 20; i++)
      {
         a = Random.Range (0, 5);
```

```
            b = Random.Range (0, 5);
            int temp = posIndex [a];
            posIndex [a] = posIndex [b];
            posIndex [b] = temp;
        }

        // Lösungen an gemischten Positionen anzeigen
        for (int i = 0; i < 5; i++)
            loesungAnzeige[posIndex[i]].text = "" + loesung[i];
    }
}
```

Listing 13.2 Die Klasse »Kugel« – Lösungen mischen und anzeigen

In Listing 13.2 werden öffentlich zugängliche Verweise auf die Anzeige der Aufgabe, des Kommentars und der fünf Lösungen eingerichtet. Die Verweise für die fünf Lösungsanzeigen werden in einem Datenfeld zusammengefasst.

Dann wird ein weiteres Datenfeld mit dem Namen `posIndex` erstellt, in dem die Positionen der fünf Lösungen auf den Plattformen gespeichert werden, die sich nach dem Mischen ergeben. Das Datenfeld dient zum Anzeigen der Lösungen. Außerdem möchten wir wissen, auf welcher Plattform der Wert von `loesung[0]`, also der richtigen Lösung, steht.

In der Methode `AufgabeStellen()` wird die Aufgabe nach ihrer Ermittlung angezeigt. Der Kommentar verschwindet.

In einer ersten `for`-Schleife mit fünf Durchläufen werden die Positionen zunächst der Reihe nach zugewiesen. Das Datenfeld `posIndex` enthält anschließend die folgenden Werte: 0, 1, 2, 3, 4. Das bedeutet: Lösung 0 steht auf Plattform 0, Lösung 1 steht auf Plattform 1 usw.

Die `for`-Schleife mit 20 Durchläufen dient zum Mischen der Positionsangaben. Bei jedem Durchlauf werden die Werte von zwei zufällig ermittelten Feldelementen mithilfe eines *Ringtauschs* getauscht.

Hinweis

Bei einem Ringtausch wird der Wert einer Variablen (oder hier eines Feldelements) in einer Hilfsvariablen zwischengespeichert. Diese Variable erhält den Wert einer zweiten Variablen. Die zweite Variable erhält dann den zwischengespeicherten Wert aus der Hilfsvariablen.

Das Datenfeld posIndex enthält nach dem zufälligen Tauschen z. B. die folgenden Werte, der Reihe nach: 2, 4, 3, 0, 1. Das bedeutet: Lösung 0 steht nun auf Plattform 2, Lösung 1 steht nun auf Plattform 4, Lösung 2 steht nun auf Plattform 3 usw.

In einer weiteren for-Schleife mit fünf Durchläufen werden die Lösungen in den jeweiligen Textelementen angezeigt. Damit kann die Kontrollausgabe aus dem letzten Abschnitt entfallen.

Hinweis

Die Programmiersprache C# bietet mithilfe eines sogenannten *Tupels* eine weitere Möglichkeit für einen Ringtausch. Mit einem Tupel können Sie thematisch zusammenhängende Daten gleichen oder unterschiedlichen Typs in einer Datenstruktur zusammenfassen.

Ein Ringtausch lässt sich dann in einer einzigen Anweisung durchführen. Es wird keine zusätzliche Hilfsvariable benötigt. Zwei Werte in den beiden Variablen x und y würden mithilfe von Tupeln wie folgt getauscht werden:

```
(x, y) = (y, x)
```

Im vorliegenden Programm sähe die Anweisung wie folgt aus:

```
(posIndex[b], posIndex[a]) = (posIndex[a], posIndex[b]);
```

Ziehen Sie im Unity Editor die sieben Textelemente auf die zugehörigen Slots der Klasse Kugel. Starten Sie das Programm mehrmals nacheinander. Die Aufgabe wird jeweils angezeigt. Prüfen Sie die Plattform-Positionen der richtigen Lösung und der ersten falschen Lösung. Sie sollten erkennbar zufällig sein.

13.3.3 Sammeln Sie Punkte

Der Benutzer soll die Kugel zur richtigen Plattform leiten können. Wenn die Kugel die Plattform mit der richtigen Lösung trifft, gewinnt er einen Punkt hinzu. Dann fällt die Kugel erneut herunter, diesmal schneller. Ändern Sie die Klasse Kugel wie folgt:

```
public class Kugel : MonoBehaviour
{
   ...
   readonly float eingabeFaktor = 5;
   float yStrecke = -2;
   int punkte = 0;
   public TextMeshProUGUI punkteAnzeige;
   bool bewegtSich = false;
```

```
    ...

    void AufgabeStellen()
    {
        ...
        // Kugel startet oben
        transform.position = new Vector3 (Random.Range(-7.5f, 7.5f), 12, 0);
        bewegtSich = true;
    }

    void Update()
    {
        if (bewegtSich)
            transform.Translate (Input.GetAxis ("Horizontal") *
                eingabeFaktor * Time.deltaTime, yStrecke * Time.deltaTime, 0);
    }

    void OnCollisionEnter(Collision coll)
    {
        // Nummer der Plattform ermitteln
        int plattformNummer = System.Convert.ToInt32(
            coll.gameObject.name.Substring (9, 1));

        // Richtige Lösung
        if (plattformNummer == posIndex [0])
        {
            bewegtSich = false;
            yStrecke *= 1.05f;
            kommentarAnzeige.text = "Richtige Lösung";
            punkte++;
            punkteAnzeige.text = "Punkte: " + punkte;
            Invoke (nameof(AufgabeStellen), 1.5f);
        }
    }
}
```

Listing 13.3 Die Klasse »Kugel« – Punkte sammeln

Der Eingabefaktor wird zum Bewegen der Kugel genutzt. In der Variablen `yStrecke` wird die Strecke in Y-Richtung festgelegt, die die Kugel bei jedem Aufruf von `Update()` zurücklegt. Die Variable bestimmt also die Fallgeschwindigkeit und wird per Code verändert.

Zudem gibt es eine Variable für die Punktzahl und einen öffentlich zugänglichen Verweis für die zugehörige Anzeige. Die boolesche Variable `bewegtSich` wird im Verlauf des Programms eingeschaltet bzw. ausgeschaltet, um den jeweiligen Zustand der Kugel zu verdeutlichen.

In der Methode `AufgabeStellen()` wird die Kugel mithilfe des Zufallsgenerators an einer Stelle oberhalb des Bildschirms platziert, sodass sie von oben in den sichtbaren Bereich hineinfällt. Die Variable `bewegtSich` wird eingeschaltet.

Ist `bewegtSich` eingeschaltet, wird die Kugel in der Methode `Update()` durch die Betätigung der Tasten für die horizontale Bewegung nach links oder rechts verschoben. Gleichzeitig bewegt sie sich mit der aktuellen Fallgeschwindigkeit kontinuierlich nach unten.

Bei einer Kollision muss zunächst die Nummer der Plattform ermittelt werden. Die Methode `Substring()` kennen Sie bereits aus Abschnitt 7.3.4. Sie liefert uns in diesem Fall die Teilzeichenkette, in der die Nummer steht. Diese wird mithilfe der Methode `ToInt32()` der Klasse `Convert` aus dem Namensraum `System` in einen `int`-Wert umgewandelt.

Der Namensraum `System` kann nicht für das gesamte Programm per `using` eingebunden werden, da es ansonsten einen Konflikt zwischen der Klasse `Random` aus dem Namensraum `System` und der Klasse `Random` aus dem Namensraum `UnityEngine` geben würde.

Handelt es sich um die richtige Plattform, wird `bewegtSich` ausgeschaltet; außerdem wird die Fallgeschwindigkeit um 5 % erhöht. Der Kommentar `Richtige Lösung` wird angezeigt. Die Punktzahl wird erhöht und ebenfalls angezeigt. Kurz danach wird die nächste Aufgabe gestellt.

Ziehen Sie im Unity Editor die Punkte-Anzeige auf den zugehörigen Slot der Klasse `Kugel`. Starten Sie das Programm, lenken Sie die Kugel auf die richtige Plattform und beachten Sie den Punktestand.

13.3.4 Verlieren Sie Leben

Verfehlen Sie die richtige Plattform, ist das Training im aktuellen Zustand bereits beendet. Das möchten wir ändern. Der Benutzer soll nur ein Leben verlieren, und erst nach dem Verlust seines dritten Lebens soll das gesamte Training enden. Ändern Sie dafür die Klasse `Kugel` wie folgt:

```
public class Kugel : MonoBehaviour
{
    ...
```

```
    int leben = 3;
    public TextMeshProUGUI lebenAnzeige;
    ...
    void Update()
    {
        if (bewegtSich)
        {
            ...
            // Falls Kugel zwischen den Plattformen
            if (transform.position.y < 0)
                Fehler ("Kein Treffer");
        }
    }

    void OnCollisionEnter(Collision coll)
    {
        ...
        if (plattformNummer == posIndex [0])
        ...
        else
            Fehler ("Falsche Lösung");
    }

    void Fehler(string text)
    {
        leben--;
        lebenAnzeige.text = "Leben: " + leben;
        bewegtSich = false;

        if (leben > 0)
        {
            yStrecke *= 1.05f;
            kommentarAnzeige.text = text + ", nur noch " + leben + " Leben";
            Invoke (nameof(AufgabeStellen), 1.5f);
        }
        else
            kommentarAnzeige.text = "Das war Ihr letztes Leben";
    }
}
```

Listing 13.4 Die Klasse »Kugel« – Leben verlieren

Es gibt eine Variable für die Anzahl der Leben und einen öffentlich zugänglichen Verweis für die zugehörige Anzeige.

In der Methode `Update()` wird geprüft, ob die Kugel zwischen die Plattformen gefallen ist. In diesem Fall wird die Methode `Fehler()` mit einem passenden Text aufgerufen. Nach einer Kollision mit einer der falschen Plattformen wird ebenfalls die Methode `Fehler()` aufgerufen.

Innerhalb der Methode `Fehler()` wird die Anzahl der Leben verringert und angezeigt. Die Variable `bewegtSich` wird ausgeschaltet, damit die Kugel nicht weiter fallen kann und keine weiteren Leben verloren werden.

Sollten noch weitere Leben zur Verfügung stehen, wird die Fallgeschwindigkeit um 5 % erhöht. Der Kommentar mit dem passenden Text und der verbleibenden Anzahl von Leben wird angezeigt. Nach einer kurzen Pause wird die nächste Aufgabe gestellt.

Nach dem Verlust des letzten Lebens passiert nichts mehr: Es wird keine weitere Aufgabe gestellt, und die Kugel gelangt nicht mehr nach oben.

Ziehen Sie im Unity Editor die Anzeige für die Anzahl der Leben auf den zugehörigen Slot der Klasse `Kugel`. Starten Sie das Programm und testen Sie die drei Möglichkeiten: das Erreichen der richtigen Plattform, das Erreichen einer falschen Plattform und das Fallen zwischen zwei Plattformen.

Hinweis

Man könnte die Kugel auch einfach aufgrund der Schwerkraft fallen lassen. Die Änderung der Fallgeschwindigkeit ließe sich über die Eigenschaft Linear Damping einstellen, die dem Luftwiderstand entspricht. Zu Beginn hätte Linear Damping einen hohen Wert, der nach und nach verringert würde.

Allerdings zeigt die kontinuierliche horizontale Bewegung bei hohem Luftwiderstand einen Nebeneffekt: Die Kugel wird gelegentlich auch vertikal beschleunigt. Daher ist diese Lösung nicht so geeignet wie die vorliegende Lösung mit einer kontrollierten horizontalen und vertikalen Bewegung.

13.3.5 Ideen für Erweiterungen

Einige Möglichkeiten für dieses Projekt:

- Ändern Sie die Rechnungsart: Wählen Sie Aufgaben zur Subtraktion, zur Multiplikation, zur Division und zur Modulo-Berechnung aus. Mischen Sie die Rechnungsarten zufällig. Ändern Sie die Bereiche, aus denen die zufälligen Zahlen gewählt werden.

- Sorgen Sie bei einer Divisionsaufgabe für ganzzahlige Ergebnisse: Erstellen Sie zunächst eine Multiplikationsaufgabe und tauschen Sie anschließend zwei der beteiligten Werte miteinander. Ein Beispiel: Aus der Aufgabe 5 * 8 = 40 wird die Aufgabe 40 / 8 = 5.
- Geben Sie dem Benutzer die Möglichkeit, die Rechnungsarten und die Zahlenbereiche zu Beginn des Trainings selbst einzustellen.
- Fügen Sie Audio-Signale zu den verschiedenen Ereignissen hinzu.
- Fügen Sie verschiedene Level und eine Highscore-Liste ein (siehe Kapitel 20).

Kapitel 14
Golf spielen auf einem 3D-Terrain

In diesem Kapitel entwickeln Sie ein einfaches Golfspiel auf einem Unity-Terrain. Es soll *TomsTerrainGolf* heißen. Spielen Sie es zunächst selbst, um es kennenzulernen.

14.1 Führen Sie das Spiel aus

Starten Sie das ausführbare Programm *TomsTerrainGolf.exe* im Projektverzeichnis *TomsTerrainGolf/Builds* (siehe Abbildung 14.1.)

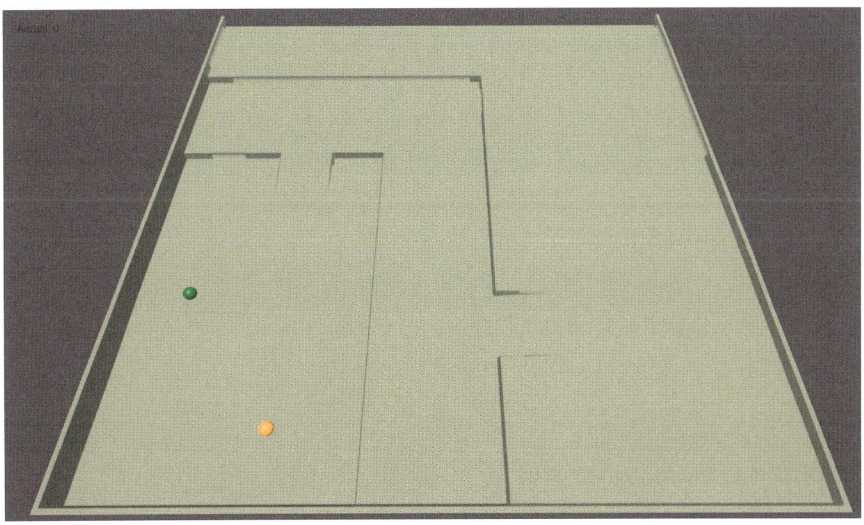

Abbildung 14.1 Das Spiel »TomsTerrainGolf«

Sie sehen ein Unity-Element vom Typ *Terrain* vor sich. Terrains dienen allgemein zur Gestaltung von Landschaften. Hier wird damit ein Abschnitt eines Golfplatzes erstellt, der sich über drei Ebenen in unterschiedlicher Höhe erstreckt. Die Ebenen sind durch Rampen miteinander verbunden, zudem gibt es eine äußere Begrenzung.

Die Aufgabe des Spielers ist es, den orangefarbenen Spielball mithilfe der Maus zu schlagen und damit den dunkelgrünen Ball, also das Ziel, zu treffen. Sobald das Ziel getroffen wird, erscheint es an einer anderen vorbestimmten Stelle, an der es der Spieler wiederum treffen soll. Das Ziel erscheint mehrmals nacheinander. Auf diese Weise muss der Spielball vom Startpunkt über die beiden Rampen zum endgültigen Zielpunkt geschlagen werden, der in der hinteren linken Ecke auf der obersten Ebene des Terrains liegt.

Die Anzahl der Schläge wird oben links angezeigt. Sie sollte beim Erreichen des endgültigen Zielpunkts möglichst gering sein.

Der Spieler schlägt den Spielball mithilfe der Maus. Dazu drückt er die linke Maustaste an einem beliebigen Punkt A herunter und hält sie gedrückt. Anschließend lässt er die Maustaste an einem beliebigen Punkt B wieder los. Die Entfernung und die Richtung von Punkt A zu Punkt B bestimmen die Stärke und die Richtung des Schlags. Kurz gesagt: Mithilfe der Maus wird ein *Schlagvektor* ermittelt.

Bei den Schlägen sind die folgenden drei Punkte zu beachten:

- Der Spielball kann nach einem Schlag erst wieder geschlagen werden, wenn er sich nicht mehr bewegt oder zumindest sehr langsam geworden ist.
- Es kann passieren, dass der Spielball durch einen zu starken Schlag – besonders mithilfe der Rampen – in eine zu große Höhe oder ganz aus dem Spielfeld geschlagen wird.
- Sie schauen von schräg oben auf das Spielfeld. Daher kann es – in Abhängigkeit von der Position des Spielballs – durch die perspektivische Verzerrung kleine Abweichungen zwischen dem gesetzten Schlagvektor auf dem Bildschirm und der tatsächlichen Bewegung auf dem Spielfeld geben.

So, dann machen Sie sich einmal mit dem Terrain und der Schlagtechnik vertraut. Versuchen Sie, mit möglichst wenigen Schlägen zum endgültigen Ziel zu gelangen. Ich empfehle Ihnen, zunächst einmal mit kurzen Schlägen zu beginnen.

14.2 Bereiten Sie das Spiel vor

Gestalten Sie die Höhen und Tiefen der Landschaft sowohl mithilfe einer Textur als auch per Code. Die Bewegung des Spielballs hängt von einem physischen Material ab.

14.2.1 Erzeugen Sie das Projekt und die Landschaft

Um dieses Spiel selbst zu entwickeln, legen Sie zunächst mithilfe des Templates UNIVERSAL 3D ein neues 3D-Projekt an, z. B. mit dem Namen *MeinTerrainGolf*. Der UNITY EDITOR öffnet sich mit dem neuen Projekt.

Erzeugen Sie mit GAMEOBJECT • 3D OBJECT • TERRAIN ein Spielobjekt vom Typ *Terrain* und nennen Sie es `Landschaft`. Zusätzlich zu dem Spielobjekt entsteht in der PROJECT VIEW automatisch ein Asset mit dem Namen `New Terrain`. Sie können es umbenennen, z. B. ebenfalls in `Landschaft`.

Das Spielobjekt `Main Camera` erhält die Position 500/650/0 und die Rotation 61/0/0. Mit dem X-Wert 500 ist die Kamera in X-Richtung mittig vor dem Terrain platziert. Die restlichen Werte sorgen dafür, dass wir von vorn oben auf die noch konturlose Landschaft schauen.

Die Lichtquelle `Directional Light` mit der Position 0/100/0 und der Rotation 90/0/0 sorgt für eine möglichst gleichmäßige Ausleuchtung der Landschaft inklusive der noch zu erschaffenden Ebenen und Rampen.

Die Komponente TERRAIN des Spielobjekts `Landschaft` enthält eine Symbolleiste mit Werkzeugen zur Gestaltung des Terrain-Elements. So könnten Sie z. B. nach Auswahl des zweiten Werkzeugs von links, das den Namen PAINT TERRAIN trägt, in der anschließend erscheinenden Liste den Eintrag RAISE OR LOWER TERRAIN (siehe Abbildung 14.2) auswählen. Mit der Maus könnten Sie dann einzelne unterschiedlich geformte Teilflächen der Landschaft anheben oder absenken. Um die großen, gleichmäßigen Ebenen und Rampen zu schaffen, werden wir aber später die Landschaft per Code gestalten.

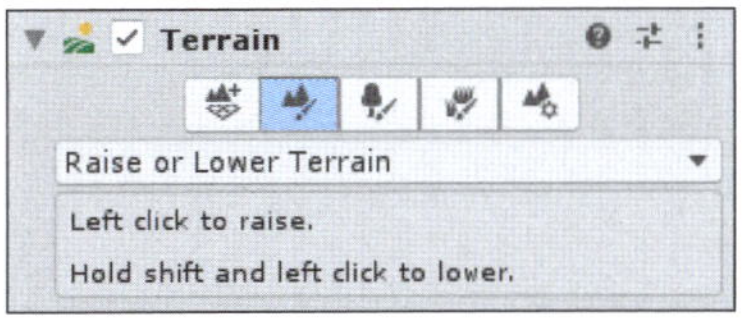

Abbildung 14.2 Terrain-Werkzeuge

14.2.2 Weisen Sie der Landschaft eine Textur zu

Legen Sie nun auf die Oberfläche der 3D-Landschaft ein 2D-Bild als *Textur*, damit sie realistischer wirkt. Im vorliegenden Fall handelt es sich um eine Gras-Textur. Texturen für 3D-Landschaften sind wesentlich einfacher zu erstellen als Texturen für 3D-Körper.

Legen Sie in der PROJECT VIEW das Asset-Verzeichnis TEXTURES an und importieren Sie aus dem Verzeichnis *FreieAssets* die Bilddatei *Gras.png* in dieses Asset-Verzeichnis.

Wählen Sie das Werkzeug PAINT TERRAIN in der Komponente TERRAIN des Spielobjekts `Landschaft` und darin den Listeneintrag PAINT TEXTURE. Betätigen Sie die Schaltfläche EDIT TERRAIN LAYERS im Bereich TERRAIN LAYERS. Wählen Sie den Menüpunkt CREATE LAYER. Im Dialogfeld SELECT TEXTURE2D wählen Sie den Eintrag mit dem soeben hinzugefügten Textur-Asset GRAS aus und schließen das Dialogfeld wieder.

Im Bereich Terrain Layers erscheint ein neuer Layer, der zunächst den Namen `New Layer` besitzt. Gleichzeitig wird das gesamte Terrain `Landschaft` mit der Textur dieses Layers belegt. Der neue Layer `New Layer` erscheint auch in der Project View. Benennen Sie ihn dort um, z. B. in `GrasLayer`. Anschließend sieht die Komponente Terrain des Spielobjekts `Landschaft` so aus wie in Abbildung 14.3.

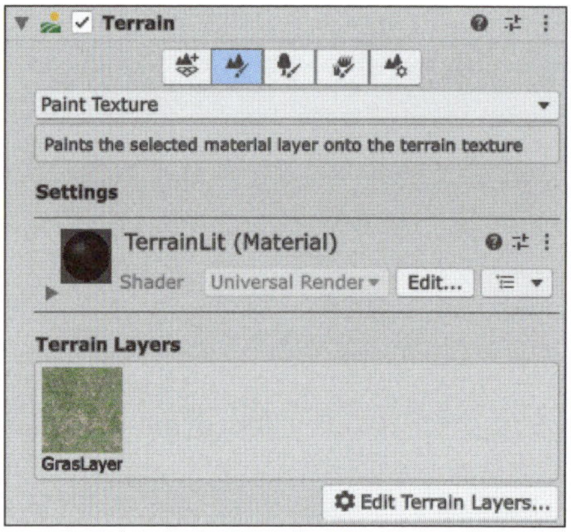

Abbildung 14.3 Der neue Layer »GrasLayer« mit Textur

14.2.3 Erstellen Sie die drei Ebenen

Legen Sie in der Project View das Asset-Verzeichnis Scripts an. Erstellen Sie nun in ihm ein Script-Asset vom Typ MonoBehaviour Script mit der Klasse `Landschaft` in der Datei *Landschaft.cs*.

Die Klasse sollte zunächst wie folgt aussehen:

```
using UnityEngine;
public class Landschaft : MonoBehaviour
{
   void Start()
   {
      Terrain terrainKomponente = GetComponent<Terrain>();
      TerrainData terrainDaten = terrainKomponente.terrainData;
      int aufloesung = terrainDaten.heightmapResolution;
      float[,] hMap = new float[aufloesung, aufloesung];

      // Drei Ebenen
      for(int z = 0; z < aufloesung; z++)
         for(int x = 0; x < aufloesung; x++)
```

```
            if(z < 300 && x < 200)       hMap[z,x] = 0.02f;
            else if(z < 400 && x < 300) hMap[z,x] = 0.04f;
            else                         hMap[z,x] = 0.06f;

        terrainDaten.SetHeights(0, 0, hMap);
    }
}
```

Listing 14.1 Die Klasse »Landschaft« – drei Ebenen

In der Klasse `Landschaft` gibt es nur die Methode `Start()`, die zu Beginn aufgerufen wird, um die Landschaft zu erschaffen.

Mithilfe der Methode `GetComponent()` haben Sie Zugriff auf die Komponente TERRAIN der Klasse `Terrain` des Spielobjekts `Landschaft`. Die Höhenangaben der einzelnen Punkte der Landschaft in Y-Richtung sind Teil der Eigenschaft `terrainData` der Klasse `TerrainData`.

Der Wert für die Anzahl der einzelnen Punkte des Spielobjekts `Landschaft` sowohl in X-Richtung als auch in Z-Richtung wird über die Untereigenschaft `heightmapResolution` bereitgestellt und in der Variablen `aufloesung` gespeichert. Standardmäßig liegt dieser Wert bei 513. Das Spielfeld besteht also aus 513 × 513 Punkten.

14

Hinweis

Dieser Wert ist unabhängig von den Positionsangaben in den TRANSFORM-Komponenten der einzelnen Spielobjekte.

Sie haben bereits mit eindimensionalen Datenfeldern gearbeitet. Ein solches Feld eignet sich, um eine Liste von Werten zu speichern. Die Variable `hMap` verweist auf ein zweidimensionales Datenfeld. Ein solches Feld eignet sich, um eine ganze Tabelle von Werten zu speichern, die z. B. in Zeilen und Spalten stehen. Hier nutze ich es, um die Werte für die Höhenangaben der einzelnen Punkte der Landschaft in Y-Richtung zu speichern.

Hinweis

Ein einzelnes Element eines zweidimensionalen Datenfelds erreichen Sie mithilfe von zwei Indizes. Der erste Index steht in diesem Beispiel für die Z-Richtung, der zweite für die X-Richtung.

Alle Elemente des zweidimensionalen Datenfelds werden mithilfe einer geschachtelten `for`-Schleife durchlaufen. Die äußere `for`-Schleife dient für einen Durchlauf in Z-Richtung. Für jeden Z-Wert wird die innere `for`-Schleife durchlaufen. Sie dient für einen Durchlauf in X-Richtung:

- Handelt es sich um ein Element für den linken unteren Bereich der Landschaft, liegen also die Z-Werte unter 300 und die X-Werte unter 200, dann wird ihm eine Höhe von 0.02 in Y-Richtung zugewiesen. Damit entsteht die tief gelegene Ebene.
- Handelt es sich stattdessen um ein Element für den mittleren Bereich der Landschaft, liegen also die Z-Werte zwischen 300 und 400 und die X-Werte zwischen 200 und 300, dann wird ihm eine Höhe von 0.04 zugewiesen. Das führt zu der Ebene auf mittlerer Höhe.
- Den restlichen Elementen wird eine Höhe von 0.06 zugewiesen. Das führt zu der hoch gelegenen Ebene im rechten oberen Bereich.

Die Methode `SetHeights()` weist dem Spielobjekt `Landschaft` die Höhenangaben aus dem zweidimensionalen Datenfeld zu. Das Ergebnis sehen Sie in Abbildung 14.4.

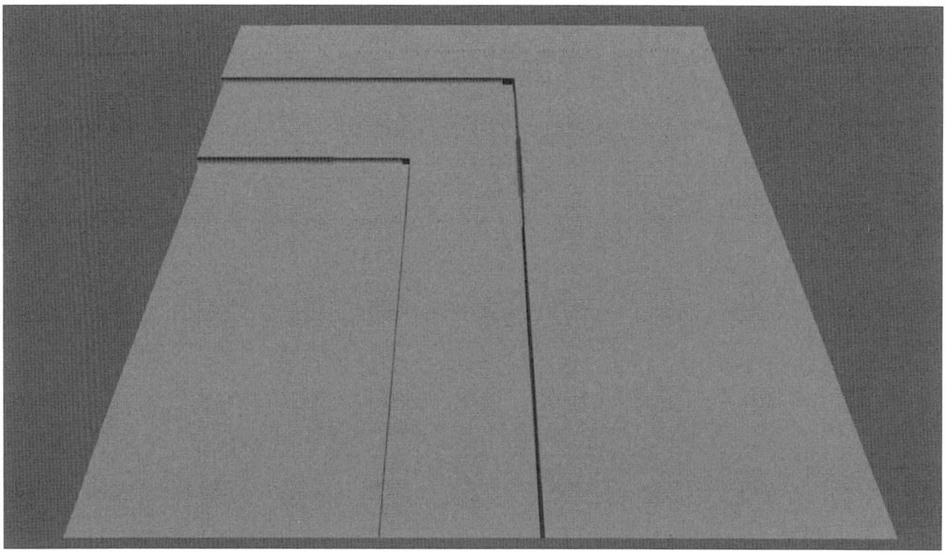

Abbildung 14.4 Drei Ebenen

Ordnen Sie im Unity Editor das C#-Script dem Spielobjekt `Landschaft` zu und starten Sie das Spiel. Die Landschaft mit den drei Ebenen wird erstellt. Um die soeben per Code erzeugte Landschaft auch in der Game View zu sehen, müssen Sie das Spiel zunächst einmal starten und beenden.

14.2.4 Fügen Sie den Rand hinzu

Ergänzen Sie die Methode `Start()` in der Klasse `Landschaft`, um die vier Ränder des Spielfelds zu erzeugen. Damit wird gewährleistet, dass der Spielball nicht einfach über den Rand hinausrollen kann. Die Änderungen sehen wie folgt aus:

```
void Start()
{
   ...
   // Rand links und rechts
   for (int z = 0; z < aufloesung; z++)
   {
      for(int x = 0; x < 5; x++)
         hMap [z, x] = 0.08f;
      for(int x = aufloesung-5; x < aufloesung; x++)
         hMap [z, x] = 0.08f;
   }

   // Rand unten und oben
   for (int x = 0; x < aufloesung; x++)
   {
      for(int z = 0; z < 5; z++)
         hMap[z,x] = 0.08f;
      for(int z = aufloesung-5; z < aufloesung; z++)
         hMap[z,x] = 0.08f;
   }

   terrainDaten.SetHeights(0, 0, hMap);
}
```

Listing 14.2 Die Klasse »Landschaft« – vier Ränder

Zunächst geht es um den linken und den rechten Rand. Um ihn zu erzeugen, wird eine `for`-Schleife für alle Z-Werte durchlaufen. Innerhalb dieser Schleife werden nacheinander zwei `for`-Schleifen durchlaufen: eine für die ganz linken fünf X-Werte und eine für die ganz rechten fünf X-Werte. Den betreffenden Elementen wird eine Höhe von 0.08 zugewiesen.

Anschließend geht es um den unteren und den oberen Rand. Um ihn zu erzeugen, wird eine `for`-Schleife für alle X-Werte durchlaufen. Innerhalb dieser Schleife werden nacheinander zwei `for`-Schleifen durchlaufen: eine für die untersten fünf Z-Werte und eine für die obersten fünf Z-Werte. Den betreffenden Elementen wird ebenfalls eine Höhe von 0.08 zugewiesen.

Nach wie vor wird in der letzten Anweisung zur Zuweisung der Höhenangaben aus dem zweidimensionalen Datenfeld die Methode `SetHeights()` aufgerufen. Starten Sie das Spiel: Die Ränder erscheinen. Es gilt weiterhin: Um die soeben per Code erzeugte Landschaft auch in der GAME VIEW zu sehen, müssen Sie das Spiel zunächst einmal starten und beenden.

14.2.5 Erstellen Sie die beiden Rampen

Ergänzen Sie nun die Methode `Start()` in der Klasse `Landschaft`, um die beiden Rampen zu erzeugen, die einen Übergang von einer Ebene zur anderen ermöglichen. Die Änderungen sehen wie folgt aus:

```
void Start()
{
   ...
   // Externe Rampe in Z-Richtung
   for(int z = 250; z <= 300; z++)
      for(int x = 100; x <= 150; x++)
         hMap[z,x] = 0.02f + 0.02f * (z - 250) / 50;

   // Interne Rampe in X-Richtung
   for(int z = 100; z <= 150; z++)
      for(int x = 300; x <= 350; x++)
         hMap[z,x] = 0.04f + 0.02f * (x - 300) / 50;

   terrainDaten.SetHeights(0, 0, hMap);
}
```

Listing 14.3 Die Klasse »Landschaft« – zwei Rampen

Zunächst wird die externe Rampe in Z-Richtung erzeugt (siehe Abbildung 14.5). Sie ragt aus der Ebene auf mittlerer Höhe heraus in die tief gelegene Ebene. In einer doppelten `for`-Schleife werden alle Elemente des Datenfelds für die Z-Werte zwischen 250 und 300 sowie für die X-Werte zwischen 100 und 150 durchlaufen. Diese 51 × 51 Elemente bilden die Rampe.

Die Werte für die Höhenangaben ergeben sich mithilfe einer Geradengleichung, die nur vom Z-Wert abhängig ist. Die nicht mathematische Erläuterung dazu: Wir möchten vom Basiswert 0.02 in 50 gleich großen Schritten zum Wert 0.04 gelangen. Zu diesem Zweck wird zum Basiswert 0.02 ein langsam anwachsender Wert hinzuaddiert:

- Bei Z = 250 wird (0 / 50) × 0.02 hinzuaddiert.
- Bei Z = 251 wird (1 / 50) × 0.02 hinzuaddiert.
- ...
- Bei Z = 299 wird (49 / 50) × 0.02 hinzuaddiert.
- Bei Z = 300 wird (50 / 50) × 0.02 hinzuaddiert.

Damit haben wir die Summe 0.04 erreicht.

Abbildung 14.5 Die externe Rampe links

Auf dieselbe Art und Weise wird die interne Rampe in X-Richtung erzeugt (siehe Abbildung 14.6). Sie beginnt auf Höhe der mittleren Ebene und ragt in die hoch gelegene Ebene hinein. Auch hier bilden 51 × 51 Elemente die Rampe.

Diesmal ist die Geradengleichung vom X-Wert abhängig, und wir möchten vom Basiswert 0.04 in 50 gleich großen Schritten zum Wert 0.06 gelangen. Zum Basiswert 0.04 wird wie folgt hinzuaddiert:

- Bei X = 300 wird (0 / 50) × 0.02 hinzuaddiert.
- Bei X = 301 wird (1 / 50) × 0.02 hinzuaddiert.
- ...
- Bei X = 349 wird (49 / 50) × 0.02 hinzuaddiert.
- Bei X = 350 wird (50 / 50) × 0.02 hinzuaddiert.

Damit haben wir die Summe 0.06 erreicht.

Abbildung 14.6 Die interne Rampe rechts

14.2.6 Setzen Sie den Spieler und das Ziel in die Landschaft

Erstellen Sie den Spielball als 3D-Objekt vom Typ *Sphere*, geben Sie ihm die Position 260/22/100, den Scale 20/20/20 und den Namen `Spieler`. Das Spielobjekt `Ziel` wird ebenso als 3D-Objekt vom Typ *Sphere* erzeugt, mit der Position 100/22/300, demselben Scale 20/20/20 und dem Namen `Ziel`. Beide Spielobjekte liegen gut sichtbar auf der tief gelegenen Ebene.

Legen Sie das Asset-Verzeichnis MATERIALS an und erstellen Sie darin zwei Assets für Oberflächenmaterialien: `OrangeMat` (für den Spieler) und `DunkelgruenMat` (für das Ziel) mit den RGB-Werten 255/128/0 und 0/128/0 für die Eigenschaft BASE MAP im Bereich SURFACE INPUTS. Weisen Sie die Materialien zu.

Der Spielball erhält eine RIGIDBODY-Komponente, damit seine aktuelle Geschwindigkeit ermittelt und zum Schlagen eine Kraft auf ihn ausgeübt werden kann.

Setzen Sie in der Komponente SPHERE COLLIDER des Spielobjekts `Ziel` die Markierung bei IS TRIGGER. Die Berührung des Ziels soll nur dazu führen, dass es an einen anderen Punkt gesetzt wird. Sie soll nicht dazu führen, dass der Spielball seine Richtung oder Geschwindigkeit ändert. Erzeugen Sie das neue Tag `Ziel` in der Liste TAGS und ordnen Sie es dem Spielobjekt `Ziel` zu.

Das Spiel enthält oben links eine Benutzeroberfläche, deren Erstellung nicht mehr gesondert erklärt wird. Darin befindet sich ein Textelement mit dem Namen `SchlagAnzeige` zur Anzeige der getätigten Schläge. Es zeigt zunächst den Text `Anzahl: 0`.

14.2.7 Arbeiten Sie mit einem »Physics Material«

Bei den 2D-Objekten haben Sie bereits die 2D-Materialien (PHYSICS MATERIAL 2D) kennengelernt mit ihren beiden Eigenschaften FRICTION und BOUNCINESS (siehe Abschnitt 5.2.2). Für 3D-Objekte gibt es 3D-Materialien (PHYSICS MATERIAL) mit ähnlichen Eigenschaften.

Erzeugen Sie ein solches Material mithilfe des Hauptmenüpunkts ASSETS • CREATE • PHYSICS MATERIAL im Asset-Verzeichnis MATERIALS und nennen Sie es `PrallMat`. Weisen Sie der Eigenschaft BOUNCINESS den Wert 0.5 zu (siehe Abbildung 14.7).

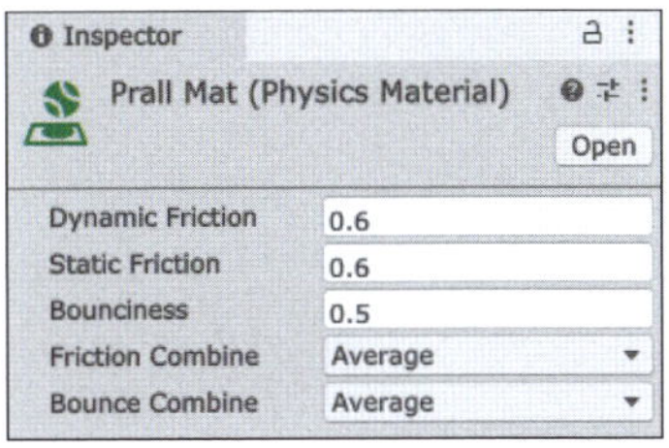

Abbildung 14.7 »Physics Material«

Hinweis

Auch beim 3D-Material steht die Eigenschaft FRICTION für die Reibung des Materials. Der Wert 0 bedeutet: Es tritt keine Reibung auf. Ebenso steht die Eigenschaft BOUNCINESS für das Verhalten bei einem Aufprall. Der Wert 1 bedeutet: Die Geschwindigkeit bleibt gleich.

Allerdings wird bei der Reibung unterschieden: Es gibt die statische Reibung (STATIC FRICTION) eines stehenden Objekts und die dynamische Reibung (DYNAMIC FRICTION) eines bewegten Objekts.

Treffen zwei Objekte aufeinander, denen ein PHYSICS MATERIAL zugewiesen ist, werden die Werte kombiniert. Die Art der Kombination legen Sie in FRICTION COMBINE und in BOUNCE COMBINE fest. Der Standardwert `Average` bedeutet, dass jeweils der Durchschnitt der beiden Werte genommen wird. Es gibt außerdem noch die Werte `Minimum`, `Maximum` und `Multiply`.

Im vorliegenden Projekt weisen Sie das PHYSICS MATERIAL `PrallMat` der Eigenschaft MATERIAL der Komponente TERRAIN COLLIDER des Spielobjekts `Landschaft` sowie der Eigenschaft MATERIAL der Komponente SPHERE COLLIDER des Spielballs zu. Auf diese

Weise bestimmen Sie das Verhalten des Spielballs beim Aufprall auf eine der senkrechten Wände zwischen den Ebenen, auf den Rand oder nach Rückkehr von einem kurzen Abheben auf den Boden.

Die Werte der Friction-Eigenschaften sind hier nicht relevant, da eine Kugel rollt und damit keiner nennenswerten Reibung unterliegt. Nur eine Kugel mit einem Drall würde der Reibung unterliegen. Damit sie nicht endlos weiterrollt, werden Sie die Rollgeschwindigkeit der Kugel in Abschnitt 14.3.1 per Code verringern.

14.3 Erstellen Sie den Spielablauf

Der Spielball wird mithilfe einer Kraft durch das Golf-Terrain geschlagen. Das Ziel muss im Erfolgsfall an eine neue Position gesetzt werden.

14.3.1 Schlagen Sie den Spielball

Der Spielball soll mithilfe der Maus geschlagen werden. Zunächst soll die linke Maustaste an einem beliebigen Punkt A heruntergedrückt werden und gedrückt bleiben. Anschließend soll die Maustaste an einem beliebigen Punkt B wieder losgelassen werden. Aus der Differenz der beiden Ortsvektoren der Punkte A und B entsteht ein Schlagvektor.

Erstellen Sie zunächst im Verzeichnis SCRIPTS das Script-Asset vom Typ MONOBEHAVIOUR SCRIPT mit der Klasse `Spieler` in der Datei *Spieler.cs*. Die Klasse sollte zunächst wie folgt aussehen:

```
using UnityEngine;
using TMPro;
public class Spieler : MonoBehaviour
{
   Rigidbody rb;
   readonly float bremsFaktor = 0.995f;
   readonly float grenzGeschwindigkeit = 10;
   Vector3 downPosition;
   bool schlagBegonnen = false;
   int schlagAnzahl = 0;
   public TextMeshProUGUI schlagAnzeige;
```

```
    void Start()
    {
        rb = GetComponent<Rigidbody>();
    }

    void Update()
    {
        rb.linearVelocity *= bremsFaktor;

        if (rb.linearVelocity.magnitude < grenzGeschwindigkeit)
        {
            if (Input.GetMouseButtonDown (0) && !schlagBegonnen)
            {
                downPosition = Input.mousePosition;
                schlagBegonnen = true;
            }

            if (Input.GetMouseButtonUp (0) && schlagBegonnen)
            {
                Vector3 schlag = Input.mousePosition - downPosition;
                schlag.z = schlag.y;
                schlag.y = 0;
                rb.AddForce (50 * schlag);
                schlagAnzahl++;
                schlagBegonnen = false;
                schlagAnzeige.text = "Anzahl: " + schlagAnzahl;
            }
        }
    }
}
```

Listing 14.4 Die Klasse »Spieler« – Schlag ausführen

In Listing 14.4 wird ein Verweis auf den Rigidbody eingerichtet, damit Kraft auf den Spielball ausgeübt werden kann. Der Wert der Variablen `bremsFaktor` wird zum Abbremsen der Bewegung des Spielballs benötigt. Der Wert der Variablen `grenzGeschwindigkeit` wird benötigt, um festzustellen, ob ein weiterer Schlag ausgeführt werden kann.

In der Variablen downPosition vom Typ Vector3 kann eine Mausposition gespeichert werden. Ein Schlag wird mit dem Herunterdrücken der Maustaste begonnen und mit dem Loslassen der Maustaste beendet. In der booleschen Variablen schlagBegonnen kann der aktuelle Zustand gespeichert werden. Die Anzahl der Schläge wird in der Variablen schlagAnzahl gespeichert und mithilfe des öffentlich zugänglichen Verweises im Textelement SchlagAnzeige angezeigt.

In der Methode Start() wird der Rigidbody zugewiesen.

In der Methode Update() wird die Geschwindigkeit des Spielballs mithilfe eines Bremsfaktors verringert. Anderenfalls würde er längere Zeit ausrollen, da er keiner Reibung unterliegt. Liegt die Geschwindigkeit des Spielballs unterhalb der Grenzgeschwindigkeit, kann er geschlagen werden:

- Die Methode GetMouseButtonDown() der Klasse Input liefert true, falls eine der Maustasten heruntergedrückt wird. Mithilfe des int-Parameters bestimmen Sie, welche Taste Sie abfragen (0 = linke, 1 = rechte, 2 = mittlere). Wird die linke Maustaste heruntergedrückt und wurde noch kein Schlag begonnen, wird der Wert der Eigenschaft mousePosition in der Variablen downPosition gespeichert. Damit erhalten wir die aktuelle Mausposition als Vector3-Wert. In der Variablen schlagBegonnen wird festgehalten, dass der Schlag begonnen wurde.
- Die Methode GetMouseButtonUp() der Klasse Input liefert true, falls aktuell eine der Maustasten losgelassen wird. Wird die linke Maustaste losgelassen und wurde bereits ein Schlag begonnen, wird die aktuelle Mausposition ermittelt. Die gespeicherte Mausposition zum Zeitpunkt des Herunterdrückens wird von dieser aktuellen Mausposition abgezogen. Auf diese Weise wird der Schlagvektor ermittelt, und zwar mit Betrag und Richtung.

Die angeklickte Mausposition liegt auf dem Bildschirm in der X-Y-Ebene. Die Position für die Bewegung des Spielballs in der Landschaft liegt aber in der X-Z-Ebene. Daher muss die Y-Komponente des Vektors zur Z-Komponente werden. Zudem muss die Y-Komponente auf 0 gesetzt werden. Der Schlagvektor wird noch mit einem Faktor gewichtet. Der ermittelte Wert wird beim Aufruf der Methode AddForce() für die RIGIDBODY-Komponente zur Ausführung des Schlags genutzt.

Hinweis

Sie schauen von schräg oben auf das Spielfeld. Je nach Position des Spielballs kann es durch die Verzerrung kleine Abweichungen zwischen dem gesetzten Schlagvektor auf dem Bildschirm und der tatsächlichen Bewegung in der Landschaft geben. Nach kurzer Zeit werden Sie aber in der Lage sein, diese Abweichung zu berücksichtigen.

Die Anzahl der Schläge wird erhöht und zur Kontrolle in der Statuszeile ausgegeben. Es wird festgehalten, dass der Schlag beendet ist.

Ordnen Sie im Unity Editor das C#-Script dem Spielobjekt `Spieler` zu. Ziehen Sie das Textelement für die Schlaganzeige auf den zugehörigen Slot und starten Sie das Spiel. Führen Sie einige Schläge aus. Experimentieren Sie ein wenig mit den Eigenschaften des 3D-Materials und mit dem Bremsfaktor, um die Bewegung des Spielballs zu beeinflussen.

14.3.2 Versetzen Sie das Ziel

Berührt der Spielball das Ziel, soll dieses an die nächste Position versetzt werden. Befindet sich das Ziel an der letzten Position, ist das Spiel beendet. Ändern Sie die Klasse `Spieler` wie folgt:

```
using UnityEngine;
public class Spieler : MonoBehaviour
{
   ...
   readonly Vector3[] ziel = new Vector3[7];
   int zielIndex = 0;

   void Start()
   {
      ...
      ziel[0] = new Vector3 (100, 22, 300);
      ziel[1] = new Vector3 (100, 34, 700);
      ziel[2] = new Vector3 (500, 34, 700);
      ziel[3] = new Vector3 (500, 34, 100);
      ziel[4] = new Vector3 (800, 46, 100);
      ziel[5] = new Vector3 (800, 46, 900);
      ziel[6] = new Vector3 (100, 46, 900);
   }
   ...
   void OnTriggerEnter(Collider coll)
   {
      if (coll.gameObject.CompareTag("Ziel"))
      {
         if (zielIndex <= 5)
         {
            zielIndex++;
            coll.gameObject.transform.position = ziel [zielIndex];
```

```
                }
                else
                {
                    Destroy (coll.gameObject);
                    schlagAnzeige.text = "Gewonnen, Anzahl: " + schlagAnzahl;
                }
            }
        }
}
```

Listing 14.5 Die Klasse »Spieler« – Ziel versetzen

In Listing 14.5 wird ein eindimensionales Datenfeld mit sieben Elementen erzeugt, die zur Speicherung der sieben vorbestimmten Positionen für das Ziel dienen. Jedes Element des Datenfelds verweist auf ein `Vector3`-Objekt. Die Variable `zielIndex` enthält die Nummer der aktuellen Position des Ziels. Sie steht zu Beginn auf 0. Das ist die Nummer der Startposition.

In der Methode `Start()` wird das Datenfeld gefüllt.

In der Methode `OnTriggerEnter()` wird geprüft, ob die Berührung des Spielballs mit dem Ziel erfolgte. Trifft das zu, wird geprüft, ob das Ziel an einer seiner ersten sechs Positionen berührt wird, und

- wenn das der Fall ist, wird der Index für das Datenfeld erhöht und das Ziel an die nächste Position versetzt, und
- wenn das nicht der Fall ist, ist die siebte Position erreicht und damit das Spiel beendet. Das Ziel wird zerstört, und es wird eine Erfolgsmeldung mit der Anzahl der benötigten Schläge in der Statuszeile ausgegeben.

Starten Sie das Spiel und versuchen Sie, die endgültige Zielposition zu erreichen.

14.3.3 Vermeiden Sie den Verlust des Spielballs

Bei einem zu starken Schlag kann es passieren, dass der Spielball in eine zu große Höhe gelangt oder ganz aus dem Spielfeld geschlagen wird. In einem solchen Fall wird er wieder auf den Startpunkt oder auf die Position des Ziels gesetzt, das er zuletzt berührt hat.

Zunächst benötigen wir die Werte für die Begrenzungen des Spielobjekts `Landschaft`. Ändern Sie die Klasse `Landschaft` wie folgt:

```
public class Landschaft : MonoBehaviour
{
```

```
   ...
   public int aufloesung;
   void Start()
   {
      ...
      aufloesung = terrainDaten.heightmapResolution;
      ...
   }
}
```

Listing 14.6 Die Klasse »Landschaft« – öffentliche Daten

Die Variable `aufloesung` wird zur öffentlich zugänglichen Eigenschaft der Klasse `Landschaft`. Sie ist keine lokale Variable der Methode `Start()` mehr.

Ändern Sie außerdem die Klasse `Spieler` wie folgt:

```
using UnityEngine;
public class Spieler : MonoBehaviour
{
   ...
   Vector3 startPosition = new Vector3(260, 22, 100);
   public Landschaft landschaft;
   ...
   void Update()
   {
      ...
      if (transform.position.x < 0 || transform.position.x > 1000
         || transform.position.z < 0 || transform.position.z > 1000
         || transform.position.y > 100)
      {
         rb.linearVelocity = new Vector3 (0, 0, 0);
         if(zielIndex == 0)
            transform.position = startPosition;
         else
            transform.position = ziel[zielIndex-1];
      }
   }
   ...
}
```

Listing 14.7 Die Klasse »Spieler« – Verlust des Spielballs vermeiden

Die Startposition des Spielballs wird gespeichert. Außerdem wird ein öffentlich zugänglicher Verweis auf die Klasse `Landschaft` eingerichtet. In der Methode `Update()` wird geprüft, ob sich der Spielball über einen der vier Ränder hinausbewegt hat oder ob er zu hoch gelangt ist.

In diesem Fall wird die Geschwindigkeit auf 0 gesetzt. Wurde bisher noch kein Ziel berührt, wird der Spielball auf seine Startposition gesetzt. Ansonsten wird er auf die Position des letzten berührten Ziels gesetzt. Die Positionsangaben des Spielobjekts `Spieler` liegen auf dem Terrain `Landschaft` zwischen 0 und 1000.

Ziehen Sie im Unity Editor das Spielobjekt `Landschaft` auf den zugehörigen Slot und starten Sie das Spiel. Versuchen Sie, den Spielball mit einem starken Schlag über eine der Rampen aus dem Spielfeld hinauszubefördern.

14.3.4 Ideen für Erweiterungen

Einige Möglichkeiten für dieses Projekt:

- Ändern Sie das Terrain. Erstellen Sie eigene Ebenen mit Rampen und Stufen. Geben Sie dazu passende Positionen für die Ziele vor. Bestimmen Sie die Reihenfolge, in der sie nacheinander erreicht werden sollen.
- Ermöglichen Sie die *Teleportation*: Bleibt der Spielball innerhalb eines gekennzeichneten Bereichs liegen, gelangt er wie durch Zauberhand auf eine andere Ebene, die er eventuell auf normalem Weg nicht erreichen könnte.
- Fügen Sie Audio-Signale zu den verschiedenen Ereignissen hinzu.
- Fügen Sie verschiedene Level und eine Highscore-Liste ein (siehe Kapitel 20).

14.4 Ein weiteres Terrain

Dieser Abschnitt enthält eine Variante des Projekts *TomsTerrainGolf* im Projekt *TomsTerrainGolfZwei* (siehe Abbildung 14.8). Sie enthält denselben Spielablauf, allerdings auf einem schwierigeren Terrain. Kopieren Sie zunächst das Projekt *TomsTerrainGolf* so, wie es in Abschnitt 22.1 beschrieben wird. Im Folgenden zeige ich Ihnen nur die Änderungen gegenüber dem Original.

Es gibt zehn Ebenen, die durch neun Rampen verbunden sind. Das letzte der insgesamt neun Ziele liegt rechts oben auf der letzten Ebene.

Abbildung 14.8 Das Spiel »TomsTerrainGolfZwei«

14.4.1 Erzeugen Sie zehn Ebenen

In der Klasse `Landschaft` nehmen wir folgende Änderungen gegenüber dem Original vor:

```
public class Landschaft : MonoBehaviour
{
   ...
   void Start()
   {
      ...
      float[,] hMap = new float[aufloesung, aufloesung];
      int faktor = 1;

      // Alle Ebenen
      for (int z = 0; z < aufloesung; z++)
      {
         // Zur nächsten Ebene
         if (z%50 == 0)
            faktor++;

         // Ebene
         for (int x = 0; x < aufloesung; x++)
            hMap [z, x] = 0.02f * faktor;
      }
```

```
        terrainDaten.SetHeights(0, 0, hMap);
    }
}
```

Listing 14.8 Die Klasse »Landschaft« – zehn Ebenen

Die Höhenangaben werden weiterhin im zweidimensionalen Datenfeld `hMap` gesammelt. Die Variable `faktor` dient zur schrittweisen Steigerung der Höhe von der untersten Ebene bis zur obersten Ebene. Die äußere `for`-Schleife läuft in Z-Richtung, von ganz unten nach ganz oben.

Den Modulo-Operator `%` haben Sie bereits in Abschnitt 5.4.3 kennengelernt. Er berechnet den Rest einer ganzzahligen Division. Die Bedingung `z % 50 == 0` ist für die Z-Werte 50, 100, 150 ... erfüllt. Als Folge wird jeweils der Wert der Variablen `faktor` um 1 erhöht. Ihr Wert fließt als Faktor in die Höhenangabe für die Ebene ein. Daher beginnt bei den Z-Werten 50, 100, 150 ... jeweils eine neue Ebene.

Aufgrund des steileren Anstiegs der Landschaft müssen die Transform-Werte des Spielobjekts `Main Camera` geändert werden. Setzen Sie die Kamera an die Position 500/750/0 und geben Sie ihr die Rotation 61/0/0. Der Spielball hat die Startposition 940/34/50 und das Spielobjekt `Ziel` als erste Position 940/46/150.

Starten Sie das Spiel. Die Landschaft mit allen Ebenen wird erstellt. Spieler und Ziel sehen Sie auf den beiden unteren Ebenen.

14.4.2 Fügen Sie den linken und den rechten Rand hinzu

Um den linken und den rechten Rand hinzuzufügen, erweitern Sie die äußere `for`-Schleife in der Methode `Start()` der Klasse `Landschaft` wie folgt:

```
for (int z = 0; z < aufloesung; z++)
{
    ...
    // Rand links
    for (int x = 0; x < 5; x++)
        hMap [z, x] = 0.02f * faktor + 0.02f;

    // Rand rechts
    for (int x = aufloesung-5; x < aufloesung; x++)
        hMap [z, x] = 0.02f * faktor + 0.02f;
}
```

Listing 14.9 Die Klasse »Landschaft« – Rand links und rechts

Bei den Höhenangaben für die linken fünf X-Werte und die rechten fünf X-Werte fließt wiederum der Wert der Variablen faktor ein. Es wird jeweils der Wert 0.02 hinzuaddiert, um einen erhöhten Rand zu bilden.

14.4.3 Fügen Sie den unteren und den oberen Rand hinzu

Um nun den unteren und den oberen Rand hinzuzufügen, erweitern Sie die Methode Start() der Klasse Landschaft unterhalb der äußeren for-Schleife wie folgt:

```
void Start()
{
   ...
   // Rand unten
   for(int z = 0; z < 5; z++)
      for (int x = 0; x < aufloesung; x++)
         hMap[z,x] = 0.06f;

   // Rand oben
   for(int z = aufloesung-13; z < aufloesung; z++)
      for (int x = 0; x < aufloesung; x++)
         hMap[z,x] = 0.02f * faktor;
   ...
}
```

Listing 14.10 Die Klasse »Landschaft« – Rand unten und oben

Die Höhenangabe für die unteren fünf Z-Werte beträgt 0.6. Bei den Höhenangaben für die oberen 13 Z-Werte fließt wiederum der Wert der Variablen faktor ein. In der Schleife wird der Wert beim Z-Wert 500 das letzte Mal erhöht. Es entsteht eine weitere »Ebene«, die als Rand dient.

14.4.4 Erzeugen Sie die erste Rampe

Um die erste Rampe anzulegen, erweitern Sie die Methode Start() der Klasse Landschaft unterhalb der äußeren for-Schleife wie folgt:

```
void Start()
{
   ...
   // Erste Rampe links
   for(int z = 25; z <= 75; z++)
```

```
      for(int x = 50; x <= 100; x++)
         hMap[z,x] = 0.04f + 0.02f * (z - 25) / 50;
   ...
}
```

Listing 14.11 Die Klasse »Landschaft« – erste Rampe

Die Rampe liegt halb in der unteren Ebene und halb in der oberen Ebene, zwischen den Z-Werten 25 und 75 sowie zwischen den X-Werten 50 und 100 (siehe Abbildung 14.9). Ähnlich wie in Abschnitt 14.2.5 möchten wir vom Basiswert 0.04 in 50 gleich großen Schritten zum Wert 0.06 gelangen.

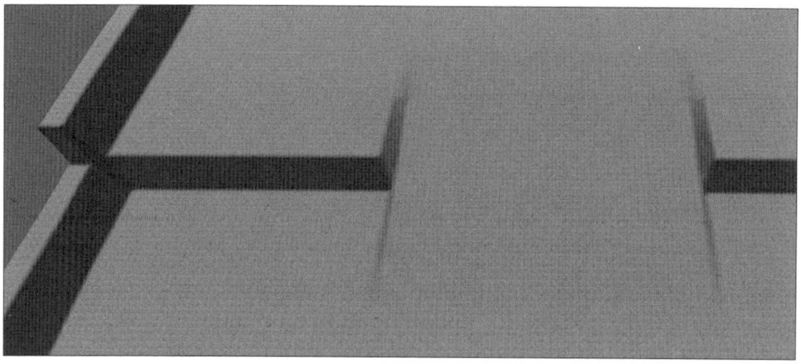

Abbildung 14.9 Erste Rampe

14.4.5 Erstellen Sie alle Rampen links

Alle fünf Rampen auf der linken Seite haben denselben Aufbau. Daher können wir sie mithilfe einer weiteren Schleife, die fünfmal durchlaufen wird, auf einmal erzeugen. Ersetzen Sie dazu den Code aus Abschnitt 14.4.4 wie folgt:

```
void Start()
{
   ...
   // Rampen links
   for(int k = 0; k < 5; k++)
      for(int z = 100 * k + 25; z <= 100 * k + 75; z++)
         for(int x = 50; x <= 100; x++)
            hMap[z,x] = 0.02f * (2 * k + 2) + 0.02f * (z - (100 * k + 25)) / 50;
   ...
}
```

Listing 14.12 Die Klasse »Landschaft« – alle Rampen links

Die äußere for-Schleife wird für die Variable k von 0 bis 4 durchlaufen. Der Wert von k dient zum Erstellen der verschiedenen Rampen.

In der mittleren for-Schleife nimmt Z für k = 0 die Werte von 25 bis 75 an, für k = 1 die Werte von 125 bis 175, für k = 2 die Werte von 225 bis 275 usw. Das setzt sich für k = 3 und k = 4 fort. Dafür sorgen die beiden Ausdrücke 100 * k + 25 und 100 * k + 75.

Bei der inneren for-Schleife hat sich für die X-Werte nichts verändert.

Der Basiswert für die Rampe nimmt die folgenden Werte an: 0.04/0.08/0.12/0.16/0.20. Dafür sorgt der Ausdruck 0.02f * (2 * k + 2).

Der Faktor für die gleichmäßige Erhöhung der Rampe sieht für k = 0 wie folgt aus: (z - 25) / 50. Für k = 1 sieht er so aus: (z - 125) / 50 und für k = 2 dann so: (z - 225) / 50. Das setzt sich für k = 3 und k = 4 fort. Dafür sorgt der Ausdruck (z - (100 * k + 25)) / 50.

14.4.6 Erstellen Sie alle Rampen rechts

Alle vier Rampen auf der rechten Seite haben einen ähnlichen Aufbau wie die Rampen auf der linken Seite. Erweitern Sie die Methode Start() der Klasse Landschaft unterhalb der äußeren for-Schleife wie folgt:

14

```
void Start()
{
   ...
   // Rampen rechts
   for(int k = 0; k < 4; k++)
      for(int z = 100 * k + 75; z <= 100 * k + 125; z++)
         for(int x = 400; x <= 450; x++)
            hMap[z,x] = 0.02f * (2 * k + 2) + 0.02f * (z - (100 * k + 25)) / 50;
   ...
}
```

Listing 14.13 Die Klasse »Landschaft« – alle Rampen rechts

Die Unterschiede zum vorherigen Abschnitt: Die äußere for-Schleife wird für die Variable k nur von 0 bis 3 durchlaufen. In der mittleren for-Schleife laufen die Z-Werte von 75 bis 125 bzw. von 175 bis 225 usw. Bei der inneren for-Schleife werden die X-Werte von 400 bis 450 angenommen, damit die Rampen auf der rechten Seite entstehen.

Der gesamte Ausdruck für den Basiswert und die gleichmäßige Erhöhung der Rampen bleiben unverändert. Die im Vergleich höheren Z-Werte sorgen dafür, dass die richtigen Höhenangaben berechnet werden.

14.4.7 Setzen Sie die Positionen

Es gibt neun statt sieben Zielpositionen, außerdem sind alle Positionen anders, inklusive der Startposition des Spielballs. Zudem ist eine größere Höhe erlaubt, bevor der Spielball zurückgesetzt wird. In der Klasse `Spieler` gibt es daher die folgenden Änderungen gegenüber der Klasse `Spieler` des Originals:

```
public class Spieler : MonoBehaviour
{
   ...
   readonly Vector3[] ziel = new Vector3[9];
   int zielIndex = 0;
   Vector3 startPosition = new Vector3(940, 34, 50);
   ...
   void Start()
   {
      ...
      ziel[0] = new Vector3 (940,  46, 150);
      ziel[1] = new Vector3 ( 60,  58, 250);
      ziel[2] = new Vector3 (940,  70, 350);
      ziel[3] = new Vector3 ( 60,  82, 450);
      ziel[4] = new Vector3 (940,  94, 550);
      ziel[5] = new Vector3 ( 60, 106, 650);
      ziel[6] = new Vector3 (940, 118, 750);
      ziel[7] = new Vector3 ( 60, 130, 850);
      ziel[8] = new Vector3 (940, 142, 950);
   }
   ...
   void Update()
   {
      ...
      if (transform.position.x < 0 || transform.position.x > 1000
         || transform.position.z < 0 || transform.position.z > 1000
         || transform.position.y > 250)
      { ... }
   }

   void OnTriggerEnter(Collider coll)
   {
      ...
         if (zielIndex <= 7)
```

```
        ...
    }
}
```

Listing 14.14 Die Klasse »Landschaft« – Ziel versetzen

Die Startposition ist anders. Das eindimensionale Datenfeld hat neun statt sieben Elemente. In der Methode `Start()` werden daher die Werte für neun statt für sieben Elemente zugewiesen. In der Methode `OnTriggerEnter()` wird geprüft, ob das Ziel an einer seiner ersten acht statt sechs Positionen berührt wird.

Starten Sie das Spiel und versuchen Sie, den Spielball mit möglichst wenigen Schlägen über dieses schwierige Terrain bis zum letzten Ziel zu befördern.

Kapitel 15
Jagen auf einem 3D-Terrain

Sie entwickeln ein Spiel, in dem der Benutzer einen Jäger steuert. Der Jäger muss innerhalb einer weiträumigen, zerklüfteten Landschaft eine Reihe von schwer auffindbaren Zielen aufspüren und zerstören. Die Ziele bemerken die Annäherung des Jägers und können sich gegen ihn wehren.

Der Benutzer kann die Landschaft mithilfe eines Zooms aus unterschiedlichen Entfernungen betrachten. Auf diese Weise kann er sich entweder einen größeren Überblick verschaffen oder einen bestimmten Ausschnitt genauer ansehen. Spielen Sie das Spiel zunächst einmal selbst.

15.1 Führen Sie das Spiel aus

Starten Sie das ausführbare Programm *TomsTerrainHunter.exe* im Projektverzeichnis *TomsTerrainHunter/Builds* (siehe Abbildung 15.1).

Abbildung 15.1 Das Spiel »TomsTerrainHunter« (Ausschnitt)

In dem Spielausschnitt in Abbildung 15.1 sehen Sie den kleinen gelben Jäger. Er muss insgesamt zehn große rote Ziele in möglichst kurzer Zeit durch seine Berührung vernichten. Das Aussehen der Landschaft und die Positionen der Ziele werden bei jedem

Start des Spiels per Zufallsgenerator neu bestimmt. Sobald sich der Jäger einem der Ziele nähert, wehrt sich dieses, indem es kleine rote Abwehrobjekte in Richtung des Jägers schießt.

Der Ablauf des Spiels im Einzelnen: Nach dem Start des Spiels springen der Spieler und die zehn Ziele per Fallschirm ab und landen. Anschließend rollen sie entlang der Berge und Täler der Landschaft in eine Ruhelage. Die Kamera folgt dem Jäger. Der Benutzer kann den Jäger mithilfe der Pfeiltasten durch die Landschaft bewegen, auch über sanft ansteigende Berge und durch Täler.

Ist noch kein Ziel in Sicht, kann der Benutzer sich mithilfe eines Schiebereglers (engl. *slider*) herauszoomen und sich auf diese Weise einen größeren Überblick über die Lage der nächsten Ziele verschaffen (siehe Abbildung 15.2). Anschließend kann er sich wieder hineinzoomen, um die Bewegungen des Jägers besser steuern zu können.

Abbildung 15.2 Slider zum Zoomen, drei Ziele in Sicht

Der Jäger kann nicht an jeder steilen Wand hinaufklettern, manche muss er umgehen. Trifft er jedoch einmal sehr schnell horizontal auf eine sehr steile Wand, kann es sein, dass er die Oberfläche der Landschaft durchdringt. Anschließend gibt es zwei Möglichkeiten:

- Er hat eine Höhle gefunden, die ihn zum Ausgang auf der anderen Seite bringt. Anders gesagt: Er durchdringt die Wand ein zweites Mal und kommt unmittelbar auf der anderen Seite wieder zum Vorschein.
- Er verirrt sich zunächst in einem Höhlensystem, findet irgendwann hinaus, wird mithilfe eines Hubschraubers gerettet und springt erneut per Fallschirm über der Landschaft ab. Anders gesagt: Er fällt nach unten aus dem Spiel heraus, wird per Code senkrecht nach oben bewegt und befindet sich anschließend wieder auf der Oberfläche der Landschaft und im Spiel.

Sobald der Jäger einem Ziel zu nahekommt, wehrt sich dieses, indem es *Kontaktminen* auf den Jäger wirft. Diese kleinen roten Abwehrobjekte schießt das Ziel in kurzen Zeitabständen in Richtung des Jägers. Berührt der Jäger eines davon, verliert er eines seiner insgesamt drei Leben (siehe Abbildung 15.3). Dabei ist es unerheblich, ob ihn die Abwehrobjekte beim Abschuss treffen oder ob er bereits ruhende Abwehrobjekte berührt, wenn er sich selbst bewegt.

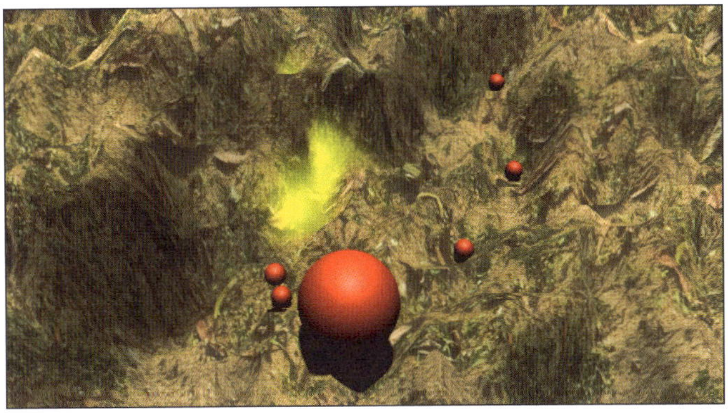

Abbildung 15.3 Der Jäger verliert ein Leben.

Hinweis

Ein paar taktische Tipps zum Überleben:

- Der Jäger sollte sich vorsichtig an ein Ziel heranpirschen und die natürliche Deckung der Landschaftsformen ausnutzen.
- Eventuell muss er sich kurz vor einem Ziel etwas zurückziehen, damit er nicht unter Dauerbeschuss kommt, und die Lage neu erkunden.
- Die Ziele schießen in Richtung des Jägers. Er sollte sich von einer Seite annähern, die den Beschuss erschwert.
- In einer der kurzen Feuerpausen muss er sich einem Ziel schnell nähern und dabei am besten mehrmals die Richtung ändern.
- Er kann einen Vorteil daraus ziehen, dass ein Ziel unter anderem durch den Rückstoß beim Abschuss eines Abwehrobjekts nach hinten bewegt wird.
- Nach einer bestimmten Zeit verlieren die Abwehrobjekte ihre Gefährlichkeit und zerstören sich selbst.

So, dann machen Sie sich einmal mit den Bewegungen des Jägers und den Abwehrmaßnahmen der Ziele vertraut. Nutzen Sie den Zoom-Slider, um die gesamte Szenerie zu überblicken.

15.2 Bereiten Sie das Spiel vor

Gestalten Sie die Landschaft mithilfe eines gesteuerten Zufalls. Dann erstellen Sie die Prefabs und ermöglichen das Zoomen.

15.2.1 Erzeugen Sie das Projekt und die Landschaft

Um dieses Spiel selbst zu entwickeln, legen Sie zunächst ein neues 3D-Projekt an, z. B. mit dem Namen *MeinTerrainHunter*. Der UNITY EDITOR öffnet sich mit dem neuen Projekt. Erzeugen Sie nun mit GAMEOBJECT • 3D OBJECT • TERRAIN ein Unity-Element vom Typ *Terrain* und nennen Sie es `Landschaft`. Das zugehörige Asset in der PROJECT VIEW kann ebenfalls diesen Namen erhalten.

Das Spielobjekt `Main Camera` setzen Sie zunächst auf die Position 500/600/0 und geben ihm die Rotation 61/0/0. Sowohl bei einer Bewegung des Jägers als auch nach einer Betätigung des Sliders zum Zoomen wird die Position der Kamera per Code geändert. Die Lichtquelle `Directional Light` mit der Position 0/100/0 und der Rotation 90/0/0 sorgt für eine gute Ausleuchtung der zerklüfteten Landschaft.

Legen Sie in der PROJECT VIEW das Asset-Verzeichnis TEXTURES an und importieren Sie aus dem Verzeichnis *FreieAssets* die Bilddatei *GrasSand.png* in dieses Asset-Verzeichnis. Weisen Sie diese Textur dem Spielobjekt `Landschaft` zu (siehe Abschnitt 14.2.2). Der neue Layer soll den Namen `GrasSandLayer` erhalten.

Legen Sie dann in der PROJECT VIEW das Asset-Verzeichnis MATERIALS an und erzeugen Sie darin das PHYSICS MATERIAL `PrallMat`. Die beiden FRICTION-Eigenschaften erhalten den Wert 0, die Eigenschaft BOUNCINESS den Wert 0.2. Weisen Sie dieses PHYSICS MATERIAL der Eigenschaft MATERIAL der Komponente TERRAIN COLLIDER des Spielobjekts `Landschaft` zu. Dem Jäger weisen Sie später dasselbe Material zu. Damit bewegt er sich reibungsfrei und mit schnellen Sprüngen durch die Landschaft.

15.2.2 Steuern Sie den Zufall

Die Landschaft sieht bei jedem Aufruf des Spiels anders aus, da sie mithilfe des Zufallsgenerators geformt wird. Es genügt allerdings nicht, die Höhe jedes einzelnen Punkts zufällig zu bestimmen. Eine solche Landschaft hätte bei den Höhenangaben starke Sprünge und würde keiner natürlichen Landschaft ähneln. Stattdessen gehen Sie wie folgt vor:

- Legen Sie zunächst die Höhe des ersten Punkts links unten fest.
- Die Höhen aller anderen Punkte werden zufällig bestimmt. Jede Höhe richtet sich aber nach der Höhe der jeweils benachbarten Punkte, sodass sich in der Landschaft nur gleichmäßige Änderungen ergeben.

Legen Sie in der PROJECT VIEW das Asset-Verzeichnis SCRIPTS an und erstellen Sie darin das Script-Asset vom Typ MONOBEHAVIOUR SCRIPT mit der Klasse `Landschaft` in der Datei *Landschaft.cs*.

Die Klasse sieht wie folgt aus:

```
using UnityEngine;
public class Landschaft : MonoBehaviour
{
   void Start()
   {
      TerrainData terrainDaten = GetComponent<Terrain>().terrainData;
      int aufloesung = terrainDaten.heightmapResolution;

      float[,] hMap = new float[aufloesung, aufloesung];
      float stufe = 0.003f;

      int[,] faktor = new int[aufloesung, aufloesung];
      int links, unten;

      for (int z = 0; z < aufloesung; z++)
      {
         for (int x = 0; x < aufloesung; x++)
         {
            if (z == 0 && x == 0)
            {
               faktor [z, x] = 5;
            }
            else if (z == 0)
            {
               links = faktor [z, x - 1];
               faktor [z, x] = Random.Range (links - 1, links + 2);
            }
            else if (x == 0)
```

```
                {
                   unten = faktor [z - 1, x];
                   faktor [z, x] = Random.Range (unten - 1, unten + 2);
                }
                else
                {
                   links = faktor [z, x - 1];
                   unten = faktor [z - 1, x];
                   if (links == unten)
                      faktor [z, x] = Random.Range(links - 1,links + 2);
                   else if (links > unten)
                      faktor [z, x] = Random.Range (unten, links + 1);
                   else
                      faktor [z, x] = Random.Range (links, unten + 1);
                }

                if (faktor [z, x] < 0)
                   faktor [z, x] = 0;
                hMap [z, x] = faktor [z, x] * stufe;
             }
          }

          terrainDaten.SetHeights(0, 0, hMap);
       }
    }
```

Listing 15.1 Die Klasse »Landschaft«

Die Bedeutung der Klasse `TerrainData`, der Komponente TERRAIN und der Eigenschaften `terrainData`, `heightmapHeight` und `heightmapWidth` habe ich bereits in Kapitel 14 erläutert.

Die Höhenangaben im zweidimensionalen Datenfeld `hMap` werden diesmal durch die Multiplikation von zwei Werten gebildet:

1. einem festen Basiswert in der Variablen `stufe`
2. variablen Faktoren im zweidimensionalen Datenfeld `faktor`

Das bietet den Vorteil, die gesamte Landschaft durch die einfache Änderung des Basiswerts insgesamt steiler oder sanfter gestalten zu können.

Die beiden Variablen `links` und `unten` verweisen auf die jeweilige Höhe des linken und des unteren Nachbarpunkts desjenigen Punkts, dessen Höhe bestimmt werden soll.

Die Elemente des Datenfelds werden, wie gewohnt, mithilfe einer doppelten `for`-Schleife erreicht. Nun folgt eine mehrfache Verzweigung:

- Handelt es sich um den Punkt, der ganz links unten (`z = 0, x = 0`) liegt, wird der Wert 5 zugewiesen. In Abbildung 15.4 sehen Sie den Jäger im bereits fertigen Spiel an diesem Punkt.

Abbildung 15.4 Der Jäger an Punkt z = 0, x = 0

- Handelt es sich um einen Punkt in der untersten Reihe (`z = 0`), wird zunächst die Höhe des linken Nachbarpunkts ermittelt. Anschließend wird ein zufälliger Wert bestimmt, der von dieser Höhe maximal um den Wert 1 nach unten oder oben abweicht.
- Handelt es sich um einen Punkt aus der Reihe, die ganz links liegt (`x = 0`), wird zunächst die Höhe des unteren Nachbarpunkts ermittelt. Anschließend wird auch hier ein zufälliger Wert bestimmt, der von dieser Höhe maximal um den Wert 1 nach unten oder oben abweicht.
- Handelt es sich um einen der restlichen Punkte, werden zunächst die Höhe des linken Nachbarpunkts und die Höhe des unteren Nachbarpunkts ermittelt. Haben beide dieselbe Höhe, wird ebenfalls ein zufälliger Wert bestimmt, der von dieser Höhe maximal um den Wert 1 nach unten oder oben abweicht. Haben beide nicht dieselbe Höhe, wird ein zufälliger Wert bestimmt, der zwischen der kleineren Höhe und der größeren Höhe (jeweils inklusive) liegt.

Sollte sich ein Wert ergeben, der kleiner als 0 ist, wird er auf 0 gesetzt. Anschließend werden der Basiswert und der variable Faktor multipliziert. Zuletzt sorgt die Methode `SetHeights()` für die Zuweisung des zweidimensionalen Datenfelds zum Terrain.

Ordnen Sie das Script dem Spielobjekt `Landschaft` zu. Starten Sie das Spiel mehrmals nacheinander. Jedes Mal erscheinen andere Formen.

15.2.3 Erzeugen Sie die weiteren Spielobjekte

Erstellen Sie das Spielobjekt `Jaeger` als 3D-Objekt vom Typ *Sphere*. Geben Sie ihm die Position 200/100/150 und den Scale 1.5/1.5/1.5.

Erzeugen Sie ein leeres Spielobjekt mit dem Namen `Ziele` und setzen Sie die Werte der TRANSFORM-Komponente mithilfe des Komponenten-Menüs auf die Standardwerte zurück. Das Spielobjekt dient als übergeordnetes Verzeichnis für die zehn Ziele. Sie haben die Namen `Ziel0` bis `Ziel9` und werden ebenfalls als 3D-Objekte vom Typ *Sphere* erstellt. Ihre Position kann zunächst 0/0/0 bleiben, da sie bei Spielbeginn zufällig positioniert werden. Ihr Scale beträgt 6/6/6. Erzeugen Sie in der Liste TAGS & LAYERS das Tag `Ziel` und weisen Sie es allen zehn Zielen zu.

Alle 3D-Objekte vom Typ *Sphere* erhalten eine RIGIDBODY-Komponente, bei der die Eigenschaften LINEAR DAMPING und ANGULAR DAMPING auf 0 gesetzt werden. Weisen Sie den jeweiligen *Sphere Collidern* außerdem das PHYSICS MATERIAL `PrallMat` zu. Diese physikalischen Eigenschaften lassen den Jäger leichtfüßig durch die Landschaft eilen. Bei den Zielen verstärken sie die Auswirkungen des Rückstoßes, den diese beim Abschuss ihrer Abwehrobjekte erleiden.

Erstellen Sie im Asset-Verzeichnis MATERIALS die beiden Oberflächenmaterialien `GelbMat` und `RotMat` mit den Werten 255/255/0 bzw. 255/0/0 für die Eigenschaft BASE MAP im Bereich SURFACE INPUTS. Weisen Sie `GelbMat` dem Jäger und `RotMat` den zehn Zielen zu.

In Tabelle 15.1 sehen Sie die Namen und Einstellwerte für die Textelemente auf der Benutzeroberfläche. Gemeinsam sind ihnen die Schriftgröße 20, die Schriftfarbe Schwarz (VERTEX COLOR 0/0/0) und die Standardwerte für WIDTH und HEIGHT (160/30). Nur die Info-Anzeige mit einer WIDTH von 400 ist größer. Die Textelemente sind horizontal linksbündig und vertikal oben ausgerichtet. Lediglich die Info-Anzeige ist auch horizontal und vertikal zentriert ausgerichtet.

Name	Ausgangspunkt für die Positionierung	Pos X/Pos Y	Text
`ZeitAnzeige`	`top/left`	100/–80	`Zeit: 0 sec.`
`PunkteAnzeige`	`top/left`	100/–120	`Punkte: 0`
`LebenAnzeige`	`top/left`	100/–160	`Leben: 3`
`InfoAnzeige`	`middle/center`	0/0	(kein Text)

Tabelle 15.1 Textelemente der Benutzeroberfläche

Auf der Benutzeroberfläche fehlt nur noch der Slider. Er wird zusammen mit den Abläufen, die bei seiner Bedienung auftreten, in einem eigenen Abschnitt erstellt. In Abbildung 15.5 sehen Sie die fertige HIERARCHY VIEW und die Benutzeroberfläche, bereits inklusive Slider.

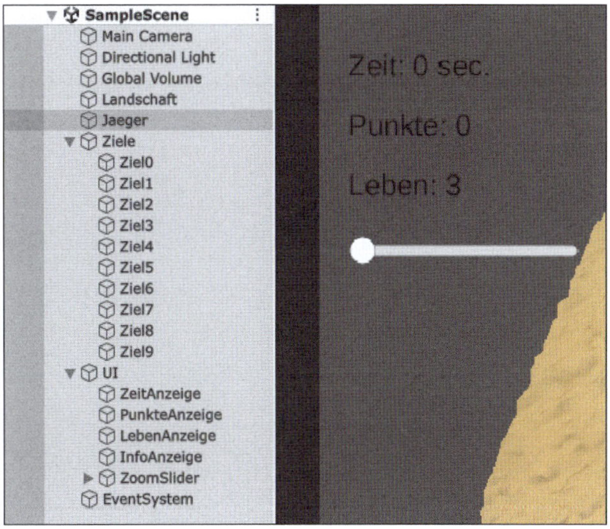

Abbildung 15.5 »Hierarchy View« und Benutzeroberfläche

15.2.4 Erstellen Sie die drei Prefabs

Trifft das Spielobjekt `Jaeger` eines der Ziele, erscheint mithilfe eines Partikelsystems eine Explosion. Dasselbe passiert, wenn eines der Abwehrobjekte das Spielobjekt `Jaeger` trifft. Erstellen Sie das Asset-Verzeichnis PREFABS und darin ein Explosions-Prefab wie in Abschnitt 8.1.1.

Das Objekt vom Typ *Partikelsystem* erhält den Namen `ExplosionRot` und die folgenden Eigenschaftswerte: DURATION 2, LOOPING nicht markiert, START LIFETIME 2, START SIZE 5, MAX PARTICLES 30 sowie START COLOR Rot. Kopieren Sie das Prefab, benennen Sie es in `ExplosionGelb` um und weisen Sie ihm bei der Eigenschaft START COLOR die Farbe Gelb zu.

Das Prefab für die Abwehrobjekte sieht aus wie ein kleines Ziel, also wie das Spielobjekt, von dem aus es abgeschossen wird. Es ist ebenfalls ein 3D-Objekt vom Typ *Sphere* und erhält den Namen `Abwehr`, die Position 0/0/0, den Scale 1.5/1.5/1.5, das Oberflächenmaterial `RotMat` sowie das PHYSICS MATERIAL `PrallMat`. Außerdem erhält es eine RIGIDBODY-Komponente, bei der die Eigenschaften LINEAR DAMPING und ANGULAR DAMPING auf 0 gesetzt werden. Wie auch die beiden Explosions-Prefabs ziehen Sie das Spielobjekt aus der HIERARCHY VIEW in das Asset-Verzeichnis PREFABS (siehe Abbildung 15.6) in der PROJECT VIEW und entfernen es anschließend aus der HIERARCHY VIEW.

Erzeugen Sie in der Liste TAGS & LAYERS das Tag `Abwehr` und weisen Sie es dem Abwehr-Prefab zu.

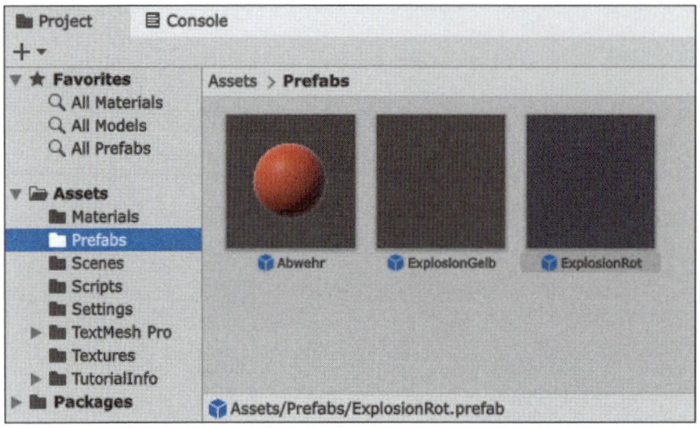

Abbildung 15.6 Prefabs für das Abwehrobjekt und die Explosionen

15.2.5 Zoomen Sie mithilfe eines Sliders

Erstellen Sie mit GAMEOBJECT • UI • SLIDER den Slider zur Steuerung des Kamerazooms und nennen Sie ihn `ZoomSlider`. Ein Slider dient zur kontinuierlichen Einstellung von Werten innerhalb eines festgelegten Bereichs. Platzieren Sie ihn unterhalb der drei Anzeigen. Der Ausgangspunkt für die Positionierung ist `top/left`, die Werte für POS X und POS Y sind 100 und –200.

Wählen Sie bei der Eigenschaft NAVIGATION den Wert `None`. Ansonsten würde der Slider standardmäßig auf die Pfeiltasten reagieren und sich jedes Mal bei einer horizontalen Bewegung des Spielobjekts `Jaeger` verstellen.

Er soll einen Wertebereich von 0.1 (Eigenschaft MIN VALUE) bis 1 (Eigenschaft MAX VALUE) haben. Zu Beginn steht der Slider bei 0.1 (Eigenschaft VALUE). Die Auswirkungen dieser drei Eigenschaften erläutere ich gemeinsam mit dem C#-Script.

Erstellen Sie im Asset-Verzeichnis SCRIPTS das Script-Asset vom Typ MONOBEHAVIOUR SCRIPT mit der Klasse `KameraBewegen` in der Datei *KameraBewegen.cs*. Es erfüllt zwei Aufgaben:

1. Steuerung der Kamera parallel zur Bewegung des Jägers
2. Umsetzung der Änderung des Sliders in eine Änderung des Abstands zwischen Kamera und Jäger

Die Klasse sieht wie folgt aus:

```
using UnityEngine;
using UnityEngine.UI;
```

```
public class KameraBewegen : MonoBehaviour
{
   Vector3 abstandStart;
   Vector3 abstand;
   public GameObject jaeger;
   public Slider zoomSlider;

   void Start()
   {
      abstandStart = jaeger.transform.position - transform.position;
      abstand = abstandStart;
   }

   void Update()
   {
      transform.position = jaeger.transform.position - abstand;
   }

   public void WertGewechselt()
   {
      abstand = abstandStart / (zoomSlider.value * 10);
   }
}
```

Listing 15.2 Die Klasse »KameraBewegen«

Die Klasse `Slider` stammt aus dem Namensraum `UnityEngine.UI`.

Die Variable `abstandStart` entspricht dem Abstand zwischen der Kamera und dem Jäger zu Beginn des Spiels als Wert vom Typ `Vector3`. Der Wert ergibt sich aus den Positionswerten, die in der INSPECTOR VIEW eingestellt werden, und dient als Ausgangspunkt für die Berechnung des veränderlichen Abstands beim Zoomen.

Die Variable `abstand` steht für diesen veränderlichen Abstand beim Zoomen. Zu Beginn entspricht ihr Wert dem von `abstandStart`. Die beiden öffentlich zugänglichen Eigenschaften `jaeger` und `zoomSlider` dienen zur Verbindung mit den zugehörigen Spielobjekten.

In der Methode `Start()` werden die beiden genannten Abstände eingestellt. In der Methode `Update()` wird die Position der Kamera parallel zur Position des Jägers geändert. Der Abstand bleibt – bei unverändertem Zoom – gleich.

Die Methode WertGewechselt() wird aufgerufen, wenn der Slider mithilfe der Maus bewegt wird und sich damit sein Wert ändert. Die Eigenschaft value entspricht dem aktuellen Wert des Sliders. In der INSPECTOR VIEW steht der Wert der Eigenschaft VALUE auf 0.1. Dank des Faktors 10 hat abstand zu Beginn den Wert von abstandStart.

Die Eigenschaft value kann aufgrund der Einstellungen der Eigenschaften MIN VALUE und MAX VALUE Werte zwischen 0.1 und 1 annehmen. Der Wert von abstand kann auf Werte zwischen abstandStart und abstandStart/10 geändert werden.

Ziehen Sie das C#-Script KameraBewegen auf das Spielobjekt Main Camera und anschließend die beiden Spielobjekte Jaeger und ZoomSlider auf die zugehörigen Slots des Scripts.

Um das Ereignis »Slider wechselt Wert« mit der Methode WertGewechselt() zu verbinden, gehen Sie ähnlich vor wie bei der Zuordnung eines Klick-Ereignisses auf einer Schaltfläche zur zugehörigen Methode: Markieren Sie das Spielobjekt ZoomSlider. In der INSPECTOR VIEW sehen Sie in der Komponente SLIDER das Standardereignis ON VALUE CHANGED (siehe Abbildung 15.7). Erstellen Sie einen neuen Listeneintrag. Ziehen Sie das Spielobjekt Main Camera in den linken Slot und wählen Sie rechts anschließend die Methode WertGewechselt() aus dem zugeordneten Script KameraBewegen aus.

Starten Sie das Spiel. Der Jäger fällt auf die Landschaft herunter. Er ist zunächst sehr klein und fast nicht sichtbar. Die Kamera folgt ihm, bis er seine Ruheposition erreicht hat. Bewegen Sie dann erst den Slider, zoomen Sie sich an den Jäger heran und wieder von ihm weg.

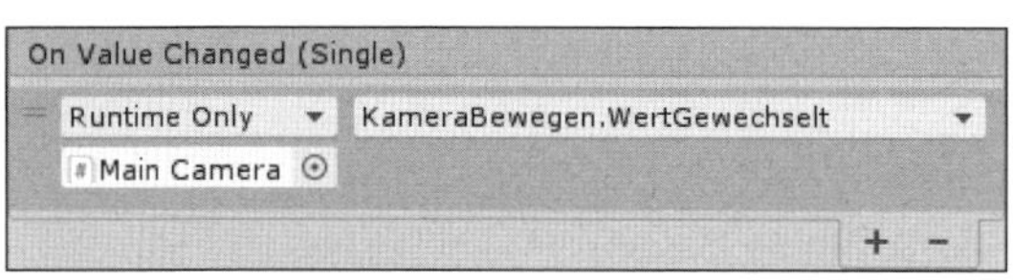

Abbildung 15.7 Ereignis und Methode verbinden

Starten Sie das Spiel erneut und zoomen Sie sich unmittelbar an den Jäger heran. Sie sehen ihn fallen und seine Ruheposition erreichen.

15.3 Erstellen Sie den Spielablauf

Der Jäger bewegt sich durch die Landschaft und zerstört die Ziele. Er muss allerdings darauf achten, nicht selbst zerstört zu werden.

15.3.1 Bewegen Sie den Jäger

Das Spielobjekt `Jaeger` wird mithilfe der Pfeiltasten bewegt. Trifft das Spielobjekt sehr schnell horizontal auf eine sehr steile Wand, kann es passieren, dass es die Oberfläche der Landschaft durchdringt und unten aus dem Spiel herausfällt. In diesem Fall wird es nach oben bewegt, fällt dann auf die Oberfläche der Landschaft herunter und ist wieder im Spiel.

Erstellen Sie im Asset-Verzeichnis SCRIPTS das Script-Asset vom Typ MONOBEHAVIOUR SCRIPT mit der Klasse `Jaeger` in der Datei *Jaeger.cs*.

Die Klasse sieht wie folgt aus:

```
using UnityEngine;
public class Jaeger : MonoBehaviour
{
   readonly float eingabeFaktor = 15;

   void Update()
   {
      float xEingabe = Input.GetAxis ("Horizontal");
      float zEingabe = Input.GetAxis ("Vertical");
      float xNeu = transform.position.x +
         xEingabe * eingabeFaktor * Time.deltaTime;
      float zNeu = transform.position.z +
         zEingabe * eingabeFaktor * Time.deltaTime;
      transform.position = new Vector3(xNeu, transform.position.y, zNeu);
      Pruefen(gameObject);
   }

   public void Pruefen(GameObject go)
   {
      if(go.transform.position.y < 0)
         go.transform.position += new Vector3 (0, 50, 0);

      if(go.transform.position.x < 0)
         go.transform.position = new Vector3
            (0, go.transform.position.y, go.transform.position.z);
      else if(go.transform.position.x > 1000)
         go.transform.position = new Vector3
            (1000, go.transform.position.y, go.transform.position.z);
```

```
        if(go.transform.position.z < 0)
            go.transform.position = new Vector3
                (go.transform.position.x, go.transform.position.y, 0);
        else if(go.transform.position.z > 1000)
            go.transform.position = new Vector3
                (go.transform.position.x, go.transform.position.y, 1000);
    }
}
```

Listing 15.3 Die Klasse »Jaeger« – den Jäger bewegen

Die Landschaft erstreckt sich in der X-Z-Ebene. Die Taste [←] und die Taste [→] führen zu einer Bewegung in X-Richtung, die Taste [↑] und die Taste [↓] zu einer Bewegung in Z-Richtung.

Am Ende der Methode `Update()` wird die Methode `Pruefen()` aufgerufen, in der die Position des Spielobjekts `Jaeger` geprüft und gegebenenfalls korrigiert wird. Das Spielobjekt `Jaeger` soll davor bewahrt werden, die Landschaft zu verlassen. Dieselbe Methode wird später für die zehn Ziele aufgerufen, damit diese ebenso davor bewahrt werden, die Landschaft zu verlassen. Daher ist die Methode `Pruefen()` öffentlich zugänglich und hat einen Parameter des allgemeinen Typs `GameObject`.

Bei der Landschaftsformung wurde darauf geachtet, dass keiner der Punkte des Spielobjekts `Landschaft` unterhalb des Y-Werts 0 liegt. In der Methode `Pruefen()` wird geprüft, ob sich die Position des Spielobjekts `Jaeger` unterhalb des Y-Werts 0 befindet. Ist das der Fall, hat das Spielobjekt `Jaeger` eine sehr steile Wand durchdrungen und ist nach unten aus der Landschaft herausgefallen. Er wird wieder nach oben bewegt.

Zudem wird in der Methode `Pruefen()` geprüft, ob sich der X-Wert oder der Z-Wert der Position außerhalb der Grenzen des Spielobjekts `Landschaft` befindet. Ist das der Fall, wird eine naheliegende Position auf der Grenze des Spielobjekts `Landschaft` gewählt. Eine Bewegung über die Grenzen hinaus wird also verhindert.

Ziehen Sie das C#-Script `Jaeger` auf das Spielobjekt `Jaeger` und starten Sie das Spiel. Bewegen Sie den Jäger durch die Landschaft. Beachten Sie sein Verhalten besonders

- beim Versuch, eine steile Wand langsam zu erklimmen, und
- beim schnellen Durchdringen einer sehr steilen Wand.

Sollte er nicht unmittelbar auf der anderen Seite wieder zum Vorschein kommen, wird er nach oben bewegt.

15.3.2 Treffen Sie die Ziele

Zum Treffen der Ziele und zum Sammeln der Punkte werden erst einmal die Ziele benötigt. In der INSPECTOR VIEW werden sie alle bei 0/0/0 positioniert. Sie sollen zu Beginn des Spiels an zufälliger Stelle gemeinsam mit dem Jäger in der Landschaft erscheinen.

Erstellen Sie im Asset-Verzeichnis SCRIPTS das Script-Asset vom Typ MONOBEHAVIOUR SCRIPT mit der Klasse `Ziel` in der Datei *Ziel.cs*.

Die Klasse sieht wie folgt aus:

```
using UnityEngine;
public class Ziel : MonoBehaviour
{
   public GameObject jaeger;
   Jaeger jaegerKlasse;

   void Start()
   {
      transform.position = new Vector3
         (Random.Range(20, 980), 50, Random.Range(20, 980));
      jaegerKlasse = jaeger.GetComponent<Jaeger> ();
   }

   void Update()
   {
      jaegerKlasse.Pruefen(gameObject);
   }
}
```

Listing 15.4 Die Klasse »Ziel« – zufällige Position

In Listing 15.4 wird ein öffentlich zugänglicher Verweis auf das Spielobjekt `Jaeger` eingerichtet. Damit sind sowohl das Spielobjekt selbst als auch seine Komponenten erreichbar. Zudem wird ein Verweis auf die Klasse `Jaeger` erzeugt.

In der Methode `Start()` wird jedes der zehn Spielobjekte `Ziel0` bis `Ziel9` an eine zufällige Position gesetzt. Dabei wird darauf geachtet, dass sich keine Position ergibt, die zu nah an der Grenze des Spielobjekts `Landschaft` liegt. Außerdem wird der Verweis auf die Klasse `Jaeger` zugewiesen, damit dies nicht jedes Mal in der Methode `Update()` erfolgen muss.

15

Über diesen Verweis wird in der Methode Update() die öffentlich zugängliche Methode Pruefen() der Klasse Jaeger aufgerufen. Sie sorgt dafür, dass keines der Ziele das Spielobjekt Landschaft verlassen kann.

Ergänzen Sie die Klasse Jaeger wie folgt:

```
...
using TMPro;
public class Jaeger : MonoBehaviour
{
   ...
   public GameObject explosionRot;
   int punkte = 0;
   public TextMeshProUGUI punkteAnzeige, infoAnzeige;
   ...
   void OnCollisionEnter(Collision coll)
   {
      if(coll.gameObject.CompareTag("Ziel"))
      {
         Vector3 zielPos = coll.gameObject.transform.position;
         Destroy (coll.gameObject);
         Instantiate (explosionRot, zielPos, Quaternion.identity);

         punkte++;
         punkteAnzeige.text = "Punkte: " + punkte;

         if (punkte >= 10)
         {
            gameObject.SetActive (false);
            infoAnzeige.text = "Sie haben es geschafft";
         }
      }
   }
}
```

Listing 15.5 Die Klasse »Jaeger« – Ziel getroffen

In Listing 15.5 werden öffentlich zugängliche Verweise zum Explosions-Prefab und zu den beiden Textelementen für die Anzeige der Punkte und für die Anzeige der Information am Ende des Spiels eingerichtet. Die Variable punkte dient zum Zählen der Punkte.

Trifft das Spielobjekt `Jaeger` auf eines der Ziele, wird dessen Position gespeichert. Anschließend wird es zerstört (siehe Abbildung 15.8). Durch das Instanziieren des Explosions-Prefabs erfolgt eine Explosion an der früheren Position des Ziels. Die Punktzahl des Benutzers wird erhöht und angezeigt.

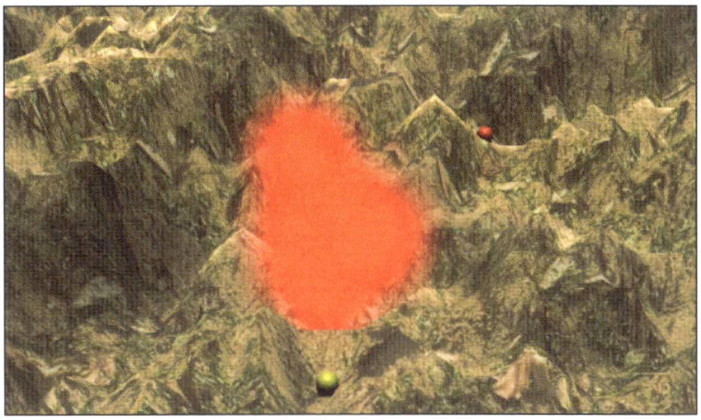

Abbildung 15.8 Der Jäger hat das Ziel zerstört.

Sind zehn Punkte erreicht, wurden alle Ziele zerstört. Das Spielobjekt `Jaeger` wird deaktiviert, und das Ende des Spiels wird angezeigt.

Ziehen Sie das C#-Script `Ziel` auf alle zehn Ziele. Ziehen Sie anschließend das Spielobjekt `Jaeger` jeweils auf den zugehörigen Slot der Klasse `Ziel`. Und ziehen Sie dann das Explosions-Prefab und die beiden Textelemente auf die zugehörigen Slots der Klasse `Jaeger`. Starten Sie das Spiel: Noch können Sie ungefährdet Ziele zerstören und Punkte sammeln.

15.3.3 Die Ziele starten eine Abwehr

Nähert sich der Jäger einem der Ziele, wehrt es sich durch den regelmäßigen Abschuss von Abwehrobjekten in Richtung des Jägers. Noch sind diese harmlos ...

Ändern Sie die Klasse `Ziel` wie folgt:

```
public class Ziel : MonoBehaviour
{
   ...
   public GameObject abwehrPrefab;
   bool nachladen = false;
   ...
   void Update()
   {
```

```
        Vector3 abstand =
            jaeger.transform.position - transform.position;
        if (!nachladen && abstand.magnitude < 10)
        {
            GameObject abwehr = (GameObject)Instantiate
                (abwehrPrefab, transform.position, Quaternion.identity);
            abwehr.GetComponent<Rigidbody>().AddForce (100 * abstand);
            nachladen = true;
            Invoke (nameof(NachladenBeendet), 1);
        }
        ...
    }

    void NachladenBeendet()
    {
        nachladen = false;
    }
}
```

Listing 15.6 Die Klasse »Ziel« – Abschuss von Abwehrobjekten

In Listing 15.6 wird ein öffentlich zugänglicher Verweis auf das Prefab für die Abwehrobjekte eingerichtet. Die boolesche Variable `nachladen` dient zur zeitlichen Steuerung der Abschüsse. Jedes Ziel darf maximal ein Abwehrobjekt pro Sekunde abschießen.

In der Methode `Update()` wird der Abstand eines Ziels zum Jäger ermittelt. Wird aktuell nicht nachgeladen und ist der Abstand zu gering und somit der Jäger zu nah, wird Folgendes ausgeführt:

- Durch das Instanziieren eines Abwehr-Prefabs wird ein Abwehrobjekt am Ort des Ziels erzeugt.
- Die Methode `Instantiate()` liefert einen Verweis auf ein allgemeines Objekt, der in einen Verweis auf ein Spielobjekt umgewandelt wird.
- Über den Verweis erreichen wir die RIGIDBODY-Komponente des Abwehrobjekts und können mithilfe von `AddForce()` eine Kraft darauf ausüben: Das ist der eigentliche Abschuss. Die Richtung des Abschusses ergibt sich durch den Abstandsvektor zum Ziel. Allerdings wird die Flugkurve nach dem Abschuss durch die Landschaftsformen beeinflusst.
- Das Ziel muss nachladen, anders gesagt: Die unmittelbare weitere Abwehr wird verhindert und erst nach einer Sekunde mithilfe der Methode `NachladenBeendet()` wie-

der ermöglicht. Auf diese Weise erreichen wir, dass nicht ununterbrochen geschossen wird, während der Jäger noch zu nah ist.

- Durch das Instanziieren des Abwehrobjekts und durch die Abschusskraft wird ein Rückstoß auf das Ziel ausgeübt. Dabei kann es durch eine Wand fallen. In diesem Fall wird es auf dieselbe Art wie der Jäger nach oben bewegt und erscheint wieder im Spiel.

Ziehen Sie das Abwehr-Prefab auf den zugehörigen Slot aller zehn Ziele und starten Sie das Spiel. Nähern Sie sich einem der Ziele, ohne es zu vernichten, und beachten Sie die Abschüsse der Abwehrobjekte.

15.3.4 Die Abwehr wird gefährlich

Berührt der Jäger eines der Abwehrobjekte, verliert er eines seiner drei Leben. Damit er aber nicht nach einiger Zeit durch eine ganze Sammlung von Abwehrobjekten gefährdet wird, führen wir für diese eine begrenzte Lebensdauer ein.

Erstellen Sie im Asset-Verzeichnis SCRIPTS das fünfte und letzte Script-Asset dieses Spiels, wiederum vom Typ MONOBEHAVIOUR SCRIPT. Es enthält die Klasse `Abwehr` in der Datei *Abwehr.cs*. Die Klasse sieht wie folgt aus:


```
using UnityEngine;
public class Abwehr : MonoBehaviour
{
   void Start()
   {
      Invoke (nameof(SelbstZerstoerung), 10);
   }

   void SelbstZerstoerung()
   {
      Destroy (gameObject);
   }
}
```

Listing 15.7 Die Klasse »Abwehr«

Zehn Sekunden nach Beginn seiner Existenz zerstört sich ein Abwehrobjekt von selbst.

Ändern Sie zudem die Klasse Jaeger wie folgt:

```
public class Jaeger : MonoBehaviour
{
   ...
   public GameObject explosionGelb;
   int leben = 3;
   public TextMeshProUGUI lebenAnzeige;
   ...
   void OnCollisionEnter(Collision coll)
   {
      ...
      else if(coll.gameObject.CompareTag("Abwehr"))
      {
         Destroy (coll.gameObject);
         Instantiate (explosionGelb, transform.position,
            Quaternion.identity);

         gameObject.SetActive (false);
         leben--;
         lebenAnzeige.text = "Leben: " + leben;

         if (leben > 0)
            Invoke (nameof(NaechstesLeben), 2);
         else
            infoAnzeige.text = "Sie haben verloren";
      }
   }

   void NaechstesLeben()
   {
      gameObject.SetActive (true);
      transform.position += new Vector3 (0, 50, 0);
   }
}
```

Listing 15.8 Die Klasse »Jaeger« – Leben verlieren

In Listing 15.8 werden öffentlich zugängliche Verweise zum Explosions-Prefab und zum Textelement für die Anzahl der Leben eingerichtet. Die Variable leben dient zum Zählen der verbliebenen Leben.

Trifft der Jäger auf eines der Abwehrobjekte, wird es zerstört. Bei der Explosion (siehe Abbildung 15.9) wird der Jäger deaktiviert. Die Anzahl seiner Leben wird verringert und angezeigt.

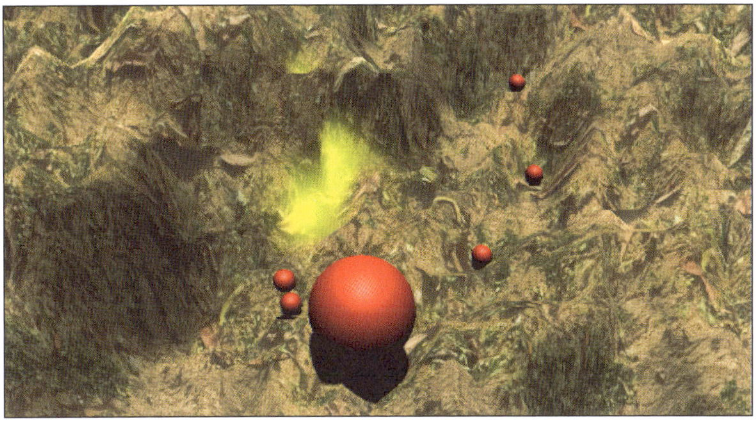

Abbildung 15.9 Das Abwehrobjekt wird zerstört, aber der Jäger verliert ein Leben.

Sind noch Leben übrig, wird nach zwei Sekunden die Methode `NaechstesLeben()` aufgerufen, in der das Spielobjekt `Jaeger` wieder aktiviert wird und erneut per Fallschirm über der Landschaft abspringt. Nach Verlust seines letzten Lebens ist das Spiel vorbei.

Fügen Sie das C#-Script `Abwehr` mithilfe der Schaltfläche ADD COMPONENT zum Abwehr-Prefab hinzu. Ziehen Sie das Explosions-Prefab und das Textelement auf die zugehörigen Slots der Klasse `Jaeger` und starten Sie das Spiel. Versuchen Sie, Ziele zu zerstören, ohne Leben zu verlieren. Beachten Sie das zeitlich gesteuerte Verschwinden der Abwehrobjekte.

15.3.5 Messen Sie die Zeit

Der Jäger soll nicht nur die zehn Ziele zerstören, ohne selbst sämtliche Leben zu verlieren, sondern das Ganze auch noch möglichst schnell erledigen. In der Klasse `Jaeger` werden dazu eine Zeitmessung und eine Zeitanzeige auf gewohnte Art und Weise eingeführt:

```
public class Jaeger : MonoBehaviour
{
    ...
    bool spielGestartet = true;
    float zeitStart;
    public TextMeshProUGUI zeitAnzeige;
```

```
    void Start()
    {
       zeitStart = Time.time;
    }

    void Update()
    {
       ...
       if(spielGestartet)
          zeitAnzeige.text = string.Format("Zeit: {0,3:0} sec.",
             Time.time - zeitStart);
    }

    void OnCollisionEnter(Collision coll)
    {
       if(coll.gameObject.CompareTag("Ziel"))
       {
          ...
          if (punkte >= 10)
          {
             gameObject.SetActive (false);
             spielGestartet = false;
             infoAnzeige.text = "Sie haben es geschafft";
          }
       }
       else if(coll.gameObject.CompareTag("Abwehr"))
       {
          ...
          if (leben > 0)
             Invoke (nameof(NaechstesLeben), 2);
          else
          {
             spielGestartet = false;
             infoAnzeige.text = "Sie haben verloren";
          }
       }
    }
    ...
}
```

Listing 15.9 Die Klasse »Jaeger« – Zeitmessung und -anzeige

Die boolesche Variable `spielGestartet` dient zum Ein- und Ausschalten der Zeitmessung. In der Methode `Start()` wird der Startzeitpunkt gespeichert. In der Methode `Update()` wird die Differenz zum Startzeitpunkt ermittelt und angezeigt, solange das Spiel läuft. Am Ende des Spiels wird die Zeitmessung beendet.

Ziehen Sie das Textelement auf den zugehörigen Slot der Klasse `Jaeger` und starten Sie das Spiel. Versuchen Sie, zu überleben und bei jedem Spiel schneller zu werden.

15.3.6 Ideen für Erweiterungen

Einige Möglichkeiten für dieses Projekt:

- Ändern Sie den Bereich, innerhalb dessen die Abwehrobjekte automatisch abgefeuert werden.
- Ändern Sie den Betrag und die Richtung der Kraft für den Abschuss der Abwehrobjekte, sodass sie den Jäger über eine andere Entfernung erreichen können.
- Fügen Sie Audio-Signale zu den verschiedenen Ereignissen hinzu.
- Fügen Sie verschiedene Level und eine Highscore-Liste ein (siehe Kapitel 20).

Kapitel 16
Eine Schlange aus 3D-Joints

In diesem Kapitel entwickeln Sie eine Variante des Spiels *Snake* im Projekt *TomsSnake*. Unsere Hauptfigur, die Schlange, wird mithilfe von *Joints* (dt. Gelenken) gebildet.

16.1 Führen Sie das Spiel aus

Starten Sie das ausführbare Programm *TomsSnake.exe* im Projektverzeichnis *TomsSnake/Builds* (siehe Abbildung 16.1).

Abbildung 16.1 Das Spiel »TomsSnake«

Auf einer dunkelgrünen Platte mit braunen Randbegrenzungen sehen Sie eine rotschwarze Korallenschlange mit einem weißen Kopf. Sie können den Kopf der Schlange mithilfe von kurzen Kraftstößen über die Platte steuern. Dazu dienen die vier Pfeiltasten für die entsprechenden Richtungen. Der Kopf und die zehn Segmente des Schlangenkörpers sind durch Gelenke miteinander verbunden. Durch die Kraftstöße und die Gelenke windet sich die Schlange über die Platte, rutscht aber auch auf die Ränder zu. Sie werden feststellen, dass die Steuerung der vielgelenkigen Schlange etwas Übung erfordert: Sie bewegt sich, wie für diese Tierart üblich, leichter zur Seite als genau nach vorn.

Das orangefarbene Ei stellt die Beute dar, die von der Schlange gefressen werden soll. Sobald die Schlange das Ei mit dem Kopf berührt hat, gewinnt der Spieler einen Punkt hinzu. Gleichzeitig wird die Schlange um ein Segment kürzer. Sie besteht allerdings immer mindestens aus dem Kopf und einem Segment.

Berührt ein Körperteil der Schlange den Rand der Platte, verliert der Spieler einen Punkt. Je kürzer die Schlange ist, desto beweglicher und schneller ist sie. Das ist von Vorteil für das Erreichen der Beute, aber von Nachteil beim Vermeiden der Ränder. Trifft die Schlange mit sehr hoher Geschwindigkeit auf den Rand, kann sie darin stecken bleiben. Das gilt es zu vermeiden. Ziel des Spiels ist es, zehn Punkte in möglichst kurzer Zeit zu erreichen.

So, dann machen Sie sich erst einmal mit der Schlange und ihren Bewegungsmöglichkeiten vertraut.

16.2 Bereiten Sie das Spiel vor

Die Platte und ihre Ränder werden gestaltet. Die Schlange besteht aus einzelnen Elementen, die gelenkig miteinander verbunden werden.

16.2.1 Erzeugen Sie die Assets und die Platte

Um dieses Spiel selbst zu entwickeln, legen Sie zunächst mithilfe des Templates UNIVERSAL 3D ein neues 3D-Projekt an, z. B. mit dem Namen *MeinSnake*. Der UNITY EDITOR öffnet sich mit dem neuen Projekt.

Erstellen Sie in der PROJECT VIEW das Asset-Verzeichnis MATERIALS. Erzeugen Sie darin die Oberflächenmaterialien `BraunMat`, `DunkelgruenMat`, `OrangeMat`, `RotMat`, `SchwarzMat` und `WeissMat`. Wählen Sie für die Eigenschaft BASE MAP im Bereich SURFACE INPUTS die RGB-Werte 192/96/0, 0/128/0, 255/128/0, 255/0/0, 0/0/0 bzw. 255/255/255.

Im selben Asset-Verzeichnis kommt noch das PHYSICS MATERIAL mit dem Namen `GleitMat` hinzu. Es besitzt eine DYNAMIC FRICTION von 0.2 sowie eine STATIC FRICTION und eine BOUNCINESS von 0. Es wird für die Platte und für die Körperteile der Schlange benötigt. Ruht die Schlange, wird einem Kraftstoß keine statische Reibung entgegengesetzt. Bewegt sich die Schlange nach dem Kraftstoß, führt die dynamische Reibung zum Abbremsen.

Die einzelnen Segmente der Schlange sind nach kurzer Zeit verschieden ausgerichtet und werden daher unterschiedlich stark gebremst. Diese Bremsungen und die zusätzlichen Kräfte, die die Körperteile der Schlange aufgrund der gelenkigen Verbindungen aufeinander ausüben, führen zum Verdrehen der Schlange.

In der HIERARCHY VIEW legen Sie das leere Spielobjekt `PlatteGesamt` an. Setzen Sie die Werte der TRANSFORM-Komponente mithilfe des Komponenten-Menüs auf die Standardwerte zurück. `PlatteGesamt` dient nicht als eigenes Spielobjekt, sondern nur als Verzeichnis für andere Spielobjekte. Erzeugen Sie darin fünf 3D-Objekte vom Typ *Cube*. Weisen Sie ihnen die Namen und Transform-Werte aus Tabelle 16.1 zu.

Die Platte erhält das Oberflächenmaterial `DunkelgruenMat` sowie die vier Ränder `BraunMat`. Dem BOX COLLIDER der Platte wird das PHYSICS MATERIAL `GleitMat` zugewiesen. Den vier Rändern wird das zuvor neu erzeugte Tag `Rand` zugewiesen, damit reagiert werden kann, wenn die Schlange den Rand berührt.

Name	Position	Scale
`Platte`	0/–0.15/0	10/0.3/10
`RandLinks`	–4.95/0.2/0	0.1/0.45/10
`RandRechts`	4.95/0.2/0	0.1/0.45/10
`RandVorne`	0/0.2/–4.95	10/0.45/0.1
`RandHinten`	0/0.2/4.95	10/0.45/0.1

Tabelle 16.1 Platte mit Rändern

Das Spielobjekt `Main Camera` erhält die Position 0/6/–7 und die Rotation 55/0/0. Erstellen Sie außerdem auf die bekannte Art und Weise links oben eine Benutzeroberfläche mit dem Namen `UI`, die zwei Textelemente mit den Namen `PunkteAnzeige` und `ZeitAnzeige` enthält. Diese zeigen zu Beginn den Text `Punkte: 0` beziehungsweise `Zeit: 0.0 sec.` an.

16.2.2 Erstellen Sie die Schlange und ihre Beute

Legen Sie in der HIERARCHY VIEW ein weiteres leeres Spielobjekt an. Die Werte seiner TRANSFORM-Komponente setzen Sie mithilfe des Komponenten-Menüs auf die Standardwerte zurück. Geben Sie dem Spielobjekt den Namen `Schlange`. Es dient als Verzeichnis für die elf Körperteile der Schlange. Diese sind 3D-Objekte vom Typ *Capsule*, haben einen Scale von 0.15/0.25/0.15 und zu Beginn eine Rotation von 0/–45/90. Ihren

Capsule Collidern weisen Sie dasselbe PHYSICS MATERIAL zu wie der Platte, nämlich `GleitMat`.

Das erste Körperteil erhält den Namen `Kopf` und das Oberflächenmaterial `WeissMat`. Die restlichen zehn Körperteile erhalten die Namen `Segment1` bis `Segment10` und dazu abwechselnd die beiden Oberflächenmaterialien `RotMat` und `SchwarzMat`, wie in Abbildung 16.2 zu sehen. Auf diese Weise ist das vordere Ende der Schlange, auf das die Kraftstöße ausgeübt werden, immer leicht zu erkennen.

Die Position des Kopfs liegt bei 0/0.08/0, die Position von `Segment1` bei -0.35/0.08/-0.35, die Position von `Segment2` bei –0.7/0.08/–0.7 usw. Die Körperteile liegen also jeweils um den Wert 0.35 in X-Richtung und in Z-Richtung zueinander verschoben. Die Position von `Segment10` liegt demzufolge bei –3.5/0.08/–3.5. Auf diese Weise liegt die gesamte Schlange zu Beginn diagonal auf der Platte (siehe Abbildung 16.2). Die Körperteile sind noch nicht gelenkig miteinander verbunden und können sich unabhängig voneinander bewegen.

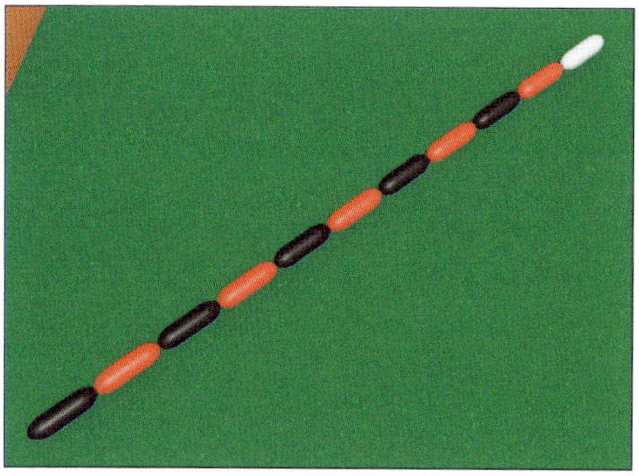

Abbildung 16.2 Die Körperteile der Schlange

Das orangefarbene Ei, das als Beute dient, ist ein 3D-Objekt vom Typ *Sphere*. Geben Sie ihm den Namen `Beute` und ordnen Sie ihm das Tag `Beute` zu, das Sie erst noch neu erzeugen müssen. Die Beute liegt zu Beginn gegenüber der Schlange mit einer Position von 2/0.15/2, besitzt einen Scale von 0.3/0.3/0.5 und das Oberflächenmaterial `OrangeMat`. Setzen Sie im SPHERE COLLIDER die Markierung IS TRIGGER, damit auf die Berührung der Schlange reagiert werden kann.

16.2.3 Stellen Sie die gelenkigen Verbindungen her

Fügen Sie den Spielobjekten `Kopf` sowie `Segment1` bis `Segment9` jeweils eine Komponente vom Typ HINGE JOINT hinzu. Sie finden diese Komponente in der Kategorie PHYSICS.

Dabei wird jeweils eine RIGIDBODY-Komponente automatisch hinzugefügt. Das Spielobjekt `Segment10` am Ende der Schlange erhält keinen Hinge Joint. Allerdings müssen Sie ihm eine RIGIDBODY-Komponente hinzufügen. Das ist Voraussetzung für die spätere Verbindung mit `Segment9`.

Ziehen Sie das Spielobjekt `Segment1` auf das Feld CONNECTED BODY der Komponente HINGE JOINT des Spielobjekts `Kopf`. Anschließend wird dort die Komponente RIGIDBODY des Spielobjekts `Segment1` angezeigt (siehe Abbildung 16.3). Eigentlich sind also nicht die Spielobjekte miteinander gelenkig verbunden, sondern ihre Rigidbodys. Der Verbindungspunkt, also der Ort des Scharniergelenks, wird automatisch an der Stelle gewählt, an der die beiden Spielobjekte die geringste Entfernung voneinander besitzen bzw. sich berühren.

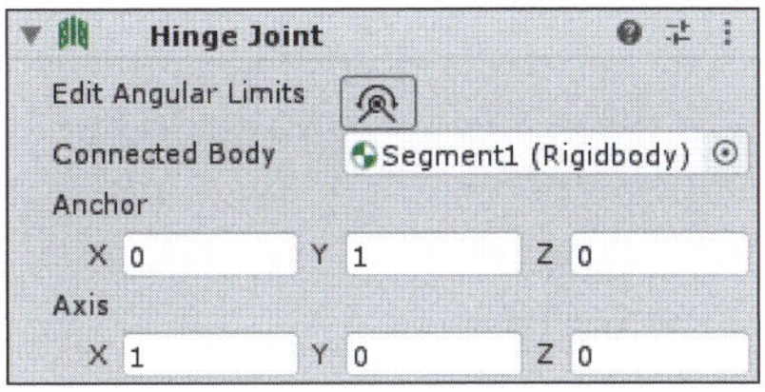

Abbildung 16.3 Der Hinge Joint des Spielobjekts »Kopf«

Ziehen Sie auf dieselbe Weise das Spielobjekt `Segment2` auf das Feld CONNECTED BODY der Komponente HINGE JOINT des Spielobjekts `Segment1`. Dann folgen die Verbindungen von `Segment3` zu `Segment2`, `Segment4` zu `Segment3` usw. Als Letztes verbinden Sie `Segment10` mit `Segment9`.

Hinweis

Wenn Sie das Feld CONNECTED BODY einer Komponente vom Typ HINGE JOINT leer lassen, ist das betreffende Spielobjekt mit seiner Position im Raum fest verbunden. Es kann sich also nur noch um diesen Punkt drehen. Das kann manchmal ein wünschenswerter Effekt sein, um einen festen Bezugspunkt oder einen Punkt zum Aufhängen eines Objekts festzulegen. Im vorliegenden Projekt lassen wir allerdings kein Feld leer. Die Schlange ist also frei beweglich.

16.3 Erstellen Sie den Spielablauf

Das Verhalten der Schlange wird festgelegt. Der Spieler kann Punkte gewinnen oder verlieren.

16.3.1 Bewegen Sie die Schlange

Die Schlange wird bewegt, indem kurze Kraftstöße auf das Spielobjekt `Kopf` ausgeübt werden. Die restlichen Segmente werden dank der gelenkigen Verbindungen nachgezogen. Erstellen Sie ein Asset-Verzeichnis SCRIPTS und darin das Script-Asset vom Typ MONOBEHAVIOUR SCRIPT mit der Klasse `Kopf` in der Datei *Kopf.cs*.

Die Klasse sollte zunächst wie folgt aussehen:

```
using UnityEngine;
public class Kopf : MonoBehaviour
{
   Rigidbody rb;
   void Start()
   {
      rb = GetComponent<Rigidbody>();
   }

   void Update ()
   {
      if (Input.GetKey (KeyCode.UpArrow))
         rb.AddForce (0, 0, 40);
      else if (Input.GetKey (KeyCode.DownArrow))
         rb.AddForce (0, 0, -40);
      else if (Input.GetKey (KeyCode.RightArrow))
         rb.AddForce (40, 0, 0);
      else if (Input.GetKey (KeyCode.LeftArrow))
         rb.AddForce (-40, 0, 0);
   }
}
```

Listing 16.1 Die Klasse »Kopf« – Schlange bewegen

In Listing 16.1 wird ein Verweis auf den Rigidbody eingerichtet, damit Kraft auf den Kopf der Schlange ausgeübt werden kann. Wird die Taste [↑] gedrückt, wird die Methode `AddForce()` mit einem Wert in positiver Z-Richtung aufgerufen. Entsprechend wird sie nach Betätigen der Taste [↓] mit einem Wert in negativer Z-Richtung aufgerufen. Als Folge bewegt sich der Kopf der Schlange nach oben bzw. nach unten. Die Tasten [→] und [←] lösen eine Bewegung in positiver bzw. negativer X-Richtung aus.

Die Kraft bleibt immer gleich. Wird die Schlange kürzer, tritt weniger Reibung auf: Sie wird schneller. Ordnen Sie im UNITY EDITOR das C#-Script dem Spielobjekt `Kopf` zu. Starten Sie das Spiel und bewegen Sie die Schlange.

16.3.2 Treffen Sie die Beute

Trifft der Kopf der Schlange die Beute, soll die Beute an die nächste Position versetzt werden. Ändern Sie dazu die Klasse Kopf wie folgt:

```
public class Kopf : MonoBehaviour
{
   ...
   void OnTriggerEnter(Collider coll)
   {
      if (coll.gameObject.CompareTag("Beute"))
      {
         Vector3 positionAlt = coll.gameObject.transform.position;
         Vector3 positionNeu;

         do
         {
            positionNeu = new Vector3 (Random.Range(-4.0f, 4.0f),
                                    0.2f, Random.Range(-4.0f, 4.0f));
         }
         while((positionNeu - positionAlt).magnitude < 3);
         coll.gameObject.transform.position = positionNeu;
      }
   }
}
```

Listing 16.2 Die Klasse »Kopf« – Beute treffen

Besitzt das berührte Spielobjekt das Tag Beute, wird zunächst die aktuelle Position der Beute gespeichert. Innerhalb einer do-while-Schleife wird eine neue zufällige Position auf der Platte gesucht, die einen bestimmten Mindestabstand zur aktuellen Position besitzt. Zu diesem Zweck wird die Länge des Vektors berechnet, der sich aus der Differenz der beiden Positionen ergibt. Ist die Länge zu gering, wird die Schleife nochmals durchlaufen.

Damit soll vermieden werden, dass der Kopf der Schlange die Beute mit einer Bewegung zufällig mehrmals trifft, weil die neue Position zu nah liegt. Die Schlange soll sich auf dem Weg zur nächsten Position aktiv bewegen. Starten Sie das Spiel und treffen Sie die Beute.

16.3.3 Verkürzen Sie die Schlange

Nach dem Berühren der Beute soll die Schlange jeweils ein Segment kürzer werden. Zu diesem Zweck wird eine generische Liste eingeführt, deren Elemente auf die Körperteile der Schlange verweisen. Solche Listen haben Sie bereits in Abschnitt 12.3.2 kennengelernt.

Ändern Sie die Klasse `Kopf` wie folgt:

```
using UnityEngine;
using System.Collections.Generic;
public class Kopf : MonoBehaviour
{
   ...
   List<GameObject> segmentListe;

   void Start()
   {
      rb = GetComponent<Rigidbody>();
      segmentListe = new List<GameObject>
      {
          GameObject.Find("Kopf")
      };
      for(int i=1; i<=10; i++)
         segmentListe.Add (GameObject.Find ("Segment" + i));
   }
   ...
   void OnTriggerEnter(Collider coll)
   {
      if (coll.gameObject.CompareTag("Beute"))
      {
         ...
         if (segmentListe.Count > 2)
         {
            Destroy(segmentListe[^2].GetComponent<HingeJoint>());
            Destroy(segmentListe[^1]);
            segmentListe.RemoveAt (segmentListe.Count - 1);
         }
      }
   }
}
```

Listing 16.3 Die Klasse »Kopf« – Schlange verkürzen

Nachdem Sie mit Listing 16.3 den Namensraum `System.Collections.Generic` eingebunden haben, stehen generische Listen zur Verfügung. Hier wird die Variable `segmentListe` für eine generische Liste mit Verweisen auf Objekte vom Typ `GameObject` eingeführt.

In der Methode `Start()` wird die Liste erzeugt und mit Verweisen auf Spielobjekte gefüllt. Gibt es bereits zu Beginn Elemente für die Liste, können diese, wie im vorliegenden Fall, mithilfe einer Initialisierung hinzugefügt werden. Später kann die Liste mithilfe der Methode `Add()` um weitere Elemente ergänzt werden.

Die statische Methode `Find()` liefert einen Verweis auf das Spielobjekt mit dem angegebenen Namen. Da sich die Namen der einzelnen Segmente, die nach dem Kopf folgen, nur anhand der Nummer am Ende unterscheiden, können sie einfach innerhalb einer `for`-Schleife zusammengesetzt werden.

Besitzt die Schlange noch mehr als zwei Körperteile, kann sie verkürzt werden (siehe Abbildung 16.4). Die Methode `Destroy()` kann nicht nur zum Zerstören von Spielobjekten, sondern auch zum Zerstören von Komponenten, Assets oder Listenelementen verwendet werden.

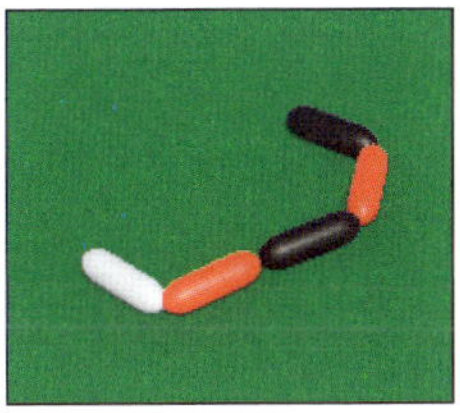

Abbildung 16.4 Verkürzte Schlange

Der Index `^1` verweist auf das letzte Listenelement, der Index `^2` auf das vorletzte Listenelement usw. Dabei kommt der Indexoperator `^` zum Einsatz.

Zunächst wird die Komponente Hinge Joint des Spielobjekts, auf das dieses Listenelement verweist, ermittelt und zerstört. Anschließend wird das Spielobjekt zerstört, auf das das letzte Listenelement verweist. Als Letztes wird mithilfe der Methode `RemoveAt()` das letzte Listenelement selbst entfernt.

Starten Sie das Spiel und achten Sie auf das Verkürzen der Schlange.

Hinweis

Zuerst muss das Spielobjekt zerstört und danach das Listenelement entfernt werden. Wenn Sie nur das Spielobjekt zerstören, verweist das betreffende Listenelement auf ein nicht mehr existierendes Spielobjekt. Entfernen Sie als Erstes das Listenelement, existiert das Spielobjekt zwar noch, kann aber nicht mehr über die Liste erreicht werden.

16.3.4 Zählen Sie die Punkte

Trifft der Kopf der Schlange die Beute, soll die Punktzahl erhöht werden. Nach einer Kollision mit dem Rand soll die Punktzahl verringert werden. Das soll zunächst nur für eine Kollision des Kopfs mit dem Rand gelten, später auch für eine Kollision eines der restlichen Körperteile mit dem Rand. Ändern Sie die Klasse `Kopf` wie folgt:

```
using UnityEngine;
using System.Collections.Generic;
using TMPro;
public class Kopf : MonoBehaviour
{
   ...
   int anzahlPunkte = 0;
   public TextMeshProUGUI punkteAnzeige;
   ...
   void OnTriggerEnter(Collider coll)
   {
      if (coll.gameObject.CompareTag("Beute"))
      {
         ...
         anzahlPunkte++;
         punkteAnzeige.text = "Punkte: " + anzahlPunkte;
         ...
      }
   }

   void OnCollisionEnter(Collision coll)
   {
      if (coll.gameObject.CompareTag("Rand"))
         RandGetroffen();
   }

   public void RandGetroffen()
   {
      anzahlPunkte--;
      punkteAnzeige.text = "Punkte: " + anzahlPunkte;
   }
}
```

Listing 16.4 Die Klasse »Kopf« – Punkte zählen

Mit Listing 16.4 richten Sie eine Variable zum Zählen der Punkte und einen öffentlich zugänglichen Verweis auf ein Textelement ein.

In der Methode `OnTriggerEnter()` wird die Punktzahl erhöht und angezeigt. In der Methode `OnCollisionEnter()` wird nach einer Kollision mit dem Rand (siehe Abbildung 16.5) die öffentlich zugängliche Methode `RandGetroffen()` aufgerufen. In ihr wird die Punktzahl verringert und angezeigt. Diese Methode wird später auch von einer anderen Klasse aus aufgerufen.

Ziehen Sie das Textelement auf den zugehörigen Slot, starten Sie das Spiel und beachten Sie die Punktzahl.

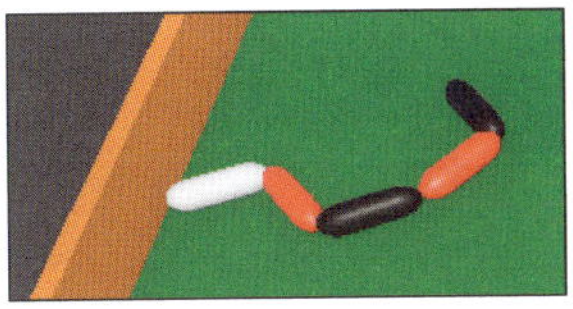

Abbildung 16.5 Die Schlange trifft den Rand.

16.3.5 Die Segmente treffen den Rand

Treffen die Segmente der Schlange den Rand, soll die Punktzahl ebenfalls verringert werden. Erstellen Sie im Asset-Verzeichnis SCRIPTS das Script-Asset vom Typ MONOBEHAVIOUR SCRIPT mit der Klasse `Segment` in der Datei *Segment.cs*. Die Klasse sollte wie folgt aussehen:

```
using UnityEngine;
public class Segment : MonoBehaviour
{
   public Kopf kopfKlasse;

   void OnCollisionEnter(Collision coll)
   {
      if (coll.gameObject.CompareTag("Rand"))
         kopfKlasse.RandGetroffen();
   }
}
```

Listing 16.5 Die Klasse »Segment« – Punkte zählen

In Listing 16.5 wird ein öffentlich zugänglicher Verweis auf die Klasse `Kopf` eingerichtet. Nach einer Kollision mit dem Rand wird die Methode `RandGetroffen()` dieser Klasse aufgerufen.

Weisen Sie die Klasse Segment allen zehn Segmenten zu, die nach dem Kopf der Schlange folgen. Ziehen Sie jeweils das Spielobjekt Kopf auf den zugehörigen Slot des Segment-Scripts. Starten Sie das Spiel und beachten Sie die Kollisionen der Segmente mit dem Rand.

16.3.6 Messen Sie die Zeit

Die laufende Spielzeit soll gemessen und angezeigt werden. Nach dem Erreichen von zehn Punkten wird die Zeit angezeigt, die insgesamt benötigt wurde, und die Schlange verschwindet. Ändern Sie dazu die Klasse Kopf wie folgt:

```
public class Kopf : MonoBehaviour
{
   ...
   float zeitStart;
   bool spielGestartet;
   public TextMeshProUGUI zeitAnzeige;

   void Start()
   {
      ...
      spielGestartet = true;
      zeitStart = Time.time;
   }

   void Update ()
   {
      ...
      if (spielGestartet)
         zeitAnzeige.text = string.Format ("Zeit: {0,6:0.0} sec.",
            Time.time - zeitStart);
   }

   void OnTriggerEnter(Collider coll)
   {
      if (coll.gameObject.CompareTag("Beute"))
      {
         ...
         if (anzahlPunkte >= 10)
         {
```

```
                spielGestartet = false;
                Destroy (GameObject.Find ("Segment1"));
                Destroy (GameObject.Find ("Kopf"));
            }
        }
    }
    ...
}
```

Listing 16.6 Die Klasse »Kopf« – Zeit messen und Spiel beenden

In Listing 16.6 werden eine `float`-Variable zum Speichern der Startzeit, eine boolesche Variable zum Anzeigen der Spielaktivität und ein öffentlich zugänglicher Verweis auf das Textelement zur Zeitanzeige eingeführt.

In der Methode `Start()` werden die beiden genannten Variablen gesetzt. In der Methode `Update()` wird die Zeitdifferenz seit dem Start berechnet und angezeigt, solange das Spiel läuft. In der Methode `OnTriggerEnter()` wird die Spielaktivität beendet, falls zehn oder mehr Punkte erreicht sind. Zudem werden der Kopf und das verbleibende erste Segment zerstört.

Ziehen Sie das Textelement auf den zugehörigen Slot und spielen Sie das fertiggestellte Spiel.

16.3.7 Ideen für Erweiterungen

Einige Möglichkeiten für dieses Projekt:

- Ändern Sie die Anzahl, die Form und die Größe der Segmente. Gestalten Sie die Form der gesamten Schlange.
- Fügen Sie eine zweite Schlange hinzu, die von einem Gegenspieler mithilfe der WASD-Tasten gesteuert werden kann, also der vier Tasten [W], [A], [S] und [D] (mehr dazu lesen Sie z. B. in Abschnitt 17.1). Die Schlangen möchten beide die Beute erreichen. Gleichzeitig versuchen sie, sich gegenseitig mit ihrem Kopf zu treffen. Je weiter vorn die andere Schlange getroffen wird, desto höher soll die Punktzahl sein.
- Verändern Sie die Platte: Setzen Sie sie aus mehreren Elementen zusammen und gehen Sie in die dritte Dimension, ähnlich wie in Abschnitt 11.3.4.
- Fügen Sie Audio-Signale für die verschiedenen Ereignisse hinzu.
- Fügen Sie verschiedene Level und eine Highscore-Liste ein (siehe Kapitel 20).

Kapitel 17
Ein Renntraining und ein Autorennen

In diesem Kapitel entwickeln Sie zunächst im Projekt *TomsRace* ein Renntraining mit einem Auto auf einer Rennstrecke. Anschließend erweitern Sie das Training zu einem Autorennen im Multiplayer-Projekt *TomsRaceZwei*.

17.1 Führen Sie das Renntraining aus

Starten Sie das ausführbare Programm *TomsRace.exe* im Projektverzeichnis *TomsRace/Builds* (siehe Abbildung 17.1).

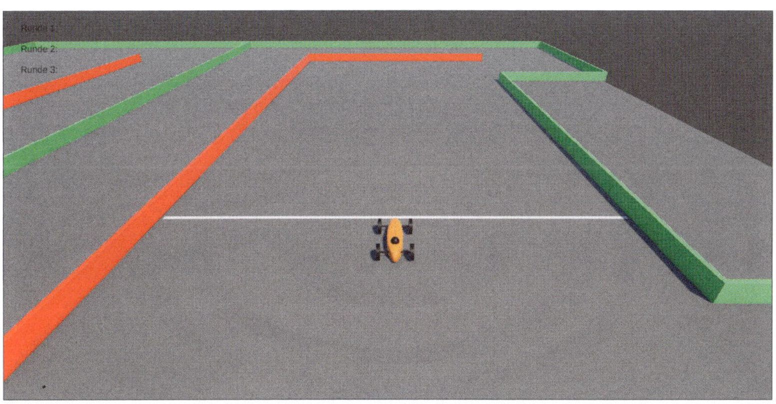

Abbildung 17.1 Das Renntraining »TomsRace« (am Start)

Wie Sie sehen, ist das Fahrzeug einfach gestaltet. Das bietet den Vorteil, dass Sie es selbst aus wenigen 3D-Elementen konstruieren und nach eigenen Wünschen verbessern können. Es ist allradgetrieben, hat ein stromlinienförmiges Design und daher einen guten c_W-Wert.

Hinweis

Der c_W-Wert (*Strömungswiderstandsbeiwert*) entspricht dem Widerstand, den ein Körper aufgrund seiner Form einem Medium entgegensetzt, das ihn umfließt, z. B. Luft.

Das orangefarbene Fahrzeug steht vor der weißen Startlinie am Beginn der Rundstrecke. Die Strecke erkennen Sie an den grünen und roten Streckenbegrenzungen. Ähnlich wie bei Fahrwassermarkierungen für Schiffe sollten Sie die grünen Begrenzungen immer rechts haben (Grün an *Steuerbord*) und die roten Begrenzungen links (Rot an *Backbord*). Auf diese Weise lässt sich der Verlust der Orientierung nach einem versehentlichen Dreher vermeiden.

Der Benutzer steuert das Fahrzeug mithilfe der vier Pfeiltasten. Mit der Taste [↑] beschleunigt er in Fahrtrichtung. Sollte das Fahrzeug aktuell rückwärts fahren, bedeutet das eine Bremsung, die anschließend in Vorwärtsfahrt übergeht. Mit der Taste [↓] beschleunigt der Benutzer gegen die Fahrtrichtung. Bei Vorwärtsfahrt bedeutet das eine Bremsung, die anschließend in Rückwärtsfahrt übergeht. Die beiden Tasten [←] und [→] dienen zum Steuern nach links oder rechts.

Bei der Fahrt folgt die Kamera dem Fahrzeug leicht erhöht in gleichbleibendem Abstand. Außerdem dreht sich die Kamera mit dem Fahrzeug. Dadurch hat der Benutzer immer dieselbe Sicht von hinten oben auf sein Fahrzeug und kann es leicht steuern. Die umgebende Rennstrecke gleitet wie bei einer realen Fahrt an ihm vorbei.

Erst nachdem der Benutzer über die Startlinie gefahren ist, startet die Zeitanzeige für die erste Runde des Trainings. Nach einer Runde wird diese Zeit angehalten, und es startet unmittelbar die Zeitanzeige für die zweite Runde. Auf dieselbe Art und Weise werden die Zeiten für die zweite und die dritte Runde des Trainings gemessen und angezeigt.

Beim Fahren zeigen sich einige Effekte. Unter anderem neigt sich das Fahrzeug beim Beschleunigen nach vorn bzw. hinten. Beim Lenken werden die Vorderräder sichtbar eingeschlagen (siehe Abbildung 17.2) und das Fahrzeug neigt sich zur Seite.

Abbildung 17.2 In einer Linkskurve

Dieses dynamische Verhalten ist den Unity-Elementen vom Typ *Wheel Collider* zu verdanken, die an allen vier Rädern dieses Allradfahrzeugs im Einsatz sind. Das Ziel des Benutzers ist eine kontinuierliche Verbesserung seiner Rundenzeiten.

So, dann machen Sie sich erst einmal mit dem Fahrzeug, seinen Fahreigenschaften und der Strecke vertraut.

17.2 Führen Sie das Autorennen aus

Sie sollen bereits einen Eindruck davon bekommen, wie das Autorennen aussieht, das wir später aus dem fertigen Training entwickeln. In diesem Abschnitt beschreibe ich nur die Unterschiede zum Training.

Starten Sie das ausführbare Programm *TomsRaceZwei.exe* im Projektverzeichnis *TomsRaceZwei/Builds* (siehe Abbildung 17.3).

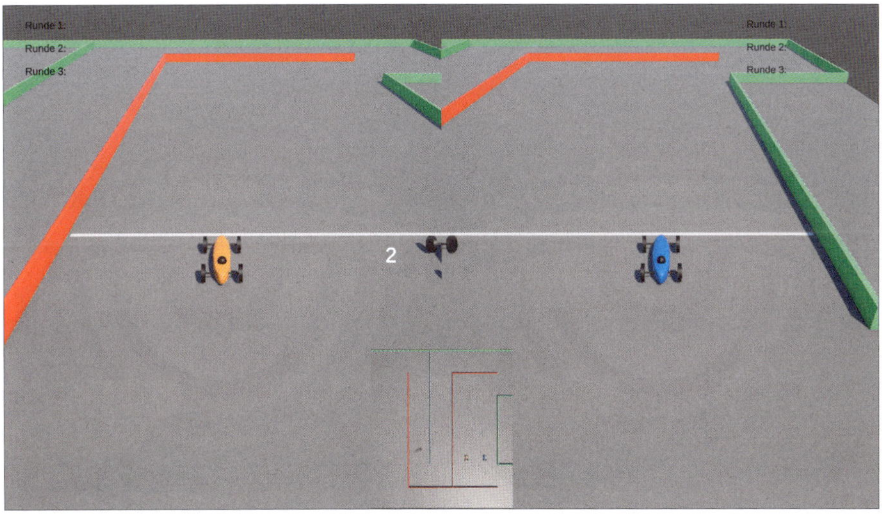

Abbildung 17.3 Das Autorennen »TomsRaceZwei«

Der Bildschirm bietet gleichzeitig drei Kameraperspektiven:

1. Auf der linken Seite sieht Spieler 1 sein orangefarbenes Fahrzeug. Seine Kamera 1 folgt seinem Fahrzeug, das er mit den WASD-Tasten (Tasten W, A, S und D) steuert. Oben links werden seine Rundenzeiten angezeigt.
2. Auf der rechten Seite sieht Spieler 2 sein hellblaues Fahrzeug. Seine Kamera 2 folgt ebenso seinem Fahrzeug, das er mit den Pfeiltasten steuert. Seine Rundenzeiten werden oben rechts angezeigt.

3. Das Bild von Kamera 3 wird unten in der Mitte abgebildet. Es zeigt konstant ein verkleinertes Bild der gesamten Rennstrecke von oben. In ihm erkennt man die Lage der Begrenzungen und die aktuelle Position der beiden Fahrzeuge. Beide Spieler haben auf diese Weise stets einen Überblick über das Renngeschehen.

Sollte sich Kamera 3 als störend erweisen, lässt sie sich auch leicht im UNITY EDITOR ausblenden. Nähern sich die beiden Fahrzeuge einander, sind sie auf beiden Seiten des Bildschirms zu sehen, und zwar aus der Sicht des jeweiligen Spielers (siehe Abbildung 17.4).

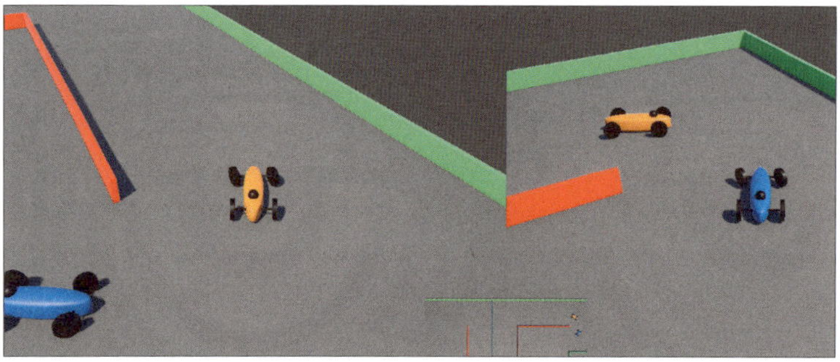

Abbildung 17.4 Beide Benutzersichten an derselben Kurve

Zu Beginn zählt ein Countdown in der Mitte des Bildschirms von 5 bis 0 herunter. Bei 0 wird der Text `Und los ...` angezeigt. Genau dann startet für beide Fahrzeuge die Zeitanzeige für die erste Runde, und erst ab diesem Moment können sie bewegt werden.

Das Ziel beider Benutzer ist schnell formuliert: Gewinnen Sie das Rennen! Es ist nützlich, wenn beide Spieler vorher ein wenig Renntraining absolviert haben. Beide sollten das Training sowohl mithilfe der Pfeiltasten als auch mithilfe der WASD-Tasten durchgeführt haben.

17.3 Bereiten Sie das Renntraining vor

In diesem Abschnitt erstellen Sie die Fahrbahn und das Fahrzeug. Das Fahrzeug erhält *Wheel Collider*, damit es beschleunigt und gelenkt werden kann.

17.3.1 Erzeugen Sie Projekt und Fahrbahn

Um das Renntraining selbst zu entwickeln, legen Sie zunächst mithilfe des Templates UNIVERSAL 3D ein neues 3D-Projekt an, z. B. mit dem Namen *MeinRace*. Der UNITY EDITOR öffnet sich mit dem neuen Projekt.

Erstellen Sie in der PROJECT VIEW das Asset-Verzeichnis MATERIALS. Erzeugen Sie darin die Oberflächenmaterialien `GrauMat`, `HellgruenMat`, `OrangeMat`, `RotMat`, `SchwarzMat` und `WeissMat` mit den RGB-Werten 128/128/128, 128/255/128, 255/128/0, 255/0/0, 0/0/0 bzw. 255/255/255 für die Eigenschaft BASE MAP im Bereich SURFACE INPUTS.

Im selben Asset-Verzeichnis kommt noch das PHYSICS MATERIAL mit dem Namen `FahrbahnMat` hinzu. Beide FRICTION-Eigenschaften haben den Wert 0.2, die BOUNCINESS beträgt 0. Das PHYSICS MATERIAL benötigen Sie für die Reibung des Fahrzeugs auf der Fahrbahn: Sobald der Benutzer keine der beiden Beschleunigungstasten mehr betätigt, erfährt das Fahrzeug eine leichte Abbremsung, die im Stillstand endet.

Erstellen Sie in der HIERARCHY VIEW das leere Spielobjekt `Rennstrecke` und setzen Sie die Werte seiner TRANSFORM-Komponente mithilfe des Komponenten-Menüs auf die Standardwerte zurück. Das Spielobjekt dient als übergeordnetes Verzeichnis für die Fahrbahn, die Startlinie und später auch für die Begrenzungen.

Erstellen Sie in diesem Verzeichnis das Spielobjekt `Fahrbahn` als 3D-Objekt vom Typ *Cube* mit der Position 17.5/0/17.5 und dem Scale 35/0.001/35. Wir erhalten eine quadratische Ebene, deren linke untere Ecke im Ursprung liegt, also an der Position 0/0/0. Die zahlreichen Koordinatenangaben, die wir später benötigen, liegen auf diese Weise alle im positiven Bereich und sind daher einfacher zu verdeutlichen und zu bearbeiten. Weisen Sie der Fahrbahn das Oberflächenmaterial `GrauMat` und das physische Material `FahrbahnMat` zu.

Erstellen Sie das Spielobjekt `Startlinie` im selben Verzeichnis. Es handelt sich ebenfalls um ein 3D-Objekt vom Typ *Cube*. Das Objekt steht an der Position 25/0.001/12.5 und hat den Scale 9.8/0.001/0.1. Wir erhalten einen flachen Streifen, der auf der Fahrbahn liegt. Er erhält das Oberflächenmaterial `WeissMat` und das physische Material `FahrbahnMat`.

Benennen Sie das Spielobjekt `Main Camera` in `Kamera` um, und geben Sie ihm die Position 23/5/5 sowie die Rotation 45/0/0. Damit schauen wir bereits auf die Startlinie der Rennstrecke. Versetzen Sie die Lichtquelle `Directional Light` an die Position 35/5/35 und drehen Sie sie auf die Rotation 50/–30/0. Damit wird die Rennstrecke von der rechten oberen Ecke aus gut ausgeleuchtet.

17.3.2 Konstruieren Sie das Fahrzeug

Erzeugen Sie in der HIERARCHY VIEW das leere Spielobjekt `Fahrzeug` und setzen Sie die Werte seiner TRANSFORM-Komponente mithilfe des Komponenten-Menüs auf die Standardwerte zurück. Das Spielobjekt dient als übergeordnetes Verzeichnis für sämtliche Teile des Fahrzeugs und besitzt gleichzeitig einige wichtige Eigenschaften. Mit der

Position 25/0.15/11.5 steht das Fahrzeug bereits an der Startlinie. Der Scale 0.3/0.3/0.3 sorgt dafür, dass es eine geeignete Größe für die Rennstrecke hat.

Das Spielobjekt `Fahrzeug` benötigt einen Rigidbody, damit die später hinzugefügten *Wheel Collider* ihre Wirkung entfalten können. Das Fahrzeug soll eine Masse von zwei Tonnen, also 2000 kg, haben, damit die Standardwerte der Wheel Collider zu realistischen Ergebnissen führen. Setzen Sie also die Eigenschaft MASS des Rigidbodys auf den Wert 2000.

Hinweis

Ein schwereres Fahrzeug beschleunigt langsamer oder eventuell gar nicht. Bei einem leichteren Fahrzeug können die Räder beim Beschleunigen durchdrehen, und die Antriebskraft wird nicht in Beschleunigung umgesetzt.

Konstruieren Sie die einzelnen Teile innerhalb des übergeordneten Verzeichnisses `Fahrzeug` gemäß den Angaben in Tabelle 17.1. Die Transform-Werte sind relativ und beziehen sich auf das übergeordnete Spielobjekt. Die Oberflächenmaterialien werden wie folgt zugeordnet: Die Karosserie erhält `OrangeMat`, die restlichen Elemente `SchwarzMat`.

Name	3D-Typ	Position	Rotation	Scale
`Karosserie`	*Capsule*	0/0/0	0/0/0	1/0.5/4
`Fahrer`	*Sphere*	0/0.5/–1	0/0/0	0.5/0.5/0.5
`RadVL`	*Cylinder*	–1/0/1.4	0/0/90	1/0.1/1
`RadVR`	*Cylinder*	1/0/1.4	0/0/90	1/0.1/1
`RadHL`	*Cylinder*	–1/0/–1.4	0/0/90	1/0.1/1
`RadHR`	*Cylinder*	1/0/–1.4	0/0/90	1/0.1/1
`AchseV`	*Cylinder*	0/0/1.4	0/0/90	0.1/1/0.1
`AchseH`	*Cylinder*	0/0/–1.4	0/0/90	0.1/1/0.1

Tabelle 17.1 Fahrzeugteile, ohne Wheel Collider

Zu den Abkürzungen: `RadVL` und `RadVR` stehen für die beiden vorderen Räder, `RadHL` und `RadHR` für die beiden hinteren Räder. Der Aufbau der Wheel Collider wird in einem eigenen Abschnitt erläutert. Anschließend sieht das Fahrzeug so aus wie in Abbildung 17.5.

Abbildung 17.5 Das Spielobjekt »Fahrzeug«

Der Capsule Collider der Karosserie behält seine ursprüngliche Größe auch nach der Skalierung bei. Daher wird das Fahrzeug nach dem Start des Programms automatisch nach oben verschoben und kann nicht angetrieben werden. Deaktivieren Sie daher den Capsule Collider, indem Sie die Markierung neben dem Namen der Komponente entfernen.

17.3.3 Fügen Sie die Wheel Collider hinzu

Sie können einem Spielobjekt einen oder mehrere *Wheel Collider* hinzufügen. Ein Wheel Collider bietet die Funktion eines Fahrzeugrads, das beschleunigt und gelenkt werden kann. Dazu lassen sich zahlreiche Eigenschaften einstellen (siehe Abbildung 17.6), unter anderem

- die Federungs- und Dämpfungswerte (über die Eigenschaften in der Gruppe SUSPENSION SPRING),
- die Reibungswerte bei der Vorwärtsbeschleunigung (über die Eigenschaften in der Gruppe FORWARD FRICTION) und
- die Reibungswerte bei der Querbeschleunigung (über die Eigenschaften in der Gruppe SIDEWAYS FRICTION).

Bereits die Standardwerte dieser Eigenschaften ermöglichen ein recht realistisches, dynamisches Fahrverhalten.

Für unser Fahrzeug bietet es sich an, vier Wheel Collider zu nutzen, die jeweils die Antriebs- bzw. Lenkfunktion eines der vier Räder übernehmen. Das Fahrzeug erhält also einen Allradantrieb. Die bereits vorhandenen Spielobjekte RadVL, RadVR, RadHL und RadHR dienen nur der visuellen Darstellung. Der (nicht sichtbare) Wheel Collider wird zusätzlich in die unmittelbare Nähe des jeweiligen Rads gesetzt.

Um den ersten Wheel Collider vorn links hinzufügen zu können, müssen Sie zunächst ein leeres Spielobjekt im übergeordneten Verzeichnis `Fahrzeug` erzeugen. Nennen Sie es `CollVL` und setzen Sie die Werte seiner Transform-Komponente mithilfe des Komponenten-Menüs auf die Standardwerte zurück. Das Spielobjekt erhält die Position –1/0.15/1.4 und sitzt damit etwas oberhalb des Spielobjekts `RadVL`. Wählen Sie für das leere Spielobjekt nach Betätigung der Schaltfläche Add Component eine Komponente vom Typ Wheel Collider aus der Kategorie Physics aus. In Abbildung 17.6 sehen Sie die Einstellmöglichkeiten.

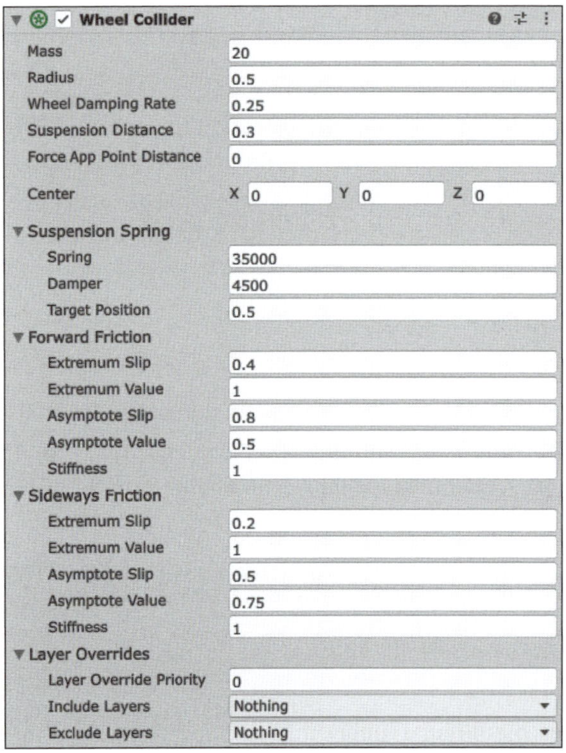

Abbildung 17.6 Wheel Collider (Einstellmöglichkeiten)

Fügen Sie dem Spielobjekt `Fahrzeug` die drei weiteren Wheel Collider `CollVR`, `CollHL` und `CollHR` an den jeweiligen Positionen 1/0.15/1.4, –1/0.15/–1.4 und 1/0.15/–1.4 hinzu. In Abbildung 17.7 sehen Sie die Spielobjekte des Fahrzeugs in der Hierarchy View.

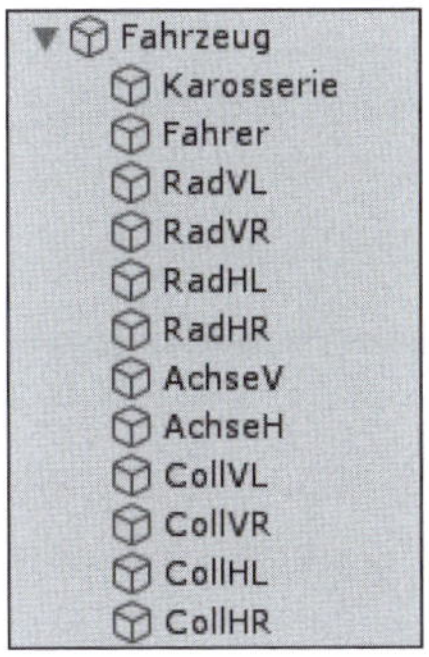

Abbildung 17.7 Spielobjekte des Fahrzeugs

17.4 Erstellen Sie den Ablauf des Renntrainings

Das Fahrzeug wird beschleunigt und gelenkt. Die Kamera verfolgt das Fahrzeug. Die Begrenzungen und die Lichtschranke werden zur Gestaltung der Rennstrecke und zur Messung der Rundenzeit benötigt.

17.4.1 Beschleunigen Sie das Fahrzeug

Um das Fahrzeug beschleunigen zu können, müssen wir eine Eigenschaft der Wheel Collider verändern. Erstellen Sie das Asset-Verzeichnis SCRIPTS und darin das C#-Script vom Typ MONOBEHAVIOUR SCRIPT mit der Klasse `Fahrzeug` in der Datei *Fahrzeug.cs*. Die Klasse sieht zunächst wie folgt aus:

```
using UnityEngine;
public class Fahrzeug : MonoBehaviour
{
   readonly float drehmomentFaktor = 25000;
   public WheelCollider collVL, collVR, collHL, collHR;

   void Update()
   {
      float drehmoment = drehmomentFaktor * Time.deltaTime
         * Input.GetAxis ("Vertical");
      collVL.motorTorque = drehmoment;
      collVR.motorTorque = drehmoment;
      collHL.motorTorque = drehmoment;
```

```
        collHR.motorTorque = drehmoment;
    }
}
```

Listing 17.1 Die Klasse »Fahrzeug« – Beschleunigen

In Listing 17.1 werden öffentlich zugängliche Verweise zu den vier Wheel Collidern eingerichtet. In der Methode `Update()` wird die Betätigung der Tasten [↑] und [↓] mithilfe eines Drehmomentfaktors in ein Drehmoment (engl. *torque*) umgerechnet. Dieser Wert wird der Eigenschaft `motorTorque` aller vier Wheel Collider zugewiesen. Auf diese Weise erreichen wir den Allradantrieb.

Hinweis

Betrachten wir es physikalisch: Das berechnete Drehmoment wird auf der Radachse des jeweiligen Wheel Colliders aufgebracht. Über den Hebelarm des Radradius wird eine Kraft auf die Radlauffläche des Wheel Colliders ausgeübt. Diese Kraft führt zu einer Beschleunigung.

Weisen Sie das Script dem Spielobjekt `Fahrzeug` zu und ziehen Sie die vier Spielobjekte, die eine Komponente vom Typ WHEEL COLLIDER besitzen, auf die zugehörigen Slots. Starten Sie das Renntraining und beschleunigen Sie das Fahrzeug in Fahrtrichtung über die Startlinie (siehe Abbildung 17.8) bzw. gegen die Fahrtrichtung.

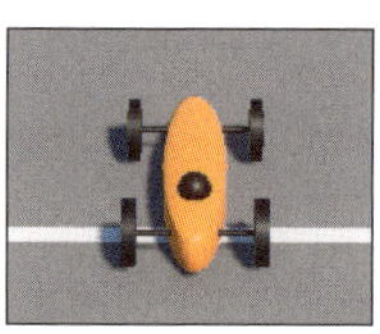

Abbildung 17.8 Das Fahrzeug beschleunigt.

17.4.2 Lenken Sie das Fahrzeug

Um das Fahrzeug lenken zu können, müssen wir eine weitere Eigenschaft der Wheel Collider verändern. Ergänzen Sie die Klasse `Fahrzeug` wie folgt:

```
using UnityEngine;
public class Fahrzeug : MonoBehaviour
{
    ...
    readonly float lenkwinkelFaktor = 30;
```

```
    public GameObject radVL, radVR;
    void Update()
    {
        ...
        float lenkwinkel = lenkwinkelFaktor * Input.GetAxis ("Horizontal");
        collVL.steerAngle = lenkwinkel;
        collVR.steerAngle = lenkwinkel;

        radVL.transform.localEulerAngles = new Vector3(
            radVL.transform.localEulerAngles.x, collVL.steerAngle,
            radVL.transform.localEulerAngles.z);
        radVR.transform.localEulerAngles = new Vector3(
            radVR.transform.localEulerAngles.x, collVR.steerAngle,
            radVR.transform.localEulerAngles.z);
    }
}
```

Listing 17.2 Die Klasse »Fahrzeug« – Lenkung

In Listing 17.2 werden öffentlich zugängliche Verweise zu den beiden Spielobjekten für die Vorderräder eingerichtet. In der Methode `Update()` wird die Betätigung der Tasten [←] und [→] mithilfe eines Lenkwinkelfaktors in einen Lenkwinkel (engl. *steering angle*) umgerechnet. Dieser Wert wird der Eigenschaft `steerAngle` der beiden Wheel Collider für die beiden Vorderräder zugewiesen. Auf diese Weise erreichen wir, dass das Fahrzeug gelenkt wird und Kurven fahren kann.

17

Zur visuellen Verdeutlichung des aktuellen Lenkwinkels sollen die beiden Vorderräder eingeschlagen werden. Dazu erhält die Eigenschaft `localEulerAngles` einen neuen Wert vom Typ `Vector3`.

Diese Eigenschaft enthält die Rotation des Spielobjekts relativ zu der Rotation des übergeordneten Spielobjekts. Hat die Untereigenschaft `y` z. B. den Wert 20, ist das Rad um 20 Grad um die Y-Achse gegenüber dem gesamten Fahrzeug gedreht. Der Wert der Eigenschaft `steerAngle` kann also unmittelbar als neuer Wert für die Untereigenschaft `y` übernommen werden. Die beiden Untereigenschaften `x` und `z` bleiben unverändert.

Ziehen Sie die beiden Spielobjekte `RadVL` und `RadVR` auf die zugehörigen Slots. Starten Sie das Renntraining: Beschleunigen und lenken Sie das Fahrzeug (siehe Abbildung 17.9).

Beenden Sie das Renntraining, kommentieren Sie das sichtbare Einschlagen der beiden Vorderräder kurzzeitig aus und starten Sie das Renntraining erneut. Sie können jetzt zwar beschleunigen und lenken, aber ohne visuelle Unterstützung ist es deutlich schwieriger.

Abbildung 17.9 Das Fahrzeug wird sichtbar gelenkt.

17.4.3 Folgen Sie dem Fahrzeug mit der Kamera

Wenn sich das Fahrzeug auf der Fahrbahn bewegt, gerät es schnell aus dem Sichtbereich und ist dann für den Benutzer nicht mehr kontrollierbar. Wir möchten daher dem Fahrzeug leicht erhöht in gleichbleibendem Abstand folgen. Außerdem möchten wir die Kamera mit dem Fahrzeug drehen. Dadurch hat der Benutzer immer dieselbe Sicht von hinten oben auf das Fahrzeug und kann es leicht steuern.

Erstellen Sie im Asset-Verzeichnis SCRIPTS das C#-Script vom Typ MONOBEHAVIOUR SCRIPT mit der Klasse `KameraBewegen` in der Datei *KameraBewegen.cs*. Sie sieht wie folgt aus:

```
using UnityEngine;
public class KameraBewegen : MonoBehaviour
{
   public GameObject fahrzeug;
   readonly float abstandXZ = 6;
   readonly float hoeheY = 4;

   void Update()
   {
      Quaternion fahrzeugRotationY = new Quaternion();         // 1
      fahrzeugRotationY.eulerAngles =                          // 2
         new Vector3(0, fahrzeug.transform.eulerAngles.y, 0);
      Vector3 abstandHinterFahrzeug =                          // 3
         fahrzeugRotationY * new Vector3(0, 0, abstandXZ);
      transform.position =                                     // 4
         fahrzeug.transform.position - abstandHinterFahrzeug;
      transform.position = new Vector3(transform.position.x,   // 5
         transform.position.y + hoeheY, transform.position.z);
      transform.LookAt(fahrzeug.transform);                    // 6
   }
}
```

Listing 17.3 Die Klasse »KameraBewegen«

In Listing 17.3 wird ein öffentlich zugänglicher Verweis auf das Fahrzeug eingestellt, dem die Kamera folgen soll. Die Variable `abstandXZ` steht für den Abstand der Kamera zum Fahrzeug in der X-Z-Ebene, also für den Abstand zwischen dem Fahrzeug und dem Punkt, der sich genau unter der Kamera auf der Fahrbahn befindet. Die Variable `hoeheY` steht für die Höhe der Kamera in Y-Richtung.

Die Anweisungen in der Methode `Update()` sind zur besseren Übersicht nummeriert:

1. Zuerst wird ein neues leeres Drehungsobjekt erzeugt.
2. Dieses Drehungsobjekt erhält den Wert der Drehung des Fahrzeugs um die Y-Achse. Eine Neigung des Fahrzeugs nach vorn oder hinten, also eine Drehung um die X-Achse, soll nicht in die Bewegung der Kamera einfließen. Ansonsten würde das Bild zu lebhaft. Ebenso verhält es sich mit einer Neigung des Fahrzeugs zur Seite, also einer Drehung um die Z-Achse.
3. Mithilfe des Drehungsobjekts wird der Punkt berechnet, der sich im gewünschten Abstand `abstandXZ` genau unter der Kamera auf der Fahrbahn befindet.
4. Die Kamera wird an diesen Punkt gesetzt.
5. Die Kamera wird auf die gewünschte Höhe `hoeheY` gehoben.
6. Die Methode `LookAt()` sorgt dafür, dass die Kamera so gedreht wird, dass sie in Richtung des Fahrzeugs schaut.

Weisen Sie das Script dem Spielobjekt `Kamera` zu und ziehen Sie das Fahrzeug auf den zugehörigen Slot. Starten Sie das Renntraining und bewegen Sie das Fahrzeug. Die Kamera folgt allen Beschleunigungen und Drehungen (siehe Abbildung 17.10).

Abbildung 17.10 Die Kamera folgt dem Fahrzeug.

Spielen Sie ein wenig mit den Werten von `abstandXZ` und `hoeheY`. Damit können Sie das Training wahlweise zu einem sehr direkten Erlebnis oder eher zu einem Erlebnis aus der Distanz machen.

17.4.4 Bauen Sie die Begrenzungen auf

Mithilfe der roten und grünen Begrenzungen erzeugen Sie den Verlauf einer Runde auf der Rundstrecke. Am besten skizzieren Sie ihn zunächst mit Bleistift und Papier und setzen den Entwurf anschließend im UNITY EDITOR um. In Abbildung 17.11 sehen Sie eine Skizze der Rundstrecke für die Projekte *TomsRace* und *TomsRaceZwei*.

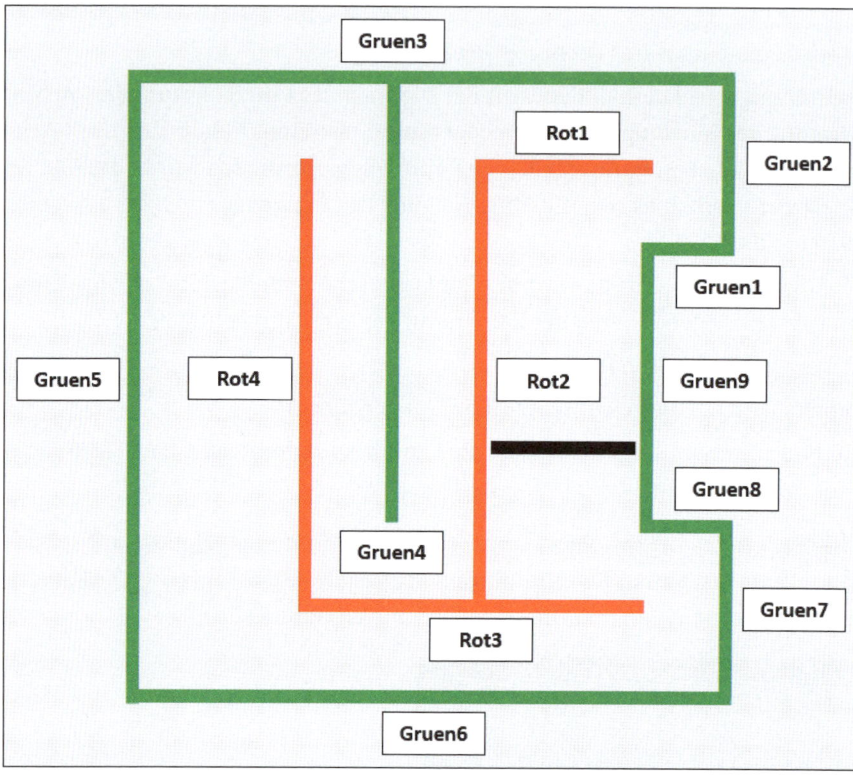

Abbildung 17.11 Skizze der Rennstrecke mit Begrenzungen

Das Fahrzeug startet von der Startlinie aus, die in der Skizze zur besseren Erkennung in Schwarz abgebildet ist. Der Benutzer sieht in der Standard-Fahrtrichtung rechts die grünen und links die roten Begrenzungen. Auf diese Weise lässt sich der Verlust der Orientierung nach einem Dreher vermeiden. Weisen Sie den Spielobjekten für die Begrenzungen nach ihrer Erstellung die entsprechenden Oberflächenmaterialien `RotMat` und `HellgruenMat` zu.

Sie erkennen, dass die Start-Ziel-Gerade, also der Bereich um die Startlinie, und die Gegengerade auf der linken Seite breiter sind als der Rest der Rennstrecke. Auf diese Weise sind sie besser für Überholmanöver während des Autorennens geeignet, das sich auf dieser Rennstrecke abspielt.

In Tabelle 17.2 stehen die Namen und Transform-Daten der Spielobjekte für die Begrenzungen. Bei ihnen handelt es sich jeweils um 3D-Objekte vom Typ *Cube*. Sie stehen innerhalb des übergeordneten leeren Spielobjekts `Begrenzung`, das sich wiederum innerhalb des übergeordneten Spielobjekts `Rennstrecke` befindet.

Name	Position	Scale
`Rot1`	25/0.2/30	10.1/0.4/0.1
`Rot2`	20/0.2/17.5	0.1/0.4/25.1
`Rot3`	20/0.2/5	20.1/0.4/0.1
`Rot4`	10/0.2/17.5	0.1/0.4/25.1
`Gruen1`	32.5/0.2/25	5.1/0.4/0.1
`Gruen2`	35/0.2/30	0.1/0.4/10.1
`Gruen3`	17.5/0.2/35	35.1/0.4/0.1
`Gruen4`	15/0.2/22.5	0.1/0.4/25.1
`Gruen5`	0/0.2/17.5	0.1/0.4/35.1
`Gruen6`	17.5/0.2/0	35.1/0.4/0.1
`Gruen7`	35/0.2/5	0.1/0.4/10.1
`Gruen8`	32.5/0.2/10	5.1/0.4/0.1
`Gruen9`	30/0.2/17.5	0.1/0.4/15.1

Tabelle 17.2 Die Werte für die Begrenzungen der Rennstrecke

Die Höhe der Begrenzungen entspricht ihrer vierfachen Breite: Der Scale-Y-Wert ist 0.4 gegenüber einem Scale-X-Wert bzw. einem Scale-Z-Wert von 0.1. Die Länge der Begrenzungen in X-Richtung bzw. in Z-Richtung beträgt jeweils 10.1 statt genau 10 und 20.1 statt genau 20 bzw. 35.1 statt genau 35. Durch diese kleine Verlängerung ergeben sich Außenecken ohne eine sichtbare Lücke, z. B. am Übergang der Spielobjekte `Gruen1` und `Gruen9` oder am Übergang der Spielobjekte `Rot3` und `Rot4`. In Abbildung 17.12 sehen Sie die Spielobjekte der Rennstrecke in der HIERARCHY VIEW.

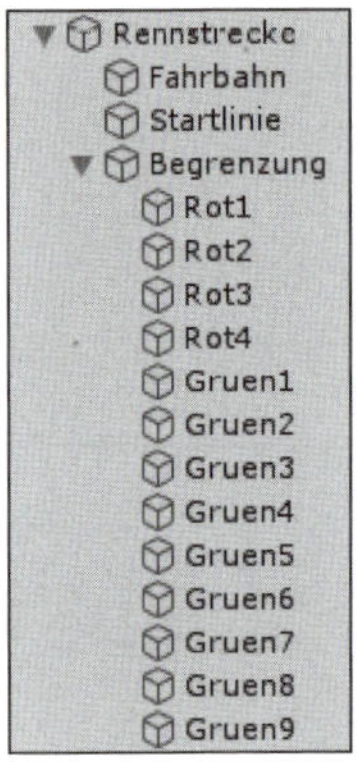

Abbildung 17.12 Spielobjekte der Rennstrecke

17.4.5 Eine »Lichtschranke« an der Startlinie

Zum Zählen der Runden und zum Messen der Rundenzeiten benötigen wir die Information, dass das Fahrzeug über die Startlinie gefahren ist.

Dank der Wheel Collider bewegt sich das Fahrzeug dynamisch und verliert zeitweise den Kontakt zur Fahrbahn. Es ist nicht gewährleistet, dass ein bestimmtes Rad die Startlinie beim Überfahren tatsächlich berührt. Daher können wir nicht mit einer Kollisionserkennung arbeiten.

Dagegen kann eine *Lichtschranke* feststellen, ob sich ein Objekt durch einen bestimmten Bereich hindurchbewegt hat. Wir bauen diese Eigenschaft nach, indem wir prüfen, ob sich der Fahrer des Fahrzeugs innerhalb eines bestimmten Messbereichs an der Startlinie befindet.

Als Erweiterung setzen wir sogar zwei direkt hintereinander befindliche Lichtschranken ein. Damit kann zusätzlich festgestellt werden, in welcher *Richtung* sich der Fahrer über die Startlinie bewegt. Es soll ja gewährleistet sein, dass er die Linie in der Standard-Fahrtrichtung und nicht andersherum überfahren hat.

Erstellen Sie im Asset-Verzeichnis Scripts ein neues Script vom Typ MonoBehaviour Script mit der Klasse `Fahrer` in der Datei *Fahrer.cs*.

Die Klasse sollte wie folgt aussehen:

```
using UnityEngine;
public class Fahrer : MonoBehaviour
{
   bool inBereich = false;
   int runde = 0;
```

```
    void Update()
    {
        if (transform.position.x > 20 && transform.position.x < 30)
        {
            if (transform.position.z > 12 && transform.position.z < 12.5f)
            {
                inBereich = true;
            }
            else if (inBereich && transform.position.z > 12.5f &&
                transform.position.z < 13)
            {
                runde++;
                Debug.Log (runde);
                inBereich = false;
            }
        }
    }
}
```

Listing 17.4 Die Klasse »Fahrer« – Lichtschranke

In der Methode Update() wird zunächst festgestellt, ob sich der Fahrer, bezogen auf seine Position in X-Richtung, ungefähr in der Region der Startlinie befindet.

Ist das der Fall, wird geprüft, ob er in den ersten Teil des Messbereichs eingefahren ist, also ob sich seine Position in Z-Richtung zwischen den Werten 12 und 12.5 befindet. Ist das der Fall, wird die boolesche Variable inBereich auf true gesetzt.

Ist er in den Messbereich eingefahren und befindet sich seine Position in Z-Richtung innerhalb des zweiten Teils, also zwischen den Werten 12.5 und 13, wird der Rundenzähler erhöht und zur Kontrolle ausgegeben. Die boolesche Variable inBereich wird wieder auf false gesetzt, damit das nächste Überfahren der Startlinie in der richtigen Richtung registriert werden kann.

Weisen Sie das Script dem Spielobjekt Fahrer zu und starten Sie das Renntraining. Fahren Sie mehrmals vorwärts und rückwärts über die Startlinie und beachten Sie die Kontrollanzeige für die Rundenzahl in der Statusleiste bzw. in der Console View.

17.4.6 Messen Sie die Rundenzeiten

Nach dem Überfahren der Startlinie sollen Zeiten gemessen, der ersten, zweiten oder dritten Runde zugeordnet und angezeigt werden. Erweitern Sie dazu die Klasse Fahrer:

```
using UnityEngine;
using TMPro;
public class Fahrer : MonoBehaviour
{
   bool rundenZaehlenErlaubt = true;
   bool inBereich = false;
   int runde = 0;

   readonly float[] rundenzeitStart = new float[3];
   public TextMeshProUGUI[] rundenzeitAnzeige = new TextMeshProUGUI[3];

   void Update()
   {
      if (rundenZaehlenErlaubt)
      {
         if (transform.position.x > 20 && transform.position.x < 30)
         {
            if (transform.position.z > 12 && transform.position.z < 12.5f)
            {
               inBereich = true;
            }
            else if (inBereich && transform.position.z > 12.5f &&
               transform.position.z < 13)
            {
               runde++;
               if (runde > 0 && runde < 4)
                  rundenzeitStart[runde-1] = Time.time;
               inBereich = false;
               rundenZaehlenErlaubt = false;
               Invoke (nameof(RundenZaehlenErlauben), 10);
            }
         }
      }

      if (runde > 0 && runde < 4)
         rundenzeitAnzeige[runde-1].text =
            string.Format("Runde{0,2:0}: {1,6:0.0} sec.",
            runde, Time.time - rundenzeitStart[runde-1]);
   }
```

```
    void RundenZaehlenErlauben()
    {
        rundenZaehlenErlaubt = true;
    }
}
```

Listing 17.5 Die Klasse »Fahrer« – Zeiten messen und zuordnen

Mithilfe der booleschen Variable `rundenZaehlenErlaubt` wird gesteuert, dass das Überfahren der Startlinie in der richtigen Richtung auch dazu führt, dass eine Runde gezählt werden darf. Es soll vermieden werden, dass ein Fahrzeug kurz hintereinander vorwärts, rückwärts und anschließend wieder vorwärts über die Startlinie fährt, um auf diese Weise eine ganze Runde angerechnet zu bekommen.

Im Datenfeld `rundenzeitStart` werden die Startzeiten der drei Runden gespeichert, deren Rundenzeit gemessen werden soll. Das Datenfeld `rundenzeitAnzeige` enthält drei öffentlich zugängliche Verweise auf drei Textelemente. Diese können Sie nach dem üblichen Muster links oben auf der Benutzeroberfläche einrichten mit den Namen `Runde1`, `Runde2` und `Runde3` sowie mit einer Breite von 240 (siehe Abbildung 17.13).

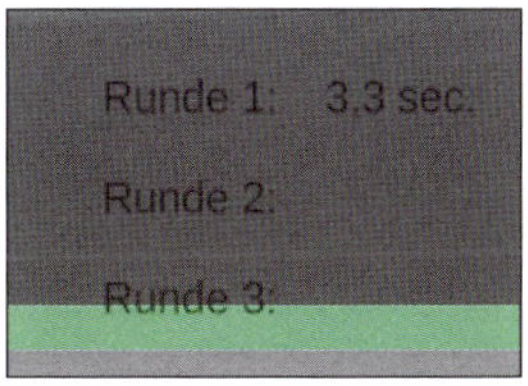

Abbildung 17.13 Textelemente

Ist das Zählen der Runden erlaubt, wird das Überfahren der Startlinie in der richtigen Richtung (wie in Abschnitt 17.4.5 beschrieben) festgestellt. Handelt es sich um die Einfahrt in die erste, zweite oder dritte Runde, wird die Startzeit im zugehörigen Element des Datenfelds gespeichert. Anschließend wird das Zählen der Runden verhindert und erst nach dem Aufruf der Methode `RundenZaehlenErlauben()`, also nach Ablauf einer bestimmten Zeitspanne, wieder gestattet. Es sollte sich dabei um eine Zeitspanne handeln, in der eine Runde auf keinen Fall regulär gefahren werden kann, z. B. zehn Sekunden.

Befindet sich das Fahrzeug in einer der ersten drei Runden, wird die laufende Zeit der aktuellen Runde berechnet und im zugehörigen Textelement angezeigt.

Erstellen Sie die drei Textelemente und ziehen Sie sie auf die drei zugehörigen Slots des Datenfelds (siehe Abbildung 17.14). Starten Sie nun das fertige Renntraining und versuchen Sie, Ihre Rundenzeiten zu verbessern.

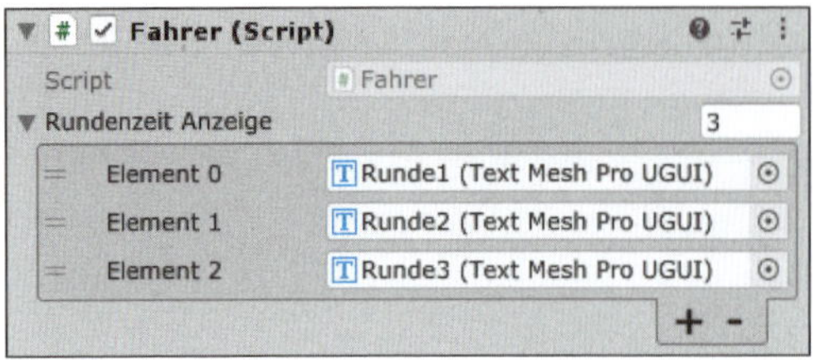

Abbildung 17.14 Das Datenfeld für Textelemente

17.5 Erweitern Sie das Renntraining zum Autorennen

Das Autorennen wird auf Basis des Renntrainings erstellt. Es handelt sich um dieselbe Rennstrecke. Die Steuerung des vorhandenen Fahrzeugs und die Kameraführung lassen sich leicht auf weitere Fahrzeuge übertragen. Der Startvorgang und das Zählen der Runden erfordern etwas größere Modifikationen.

In einem ersten Schritt kopieren Sie Ihr gesamtes Unity-Projekt aus Abschnitt 17.4 so, wie es in Abschnitt 22.1 beschrieben wird. Nennen Sie das kopierte Projekt z. B. *MeinRaceZwei* und öffnen Sie es zur Bearbeitung.

17.5.1 Erzeugen Sie das zweite Fahrzeug

Benennen Sie das Spielobjekt `Fahrzeug` in `FahrzeugEins` um. Kopieren Sie es und nennen Sie die Kopie `FahrzeugZwei`.

Ein solcher Kopiervorgang umfasst automatisch alle Komponenten und untergeordneten Spielobjekte. Handelt es sich um SCRIPT-Komponenten, die öffentlich zugängliche Verweise auf untergeordnete Spielobjekte enthalten, werden diese ohne weiteres Zutun auf die mitkopierten untergeordneten Spielobjekte bezogen. Das betrifft im vorliegenden Projekt die Zuordnungen der jeweiligen Spielobjekte `CollVL`, `CollVR`, `CollHL`, `CollHR`, `RadVL` und `RadVR` auf das Script `Fahrzeug` (siehe Abbildung 17.15).

Setzen Sie die Positionen von `FahrzeugEins` und `FahrzeugZwei` auf 23/0.15/11.5 bzw. 27/0.15/11.5. Erstellen Sie im Asset-Verzeichnis MATERIALS das Oberflächenmaterial `HellblauMat` mit den RGB-Werten 0/128/255 für die Eigenschaft BASE MAP im Bereich SURFACE INPUTS und weisen Sie es dem Spielobjekt `Karosserie` von `FahrzeugZwei` zu. Beide Fahrzeuge stehen jetzt nebeneinander vor der Startlinie (siehe Abbildung 17.16).

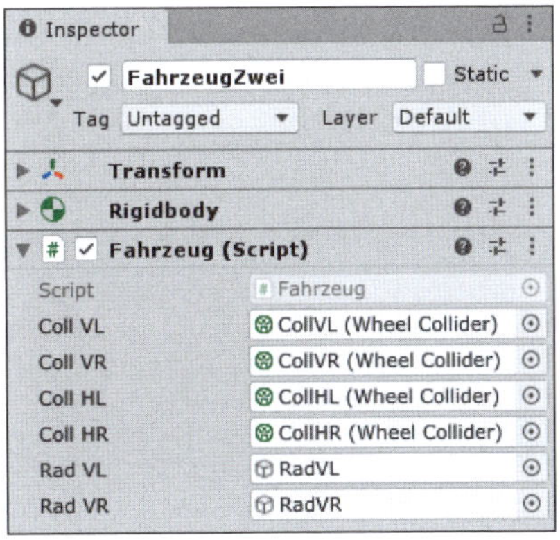

Abbildung 17.15 Den Bezug auf zugehörige Fahrzeugteile herstellen

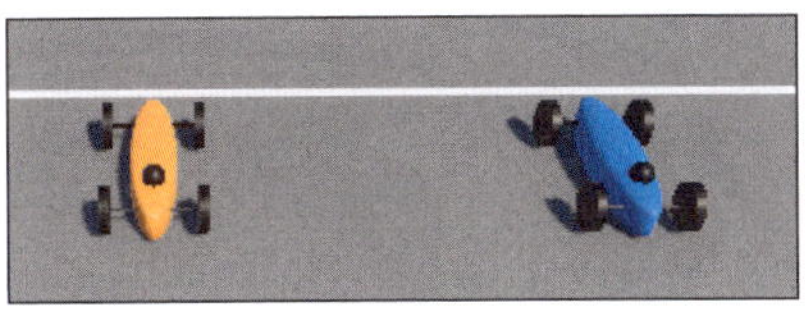

Abbildung 17.16 Original-Fahrzeug und kopiertes Fahrzeug

Starten Sie das Autorennen. Beide Fahrzeuge bewegen sich nach Betätigung der Pfeiltasten synchron (zumindest bis zum ersten Crash ...). Die Betätigung der WASD-Tasten führt zum selben Ergebnis. Die Steuerung muss daher getrennt werden:

- `FahrzeugEins` soll ausschließlich auf die WASD-Tasten reagieren.
- `FahrzeugZwei` soll ausschließlich auf die Pfeiltasten reagieren.

17.5.2 Steuern Sie die Fahrzeuge getrennt

Öffnen Sie die Projekteinstellungen über den Menübefehl Edit • Project Settings. Wechseln Sie auf die Seite Input Manager. Hier stehen die Standard-Einstellungswerte der verschiedenen Achsen für die Eingaben zur Steuerung der Spiele. In Abbildung 17.17 sehen Sie die Einstellungen für die Achse Horizontal.

Dank der Werte für die Eigenschaften Negative Button und Positive Button lassen sich die Fahrzeuge mithilfe der Tasten [←] und [→] lenken. Es gibt Alternativen für die Eingabe. Dank der Werte für die Eigenschaften Alt Negative Button und Alt Positive Button lassen sich die Fahrzeuge aber auch mithilfe der Tasten [A] und [D] lenken. Entfernen Sie daher als Erstes die beiden Einträge **A** und **D** für die beiden letztgenannten Eigenschaften.

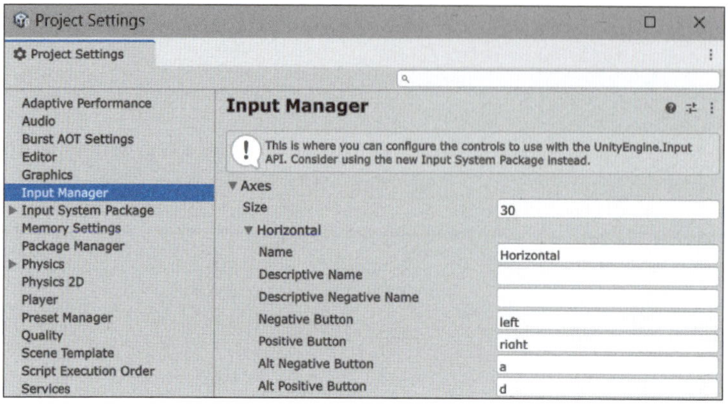

Abbildung 17.17 Die Input-Achse »Horizontal«

Entfernen Sie entsprechend die beiden Einträge **S** und **W** für die beiden Eigenschaften Alt Negative Button und Alt Positive Button für die Achse Vertical (hier nicht im Bild). Nur noch die Tasten [↑] und [↓] sollen zur Beschleunigung dienen. Starten Sie das Autorennen. Beide Fahrzeuge bewegen sich nur noch, wenn Sie die Pfeiltasten betätigen.

Wir könnten jetzt neue Achsen hinzufügen und diese zur Steuerung nutzen. Allerdings stehen uns noch ungenutzte Achsen zur Verfügung, die wir umwidmen können. Die Achsen Fire1 und Fire2 werden standardmäßig zum Abfeuern von Geschossen eingerichtet und daher in diesem Projekt nicht benötigt. Überschreiben Sie also die vorhandenen Werte dieser beiden Achsen. In Abbildung 17.18 sehen Sie die Werte für die Achse Fire1.

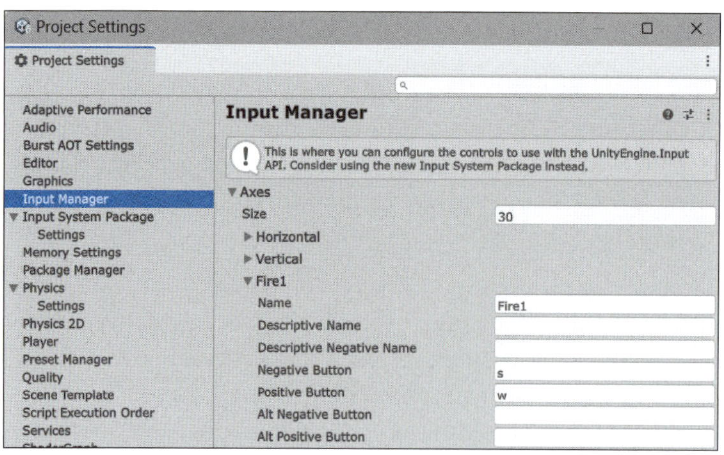

Abbildung 17.18 Die Input-Achse »Fire1«

Die Achse FIRE1 soll zur Beschleunigung eingesetzt werden, und zwar ausschließlich mithilfe der beiden Tasten [S] und [W]. Die Achse FIRE2 soll zum Lenken eingesetzt werden, und zwar nur mithilfe der beiden Tasten [A] und [D] (hier nicht im Bild).

Ändern Sie die Klasse `Fahrzeug`, die nach dem Kopieren beiden Fahrzeugen zugeordnet ist, wie folgt:

```
public class Fahrzeug : MonoBehaviour
{
   ...
   void Update()
   {
      float drehmoment;
      if(name == "FahrzeugEins")
         drehmoment = drehmomentFaktor * Time.deltaTime *
            Input.GetAxis ("Fire1");
      else
         drehmoment = drehmomentFaktor * Time.deltaTime *
            Input.GetAxis ("Vertical");
      collVL.motorTorque = drehmoment;
      collVR.motorTorque = drehmoment;
      collHL.motorTorque = drehmoment;
      collHR.motorTorque = drehmoment;

      float lenkwinkel;
      if(name == "FahrzeugEins")
         lenkwinkel = lenkwinkelFaktor * Input.GetAxis ("Fire2");
      else
         lenkwinkel = lenkwinkelFaktor * Input.GetAxis ("Horizontal");
      collVL.steerAngle = lenkwinkel;
      collVR.steerAngle = lenkwinkel;
      ...
   }
}
```

Listing 17.6 Die Klasse »Fahrzeug« – Trennung der Steuerung

Handelt es sich um `FahrzeugEins`, soll sich das Antriebsdrehmoment über die Achse FIRE1 ergeben, ansonsten über die Achse VERTICAL. Ebenso soll sich der Lenkwinkel über die Achse FIRE2 ergeben, ansonsten über die Achse HORIZONTAL.

Starten Sie das Autorennen. Die Fahrzeuge bewegen sich getrennt und ausschließlich nach Betätigung der jeweils zugeordneten Tasten.

17.5.3 Teilen Sie den Bildschirm auf

Jetzt teilen wir den Bildschirm: Links soll der erste Spieler sein orangefarbenes `FahrzeugEins` sehen, rechts soll der zweite Spieler sein blaues `FahrzeugZwei` sehen. Diese Technik ist als *Split Screen* bekannt.

Benennen Sie das Spielobjekt `Kamera` in `KameraEins` um. Kopieren Sie es und nennen Sie die Kopie `KameraZwei`. Die öffentlich zugänglichen Verweise der beiden Kamera-Scripte beziehen sich beide auf `FahrzeugEins`, da die Fahrzeuge den Kameras nicht untergeordnet sind. Ziehen Sie daher das Spielobjekt `FahrzeugZwei` auf den zugehörigen Slot des Kamera-Scripts von `KameraZwei` (siehe Abbildung 17.19).

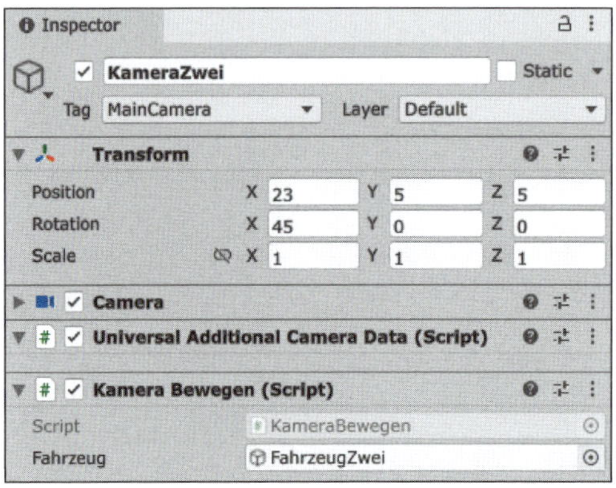

Abbildung 17.19 »KameraZwei« bezieht sich auf »FahrzeugZwei«.

In einem Projekt darf es nur eine Komponente vom Typ AUDIOLISTENER geben. Entfernen Sie daher die entsprechende Komponente beim Spielobjekt `KameraZwei` mithilfe des Menüpunkts REMOVE COMPONENT im Komponenten-Menü.

Kommen wir zur parallelen Darstellung beider Kamerabilder auf dem Bildschirm. Im Standardfall wird das Bild einer einzelnen Kamera auf dem gesamten Bildschirm der Anwendung dargestellt. Das wird durch die Einstellung der Werte im Bereich VIEWPORT RECT innerhalb des Bereichs OUTPUT der Komponente CAMERA einer Kamera gewährleistet. Die Standardwerte sehen Sie in Abbildung 17.20.

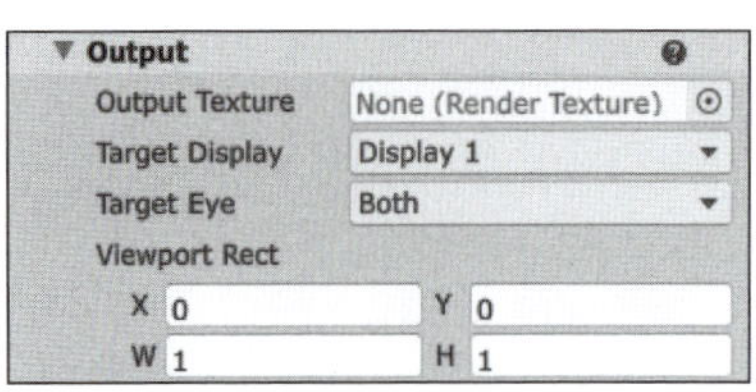

Abbildung 17.20 Der Bereich »Viewport Rect« im Bereich »Output«

Hinweis

Die vier Werte im Bereich VIEWPORT RECT können sich zwischen 0 und 1 bewegen, also zwischen 0 % und 100 % der Breite bzw. der Höhe. Der Ausschnitt einer Kamera beginnt bei den Werten der Eigenschaften **X** und **Y**, im Standardfall also ganz links unten. Die Größe des Ausschnitts richtet sich nach den Werten der Eigenschaften **W** (für WIDTH) und **H** (für HEIGHT); im Standardfall nimmt der Ausschnitt also die vollständige Breite und Höhe ein.

Stellen Sie die Werte für die beiden Kameras wie folgt ein:

- `KameraEins`: X = 0, Y = 0, W = 0.5, H = 1
- `KameraZwei`: X = 0.5, Y = 0, W = 0.5, H = 1

Der Ausschnitt von `KameraEins` beginnt ganz links und nimmt die linke Hälfte ein. Der Ausschnitt von `KameraZwei` beginnt in X-Richtung in der Mitte und nimmt die rechte Hälfte ein. Beide nehmen jeweils die vollständige Höhe ein. Starten Sie das Autorennen. Jeder Spieler sieht es aus Sicht seines Fahrzeugs auf seiner Hälfte des Bildschirms.

17.5.4 Eine dritte Kamera für den Überblick

Möchten Sie zusätzlich beiden Spielern einen Überblick über den gesamten Rennverlauf geben, können Sie eine dritte Kamera einführen, z. B. wiederum durch Kopie. Geben Sie ihr den Namen `KameraGesamt` und entfernen Sie auch hier die Komponente AUDIOLISTENER. Diese Kamera erhält die Position 17.5/31/17.5 und die Rotation 90/0/0. 17

Auf diese Weise steht sie in einem größeren Abstand genau über dem Zentrum der Rennstrecke und schaut nach unten. Die gesamte Rennstrecke ist zu sehen, inklusive der Position der beiden Fahrzeuge, die an ihren Farben zu erkennen sind (siehe Abbildung 17.21).

Abbildung 17.21 Sicht der dritten Kamera

Entfernen Sie die Komponente KAMERA BEWEGEN (SCRIPT). Die Kamera soll keinem der Fahrzeuge folgen, sondern immer dieselbe Position haben.

Das Bild dieser Kamera soll in einem kleineren Ausschnitt dargestellt werden, der sich zentral am unteren Rand des Bildschirms befindet. Weisen Sie der Kamera die folgenden Werte für die Eigenschaften im Bereich VIEWPORT RECT innerhalb des Bereichs OUTPUT der Komponente CAMERA zu: X = 0.42, Y = 0, W = 0.16, H = 0.32. Der Ausschnitt für das Bild dieser Kamera nimmt also 16 % der Breite sowie 32 % der Höhe ein und erstreckt sich in X-Richtung zwischen den beiden Punkten, die bei 42 % und 58 % der Breite liegen. Sie sehen den Ausschnitt auch unten in Abbildung 17.21.

Achten Sie darauf, den Wert der Eigenschaft PRIORITY im Bereich RENDERING der Komponente CAMERA auf 0 zu setzen. Diese Eigenschaft bestimmt die Anordnung übereinanderliegender Kamerabilder. Die Ausschnitte der beiden bisher eingesetzten Kameras liegen nicht übereinander, sondern nebeneinander. Daher ist es kein Problem, dass die Eigenschaft PRIORITY in beiden Fällen den Standardwert –1 hat. Das Bild der dritten Kamera soll aber darübergelegt werden, daher ist mindestens der Wert 0 zu wählen.

17.5.5 Getrennte Rundenzeiten nach einem Countdown

Die Rundenzeiten sollen getrennt angezeigt werden, genauer gesagt: oben links für den linken Spieler und oben rechts für den rechten Spieler. Benennen Sie die drei vorhandenen Textelemente um in `Runde1Eins`, `Runde2Eins` und `Runde3Eins`.

Kopieren Sie sie und setzen Sie sie nach oben rechts. Nennen Sie die drei Kopien `Runde1Zwei`, `Runde2Zwei` und `Runde3Zwei`. Ziehen Sie die drei neuen Textelemente auf die zugehörigen Slots des Scripts `Fahrer` des Spielobjekts `Fahrer` im übergeordneten Spielobjekt `FahrzeugZwei`.

Starten Sie nun das Autorennen. Sobald eines der Fahrzeuge die Startlinie überquert, wird seine individuelle Rundenzeit ermittelt und angezeigt. Allerdings sollen bei einem Autorennen alle Fahrzeuge gleichzeitig starten, am besten nach einem Countdown.

Erstellen Sie daher im Asset-Verzeichnis SCRIPTS ein Script vom Typ MONOBEHAVIOUR SCRIPT in der Datei *Countdown.cs* mit der Klasse `Countdown`. Diese Klasse sieht wie folgt aus:

```
using UnityEngine;
using TMPro;

public class Countdown : MonoBehaviour
{
```

```
    int countdownZahl = 5;
    public TextMeshProUGUI countdownAnzeige;
    public float zeitStartGesamt = 0;

    void Start()
    {
        countdownAnzeige.text = "" + countdownZahl;
        Invoke (nameof(HerunterZaehlen), 1);
    }

    void HerunterZaehlen()
    {
        countdownZahl--;
        countdownAnzeige.text = "" + countdownZahl;
        if (countdownZahl >= 1)
            Invoke (nameof(HerunterZaehlen), 1);
        else
        {
            zeitStartGesamt = Time.time;
            countdownAnzeige.text = "Und los ...";
            Invoke (nameof(Ausblenden), 3);
        }
    }

    void Ausblenden()
    {
        countdownAnzeige.text = "";
    }
}
```

Listing 17.7 Die Klasse »Countdown«

Erstellen Sie ein weiteres Textelement mit dem Namen `Countdown` und platzieren Sie es in geeigneter Größe gut sichtbar im Zentrum.

Die `int`-Variable `countdownZahl` steht für den aktuellen Wert, der im Textelement `Countdown` dargestellt wird. Es wird im Sekundenabstand vom Wert 5 bis zum Wert 0 heruntergezählt. Die öffentlich zugängliche Variable `zeitStartGesamt` enthält den Startzeitpunkt des Rennens. Dieser Wert wird für die Messung der ersten Rundenzeit beider Fahrzeuge zur Verfügung gestellt.

In der Methode `Start()` wird der Startwert 5 des Countdowns angezeigt. Nach einer Sekunde wird die Methode `HerunterZaehlen()` aufgerufen. Die Variable `countdownZahl` wird verringert und angezeigt. Ist sie noch größer als 0, ruft sich die Methode nach einer Sekunde selbst wieder auf. Beim Erreichen des Werts 0 wird der Startzeitpunkt des Rennens gespeichert, und es geht los. Nach weiteren drei Sekunden wird die Anzeige für den Rest des Rennens entfernt.

Ordnen Sie das C#-Script `Countdown` dem Textelement `Countdown` zu. Ziehen Sie das Textelement auf den zugehörigen Slot seines eigenen Scripts (siehe Abbildung 17.22).

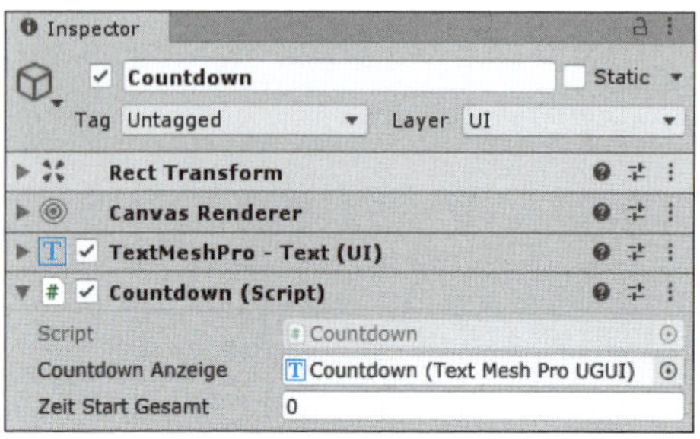

Abbildung 17.22 Das Textelement »Countdown« im eigenen Slot

Textelemente haben nicht den Typ `GameObject`. Ein Verweis auf ein Textelement kann auch nicht in einen Verweis auf ein `GameObject` umgewandelt werden. Daher ist diese *doppelte Zuordnung* notwendig.

Starten Sie das Autorennen und prüfen Sie den Ablauf des Countdowns.

Ändern Sie anschließend die Klasse `Fahrer` wie folgt:

```
public class Fahrer : MonoBehaviour
{
   ...
   public Countdown countdownKlasse;
   void Update()
   {
      ...
      runde++;
      if (runde == 1)
         rundenzeitStart [0] = countdownKlasse.zeitStartGesamt;
      else if(runde < 4)
         rundenzeitStart[runde-1] = Time.time;
      ...
```

```
        if (runde == 0)
        {
            if (countdownKlasse.zeitStartGesamt > 0)
                rundenzeitAnzeige [0].text =
                    string.Format("Runde{0,2:0}: {1,6:0.0} sec.", 0,
                    Time.time - countdownKlasse.zeitStartGesamt);
        }
        else if(runde < 4)
            rundenzeitAnzeige[runde-1].text =
                string.Format("Runde{0,2:0}: {1,6:0.0} sec.", runde,
                Time.time - rundenzeitStart[runde-1]);
    }
    ...
}
```

Listing 17.8 Die Klasse »Fahrer« – gemeinsame Startzeit nach Countdown

In Listing 17.8 wird zunächst ein öffentlich zugänglicher Verweis auf die Klasse `Countdown` eingerichtet.

In der Methode `Update()` wird nach dem Erhöhen des Rundenzählers die Startzeit für die jeweilige Runde gespeichert. Handelt es sich um die erste Runde des betreffenden Fahrzeugs, wird die gemeinsame Startzeit aus der Klasse `Countdown` genutzt, ansonsten die aktuelle Zeit des Fahrzeugs beim Überfahren der Startlinie.

17

Zur Anzeige der jeweiligen Rundenzeit wird zunächst geprüft, ob sich das betreffende Fahrzeug noch in »Runde 0« befindet (was hieße, dass es noch nicht losgefahren ist). Ist das der Fall, wird geprüft, ob bereits eine gemeinsame Startzeit gespeichert ist. Und wenn *das* der Fall ist, wird die laufende Zeit für das Fahrzeug angezeigt. Befindet sich das betreffende Fahrzeug in Runde 1, 2 oder 3, wird die jeweilige Rundenzeit angezeigt.

Ordnen Sie die Klasse `Countdown` für beide Fahrer dem zugehörigen Slot der Klasse `Fahrer` zu. Gelingt dies nicht dadurch, dass Sie das Script auf den Slot ziehen, können Sie auch durch einen Klick auf das Symbol am rechten Rand des Slots eine Liste aufklappen und den zugehörigen Eintrag auswählen.

Starten Sie das Autorennen, aber fahren Sie noch nicht über die Startlinie. Nach dem Ende des Countdowns wird die Rundenzeit für die erste Runde auf beiden Seiten synchron angezeigt. Jetzt müssen wir nur noch verhindern, dass die Fahrzeuge zu früh starten.

Ändern Sie dazu die Klasse `Fahrzeug` wie folgt:

```
public class Fahrzeug : MonoBehaviour
{
   ...
   public Countdown countdownKlasse;
   void Update()
   {
      if (countdownKlasse.zeitStartGesamt <= 0)
         return;
      ...
   }
}
```

Listing 17.9 Die Klasse »Fahrzeug« – Frühstart verhindern

Ordnen Sie die Klasse `Countdown` für beide Fahrzeuge dem zugehörigen Slot der Klasse `Fahrzeug` zu. Starten Sie das fertige Autorennen. Vor dem Ende des Countdowns ist noch keine gemeinsame Startzeit gespeichert.

Bei Betätigung einer der Pfeil- oder WASD-Tasten wird diese Tatsache in der Methode `Update()` festgestellt. Daher wird die Methode unmittelbar wieder verlassen, und die Fahrzeuge bewegen sich noch nicht.

17.5.6 Ideen für Erweiterungen

Einige Möglichkeiten für diese beiden Projekte:

- Konstruieren Sie andere Formen für Ihre Fahrzeuge.
- Verändern Sie die Eigenschaften der Wheel Collider und damit das Fahrverhalten der Fahrzeuge.
- Gestalten Sie andere Rennstrecken.
- Lassen Sie die Fahrzeuge nach einer Kollision mit der Begrenzung langsamer und nach einem Boxenstopp wieder schneller werden.

Kapitel 18
Erkunden Sie das Verlies

In diesem Kapitel entwickeln Sie ein *Adventure* (dt. Abenteuerspiel), in dem sich der Benutzer durch ein verschachteltes Verlies mit vielen Kammern bewegt. Er muss im Projekt *TomsAdventure* den richtigen Weg durch das Verlies finden, Tore und Schatzkisten öffnen, Schlüssel aufnehmen und Sperren beseitigen, bis er schließlich zum endgültigen Ziel gelangt.

Das Verlies besteht aus verschiedenen Kammern, die einzeln konfiguriert werden können. Sie finden in ihnen Tore, Schlüssel und Sperren. Nachdem Sie den Beispielaufbau in diesem Projekt kennengelernt haben, können Sie ihn leicht selbst verändern und damit auch eigene Verliese gestalten.

18.1 Führen Sie das Spiel aus

Starten Sie das ausführbare Programm *TomsAdventure.exe* im Projektverzeichnis *TomsAdventure/Builds* (siehe Abbildung 18.1).

Abbildung 18.1 Das Spiel »TomsAdventure«

Möchten Sie das Verlies und das gesamte Adventure zunächst als Benutzer selbst erkunden, sollten Sie diesen Abschnitt überspringen, denn in seinem Verlauf werden die Geheimnisse des Spiels in allen Einzelheiten erläutert.

Der Benutzer kann den Spieler, also die graue Kugel, mithilfe der Pfeiltasten bewegen und drehen. Die Kamera folgt der Bewegung und der Drehung des Spielers fortwährend. Das Ziel des Spiels ist es, zum *weißen Schlüssel* zu gelangen und ihn aufzunehmen. Auf dem Weg zu diesem Ziel muss der Spieler zahlreiche Hindernisse überwinden.

Auf der Benutzeroberfläche befinden sich oben links einige Schaltflächen mit Aktionen, die der Benutzer in bestimmten Situationen ausführen kann (siehe Abbildung 18.2).

Abbildung 18.2 Schaltflächen für Aktionen des Spielers

Der Spieler befindet sich in einer quadratischen Kammer mit vier Außenwänden. Eine oder mehrere der Außenwände haben orangefarbene Tore (siehe Abbildung 18.3). Zusätzlich gibt es braune Mauern, die die Rundumsicht erschweren, und Durchlässe zwischen den Mauern (siehe wiederum Abbildung 18.1).

Abbildung 18.3 Der Spieler vor einem Tor

Der Spieler kann sich zu einem Tor bewegen. Kommt er dem Tor zu nah, wird er betäubt und kann sich nicht mehr bewegen. Die Betäubung wird optisch durch eine schwarze Einfärbung des Spielers verdeutlicht. In diesem Zustand kann er allerdings zumindest das Tor öffnen (siehe Abbildung 18.4). Nach dem vollständigen Öffnen des Tores wird die Betäubung wieder aufgehoben. Der Spieler hat nun eine kurze Zeitspanne zur Verfügung, um sich durch das Tor zu bewegen und in die Nachbarkammer zu gelangen.

Abbildung 18.4 Der Spieler öffnet ein Tor.

Insgesamt gibt es vier mal vier Kammern, die in einem großen Quadrat angeordnet sind. In einigen Kammern stehen dunkelrote, zylindrische Schatzkisten (siehe Abbildung 18.5).

Abbildung 18.5 Der Spieler vor einer Schatzkiste

Kommt der Spieler einer Schatzkiste zu nah, wird er ebenfalls betäubt. In diesem Zustand kann er aber die Schatzkiste öffnen (siehe Abbildung 18.6). Er entdeckt darin einen farbigen Schlüssel, hier z. B. einen blauen Schlüssel.

Abbildung 18.6 Der Spieler öffnet die Schatzkiste.

Einige Tore zu Nachbarkammern sind mit farbigen Sperren versehen (siehe Abbildung 18.8). Der Spieler benötigt einen Schlüssel in der Farbe der Sperre, um die Sperre aufzuheben. Nach dem vollständigen Öffnen einer Schatzkiste hat er eine kurze Zeitspanne zur Verfügung, um den Schlüssel aufzunehmen.

Nach dem Aufnehmen des Schlüssels befindet sich dieser nicht mehr in der Schatzkiste, sondern im Besitz des Spielers. Der Besitz wird auf der Benutzeroberfläche oben rechts durch eine Markierung angezeigt, die dieselbe Farbe wie der aufgenommene Schlüssel hat (siehe Abbildung 18.7).

Abbildung 18.7 Der Spieler besitzt nun einen blauen Schlüssel.

Insgesamt gibt es sieben Schlüssel in den folgenden Farben: Rot, Grün, Blau, Gelb, Magenta, Cyan und Weiß. Der Spieler kann nur in einer bestimmten Reihenfolge zu den Schlüsseln gelangen und damit die zugehörigen Sperren aufheben. Als Letztes kann er den weißen Schlüssel aufheben und damit das Spiel beenden.

Kommt der Spieler einer Sperre (siehe Abbildung 18.8) zu nah, wird er ebenfalls betäubt. In diesem Zustand kann er dennoch die Sperre aufschließen, falls er den gleichfarbigen Schlüssel besitzt. Anschließend kann er das Tor wie gewohnt öffnen. Besitzt er keinen passenden Schlüssel, muss er trotzdem zumindest versuchen, die Sperre aufzuheben, ansonsten bleibt die Betäubung erhalten.

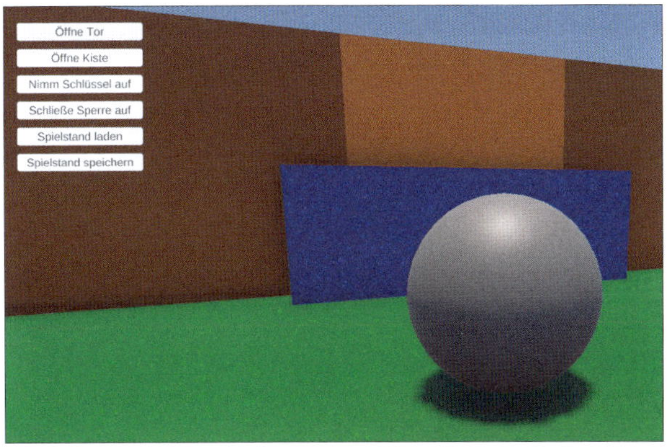

Abbildung 18.8 Der Spieler vor einer Sperre

Hinweis

Das Spiel nimmt längere Zeit in Anspruch. Alle Kammern sind symmetrisch aufgebaut und sehen einander ähnlich. Das kann schnell zu einem Verlust der Orientierung führen. Ein Benutzer des Spiels ist gut beraten, wenn er seine Wege und den Aufbau der Kammern während des Spiels aufzeichnet.

Ein Benutzer des Spiels hat die Möglichkeit, den Spielstand jederzeit zu speichern. Später kann er den alten Spielstand laden und weitermachen.

18.2 Bereiten Sie das Spiel vor

In diesem Abschnitt planen wir das Verlies. Dazu erstellen Sie ein Muster für eine einzelne Kammer. Anschließend fügen Sie Schlüssel, Schatzkisten und Sperren zur Gestaltung des Spiels hinzu.

18.2.1 Die Planung des Verlieses

Zunächst entwerfen wir einen Gesamtplan des Verlieses. Wenn Sie ein eigenes Adventure erstellen, sollten Sie ebenfalls so beginnen.

Das Verlies wird aus vier mal vier Kammern gebildet, die in einem Quadrat 40 × 40 angeordnet sind. In Abbildung 18.9 schauen wir von oben auf eine Skizze der Kammern. Sie haben jeweils eine Größe von 10 × 10. Ihre Bezeichnungen gehen von *Kammer 0/0* bis *Kammer 3/3*. Die erste Ziffer steht für die laufende Nummer in X-Richtung, die zweite Ziffer für die laufende Nummer in Z-Richtung.

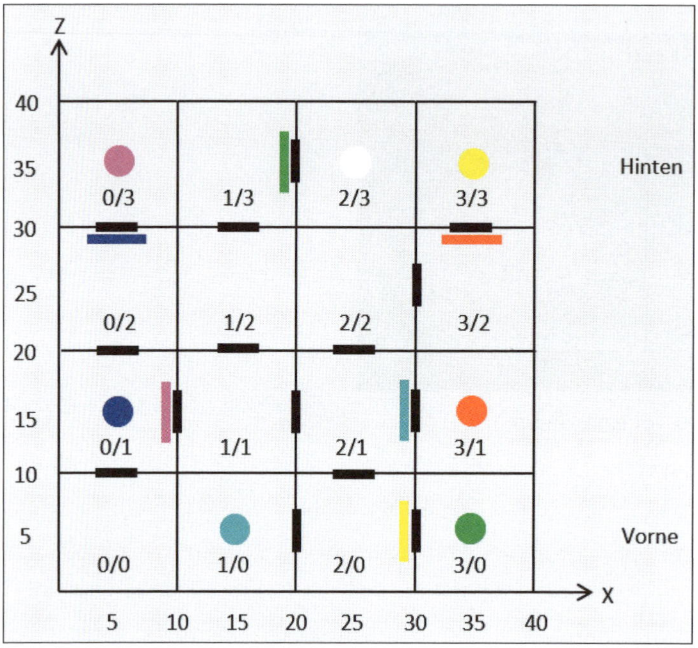

Abbildung 18.9 Aufbau des Verlieses

In der Mitte von sieben der 16 Kammern liegt ein farbiger Schlüssel in einer Schatzkiste bereit. Die Kammern sind durch insgesamt 15 schwarze Tore miteinander verbunden. Vor sechs der 15 Tore liegen farbige Sperren, die jeweils mithilfe des gleichfarbigen Schlüssels aufgeschlossen werden können. Der Spieler steht zu Beginn in der Kammer 0/0.

18.2.2 Der Aufbau einer Kammer

Alle Kammern haben grundsätzlich denselben Aufbau. Bei den einzelnen Kammern werden bestimmte Teile aktiviert, andere wiederum deaktiviert. Das ist von der Lage der Tore abhängig. Auf diese Weise lassen sich Kammern mit unterschiedlichem Aussehen erzeugen. Dank dieses Aufbaus sind Sie in der Lage, auch eigene Verliese in beliebiger Größe zu gestalten.

Der Aufbau der Kammern wird anhand von einigen Ausschnitten verdeutlicht. In Abbildung 18.10 sehen Sie eine Skizze von Kammer 0/0. Die Kammer enthält die drei Wände `WandLinks`, `WandRechts` und `WandVorne` sowie die vier Mauern `MauerLinks`, `MauerHinten`, `MauerRechts` und `MauerVorne`. Das Spielobjekt `WandHinten` ist wegen des Tores zu Kammer 0/1 deaktiviert.

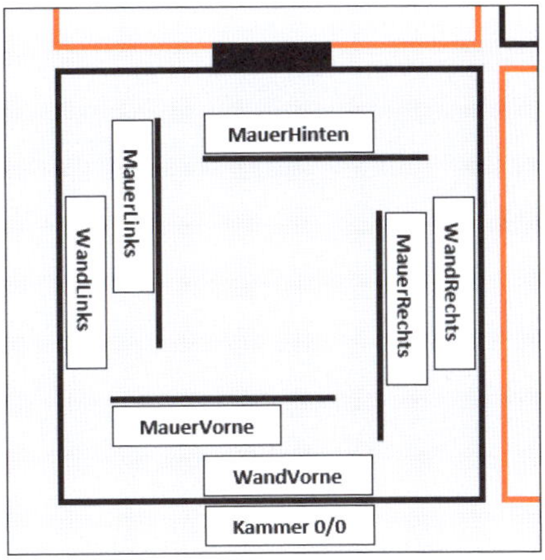

Abbildung 18.10 Kammer 0/0

In Abbildung 18.11 sehen Sie das Tor an der hinteren Wand von Kammer 0/0 zu Kammer 0/1 in einer vergrößerten Skizze:

- Kammer 0/0 enthält die Spielobjekte `WandHintenLinks`, `TorHinten` und `WandHintenRechts`. Wie bereits erwähnt: Das Spielobjekt `WandHinten` ist wegen des Tores zur Nachbarkammer deaktiviert.
- Kammer 0/1 enthält die Spielobjekte `WandVorneLinks` und `WandVorneRechts`. Das Spielobjekt `WandVorne` ist wegen des Tores zur Nachbarkammer ebenfalls deaktiviert.

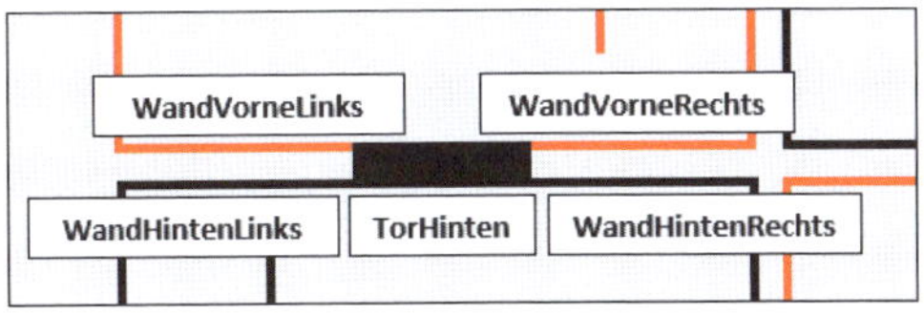

Abbildung 18.11 Tor hinten, von Kammer 0/0 zu Kammer 0/1

In Abbildung 18.12 sehen Sie das Tor an der rechten Wand von Kammer 0/1 zu Kammer 1/1 in einer vergrößerten Skizze. Sie ist zur Verdeutlichung um 90 Grad im Uhrzeigersinn gedreht. Kammer 0/1 enthält die Spielobjekte `WandRechtsHinten`, `TorRechts` und

WandRechtsVorne. Das Spielobjekt WandRechts ist wegen des Tores zur Nachbarkammer deaktiviert.

Kammer 1/1 enthält die Spielobjekte WandLinksHinten und WandLinksVorne. Das Spielobjekt WandLinks ist wegen des Tores zur Nachbarkammer ebenfalls deaktiviert.

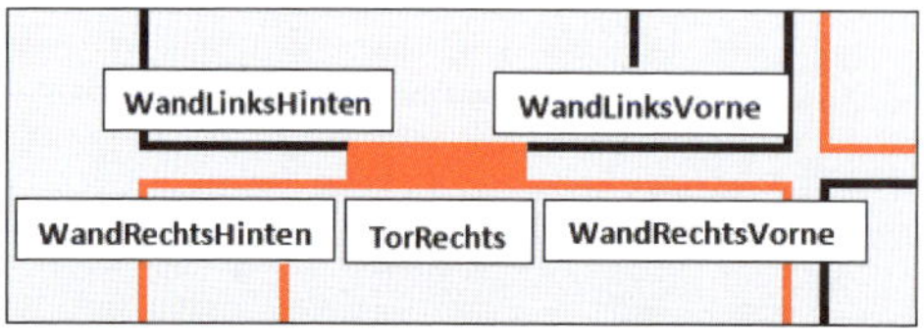

Abbildung 18.12 Tor rechts, von Kammer 0/1 zu Kammer 1/1

Es gibt also nur Tore in hinteren oder rechten Wänden. In linken oder vorderen Wänden gibt es nur Öffnungen für die Tore.

18.2.3 Erstellen Sie die ersten Spielobjekte

Um das Adventure selbst zu entwickeln, legen Sie zunächst mithilfe des Templates UNIVERSAL 3D ein neues 3D-Projekt an, z. B. mit dem Namen *MeinAdventure*. Der UNITY EDITOR öffnet sich mit dem neuen Projekt.

Erstellen Sie in der PROJECT VIEW das Asset-Verzeichnis MATERIALS. Erstellen Sie darin die Oberflächenmaterialien BraunMat, DunkelgruenMat, DunkelrotMat, GrauMat, OrangeMat und WeissMat mit den RGB-Werten 192/96/0, 0/128/0, 255/0/128, 128/128/128, 255/128/0 bzw. 255/255/255 für die Eigenschaft BASE MAP im Bereich SURFACE INPUTS.

Erzeugen Sie das Spielobjekt Boden als 3D-Objekt vom Typ *Cube* mit der Position 20/0/20 und dem Scale 40/0.001/40. Dieses quadratische Spielobjekt, dessen linke untere Ecke an der Position 0/0/0 liegt, bildet den Boden des Verlieses. Weisen Sie ihm das Oberflächenmaterial DunkelgruenMat zu.

Erstellen Sie das Spielobjekt Spieler als 3D-Objekt vom Typ *Sphere* mit der Position 5/0.2/5 und dem Scale 0.4/0.4/0.4. Fügen Sie eine RIGIDBODY-Komponente hinzu und entfernen Sie die Markierung bei der Eigenschaft USE GRAVITY, sodass der Spieler keiner Schwerkraft unterliegt. Weisen Sie ihm das Oberflächenmaterial GrauMat zu.

Benennen Sie das Spielobjekt Main Camera in Kamera um, und geben Sie ihm die Position 5/0.4/4. Damit schauen wir bereits auf den Spieler an seiner Startposition in Kammer 0/0. Versetzen Sie die Lichtquelle Directional Light an die Position 20/10/20 und drehen Sie sie auf die Rotation 90/0/0. Damit wird das Verlies zentral von oben beleuchtet.

18.2.4 Bauen Sie das Prefab für die Kammer

Die erste Kammer dient als Muster für alle 16 Kammern. Sie wird angelegt und als Prefab gespeichert. Zu Beginn des Spiels werden alle 16 Kammern als Instanzen dieses Prefabs erzeugt.

Erstellen Sie dazu in der HIERARCHY VIEW das leere Spielobjekt `Kammer` und setzen Sie die Werte seiner TRANSFORM-Komponente mithilfe des Komponenten-Menüs auf die Standardwerte zurück. Wählen Sie anschließend die Position 5/0/5. Das Spielobjekt `Kammer` dient als übergeordnetes Verzeichnis für die Wände und die Tore sowie für die Mauern innerhalb einer Kammer. Je nach Aufbau einer Kammer werden einzelne untergeordnete Spielobjekte aktiviert oder deaktiviert.

Erzeugen Sie im übergeordneten Verzeichnis `Kammer` die untergeordneten Spielobjekte aus Tabelle 18.1 mit den angegebenen Eigenschaftswerten.

Name	Typ	Position	Scale
`WandLinks`	*Cube*	–4.95/0.5/0	0.1/1/10
`WandLinksOffen`	*Verzeichnis*	0/0/0	1/1/1
`WandHinten`	*Cube*	0/0.5/4.95	10/1/0.1
`WandHintenTor`	*Verzeichnis*	0/0/0	1/1/1
`WandRechts`	*Cube*	4.95/0.5/0	0.1/1/10
`WandRechtsTor`	*Verzeichnis*	0/0/0	1/1/1
`WandVorne`	*Cube*	0/0.5/–4.95	10/1/0.1
`WandVorneOffen`	*Verzeichnis*	0/0/0	1/1/1
`MauerLinks`	*Cube*	–2.5/0.5/1	0.1/1/5
`MauerHinten`	*Cube*	1/0.5/2.5	5/1/0.1
`MauerRechts`	*Cube*	2.5/0.5/–1	0.1/1/5
`MauerVorne`	*Cube*	–1/0.5/–2.5	5/1/0.1

Tabelle 18.1 Aufbau der Kammer, die als Muster dient

Die untergeordneten Spielobjekte vom Typ *Verzeichnis* enthalten wiederum untergeordnete 3D-Objekte vom Typ *Cube*. Deren Eigenschaftswerte sehen Sie in Tabelle 18.2.

Name	Im Verzeichnis	Position	Scale
`WandLinksVorne`	`WandLinksOffen`	–4.95/0.5/–2.75	0.1/1/4.5
`WandLinksHinten`	`WandLinksOffen`	–4.95/0.5/2.75	0.1/1/4.5
`WandHintenLinks`	`WandHintenTor`	–2.75/0.5/4.95	4.5/1/0.1
`TorHinten`	`WandHintenTor`	0/0.5/5	1/1/0.2
`WandHintenRechts`	`WandHintenTor`	2.75/0.5/4.95	4.5/1/0.1
`WandRechtsHinten`	`WandRechtsTor`	4.95/0.5/2.75	0.1/1/4.5
`TorRechts`	`WandRechtsTor`	5/0.5/0	0.2/1/1
`WandRechtsVorne`	`WandRechtsTor`	4.95/0.5/–2.75	0.1/1/4.5
`WandVorneLinks`	`WandVorneOffen`	–2.75/0.5/–4.95	4.5/1/0.1
`WandVorneRechts`	`WandVorneOffen`	2.75/0.5/–4.95	4.5/1/0.1

Tabelle 18.2 Aufbau der Wände, die Tore oder Öffnungen besitzen

Ordnen Sie allen Wänden und Mauern das Oberflächenmaterial `BraunMat` zu. Beim Box Collider der beiden Tore setzen Sie die Markierung Is Trigger. Weisen Sie den beiden Toren zudem das Tag `Tor` zu. Berührt der Spieler ein Tor, wird das in der Methode `OnTriggerEnter()` bemerkt. Die Tore erhalten das Oberflächenmaterial `OrangeMat`.

Nach der Fertigstellung sollte die gesamte Kammer in der Hierarchy View so aussehen wie in Abbildung 18.13.

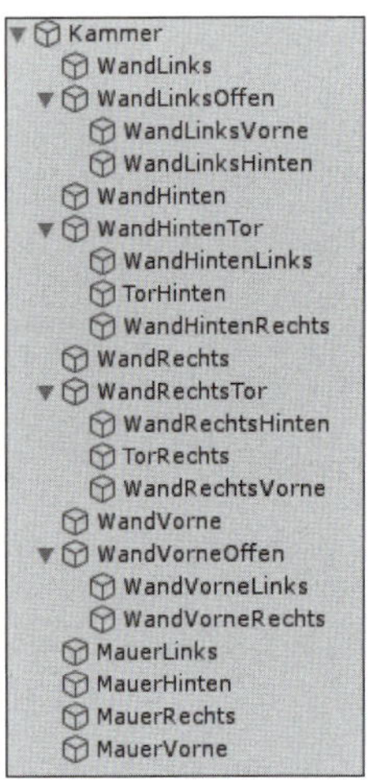

Abbildung 18.13 Die Spielobjekte für die Kammer

Erstellen Sie nun in der PROJECT VIEW das Verzeichnis PREFABS und erzeugen Sie das Prefab, indem Sie das Spielobjekt in dieses Verzeichnis ziehen. Entfernen Sie danach das Spielobjekt in der HIERARCHY VIEW.

18.2.5 Die Schlüssel, Schatzkisten und Sperren

Erstellen Sie im Asset-Verzeichnis MATERIALS die farbigen Oberflächenmaterialien für die Schlüssel und für die Sperren, wie sie in Tabelle 18.3 stehen.

Name	RGB-Werte
`RotMat`	255/0/0
`GruenMat`	0/255/0
`BlauMat`	0/0/255
`GelbMat`	255/255/0
`MagentaMat`	255/0/255
`CyanMat`	0/255/255
`WeissMat`	255/255/255

Tabelle 18.3 Oberflächenmaterialien

Erstellen Sie das Spielobjekt `Schluessel` als übergeordnetes Verzeichnis und setzen Sie die Werte seiner TRANSFORM-Komponente mithilfe des Komponenten-Menüs auf die Standardwerte zurück.

Erzeugen Sie in diesem Verzeichnis die sieben Schlüssel als 3D-Objekte vom Typ *Cylinder* mit dem Scale 0.5/0.25/0.5. Weisen Sie ihnen die Eigenschaften aus Tabelle 18.4 zu. Die Positionen der Schlüssel sehen Sie auch im Gesamtplan in Abbildung 18.9.

Name	Oberflächenmaterial	Position
`Schluessel0`	`RotMat`	35/0.25/15
`Schluessel1`	`GruenMat`	35/0.25/5
`Schluessel2`	`BlauMat`	5/0.25/15
`Schluessel3`	`GelbMat`	35/0.25/35

Tabelle 18.4 Schlüssel

Name	Oberflächenmaterial	Position
Schluessel4	MagentaMat	5/0.25/35
Schluessel5	CyanMat	15/0.25/5
Schluessel6	WeissMat	25/0.25/35

Tabelle 18.4 Schlüssel (Forts.)

Erstellen Sie das Spielobjekt Kisten als übergeordnetes Verzeichnis und setzen Sie es zurück. Erzeugen Sie in diesem Verzeichnis die sieben Schatzkisten als 3D-Objekte vom Typ *Cylinder* mit dem Scale 1/0.5/1. Geben Sie ihnen die Namen Kiste0 bis Kiste6 und dieselben Positionen, die die Spielobjekte Schluessel0 bis Schluessel6 haben (siehe Tabelle 18.4). Nur die Y-Position beträgt jeweils 0.5 statt 0.25. Da die Schatzkisten in allen drei Dimensionen größer sind als die Schlüssel, verdecken sie die Schlüssel vollständig. Weisen Sie den Schatzkisten das Oberflächenmaterial DunkelrotMat und das Tag Kiste zu. Bei den CAPSULE COLLIDERN setzen Sie die Markierung IS TRIGGER.

Erstellen Sie das Spielobjekt Sperren als übergeordnetes Verzeichnis und setzen Sie es zurück. Erzeugen Sie in diesem Verzeichnis die sechs Sperren als 3D-Objekte vom Typ *Cube* mit den Eigenschaften aus Tabelle 18.5. Die Positionen der Sperren sehen Sie ebenfalls im Gesamtplan in Abbildung 18.9. Weisen Sie den Sperren das Tag Sperre zu. Bei den BOX COLLIDERN wird ebenfalls die Markierung IS TRIGGER gesetzt.

Name	Oberflächenmaterial	Position	Scale
Sperre0	RotMat	35/0.25/29.75	1.5/0.5/0.1
Sperre1	GruenMat	19.75/0.25/35	0.1/0.5/1.5
Sperre2	BlauMat	5/0.25/29.75	1.5/0.5/0.1
Sperre3	GelbMat	29.75/0.25/5	0.1/0.5/1.5
Sperre4	MagentaMat	9.75/0.25/15	0.1/0.5/1.5
Sperre5	CyanMat	29.75/0.25/15	0.1/0.5/1.5

Tabelle 18.5 Sperren

Sobald der Spieler den weißen Schlüssel an sich nimmt, ist das Spiel beendet. Es gibt keine siebte Sperre. Die laufende Nummer, die sich im Namen der Spielobjekte befindet, benötigen Sie später für die Zuordnung innerhalb des Programms. Ein Beispiel: In Kiste2 befindet sich Schluessel2, der zum Aufschließen von Sperre2 dient.

Setzen Sie die Kamera kurzfristig auf die Position 17.5/40/17.5 und die Rotation 90/0/0 und starten Sie das Spiel. Prüfen Sie die Positionen der Schatzkisten und der Sperren anhand von Abbildung 18.9. Deaktivieren Sie kurzfristig das Verzeichnis `Kisten` und überprüfen Sie die Positionen der Schlüssel. Setzen Sie die Kamera wieder zurück auf die Position 5/0.4/4 und die Rotation 0/0/0.

18.2.6 Gestalten Sie die Benutzeroberfläche

Die Benutzeroberfläche umfasst insgesamt 13 Schaltflächen:

- Die sechs Schaltflächen im linken oberen Bereich dienen dem Benutzer zum Auslösen bestimmter Aktionen. Der Ausgangspunkt für ihre Positionierung ist `top/left`, ihre Größe 200/30. Ihre Aufschriften haben Sie in Abbildung 18.2 gesehen.
- Die sieben farbigen Schaltflächen im rechten oberen Bereich (siehe Abbildung 18.14) sind sichtbar, sobald der Spieler den betreffenden Schlüssel besitzt. Der Ausgangspunkt für ihre Positionierung ist `top/right`, ihre Größe 30/30. Die Schaltflächen haben keine Aufschrift.

Abbildung 18.14 Schaltflächen für die Schlüssel, die der Spieler besitzt

Erstellen Sie die Schaltflächen mit den Werten aus Tabelle 18.6.

Name	Pos X/Pos Y	Normal Color, RGB-Werte
`OeffneTor`	120/–40	255/255/255
`OeffneKiste`	120/–80	255/255/255
`NimmSchluesselAuf`	120/–120	255/255/255
`SchliesseSperreAuf`	120/–160	255/255/255
`SpielstandLaden`	120/–200	255/255/255
`SpielstandSpeichern`	120/–240	255/255/255
`Besitz0`	–280/–40	255/0/0
`Besitz1`	–240/–40	0/255/0
`Besitz2`	–200/–40	0/0/255

Tabelle 18.6 Schaltflächen

Name	Pos X/Pos Y	Normal Color, RGB-Werte
Besitz3	–160/–40	255/255/0
Besitz4	–120/–40	255/0/255
Besitz5	–80/–40	0/255/255
Besitz6	–40/–40	255/255/255

Tabelle 18.6 Schaltflächen (Forts.)

Wählen Sie für die Eigenschaft NAVIGATION der Schaltflächen Besitz0 bis Besitz6 den Wert None. Ansonsten reagieren die Schaltflächen auf die Betätigung der Pfeiltasten, mit denen Sie eigentlich den Spieler steuern wollen, ändern ihren Zustand und damit ihre Farbe.

Deaktivieren Sie die Schaltflächen, nachdem Sie sie erstellt haben. Erst nach dem Aufnehmen des betreffenden Schlüssels werden sie per Code aktiviert.

18.3 Erstellen Sie den Spielablauf

In diesem Abschnitt sorgen Sie dafür, dass die Kamera dem Spieler folgt. Dann werden alle Kammern erstellt und konfiguriert. Danach fügen Sie die logischen Abläufe für einen Tor-Durchgang, für die Aufnahme eines Schlüssels und für das Entfernen einer Sperre hinzu. Abschließend sorgen Sie dafür, dass der Spielstand jederzeit gespeichert und wieder abgerufen werden kann.

18.3.1 Folgen Sie dem Spieler mit der Kamera

Der Spieler kann sich bewegen, falls er nicht betäubt ist. Die Kamera folgt den Bewegungen und Drehungen des Spielers. Erstellen Sie in der PROJECT VIEW das Asset-Verzeichnis SCRIPTS und darin das Script-Asset vom Typ MONOBEHAVIOUR SCRIPT mit der Klasse Spieler in der Datei *Spieler.cs*.

Die Klasse sieht zunächst wie folgt aus:

```
using UnityEngine;
public class Spieler : MonoBehaviour
{
   bool spielerSteht = false;
   readonly float translateFaktor = 3;
```

```
    readonly float rotateFaktor = 100;

    void Update()
    {
        if(!spielerSteht)
        {
            transform.Translate (new Vector3 (0, 0, translateFaktor
                * Time.deltaTime * Input.GetAxis("Vertical")));
            transform.Rotate (new Vector3(0, rotateFaktor
                * Time.deltaTime * Input.GetAxis("Horizontal"), 0));
        }
    }
}
```

Listing 18.1 Die Klasse »Spieler« – Bewegung und Drehung

Wird der Spieler betäubt, wird die boolesche Variable `spielerSteht` auf `true` gesetzt. Zu Beginn steht sie auf `false`.

In der Methode `Update()` wird die Methode `Translate()` aufgerufen. Sie führt in Abhängigkeit von den beiden Tasten [↑] und [↓] sowie vom Faktor `translateFaktor` zu einer Bewegung des Spielers in seiner lokalen Z-Richtung.

Ebenso wird die Methode `Rotate()` aufgerufen. Sie führt in Abhängigkeit von den beiden Tasten [←] und [→] sowie vom Faktor `rotateFaktor` zu einer Drehung des Spielers um seine Y-Achse. Da es sich beim Spieler um eine Kugel handelt, wird die Drehung nur bemerkt, weil sich der Spieler danach in eine andere Richtung bewegt.

Erstellen Sie außerdem das Script-Asset vom Typ MonoBehaviour Script mit der Klasse `KameraBewegen` in der Datei *KameraBewegen.cs*.

Diese Klasse sieht wie folgt aus:

```
using UnityEngine;
public class KameraBewegen : MonoBehaviour
{
    public GameObject spieler;
    readonly float abstandXZ = 1;
    readonly float hoeheY = 0.2f;

    void Update()
    {
        Quaternion spielerRotationY = new Quaternion
        {
```

18

```
            eulerAngles =
               new Vector3(0, spieler.transform.eulerAngles.y, 0)
         };
         Vector3 abstandHinterSpieler =
            spielerRotationY * new Vector3(0, 0, abstandXZ);
         transform.position =
            spieler.transform.position - abstandHinterSpieler;
         transform.position = new Vector3(transform.position.x,
            transform.position.y + hoeheY, transform.position.z);
         transform.LookAt(spieler.transform);
      }
   }
```

Listing 18.2 Die Klasse »KameraBewegen«

Den Aufbau der Klasse kennen Sie bereits aus Abschnitt 17.4.3. Dort folgt die Kamera den Bewegungen und Drehungen eines Fahrzeugs, hier soll sie den Bewegungen und Drehungen eines Spielers folgen. Dazu müssen Sie nur einige Namen von Variablen und Objekten anpassen.

Ziehen Sie im UNITY EDITOR das C#-Script `Spieler` auf das Spielobjekt `Spieler` und das C#-Script `KameraBewegen` auf das Spielobjekt `Kamera`. Ziehen Sie das Spielobjekt `Spieler` auf den zugehörigen Slot der Klasse `KameraBewegen` und starten Sie das Spiel. Bewegen und drehen Sie den Spieler.

18.3.2 Erstellen Sie alle Kammern

Die 16 Kammern erzeugen Sie mithilfe des Prefabs, das Sie in Abschnitt 18.2.4 entworfen haben. Ändern Sie die Klasse `Spieler` zunächst wie folgt:

```
public class Spieler : MonoBehaviour
{
   ...
   public GameObject kammerPrefab;
   void Start()
   {
      GameObject[,] kammer = new GameObject[4, 4];

      for (int x = 0; x < 4; x++)
         for (int z = 0; z < 4; z++)
```

```
            kammer[x, z] = Instantiate (kammerPrefab,
               new Vector3 (x * 10 + 5, 0, z * 10 + 5), Quaternion.identity);

      KammerKonfig (kammer[0, 0], true, false, true, true);
      KammerKonfig (kammer[0, 1], true, false, false, false);
      KammerKonfig (kammer[0, 2], true, false, true, false);
      KammerKonfig (kammer[0, 3], true, true, true, false);

      KammerKonfig (kammer[1, 0], true, true, false, true);
      KammerKonfig (kammer[1, 1], false, false, false, true);
      KammerKonfig (kammer[1, 2], true, false, true, false);
      KammerKonfig (kammer[1, 3], true, true, false, false);

      KammerKonfig (kammer[2, 0], false, false, false, true);
      KammerKonfig (kammer[2, 1], false, false, false, false);
      KammerKonfig (kammer[2, 2], true, true, false, false);
      KammerKonfig (kammer[2, 3], false, true, true, true);

      KammerKonfig (kammer[3, 0], false, true, true, true);
      KammerKonfig (kammer[3, 1], false, true, true, true);
      KammerKonfig (kammer[3, 2], false, false, true, true);
      KammerKonfig (kammer[3, 3], true, true, true, false);
   }
}
```

Listing 18.3 Die Klasse »Spieler« – 16 Kammern erzeugen

In Listing 18.3 wird ein öffentlich zugänglicher Verweis auf das Prefab für die Kammer eingeführt. In der Methode `Start()` wird ein zweidimensionales Datenfeld für die Verweise auf die 4 × 4 Kammern angelegt. Der erste Index steht für die laufende Nummer eines Elements in X-Richtung, der zweite Index für die laufende Nummer in Z-Richtung.

Das Datenfeld wird mithilfe einer doppelten Schleife gefüllt. Für jedes Element wird die Methode `Instantiate()` aufgerufen. Es wird eine Instanz des Kammer-Prefabs angelegt. Die Positionswerte für die Mitte einer Kammer werden mithilfe der Werte für X und Z berechnet. Bei `x = 0` ergibt sich die X-Position 5, bei `x = 1` ergibt sich die X-Position 15, und es folgen die X-Positionen 25 und 35. Ebenso sieht es für die Z-Positionen aus.

Die Methode `KammerKonfig()`, die im nächsten Abschnitt erläutert wird, dient zur Konfiguration einer einzelnen Kammer. Sie wird 16-mal aufgerufen und erwartet fünf Parameter:

- Der erste Parameter ist ein Verweis auf diejenige Kammer, die konfiguriert werden soll.
- Der zweite und der fünfte Parameter legen fest, ob die Kammer eine durchgehende linke bzw. vordere Wand ohne Öffnung hat.
- Der dritte und der vierte Parameter legen fest, ob die Kammer eine durchgehende hintere bzw. rechte Wand ohne Tor hat.

Bei den Parametern werden die Wände der Kammer also im Uhrzeigersinn betrachtet: links, hinten, rechts und vorne. Als Beispiel dient die folgende Anweisung:

```
KammerKonfig (kammer[1, 2], true, false, true, false);
```

Ihre Bedeutung: Die Kammer 1/2 hat eine durchgehende linke Wand (`true`), eine hintere Wand mit einem Tor zur Nachbarkammer (`false`), eine durchgehende rechte Wand (`true`) und eine vordere Wand mit einer Öffnung für ein Tor zur Nachbarkammer (`false`).

18.3.3 Konfigurieren Sie die Kammern

Mit Listing 18.4 folgt die Methode `KammerKonfig()` in der Klasse `Spieler`:

```
void KammerKonfig(GameObject kammer, bool wandLinks,
      bool wandHinten, bool wandRechts, bool wandVorne)
{
   if(wandLinks)
      kammer.transform.Find("WandLinksOffen").gameObject.SetActive(false);
   else
      kammer.transform.Find("WandLinks").gameObject.SetActive(false);

   if(wandHinten)
      kammer.transform.Find("WandHintenTor").gameObject.SetActive(false);
   else
      kammer.transform.Find("WandHinten").gameObject.SetActive(false);

   if(wandRechts)
      kammer.transform.Find("WandRechtsTor").gameObject.SetActive(false);
   else
      kammer.transform.Find("WandRechts").gameObject.SetActive(false);

   if(wandVorne)
      kammer.transform.Find("WandVorneOffen").gameObject.SetActive(false);
```

```
    else
        kammer.transform.Find("WandVorne").gameObject.SetActive(false);
}
```

Listing 18.4 Die Klasse »Spieler« – Kammer konfigurieren

Zu Beginn sind alle untergeordneten Spielobjekte der Kammer aktiviert. In Abhängigkeit von den Parametern 2 bis 5 werden einzelne Spielobjekte deaktiviert. Ein Beispiel:

- Steht der vierte Parameter (`wandRechts`) auf `true`, besitzt die Kammer eine durchgehende rechte Wand. Das Spielobjekt-Verzeichnis `WandRechtsTor`, das zwei kurze Wände und ein Tor enthält, wird deaktiviert.
- Steht der vierte Parameter auf `false`, gibt es rechts zwei kurze Wände und ein Tor. Das Spielobjekt `WandRechts` wird deaktiviert.

Sie kennen die Methode `Find()` der Klasse `GameObject` bereits aus Abschnitt 16.3.3. Die Methode findet ein Spielobjekt anhand seines Namens und liefert einen Verweis auf es zurück. Wir haben hier allerdings 16 gleich aufgebaute Kammern, jeweils mit allen untergeordneten Spielobjekten, also z. B. 16-mal das Spielobjekt `WandRechts`.

Der Name allein genügt demnach nicht. Zusätzlich muss das gesuchte Spielobjekt dem suchenden Spielobjekt untergeordnet sein. Hier hilft die Methode `Find()` der Klasse `Transform` weiter. Sie wird für die TRANSFORM-Komponente eines Spielobjekts aufgerufen. Der zurückgelieferte Verweis auf die TRANSFORM-Komponente wird genutzt, um auf das zugehörige untergeordnete Spielobjekt zuzugreifen und es zu deaktivieren.

Die gesamte Anweisung sieht wie folgt aus:

```
kammer.transform.Find("WandRechts").gameObject.SetActive(false);
```

Ziehen Sie im UNITY EDITOR das Prefab für die Kammer auf den zugehörigen Slot der Klasse `Spieler`. Nehmen Sie zur optischen Kontrolle des Verlieses kurzzeitig folgende Änderungen vor:

- Setzen Sie die Y-Position der Kamera vom Wert 0.4 auf den Wert 5.
- Entfernen Sie das Spielobjekt `Spieler` aus dem Slot des Scripts `KameraBewegen` des Spielobjekts `Kamera`, indem Sie auf den Punkt rechts neben dem Slot klicken und im Dialogfeld SELECT GAME OBJECT den Eintrag NONE wählen. Dadurch folgt die Kamera dem Spieler nicht mehr.

Starten Sie das Spiel. Sie schauen nun aus einer erhöhten Position über mehrere Kammern hinweg (siehe Abbildung 18.15). Diesen Blick sollte der Benutzer im Spiel aber nicht haben! Machen Sie daher die zuvor getätigten Änderungen wieder rückgängig.

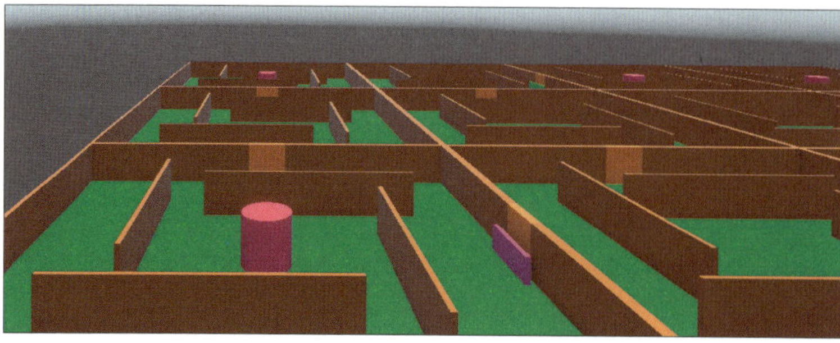

Abbildung 18.15 Blick über mehrere Kammern hinweg

> **Hinweis**
>
> In vielen Dialog- und Auswahlfeldern gibt es den Eintrag None. Mit seiner Hilfe löschen Sie meist eine zuvor getroffene Zuordnung.

18.3.4 Gehen Sie durch ein Tor

Das animierte Öffnen und Schließen eines Tores und die zeitweilige Betäubung des Spielers folgen einem festgelegten Ablauf, der aus mehreren aufeinanderfolgenden Schritten besteht. Bei jedem dieser Schritte besitzt das betreffende Tor einen bestimmten Status, der in der Variablen `torStatus` festgehalten wird. Diese Status werden in Tabelle 18.7 dargestellt.

torStatus	Aktion
0	Der Spieler berührt keines der Tore.
1	Der Spieler hat eines der Tore berührt. Er wird betäubt und schwarz gefärbt. Das Tor ist weiterhin geschlossen.
2	Die Schaltfläche OeffneTor wird betätigt. Das Tor öffnet sich langsam, bis es vollständig geöffnet ist. Die Betäubung des Spielers wird aufgehoben. Er wird wieder grau gefärbt und kann durch das Tor gehen.
3	Das Tor ist für 1.5 Sekunden vollständig geöffnet.
4	Das Tor schließt sich langsam, bis es vollständig geschlossen ist.
0	Das Tor ist wieder vollständig geschlossen. Der Spieler berührt es nicht mehr.

Tabelle 18.7 Status eines Tores

Bezogen auf die genannten Ereignisse, den Status eines Tores und die Bewegung des Spielers ändern Sie nun die Klasse `Spieler` wie folgt:

```
public class Spieler : MonoBehaviour
{
   ...
   GameObject tor;
   int torStatus = 0;
   public Material schwarzMat;
   public Material grauMat;
   ...
   void Update()
   {
      if(torStatus == 2)
      {
         tor.transform.position = tor.transform.position +
            new Vector3 (0, Time.deltaTime, 0);
         if (tor.transform.position.y >= 1.5f)
         {
            torStatus = 3;
            spielerSteht = false;
            GetComponent<MeshRenderer>().material = grauMat;
            Invoke (nameof(TorSchliesst), 1.5f);
         }
      }
      else if(torStatus == 4)
      {
         tor.transform.position = tor.transform.position -
            new Vector3 (0, Time.deltaTime, 0);
         if (tor.transform.position.y <= 0.5f)
            torStatus = 0;
      }
      ...
   }

   void OnTriggerEnter(Collider coll)
   {
      if (coll.gameObject.CompareTag("Tor"))
      {
         tor = coll.gameObject;
         torStatus = 1;
```

```
            spielerSteht = true;
            GetComponent<MeshRenderer>().material = schwarzMat;
        }
    }

    void TorSchliesst()
    {
        torStatus = 4;
    }

    public void OeffneTor()
    {
        if(torStatus == 1)
            torStatus = 2;
    }
}
```

Listing 18.5 Die Klasse »Spieler« – der Spieler geht durch ein Tor.

Die Eigenschaft `tor` dient als Verweis auf dasjenige Tor, das aktuell geöffnet oder geschlossen wird. Die Variable `torStatus` steht zu Beginn auf 0. Dann werden zwei öffentlich zugängliche Verweise auf die beiden Oberflächenmaterialien eingerichtet, damit sie beim Statuswechsel geändert werden können.

Die folgenden Methoden werden in der Reihenfolge des Statuswechsels erläutert:

- In der Methode `OnTriggerEnter()` wird auf die Berührung eines Tores reagiert. Es wird der Verweis auf das betreffende Tor gespeichert. Der Status wechselt auf 1. Der Spieler wird betäubt, sodass in der Methode `Update()` keine Bewegung mehr erfolgen kann. Der Eigenschaft `material` wird ein neues Oberflächenmaterial zugewiesen: Der Spieler wird schwarz.
- Betätigt der Benutzer die Schaltfläche OEFFNETOR, wird der Status in der Methode `OeffneTor()` auf 2 geändert.
- Zur Methode `Update()`: Steht der Status auf 2, wird das Tor ein kleines Stück in positiver Y-Richtung bewegt. Das wird so lange wiederholt, bis eine Y-Position erreicht ist, an der das Tor vollständig geöffnet ist. Ist diese Position erreicht, wechselt der Status auf 3. Der Spieler wird grau gefärbt und kann sich wieder bewegen. Es wird veranlasst, dass 1.5 Sekunden später die Methode `TorSchliesst()` aufgerufen wird.
- In der Methode `TorSchliesst()` wird der Status auf 4 geändert.

- Zurück zur Methode `Update()`: Steht der Status auf 4, wird das Tor ein kleines Stück in negativer Y-Richtung bewegt. Das wird so lange wiederholt, bis eine Y-Position erreicht ist, an der das Tor vollständig geschlossen ist. Ist diese Position erreicht, wechselt der Status auf 0. Der Ablauf zum Öffnen und Schließen eines Tores kann nach einer Berührung des Tors erneut beginnen.

Da die Methode `Update()` bekanntlich in kurzen Zeitabständen aufgerufen wird, erreichen wir auf diese Weise ein animiertes Öffnen und Schließen des Tores.

Ziehen Sie im UNITY EDITOR die beiden Materialien `SchwarzMat` und `GrauMat` auf die zugehörigen Slots der Klasse `Spieler`. Verbinden Sie das Ereignis `OnClick` der Schaltfläche OEFFNETOR mit der Methode `OeffneTor()` der Klasse `Spieler` (siehe Abbildung 18.16). Starten Sie das Spiel, öffnen Sie ein Tor und wechseln Sie in die Nachbarkammer.

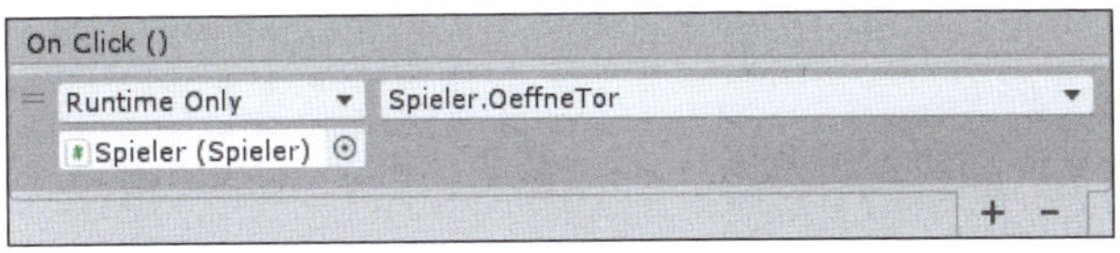

Abbildung 18.16 Der Benutzer betätigt die Schaltfläche »OeffneTor«.

18.3.5 Nehmen Sie den Schlüssel aus einer Schatzkiste

Das Öffnen und Schließen einer Schatzkiste und die Übernahme eines Schlüssels folgen ebenfalls einem Ablauf, der aus mehreren Schritten besteht. Betrachten Sie dazu die Variable `kisteStatus` und Tabelle 18.8.

kisteStatus	Aktion
0	Der Spieler berührt keine der Schatzkisten.
1	Der Spieler hat eine der Schatzkisten berührt. Er wird betäubt und schwarz gefärbt. Die Schatzkiste ist weiterhin geschlossen. Die laufende Nummer der Schatzkiste wird gespeichert, damit sie geöffnet, der zugehörige Schlüssel aufgenommen und der zugehörige Besitz angezeigt werden kann.
2	Die Schaltfläche OEFFNEKISTE wird betätigt. Die Schatzkiste öffnet sich langsam, bis sie vollständig geöffnet ist. Hat der Spieler diese Schatzkiste bereits einmal vorher geöffnet, ist sie leer. In diesem Fall wird die Betäubung des Spielers sofort aufgehoben. Er wird grau gefärbt und kann sich wieder bewegen.

Tabelle 18.8 Status einer Schatzkiste

kisteStatus	Aktion
3	Die Schatzkiste ist für 1.5 Sekunden vollständig geöffnet. Wird in dieser Zeit die Schaltfläche NIMMSCHLUESSELAUF betätigt, wird der zugehörige Schlüssel aufgenommen, und der Besitz des Schlüssels wird durch die zugehörige farbige Markierung rechts oben angezeigt. Die Betäubung des Spielers wird aufgehoben. Er wird grau gefärbt und kann sich wieder bewegen.
4	Die Schatzkiste schließt sich langsam, bis sie vollständig geschlossen ist.
0	Die Schatzkiste ist wieder vollständig geschlossen. Der Spieler berührt sie nicht mehr.

Tabelle 18.8 Status einer Schatzkiste (Forts.)

Bezogen auf die genannten Ereignisse, den Status einer Schatzkiste, die Aufnahme eines Schlüssels und die Bewegung des Spielers ändern Sie nun die Klasse `Spieler` wie folgt:

```
public class Spieler : MonoBehaviour
{
   ...
   GameObject kiste;
   int kisteIndex;
   int kisteStatus = 0;
   public GameObject[] schluessel = new GameObject[7];
   public GameObject[] besitz = new GameObject[7];
   ...
   void Update()
   {
      ...
      if(kisteStatus == 2)
      {
         kiste.transform.position = kiste.transform.position +
            new Vector3 (0, Time.deltaTime, 0);
         if (kiste.transform.position.y >= 1.1f)
         {
            kisteStatus = 3;
            Invoke (nameof(KisteSchliesst), 1.5f);
            if (besitz[kisteIndex].activeInHierarchy)
            {
```

```
                spielerSteht = false;
                GetComponent<MeshRenderer>().material = grauMat;
            }
        }
    }
    else if(kisteStatus == 4)
    {
        kiste.transform.position = kiste.transform.position -
            new Vector3 (0, Time.deltaTime, 0);
        if (kiste.transform.position.y <= 0.5f)
            kisteStatus = 0;
    }
    ...
}

void OnTriggerEnter(Collider coll)
{
    if (coll.gameObject.CompareTag("Tor"))
    ...
    else if (coll.gameObject.CompareTag("Kiste"))
    {
        kiste = coll.gameObject;
        kisteIndex = System.Convert.ToInt32(kiste.name.Substring (5, 1));
        kisteStatus = 1;
        spielerSteht = true;
        GetComponent<MeshRenderer>().material = schwarzMat;
    }
}
...
void KisteSchliesst()
{
    kisteStatus = 4;
}

public void OeffneKiste()
{
    if(kisteStatus == 1)
        kisteStatus = 2;
}
```

```
    public void NimmSchluesselAuf()
    {
        if(kisteStatus == 3)
        {
            besitz[kisteIndex].SetActive (true);
            schluessel[kisteIndex].SetActive (false);
            spielerSteht = false;
            GetComponent<MeshRenderer>().material = grauMat;
        }
    }
}
```

Listing 18.6 Die Klasse »Spieler« – der Status der Kiste ändert sich.

Die Eigenschaft `kiste` dient als Verweis auf diejenige Schatzkiste, die aktuell geöffnet oder geschlossen wird. In der Eigenschaft `kisteIndex` wird die laufende Nummer der Schatzkiste gespeichert. Dann werden zwei Datenfelder eingerichtet. Sie enthalten öffentliche Verweise auf die sieben Schlüssel und die sieben Besitzanzeigen. Für den Zugriff auf das zugehörige Element der beiden Datenfelder wird die Eigenschaft `kisteIndex` benötigt.

Die nachfolgenden Methoden werden in der Reihenfolge des Statuswechsels erläutert:

- In der Methode `OnTriggerEnter()` wird auf die Berührung einer Schatzkiste reagiert. Es werden der Verweis auf die betreffende Schatzkiste sowie ihre laufende Nummer gespeichert. Der Status wechselt auf 1. Der Spieler wird betäubt, sodass in der Methode `Update()` keine Bewegung mehr erfolgen kann. Der Spieler wird schwarz eingefärbt.
- Betätigt der Benutzer die Schaltfläche OEFFNEKISTE, wird der Status in der Methode `OeffneKiste()` auf 2 geändert.
- Durch den mehrfachen Aufruf der Methode `Update()` wird die Schatzkiste langsam geöffnet. Ist sie vollständig geöffnet, wechselt der Status auf 3. Danach wird veranlasst, dass 1.5 Sekunden später die Methode `KisteSchliesst()` aufgerufen wird. Besitzt der Spieler den Schlüssel bereits, ist die zugehörige farbige Markierung aktiviert. Das können Sie mithilfe der Eigenschaft `activeInHierarchy` prüfen. Der Spieler wird in diesem Fall grau gefärbt und kann sich wieder bewegen.
- Betätigt der Benutzer die Schaltfläche NIMMSCHLUESSELAUF, wird in der Methode `NimmSchluesselAuf()` geprüft, ob die Schatzkiste vollständig geöffnet ist. In diesem Fall wird der Schlüssel deaktiviert. Er geht in den Besitz des Spielers über. Die zugehö-

rige Besitzanzeige wird zu diesem Zweck aktiviert. Der Spieler wird grau gefärbt und kann sich wieder bewegen.

- In der Methode `KisteSchliesst()` wird der Status auf 4 geändert.
- Steht der Status auf 4, wird die Schatzkiste durch den mehrfachen Aufruf der Methode `Update()` langsam geschlossen. Ist sie vollständig geschlossen, wechselt der Status auf 0. Der Ablauf zum Öffnen und Schließen kann bei der Berührung einer Schatzkiste erneut beginnen.

Ziehen Sie im UNITY EDITOR die sieben Schlüssel und die sieben Besitzanzeigen auf die zugehörigen Slots der Datenfelder der Klasse `Spieler`. Verbinden Sie das Ereignis `OnClick` der beiden Schaltflächen OEFFNEKISTE und NIMMSCHLUESSELAUF mit den jeweils zugehörigen Methoden der Klasse `Spieler`. Starten Sie das Spiel, öffnen Sie eine Schatzkiste, und nehmen Sie den Schlüssel auf.

18.3.6 Schließen Sie eine Sperre auf

Das Aufschließen einer Sperre umfasst ebenfalls einen Statuswechsel. Allerdings gestaltet sich der Vorgang erheblich einfacher. Betrachten Sie dazu die Variable `sperreStatus` und Tabelle 18.9.

sperreStatus	Aktion
0	Der Spieler berührt keine der Sperren.
1	Der Spieler hat eine der Sperren berührt. Er wird betäubt und schwarz gefärbt. Die Sperre ist weiterhin geschlossen.
0	Die Schaltfläche SCHLIESSESPERREAUF wird betätigt. Ist der zugehörige Schlüssel im Besitz des Spielers, wird die Sperre entfernt. Die Betäubung des Spielers wird in jedem Fall aufgehoben. Er wird grau gefärbt und kann sich wieder bewegen.

Tabelle 18.9 Status einer Sperre

Bezogen auf die genannten Ereignisse, den Status einer Sperre und die Bewegung des Spielers ändern Sie die Klasse `Spieler` wie folgt:

```
public class Spieler : MonoBehaviour
{
    ...
```

```
    int sperreStatus = 0;
    int sperreIndex;
    public GameObject[] sperre = new GameObject[6];
    ...
    void OnTriggerEnter(Collider coll)
    {
       if (coll.gameObject.CompareTag("Tor"))
       ...
       else if (coll.gameObject.CompareTag("Sperre"))
       {
          sperreIndex = System.Convert.ToInt32
             (coll.gameObject.name.Substring (6, 1));
          sperreStatus = 1;
          spielerSteht = true;
          GetComponent<MeshRenderer>().material = schwarzMat;
       }
    }
    ...
    public void SchliesseSperreAuf()
    {
       if (sperreStatus == 1 && besitz[sperreIndex].activeInHierarchy)
          sperre[sperreIndex].SetActive (false);
       sperreStatus = 0;
       spielerSteht = false;
       GetComponent<MeshRenderer>().material = grauMat;
    }
}
```

Listing 18.7 Die Klasse »Spieler« – die Sperre ändert ihren Status.

In Listing 18.7 wird ein Datenfeld eingerichtet, das die öffentlich zugänglichen Verweise auf die sechs Sperren enthält.

In der Methode `OnTriggerEnter()` wird auf die Berührung einer Sperre reagiert. Die laufende Nummer der Sperre wird ermittelt. Der Status wechselt auf 1. Der Spieler wird betäubt und schwarz eingefärbt.

Betätigt der Benutzer die Schaltfläche SCHLIESSESPERREAUF, wird in der Methode `SchliesseSperreAuf()` geprüft, ob er den zugehörigen Schlüssel besitzt. In diesem Fall wird die Sperre entfernt. In jedem Fall wird der Status wieder auf 0 geändert. Der Spieler wird grau gefärbt und kann sich wieder bewegen.

Ziehen Sie im UNITY EDITOR die sechs Sperren auf die zugehörigen Slots des Datenfelds der Klasse Spieler. Verbinden Sie das Ereignis OnClick der Schaltfläche SCHLIESSE-SPERREAUF mit der zugehörigen Methode der Klasse Spieler. Starten Sie das Spiel, und schließen Sie eine Sperre mit dem zugehörigen Schlüssel auf.

18.3.7 Speichern Sie den Spielstand

Die Suche nach dem weißen Schlüssel kann ein wenig dauern. Der Benutzer soll die Möglichkeit haben, den aktuellen Spielstand zu speichern und später wieder zu laden. Der Spielstand enthält Informationen über die Transform-Daten des Spielers und seinen Besitz. Fügen Sie der Klasse Spieler die folgende Methode hinzu:

```
public void SpielstandSpeichern()
{
   PlayerPrefs.SetFloat ("spielerPosX", transform.position.x);
   PlayerPrefs.SetFloat ("spielerPosZ", transform.position.z);
   PlayerPrefs.SetFloat ("spielerRotY", transform.rotation.eulerAngles.y);

   string besitzString = "";
   for (int i = 0; i < 7; i++)
   {
      if (besitz[i].activeInHierarchy)
         besitzString += "1";
      else
         besitzString += "0";
   }
   PlayerPrefs.SetString("besitzString", besitzString);

   PlayerPrefs.Save();
}
```

Listing 18.8 Die Klasse »Spieler« – Spielstand speichern

Die wichtigen Transform-Daten des Spielers, also die X-Position, die Z-Position und die Rotation des Spielers um die Y-Achse, werden in drei float-Variablen gespeichert. Damit ist gewährleistet, dass der Spieler später wieder mit derselben Blickrichtung auf dieselbe Position im Verlies gesetzt werden kann.

Mithilfe der Klasse PlayerPrefs können nur int-Werte, float-Werte und string-Werte dauerhaft gespeichert werden, aber keine bool-Werte. Damit Sie dennoch die Information speichern können, ob ein bestimmter Schlüssel im Besitz des Spielers ist oder nicht, gehen Sie wie folgt vor: Alle farbigen Markierungen, die den Besitz eines Schlüssels kennzeichnen, werden geprüft. Aus diesen Informationen wird die Zeichenkette `besitzString` zusammengesetzt. Besitzt der Spieler einen bestimmten Schlüssel, wird das Zeichen »1« an der zugehörigen Position in der Zeichenkette gespeichert, ansonsten das Zeichen »0«. Die gesamte Zeichenkette besteht anschließend aus sieben Zeichen und wird gespeichert.

18.3.8 Laden Sie den alten Spielstand

Sie können den letzten gespeicherten Spielstand mit der folgenden Methode der Klasse `Spieler` wieder laden:

```
public void SpielstandLaden()
{
   if (PlayerPrefs.HasKey ("spielerPosX") && PlayerPrefs.HasKey
      ("spielerPosZ") && PlayerPrefs.HasKey ("spielerRotY"))
   {
      transform.position = new Vector3 (PlayerPrefs.GetFloat
         ("spielerPosX"), 0.2f, PlayerPrefs.GetFloat("spielerPosZ"));
      Quaternion q = new Quaternion();
      q.eulerAngles = new Vector3 (0, PlayerPrefs.GetFloat ("spielerRotY"), 0);
      transform.rotation = q;
   }

   if (PlayerPrefs.HasKey ("besitzString"))
   {
      string besitzString = PlayerPrefs.GetString("besitzString");
      for (int i = 0; i < 7; i++)
      {
         if (besitzString.Substring(i, 1) == "1")
         {
            besitz[i].SetActive (true);
            schluessel[i].SetActive (false);
         }
         else
         {
            besitz[i].SetActive (false);
            schluessel[i].SetActive (true);
         }
```

```
        }
    }
}
```

Listing 18.9 Die Klasse »Spieler« – Spielstand laden

Sind die Transform-Daten des Spielers vollständig gespeichert, werden sie wieder geladen. Der Spieler wird an die gespeicherte Position gesetzt. Die gespeicherte Drehung wird in ein Drehungsobjekt übernommen. Dem Spieler wird das Drehungsobjekt zugewiesen.

Sind die Besitzdaten des Spielers in einer Zeichenkette gespeichert, werden ihre einzelnen Zeichen geprüft. Handelt es sich um das Zeichen »1«, wird der zugehörige Besitz aktiviert und der zugehörige Schlüssel deaktiviert. Ansonsten geschieht das Gegenteil.

Verbinden Sie das Ereignis `OnClick` der beiden Schaltflächen SPIELSTANDSPEICHERN und SPIELSTANDLADEN mit der jeweils zugehörigen Methode der Klasse `Spieler`.

Starten Sie das Spiel, bewegen Sie sich in die Nachbarkammer, nehmen Sie den ersten Schlüssel auf und speichern Sie den aktuellen Spielstand. Beenden Sie das Spiel, starten Sie es erneut, laden Sie den alten Spielstand und prüfen Sie Position, Blickrichtung und Besitz des Spielers.

18.3.9 Ideen für Erweiterungen

Einige Möglichkeiten für dieses Projekt:

- Ändern Sie die Anzahl der Kammern, der Schlüssel, der Schatzkisten und der Sperren.
- Gestalten Sie verschiedene Typen von Kammern, z. B. mit unterschiedlichen Hindernissen.
- Setzen Sie die Kammern zu anderen Verliesen zusammen.
- Lassen Sie den Spieler in bestimmten Kammern von gegnerischen Objekten verfolgen, die ihm bei Berührung Lebensenergie entziehen. Nach dem Verlust sämtlicher Lebensenergie kann sich der Spieler nicht mehr bewegen. Die gegnerischen Objekte werden automatisch in Richtung des Spielers bewegt, sobald er die Kammer betreten hat.
- Fügen Sie Audio-Signale hinzu.

Kapitel 19
Ein Programmierkurs in C#

Zur Programmierung der Abläufe in den Unity-Projekten wird in diesem Buch die Programmiersprache C# eingesetzt. Dieses Kapitel enthält einen Programmierkurs, der als erster Einstieg dienen kann, um C# zunächst einmal ohne die Unity-Elemente kennenzulernen. Sie können das Kapitel aber auch als Ergänzung nutzen, um die Erläuterungen innerhalb der Projekte besser zu verstehen. Ebenso dient es als Nachschlagewerk, falls Sie etwas über bestimmte Elemente von C# erfahren möchten.

Im Vordergrund stehen diejenigen Elemente der Sprache, die in den Unity-Projekten benötigt werden. Die Sprache C# umfasst darüber hinaus noch weitere Elemente.

19.1 Das Unity-Projekt »Programmierkurs«

Die Programme finden Sie in dem Unity-Projekt *Programmierkurs*, das ich mit dem Template UNIVERSAL 2D erstellt habe. Sie können die ausführbare Version des Projekts starten und die einzelnen Programmteile parallel zum Durcharbeiten des Kapitels aufrufen. Sie müssen das Projekt nicht selbst aufbauen.

Im ersten Teil lege ich den Schwerpunkt auf die prozeduralen Grundlagen der Sprache C#. Sie finden die zugehörigen Programme im C#-Script vom Typ MONOBEHAVIOUR SCRIPT mit dem Namen `Kurs` in der Datei *Kurs.cs*. Über die einzelnen Schaltflächen lassen sie sich starten (siehe Abbildung 19.1).

Im zweiten Teil folgt ein kleines Beispiel, anhand dessen einige Begriffe aus dem Bereich der Objektorientierung verdeutlicht werden. Sie finden die zugehörige Klasse im C#-Script vom Typ MONOBEHAVIOUR SCRIPT mit dem Namen `Spieler` in der Datei *Spieler.cs*.

Falls Sie diesen Programmierkurs als allerersten Einstieg nutzen möchten, können Sie nun direkt zu Abschnitt 19.2 wechseln.

Das C#-Script `Kurs` ist wie folgt aufgebaut:

```
using UnityEngine;
using TMPro;
```

```
using System.Collections.Generic;

public class Kurs : MonoBehaviour
{
   public TextMeshProUGUI ausgabe1, ausgabe2, ausgabe3, ausgabe4;
}
```

Listing 19.1 Die Klasse »Kurs« – Aufbau

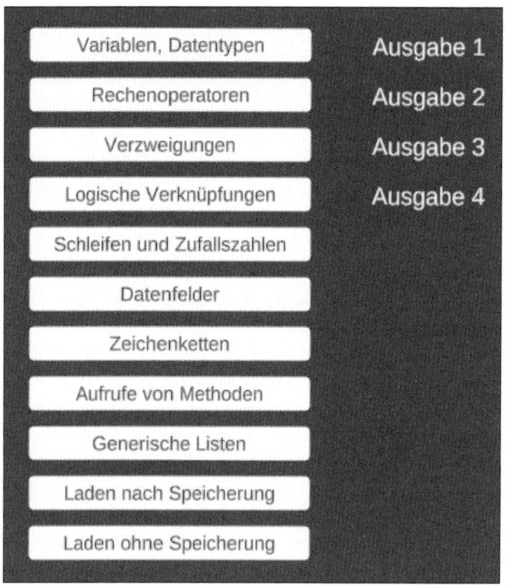

Abbildung 19.1 Das Projekt »Programmierkurs« – die Benutzeroberfläche

Oberhalb der Klasse `Kurs` werden drei Namensräume eingebunden. Die darin enthaltenen Klassen werden benötigt, und zwar

- für jedes Unity-Projekt (`UnityEngine`),
- für die Elemente der Benutzeroberfläche (`TMPro`) und
- für die Bearbeitung generischer Listen (`System.Collections.Generic`, mehr dazu in Abschnitt 19.6).

Die Klasse `Kurs` enthält öffentlich zugängliche Verweise auf die vier Textfelder. In den folgenden Abschnitten stelle ich Ihnen einzelne Methoden vor, die in die Klasse `Kurs` eingebettet und mithilfe der Schaltflächen aufgerufen werden. Innerhalb der Methoden werden die Elemente der Sprache anhand von einfachen Beispielen vermittelt. Anschließend erfolgen Ausgaben in den vier Textfeldern.

19.2 Grundlagen

Zunächst werden die Grundlagen gelegt, die Sie zur Programmierung benötigen: Es werden Datentypen, Variablen und Rechenoperatoren eingeführt. Verzweigungen und Schleifen dienen zur Ablaufsteuerung.

19.2.1 Variablen und Datentypen

Zur Speicherung von Daten innerhalb eines Programmablaufs werden *Variablen* benötigt. Die gespeicherten Daten können später wieder abgerufen werden. In Unity-Projekten werden Daten mit unterschiedlichen *Datentypen* verwendet:

- `int`: Variablen dieses Datentyps enthalten ganze Zahlen.
- `float`: Variablen dieses Datentyps enthalten Fließkommazahlen, also Zahlen mit Stellen nach dem Komma.
- `string`: Variablen dieses Datentyps enthalten Texte, auch *Zeichenketten* genannt.
- `bool`: Boolesche Variablen enthalten einen der beiden Wahrheitswerte `true` oder `false`.

Betrachten wir die Methode `VariablenUndDatentypen()`:

```
public void VariablenUndDatentypen()
{
    /* Deklaration */
    int ganzeZahl;
    float kommaZahl;
    string infoText;
    bool spielerAktiv;

    // Zuweisung
    ganzeZahl = 5;
    kommaZahl = -2.8f;
    infoText = "Hallo Welt";
    spielerAktiv = true;

    // Ausgabe
    ausgabe1.text = "int-Variable: " + ganzeZahl;
    ausgabe2.text = "float-Variable: " + kommaZahl;
    ausgabe3.text = "string-Variable: " + infoText;
    ausgabe4.text = "boolesche Variable: " + spielerAktiv;
}
```

Listing 19.2 Die Methode »VariablenUndDatentypen()«

Zunächst werden vier Variablen unterschiedlichen Datentyps deklariert, also dem Programm zur Nutzung bekannt gemacht. Bei einer *Deklaration* wird der Datentyp genannt, gefolgt von dem Namen der Variablen. Die erste Deklaration lautet:

```
int ganzeZahl;
```

Das ist die erste *Anweisung* innerhalb der Methode. Anweisungen werden mithilfe eines Semikolons abgeschlossen.

Der Name einer Variablen sollte etwas über ihren Inhalt aussagen. Ein Name kann aus Buchstaben, Ziffern und bestimmten Sonderzeichen bestehen. Er darf allerdings nicht mit einer Ziffer beginnen und auch kein Leerzeichen enthalten. In der Programmiersprache C# wird zwischen Groß- und Kleinschreibung unterschieden. Es könnte also verschiedene Variablen mit den Namen `ganzeZahl` und `GanzeZahl` geben.

Eine *Variable* erhält ihren Wert mithilfe einer *Zuweisung*. Der Wert, der auf der rechten Seite des Gleichheitszeichens steht, wird der Variablen auf der linken Seite des Gleichheitszeichens zugewiesen. Ist der Wert einer Variablen bereits zu Beginn bekannt, können Sie die Deklaration mit einer Zuweisung verbinden. Ein Beispiel: `int ganzeZahl = 5;`

Bei *Fließkommazahlen* wird die Schreibweise aus dem englischen Sprachraum genutzt: Die Stellen nach dem Komma werden mithilfe eines Dezimalpunkts abgetrennt. Nach dem Wert einer Fließkommazahl sollten Sie ein `f` notieren. Ansonsten würde es sich um einen Wert für eine Variable vom Datentyp `double` handeln. Diesen Datentyp benötigen wir nicht.

Zeichenketten stehen innerhalb von doppelten Anführungsstrichen.

Einer *booleschen Variablen* kann nur einer der beiden Werte `true` (wahr) oder `false` (falsch) zugewiesen werden.

Die Eigenschaft `text` der vier Textfelder besitzt den Datentyp `string`. Ihr kann nur eine Zeichenkette zugewiesen werden. Im ersten Fall ist das die Zeichenkette `int-Variable:` (inklusive Doppelpunkt und Leerzeichen am Ende), verkettet mit einer Zahl. Die Verknüpfung geschieht mithilfe des Verkettungsoperators `+`. Dadurch wird insgesamt die Zeichenkette `int-Variable: 5` erzeugt, und durch die Zuweisung wird dafür gesorgt, dass sie im Textfeld ausgegeben wird.

Die Ausgabe des Programms sehen Sie in Abbildung 19.2.

Gemäß allgemeinen Programmierkonventionen

- beginnen die Namen von Variablen mit einem kleinen Buchstaben,
- beginnen die Namen von Klassen und Methoden mit einem großen Buchstaben und

- wird der erste Buchstabe des zweiten Worts (und gegebenenfalls der weiteren Wörter) großgeschrieben, falls ein Name aus mehreren Wörtern besteht (*camelCase*-Schreibweise).

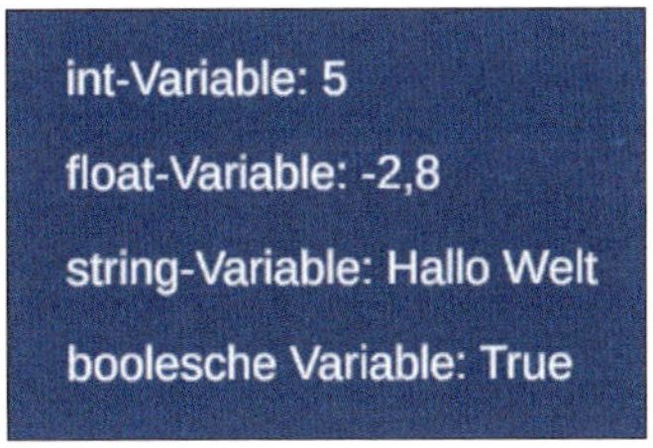

Abbildung 19.2 Datentypen und Werte von Variablen

Sie können innerhalb eines Programms *Kommentare* notieren. In diesen erläutern Sie Ihren Code, um sich später besser wieder in ihn hineinzufinden oder um Kollegen den Einstieg zu erleichtern. Kommentare sind keine Programmanweisungen. Es gibt zwei Arten von Kommentaren:

1. zwischen den Zeichenkombinationen /* und */ – Ein solcher Kommentar kann sich über mehrere Zeilen erstrecken.
2. nach der Zeichenkombination // – Ein solcher Kommentar geht nur bis zum Ende der betreffenden Zeile.

Die Begriffe `public`, `void`, `int`, `float`, `string` und `bool` sind *Schlüsselwörter* der Sprache C#. Sie dürfen sie nicht als eigene Namen für Ihre Variablen, Klassen oder Methoden verwenden. In den folgenden Abschnitten lernen Sie noch weitere Schlüsselwörter kennen.

19.2.2 Rechenoperatoren

Zur Durchführung von Berechnungen stehen Ihnen die vier bekannten Rechenoperatoren + (*Addition*), - (*Subtraktion*), * (*Multiplikation*) und / (*Division*) zur Verfügung. Außerdem gibt es den *Modulo-Operator* %. Er berechnet den Rest einer ganzzahligen Division.

Ein Ausdruck mit mehreren Operatoren wird von links nach rechts bearbeitet. Wie in der Mathematik gilt die Regel *Punkt vor Strich*: Die Durchführung von Multiplikationen und Divisionen hat Vorrang vor der Durchführung von Additionen und Subtraktionen. Möchten Sie die Bearbeitungsreihenfolge ändern, können Sie runde Klammern verwenden.

Zur Verkürzung von Anweisungen werden häufig die *kombinierten Zuweisungsoperatoren* += und *= eingesetzt, seltener die gleichartigen Operatoren -=, /= und %=.

Sie können eine Fließkommazahl mithilfe des Casts (int) in eine ganze Zahl umwandeln. Die Stellen nach dem Komma werden abgeschnitten.

Einige Beispiele sehen Sie in der Methode Rechenoperatoren():

```
public void Rechenoperatoren()
{
   int ergebnis1, ergebnis2, ergebnis3;
   float ergebnis4;

   ergebnis1 = (7 - 4) * (2 + 5);
   ergebnis1 = ergebnis1 + 3;
   ergebnis1 += 10;

   ergebnis2 = 27 % 4;

   ergebnis3 = (int) 2.8f;

   ergebnis4 = (5 + 2.2f) / 4;
   ergebnis4 *= 1.5f;

   ausgabe1.text = "1. Ergebnis: " + ergebnis1;
   ausgabe2.text = "2. Ergebnis: " + ergebnis2;
   ausgabe3.text = "3. Ergebnis: " + ergebnis3;
   ausgabe4.text = "4. Ergebnis: " + ergebnis4;
}
```

Listing 19.3 Die Methode »Rechenoperatoren()«

Die drei ersten Variablen haben denselben Datentyp. Daher können sie gemeinsam innerhalb einer Anweisung deklariert werden.

Der Ausdruck (7 - 4) * (2 + 5) ergibt wegen der Klammersetzung 3 * 7, also den Wert 21. Ohne die Klammern ergäbe sich 7 - 8 + 5, also der Wert 4, weil die Multiplikation 4 * 2 als Erstes ausgeführt würde.

Die Anweisung ergebnis1 = ergebnis1 + 3; bedeutet: Der neue Wert der Variablen ergebnis1 ist der um 3 erhöhte alte Wert von ergebnis1. In Unity ergeben sich häufig solche Anweisungen, z. B. beim Verändern der Position eines Spielobjekts. Dieselbe Anweisung sieht in verkürzter Form mit einem kombinierten Zuweisungsoperator so aus: ergebnis1 += 3;

Die Division von 27 durch 4 ergibt 6 Rest 3. Dieser Rest wird mithilfe des Modulo-Operators % ermittelt. Ermitteln Sie bei einer Berechnung einen Rest von 0, bedeutet das: Die erste Zahl ist ohne Rest durch die zweite Zahl teilbar. Ein Beispiel: 24 % 4 ergibt 6 Rest 0, also ist 24 ohne Rest durch 4 teilbar.

Der Ausdruck `(int) 2.8f` dient zur Umwandlung der Fließkommazahl `2.8f` in die ganze Zahl 2. Die Nachkommastellen werden abgeschnitten.

Würden bei dem Ausdruck `(5 + 2.2f) / 4` die Klammern weggelassen, ergäbe sich ein anderes Ergebnis, weil zunächst die Division durchgeführt würde. In der Anweisung `ergebnis4 *= 1.5f;` wird der kombinierte Zuweisungsoperator `*=` genutzt: Der Wert von `ergebnis4` wird auf das 1.5-Fache erhöht.

Die Ausgabe des Programms sehen Sie in Abbildung 19.3.

```
1. Ergebnis: 34
2. Ergebnis: 3
3. Ergebnis: 2
4. Ergebnis: 2,7
```

Abbildung 19.3 Ergebnisse der Berechnungen

Hinweis

Um Fehler zu vermeiden, nutze ich bei Fließkommazahlen im erläuternden Text des gesamten Buchs den Dezimalpunkt, wie er auch im Programmcode und im UNITY EDITOR verlangt wird.

19.2.3 Division von ganzen Zahlen

Dividieren Sie zwei ganzzahlige Werte, gehen die Nachkommastellen verloren: Die Division `10 / 4` ergibt den Wert 2, nicht den Wert `2.5`. Sie können das vermeiden, indem Sie mindestens einen der beiden ganzzahligen Werte zu einem Fließkommawert machen. Die folgenden Divisionen ergeben das richtige Ergebnis `2.5`:

`10.0f / 4` oder `10 / 4.0f` oder `10.0f / 4.0f`

Nehmen wir an, Sie haben folgende Deklaration:

```
int a = 10, b = 4;
```

Das richtige Divisionsergebnis erreichen Sie in diesem Fall z. B. mit einem der folgenden vier Ausdrücke:

```
(float) a / b
a / (float) b
a * 1.0f / b
a / (1.0f * b)
```

Im ersten Ausdruck bezieht sich `(float)` nur auf `a` und nicht auf die gesamte Division. Der Cast `(float)` dient zur Umwandlung des ganzzahligen Werts von `a` in den entsprechenden Fließkommawert.

19.2.4 Verzweigungen

In den bisherigen Programmen dieses Kapitels werden alle Anweisungen der Reihe nach ausgeführt. Es kommt allerdings häufig vor, dass in Abhängigkeit von bestimmten Bedingungen unterschiedliche Zweige eines Programms durchlaufen werden sollen. Eine solche Steuerung lässt sich mithilfe einer *Verzweigung* und der *Schlüsselwörter* `if` und `else` erreichen.

In der Methode `Verzweigungen()` sehen Sie einige Möglichkeiten:

```
public void Verzweigungen()
{
   int zahl = 25;

   if (zahl > 20)
   {
      ausgabe1.text = "Größer ";
      ausgabe1.text += "als 20";
   }

   if (zahl < 30)
      ausgabe2.text = "Kleiner als 30";

   if (zahl <= 10)
   {
      ausgabe3.text = "Kleiner oder gleich 10";
   }
   else
   {
```

```
        ausgabe3.text = "Größer als 10";
    }

    if (zahl > 25)
        ausgabe4.text = "Größer als 25";
    else if (zahl == 25)
        ausgabe4.text = "Gleich 25";
    else
        ausgabe4.text = "Kleiner als 25";
}
```

Listing 19.4 Die Methode »Verzweigungen()«

Eine Verzweigung wird mit dem Schlüsselwort `if` eingeleitet. Auf das `if` folgt eine Bedingung in runden Klammern, die einen Vergleichsoperator enthält. Es gibt die Vergleichsoperatoren `>` (*größer als*), `<` (*kleiner als*), `>=` (*größer als oder gleich*), `<=` (*kleiner als oder gleich*), `==` (*gleich*) und `!=` (*ungleich*). Eine Bedingung besitzt einen Wahrheitswert, `true` (*wahr*) oder `false` (*falsch*).

Hat die Bedingung `z > 20` den Wahrheitswert `true`, werden alle Anweisungen durchgeführt, die im folgenden Anweisungsblock stehen. Ein solcher Block wird von geschweiften Klammern umschlossen. Daher wird als Erstes `Größer als 20` ausgegeben. Hätte die Bedingung den Wahrheitswert `false` gehabt, wären die Anweisungen im Anweisungsblock nicht ausgeführt worden und es hätte an der Stelle keine Ausgabe gegeben.

Hinweis

Soll nach einem `if` nur eine einzelne Anweisung ausgeführt werden, können Sie die geschweiften Klammern auch weglassen. Das sehen Sie bei der zweiten Ausgabe. Besonders Einsteigern empfehle ich aber, die geschweiften Klammern immer zu setzen.

Soll auch etwas ausgeführt werden, wenn eine Bedingung den Wahrheitswert `false` ergibt, benötigen Sie das Schlüsselwort `else`. Das ist bei der dritten Ausgabe der Fall. Als Folge wird der Anweisungsblock nach dem `else` durchlaufen. Ein `else` gehört immer zu einem `if` und steht niemals allein.

Nach der Bedingung hinter einem `if` oder nach dem Schlüsselwort `else` folgt kein Semikolon, da die Gesamtanweisung noch nicht beendet ist.

Gibt es mehr als zwei mögliche Fälle, können Sie, wie bei der vierten Ausgabe, eine mehrfache Verzweigung nutzen:

- Trifft die *erste* Bedingung `z > 25` zu, erscheint: `Größer als 25`.
- Trifft die erste Bedingung *nicht* zu, wird die zweite Bedingung `z == 25` geprüft. Trifft diese zu, wird `Gleich 25` ausgegeben.
- Trifft auch *diese* nicht zu, wird `Kleiner als 25` ausgegeben.

Sie können weitere Verzweigungen einfügen, indem Sie weitere Bedingungen mithilfe von `else if(...)` einsetzen. Wir haben hier wieder den Sonderfall, dass nur eine Anweisung durchgeführt werden soll. Daher können die geschweiften Klammern für den jeweiligen Anweisungsblock weggelassen werden.

Die Ausgabe des Programms sehen Sie in Abbildung 19.4.

Abbildung 19.4 Ergebnisse der Verzweigungen

19.2.5 Logische Verknüpfungen

Sollen mehrere Bedingungen gleichzeitig geprüft werden, können Sie sie mithilfe von logischen Operatoren zu logischen Verknüpfungen verbinden. Es gibt die logischen Operatoren `&&` (*logisches Und*), `||` (*logisches Oder*) und `!` (*logisches Nicht*).

Listing 19.5 zeigt einige Beispiele in der Methode `LogischeVerknuepfungen()`:

```
public void LogischeVerknuepfungen()
{
   int zahl = 25;

   if(zahl > 20 && zahl < 30)
   {
      ausgabe1.text = "Zwischen 20 und 30";
   }

   if(zahl < 10 || zahl > 20)
   {
      ausgabe2.text = "Kleiner als 10 oder größer als 20";
   }
```

```
    if(zahl > 20 && zahl < 30 || zahl > 120 && zahl < 130)
    {
        ausgabe3.text = "Zwischen 20 und 30 oder zwischen 120 und 130";
    }

    if(!(zahl > 120 && zahl < 130))
    {
        ausgabe4.text = "Nicht zwischen 120 und 130";
    }
}
```

Listing 19.5 Die Methode »LogischeVerknuepfungen()«

Ist die Zahl größer als 20 und kleiner als 30, wird die erste Ausgabe durchgeführt. Es müssen also gleichzeitig beide Bedingungen zutreffen, die mithilfe des Operators `&&` (*logisches Und*) miteinander verknüpft werden.

Ist die Zahl kleiner als 10 oder größer als 20, wird die zweite Ausgabe durchgeführt. Es muss also nur eine der beiden Bedingungen zutreffen, die mithilfe des Operators `||` (*logisches Oder*) miteinander verknüpft werden.

Hier müssen keine zusätzlichen Klammern gesetzt werden. Zwar gilt auch hier, dass ein Ausdruck mit mehreren Operatoren von links nach rechts bearbeitet wird, aber die Vergleichsoperatoren haben Vorrang vor den Operatoren für die logischen Verknüpfungen. Zuerst werden also die Bedingungen ausgewertet und ergeben Wahrheitswerte. Diese werden erst anschließend miteinander verknüpft.

Bei der dritten Ausgabe müssen ebenfalls keine zusätzlichen Klammern gesetzt werden, höchstens zur besseren Übersicht. Der Operator `&&` hat Vorrang vor dem Operator `||`. Zunächst werden also die vier Einzelbedingungen ausgewertet und liefern jeweils einen Wahrheitswert. Anschließend werden die ersten beiden Wahrheitswerte mithilfe von `&&` verknüpft. Anschließend werden, wieder mithilfe von `&&`, die beiden letzten Wahrheitswerte verknüpft. Erst als Letztes werden die Ergebnisse der `&&`-Verknüpfungen mithilfe von `||` ausgewertet.

Der Operator `!` (*logisches Nicht*) erzeugt den jeweils gegenteiligen Wahrheitswert: Aus `true` wird `false`, aus `false` wird `true`. Bei der vierten Ausgabe wird zunächst die logische Verknüpfung ausgewertet. Sie ergibt hier `false`. Anschließend wird die Aussage umgedreht.

Die Klammern müssen in diesem Fall gesetzt werden. Ansonsten würde sich der Operator `!` auf die unmittelbar nachfolgende Variable beziehen und nicht auf den gesamten

Ausdruck. Handelt es sich bei der Variablen nicht um einen Wahrheitswert, kann das Programm zudem nicht ausgeführt werden.

Die Ausgabe des Programms sehen Sie in Abbildung 19.5.

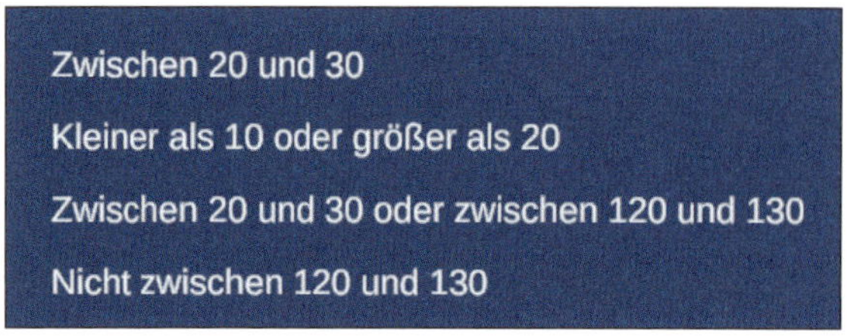

Abbildung 19.5 Ergebnisse von logischen Verknüpfungen

Achten Sie darauf, keine sinnlosen Verknüpfungen zu formulieren:

- Die Verknüpfung `zahl < 20 && zahl > 30` trifft niemals zu.
- Die Verknüpfung `zahl > 10 || zahl < 20` trifft immer zu.

19.2.6 Schleifen und Zufallszahlen

Die besondere Stärke von Programmen ist die wiederholte und schnelle Durchführung von Anweisungen. Diesem Zweck dienen Schleifen. In diesem Abschnitt lernen Sie zwei verschiedene Typen kennen: die `for`-Schleife und die `do-while`-Schleife.

In vielen Spielen und Simulationen werden zufällige Zahlen benötigt. Diese stammen von einem Zufallszahlengenerator und sorgen für einen unvorhersehbaren Verlauf – und damit für besondere Anreize innerhalb eines Spielprojekts. In diesem Abschnitt werden die sogenannten *Zufallszahlen* gemeinsam mit den Schleifen vorgestellt.

Listing 19.6 zeigt den ersten Teil der Methode `SchleifenUndZufallszahlen()`:

```
public void SchleifenUndZufallszahlen()
{
   string aus;
   int wuerfel;

   aus = "";
   for (int i = 1; i <= 10; i++)
   {
      aus += i + "   ";
   }
   ausgabe1.text = aus;
```

```
    aus = "";
    for (int i = 1; i <= 10; i++)
    {
        wuerfel = Random.Range (1, 7);
        aus += wuerfel + "   ";
    }
    ausgabe2.text = aus;
    ...
}
```

Listing 19.6 Die Methode »SchleifenUndZufallszahlen()« – erster Teil

In der Methode wird die Zeichenkette aus für die jeweilige Ausgabe stückweise gefüllt und erst danach ausgegeben.

Für die erste Ausgabe wird eine for-Schleife durchlaufen. Sie verwenden diesen Schleifentyp, falls Ihnen die Anzahl der Durchläufe bereits bekannt ist. Die for-Schleife besteht aus einem Kopf zur Steuerung und einem Anweisungsblock, der gemäß der Steuerung wiederholt ausgeführt wird. Der Kopf der for-Schleife besteht aus drei Teilen:

1. Mithilfe einer Deklaration und einer gleichzeitigen Zuweisung (int i = 1) wird die Variable i für den Bereich der for-Schleife eingeführt und auf den Startwert 1 gesetzt.
2. Nach dem ersten Semikolon folgt eine Bedingung, die *vor* jedem Schleifendurchlauf geprüft wird. Die Schleife wird wiederholt, solange diese Bedingung (hier: i <= 10) zutrifft. Beim ersten Mal hat i den Wert 1, also trifft die Bedingung zu.
3. Nach dem zweiten Semikolon folgt die Änderung der Schleifenvariablen. Diese Änderung wird *nach* jedem Durchlauf des Anweisungsblocks ausgeführt. Mithilfe der Anweisung i++ wird der Wert von i um 1 erhöht. Alternativ können Sie auch i = i + 1 notieren.

Die Schleife wird zehnmal ausgeführt, nämlich nacheinander für die i-Werte von 1 bis 10. Für den i-Wert 11 trifft die Bedingung nicht mehr zu. Die Schleife ist damit beendet, und das Programm fährt nach der Schleife fort. Bei jedem Durchlauf wird der aktuelle Wert von i, gefolgt von drei Leerzeichen, in der Zeichenkette zur Ausgabe gespeichert. So entsteht die erste Ausgabe, die Sie in Abbildung 19.6 sehen.

Die zweite for-Schleife wird ebenfalls zehnmal durchlaufen. Bei jedem Durchlauf wird die Methode Range() der Klasse Random aufgerufen. Sie liefert einen zufälligen Wert. Den Bereich, aus dem dieser Wert stammt, können Sie mithilfe der beiden Parameter – das sind die beiden Werte in den Klammern nach dem Namen der Methode – festlegen.

Handelt es sich (wie hier) um zwei ganze Zahlen, liegt die erste Zahl innerhalb des Bereichs und die zweite Zahl außerhalb des Bereichs. Es ergeben sich also zufällige Werte von 1 bis 6, mit anderen Worten: die Werte eines Würfels. Eine Möglichkeit für die zweite Ausgabe, abhängig von den zufälligen Ergebnissen, sehen Sie in Abbildung 19.6.

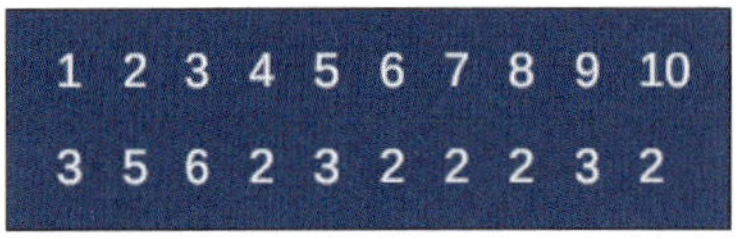

Abbildung 19.6 Ausgaben der ersten beiden Schleifen

Listing 19.7 zeigt den zweiten Teil der Methode `SchleifenUndZufallszahlen()`:

```
public void SchleifenUndZufallszahlen()
{
   ...

   aus = "";
   for (int i = 1; i <= 5; i++)
      aus += Random.Range(2.5f, 2.8f) + "    ";
   ausgabe3.text = aus;

   aus = "";
   do
   {
      wuerfel = Random.Range (1, 7);
      aus += wuerfel + "    ";
   }
   while(wuerfel != 6);
   ausgabe4.text = aus;
}
```

Listing 19.7 Die Methode »SchleifenUndZufallszahlen()« – zweiter Teil

Die dritte `for`-Schleife wird fünfmal durchlaufen. Bei jedem Durchlauf wird ebenfalls die Methode `Range()` aufgerufen. Handelt es sich bei den Parametern (wie hier) um Fließkommazahlen, liegen beide Zahlen innerhalb des Bereichs. Es ergeben sich also zufällige Werte von 2.5 bis 2.8. Die beiden Fließkommazahlen 2.5 und 2.8 liegen innerhalb des Bereichs, können also ebenfalls vorkommen. Eine Möglichkeit für die dritte Ausgabe sehen Sie in Abbildung 19.7.

Abbildung 19.7 Ausgaben der letzten beiden Schleifen

Bei der vierten Schleife soll so lange gewürfelt werden, bis sich der Wert 6 ergibt. Die `for`-Schleife ist dafür nicht geeignet, da die Anzahl der Durchläufe vorher nicht bekannt ist. Der Wert 6 kann sich bereits beim ersten Mal ergeben oder eventuell erst beim 15. Mal.

Daher wird die `do-while`-Schleife genutzt. Sie wird mindestens einmal durchgeführt. Nach jedem Durchlauf wird mithilfe einer Bedingung in runden Klammern geprüft, ob sie noch einmal durchgeführt werden soll. Das geschieht im vorliegenden Fall, solange der Wert nicht gleich 6 ist. Eine Möglichkeit für die vierte Ausgabe sehen Sie ebenfalls in Abbildung 19.7.

Betätigen Sie die Schaltfläche SCHLEIFENUNDZUFALLSZAHLEN mehrmals nacheinander. Es ergeben sich jeweils andere Zufallszahlen.

Hinweis

Ähnlich wie bei Verzweigungen gilt: Soll nur eine Anweisung innerhalb einer Schleife ausgeführt werden, können Sie die geschweiften Klammern auch weglassen. Auch hier empfehle ich allerdings besonders den Einsteigern, die geschweiften Klammern immer zu setzen.

In Listing 19.7 wird mit der Unity-Klasse `Random` aus dem Namensraum `UnityEngine` gearbeitet, deren Eigenschaften und Methoden auf Unity-Projekte zugeschnitten sind. C# bietet eine eigene Klasse `Random` im Namensraum `System`, die allerdings andere Eigenschaften und Methoden aufweist.

19.2.7 Schleifenabbruch mit »break«

Das Schlüsselwort `break` eignet sich zum unmittelbaren Abbruch beliebiger Schleifen aufgrund von bestimmten Bedingungen. In Listing 19.8 sehen Sie eine Alternative für die vierte Ausgabe aus dem vorherigen Abschnitt:

```
public void SchleifenUndZufallszahlen()
{
    ...
```

```
    aus = "";
    do
    {
        wuerfel = Random.Range (1, 7);
        aus += wuerfel + "    ";
        if(wuerfel == 6)
            break;
    }
    while(true);
    ausgabe4.text = aus;
}
```

Listing 19.8 Alternative für die vierte Ausgabe

Es handelt sich um eine *Endlosschleife*, da die Bedingung nach dem `while` immer zutrifft. Eine solche Schleife können Sie nur mit einem Schleifenabbruch mithilfe von `break` verlassen.

19.3 Datenfelder

Möchten Sie viele zusammenhängende Daten desselben Datentyps speichern, können Sie Datenfelder verwenden. Eine einzelne Reihe von Daten legen Sie in einem eindimensionalen Datenfeld ab. Eine ganze Tabelle von Daten, die aus mehreren Reihen besteht, speichern Sie in einem zweidimensionalen Datenfeld. `for`-Schleifen sind besonders zur Bearbeitung eines ganzen Datenfelds geeignet.

In der folgenden Methode werden zwei verschiedene Datenfelder mit `int`-Variablen angelegt und genutzt. Die beschriebenen Techniken können Sie ebenso auf Datenfelder mit Variablen anderer Datentypen oder auch auf Datenfelder mit Objekten anwenden.

Listing 19.9 zeigt den ersten Teil der Methode `Datenfelder()`:

```
public void Datenfelder()
{
    int[] x;
    x = new int[5];

    x[0] = 12;
    x[1] = -5;
    x[2] = 18;
    x[3] = 6;
```

```
    x[4] = -3;

    string aus = "";
    for (int i = 0; i < x.Length; i++)
    {
        aus += x[i] + "    ";
    }
    ausgabe1.text = aus;
    ...
}
```

Listing 19.9 Die Methode »Datenfelder()« – erster Teil

Die Deklaration `int[] x;` legt fest, dass es sich bei `x` um einen Verweis handelt, der auf ein eindimensionales Datenfeld von `int`-Variablen zeigen kann. Die Zuweisung `x = new int[5];` bewirkt, dass der Verweis nunmehr auf ein bestimmtes eindimensionales Datenfeld von `int`-Variablen zeigt, das fünf Elemente umfasst. Jedes der fünf Elemente entspricht einer einzelnen `int`-Variablen. Häufig werden Deklaration und Zuweisung eines Datenfelds zusammengefasst:

```
int[] x = new int[5];
```

Einzelne Elemente innerhalb des Datenfelds erreichen Sie über einen *Index*, der in rechteckigen Klammern notiert wird. Der Index entspricht der laufenden Nummer des Elements. Die Nummerierung beginnt bei 0. Sie greifen auf das erste Element mit `x[0]` zu, auf das zweite mit `x[1]` usw. Das letzte der fünf Elemente erreichen Sie über `x[4]`.

Sie können mithilfe einer `for`-Schleife nacheinander auf alle Elemente des Datenfelds zugreifen. Die Eigenschaft `Length` liefert die Anzahl der Elemente eines Datenfelds. Die Schleife läuft also von 0 bis 4. Innerhalb der Schleife erreichen Sie das `i`-te Element mithilfe von `x[i]`. Die Ausgabe des ersten Teils sehen Sie in Abbildung 19.8.

Abbildung 19.8 Die Elemente des eindimensionalen Datenfelds

In Listing 19.10 folgt der zweite Teil der Methode `Datenfelder()`:

```
public void Datenfelder()
{
    ...
    int[,] y;
```

```
    y = new int[3, 8];
    for (int i = 0; i <= y.GetUpperBound(0); i++)
    {
        for (int k = 0; k <= y.GetUpperBound(1); k++)
        {
            y[i, k] = Random.Range (1, 7);
        }
    }

    aus = "";
    for (int k = 0; k <= y.GetUpperBound(1); k++)
        aus += y[0, k] + "    ";
    ausgabe2.text = aus;

    aus = "";
    for (int k = 0; k <= y.GetUpperBound(1); k++)
        aus += y[1, k] + "    ";
    ausgabe3.text = aus;

    aus = "";
    for (int k = 0; k <= y.GetUpperBound(1); k++)
        aus += y[2, k] + "    ";
    ausgabe4.text = aus;
}
```

Listing 19.10 Die Methode »Datenfelder()« – zweiter Teil

Die Deklaration `int[,] y;` legt fest, dass es sich bei `y` um einen Verweis handelt, der auf ein zweidimensionales Datenfeld von `int`-Variablen zeigen kann. Die Zuweisung `y = new int[3,8];` bewirkt, dass der Verweis nunmehr auf ein bestimmtes zweidimensionales Datenfeld von `int`-Variablen zeigt, das drei mal acht Elemente besitzt. Sie können sich das Datenfeld wie eine Tabelle mit drei Zeilen und acht Spalten vorstellen. Auch hier lassen sich Deklaration und Zuweisung zusammenfassen:

`int[,] y = new int[3,8];`

Einzelne Elemente innerhalb des Datenfelds erreichen Sie über zwei Indexangaben. Der erste Index bezeichnet die Nummer der »Zeile«, der zweite Index die Nummer der »Spalte«, jeweils beginnend bei 0. Auf das erste Element »links oben« greifen Sie mit `y[0,0]` zu, auf das letzte Element »rechts unten« mit `y[2,7]`.

Für ein Datenfeld können Sie die Methode GetUpperBound() aufrufen. Sie liefert den größten Index in der jeweiligen Dimension. Für die erste Dimension des vorliegenden Datenfelds ist das der Index 2, für die zweite Dimension ist das der Index 7. Das nutzen wir aus, um allen Elementen des zweidimensionalen Datenfelds einen zufälligen Wert zuzuweisen.

Sie können nacheinander auf alle Elemente des Datenfelds mithilfe von zwei ineinander geschachtelten for-Schleifen zugreifen. In der äußeren Schleife nimmt die Variable i nacheinander die Werte von 0 bis 2 an. In der inneren Schleife nimmt die Variable k nacheinander die Werte von 0 bis 7 an, und zwar für jeden Durchlauf der äußeren Schleife. Die innerste Anweisung mit dem Aufruf der Methode Range() wird also insgesamt 24-mal durchlaufen.

Im Textfeld ausgabe2 erscheinen alle Elemente der ersten Zeile. Da wir uns dabei nur in einer Dimension bewegen, wird nur eine einfache for-Schleife durchlaufen. Ebenso sieht es für die Elemente der zweiten und der dritten Zeile aus, die in den Textfeldern ausgabe3 bzw. ausgabe4 erscheinen.

Die Ausgabe der zufälligen Werte des zweidimensionalen Datenfelds sehen Sie in Abbildung 19.9.

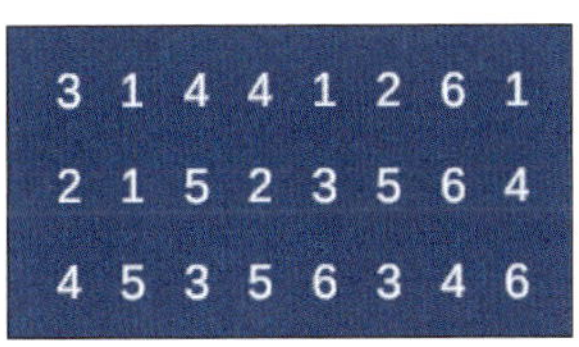

Abbildung 19.9 Die Elemente des zweidimensionalen Datenfelds

19.4 Zeichenketten

Zeichenketten werden zur Speicherung von Texten, zur Ausgabe von Texten auf dem Bildschirm, zur formatierten Ausgabe von Zahlen und für vieles mehr benötigt. In diesem Abschnitt stelle ich einige nützliche Techniken im Zusammenhang mit Zeichenketten vor.

In Listing 19.11 sehen Sie zunächst den Code der Methode Zeichenketten():

```
public void Zeichenketten()
{
   string x = "Das ist Nummer 42";
   ausgabe1.text = "Ganzer Text: " + x;
```

```
    ausgabe2.text = "Zwei Teiltexte: " + x.Substring(0, 3)
        + " / " + x.Substring(x.Length-1, 1);

    int zahl = System.Convert.ToInt32(x.Substring(x.Length - 2, 2));
    ausgabe3.text = "Zahl, erhöht: " + (zahl + 18);

    float a = 1.0f / 7;
    float b = 1000.0f / 7;
    ausgabe4.text = string.Format(
        "1. Zahl: {0,8:0.000}, 2. Zahl: {1,8:0.0}", a, b);
}
```

Listing 19.11 Die Methode »Zeichenketten()«

In der ersten Ausgabe erscheint der Beispieltext.

Die einzelnen Zeichen einer Zeichenkette sind, wie die Elemente eines Datenfelds, nummeriert. Das erste Zeichen hat den Index 0. Die Methode `Substring()` dient zum Ermitteln eines Teils einer Zeichenkette. Sie erwartet zwei Parameter, und zwar den Index des Beginns und die gewünschte Länge der Teilzeichenkette. Hier werden zwei Teilzeichenketten ermittelt; die erste umfasst die ersten drei Zeichen von `x`, die zweite enthält das letzte Zeichen von `x`. Die Eigenschaft `Length` liefert die Länge der Zeichenkette. Das letzte Zeichen der Zeichenkette `x` hat den Index `x.Length-1`.

Die Methode `ToInt32()` der Klasse `Convert` aus dem Namensraum `System` können Sie zur Umwandlung einer Zeichenkette in eine ganze Zahl nutzen. Hier wird mithilfe der Methode `Substring()` zunächst die Zeichenkette `"42"` ermittelt. Sie beginnt mit dem vorletzten Zeichen (Index: `x.Length-2`) und hat eine Länge von 2. Die Zeichenkette `"42"` wird anschließend in die ganze Zahl `42` umgewandelt, mit der z. B. gerechnet werden kann. Die Klasse `Convert` bietet noch weitere Umwandlungsmethoden.

Beachten Sie die Klammern um den Ausdruck `zahl + 18`. Sie sorgen dafür, dass das darin vorkommende Pluszeichen als Rechenoperator interpretiert wird. Ließen Sie die Klammern weg, würde das Pluszeichen als weiterer Verkettungsoperator für Zeichenketten interpretiert werden. Die Ausgabe wäre in diesem Fall `4218` und nicht `60`. Das Pluszeichen hat also eine doppelte, kontextabhängige Bedeutung.

In der letzten Ausgabe erscheinen zwei formatierte Fließkommazahlen. Ihre Werte werden jeweils durch eine Division ermittelt. Da zwei ganze Zahlen dividiert werden, müssen Sie darauf achten, dass die Nachkommastellen nicht verloren gehen (siehe auch Abschnitt 19.2.3).

Die Methode `Format()` der Klasse `string` dient zur formatierten Ausgabe von Zahlen:

- Sie erwartet als ersten Parameter eine Zeichenkette mit Formatierungsangaben. Die weiteren Parameter enthalten die Variablen, die in die Ausgabe eingebettet werden sollen.
- Für jede Variable steht ein Ausdruck in geschweiften Klammern bereit. Darin steht vor dem Komma die laufende Nummer der Variablen (hier also die Nummer 0 für die Variable `a` und die Nummer 1 für die Variable `b`). Nach dem Komma folgt zunächst die Gesamtbreite der Ausgabe. Hier sind das jeweils acht Zeichen.
- Nach dem Doppelpunkt folgt die Angabe der auszugebenden Ziffern, ähnlich wie in MS Excel. Hier sind das mindestens eine Ziffer vor dem Komma und drei Ziffern bzw. eine Ziffer nach dem Komma. Die Zahl wird auf die gewünschte Anzahl an Nachkommastellen gerundet.

Die Ausgabe sehen Sie in Abbildung 19.10.

Abbildung 19.10 Ausgabe der Zeichenketten

Hinweis

Sie könnten den Namensraum `System` auch mithilfe einer `using`-Anweisung zentral oberhalb der Klasse einbinden. Allerdings könnte es in diesem Fall zu Konflikten bei doppelt vorkommenden Klassen kommen, z. B. bei der Klasse `Random`.

Daher wird hier eine eindeutige Zuordnung innerhalb der Anweisung vorgenommen: Die Methode `ToInt32()` der Klasse `Convert` wird mit der vollständigen Angabe des zugehörigen Namensraums aufgerufen.

19.5 Methoden

Methoden sind ein wichtiger Bestandteil jedes C#-Programms. Sie erfüllen verschiedene Aufgaben:

- Methoden dienen zur Modularisierung, also zur Zerlegung eines Programms in kleinere Bestandteile. Dank ihrer Übersichtlichkeit sind sie einfach zu pflegen. Sie werden einmal definiert und häufig an mehreren Stellen eines Programms genutzt.
- Innerhalb der *objektorientierten Programmierung* bilden Methoden zusammen mit den Eigenschaften das Gerüst einer Klasse. In einer Klasse werden der Aufbau und das Verhalten eines Objekts festgelegt. Alle Spielobjekte in unseren Unity-Projekten sind Exemplare bestimmter Klassen.

Innerhalb der Unity-Projekte nutzen wir häufig vorgefertigte Methoden. Allerdings müssen wir auch in der Lage sein, eigene Methoden zu entwerfen. Das kann eine Methode sein, die ausgeführt wird, falls der Benutzer eine Schaltfläche betätigt. Es kann sich aber auch um eine Methode handeln, in der bestimmte Berechnungen durchgeführt werden, die mehrmals im Programm benötigt werden.

19.5.1 Einfache Methode

Listing 19.12 zeigt die Definition einer einfachen Methode `Hallo()`:

```
void Hallo()
{
   ausgabe1.text = "Hallo Welt";
}
```

Listing 19.12 Definition der ersten eigenen Methode

Die Methode `Hallo()` ist einfach aufgebaut und führt immer dasselbe aus: die Ausgabe des Texts `Hallo Welt`. Methoden werden erst nach ihrem Aufruf genutzt, z. B. wie folgt:

```
public void MethodenAufrufe()
{
   Hallo();
}
```

Listing 19.13 Aufruf der Methode »Hallo()«

Die Methode `MethodenAufrufe()` wird hier im Programmierkurs durch die Betätigung der Schaltfläche aufgerufen. Sie ruft wiederum die eigene Methode `Hallo()` auf. Der Programmablauf wechselt zur Methode `Hallo()`. Die Methode `Hallo()` wird ausgeführt. Anschließend wechselt der Programmablauf wieder zurück. Die Ausgabe sehen Sie in Abbildung 19.11.

Abbildung 19.11 Nach dem Aufruf der Methode »Hallo()«

19.5.2 Methode mit Parametern

Listing 19.14 zeigt die Definition einer Methode, die Parameter besitzt:

```
void GibSummeAus(int a, int b)
{
   int c;
   c = a + b;
   ausgabe2.text = "Summe: " + c;
}
```

Listing 19.14 Definition der Methode »GibSummeAus()«

Die Methode `GibSummeAus()` erwartet, dass ihr zwei `int`-Werte übergeben werden, die sogenannten *Parameter*. Innerhalb der Methode werden die beiden übergebenen Werte addiert. Anschließend wird die Summe ausgegeben. Diese Methode führt also, in Abhängigkeit von den beiden Parametern, jeweils zu einer anderen Ausgabe.

Sie rufen die Methode `GibSummeAus()` z. B. wie folgt auf:

```
public void MethodenAufrufe()
{
   ...
   int x = 12;
   int y = 7;
   GibSummeAus (x, y);
}
```


Listing 19.15 Aufruf der Methode »GibSummeAus()«

Die Werte der beiden `int`-Variablen `x` und `y` werden beim Aufruf an die beiden `int`-Parameter `a` und `b` der Methode `GibSummeAus()` übergeben. Dabei müssen die Anzahl und die Datentypen der übergebenen Werte mit dem übereinstimmen, was erwartet wird. Die Reihenfolge ist ebenfalls wichtig: Beim vorliegenden Aufruf wird der Wert von `x` an `a` übergeben, der Wert von `y` an `b`. Die Ausgabe sehen Sie in Abbildung 19.12.

Abbildung 19.12 Nach dem Aufruf der Methode »GibSummeAus()«

Sie können einer Methode auch `float`-, `string`- oder `bool`-Werte übergeben.

19.5.3 Methode mit Rückgabewert

Listing 19.16 zeigt die Definition einer Methode, die einen Wert liefert:

```
int BerechneSumme(int a, int b)
{
   int c;
   c = a + b;
   return c;
}
```

Listing 19.16 Definition der Methode »BerechneSumme()«

Vor dem Namen der Methode `BerechneSumme()` steht das Schlüsselwort `int`. Das bedeutet, dass innerhalb der Methode ein ganzzahliger Wert ermittelt und an die aufrufende Stelle zurückgegeben wird. Man sagt auch: Die Methode selbst hat den Datentyp `int`.

Die Methode erwartet zwei `int`-Werte. Diese Werte werden addiert. Anschließend wird die Summe mithilfe des Schlüsselworts `return` zurückgegeben. Die Methode führt also nur eine Berechnung aus. Es kann sein, dass das Ergebnis an der aufrufenden Stelle sofort ausgegeben oder dort nur gespeichert und später genutzt wird.

Vor den Namen der Methoden `Hallo()` und `GibSummeAus()` aus den beiden vorherigen Abschnitten steht das Schlüsselwort `void`. Das bedeutet, dass die betreffende Methode nur etwas ausführt, aber nichts zurückgibt.

Das Schlüsselwort `return` hat eine doppelte Bedeutung. Sie können mit ihm die Bearbeitung einer Methode unmittelbar beenden und zur aufrufenden Stelle zurückkehren. Bei Methoden, die einen Datentyp besitzen, liefern Sie damit auch den Ergebniswert zurück.

Sie rufen die Methode `BerechneSumme()` z. B. wie folgt auf:

```
public void MethodenAufrufe()
{
   ...
```

```
   int x = 12;
   int y = 7;
   ...
   int z;
   z = BerechneSumme (x, y);
   ausgabe3.text = "Summe: " + z;
}
```

Listing 19.17 Aufruf der Methode »BerechneSumme()«

Die Werte von `x` und `y` werden beim Aufruf übergeben. Der zurückgegebene Wert wird in der Variablen `z` gespeichert. Anschließend wird er ausgegeben. Die Ausgabe sieht in diesem Fall genauso aus wie nach dem Aufruf der Methode `GibSummeAus()`.

Hinweis

Die folgende Anweisung wäre unvollständig gewesen: `BerechneSumme(x,y);` In diesem Fall wäre die Methode `BerechneSumme()` zwar auch ausgeführt worden, allerdings wäre das Ergebnis nicht gespeichert worden und daher verloren gegangen.

Eine Methode kann auch `float`-, `string`- oder `bool`-Werte zurückgeben. Bei der Definition müssen Sie den entsprechenden Datentyp vor dem Namen der Methode angeben.

19.5.4 Methode mit Verweis-Parameter

Listing 19.18 zeigt die Definition einer Methode, der ein Datenfeld übergeben wird:

```
void Verdoppeln(int[] f)
{
   for(int i=0; i<f.Length; i++)
      f[i] = f[i] * 2;
}
```

Listing 19.18 Definition der Methode »Verdoppeln()«

Bisher haben wir einer Methode nur einzelne Variablen übergeben. Innerhalb der Methode wird mit einer Kopie der Variablen gearbeitet. Eine Veränderung dieser Kopie führt nicht zu einer Veränderung des Originals.

Anders verhält es sich, wenn wir einer Methode einen *Verweis* auf ein Datenfeld übergeben. Innerhalb der Methode wird mithilfe des Verweises auf das Original-Datenfeld zugegriffen. Sie können auf diese Weise die Originalwerte verändern. Dasselbe gilt auch für Verweise auf Listen oder Objekte.

Die Methode `Verdoppeln()` erwartet einen Verweis auf ein eindimensionales Datenfeld von `int`-Werten. Innerhalb der `for`-Schleife wird der Wert jedes Elements des Original-Datenfelds verdoppelt.

Sie rufen die Methode `Verdoppeln()` z. B. wie folgt auf:

```
public void MethodenAufrufe()
{
   ...
   int[] feld = new int[3];
   feld[0] = 22;
   feld[1] = 7;
   feld[2] = 13;
   Verdoppeln(feld);

   string aus = "";
   for(int i=0; i<feld.Length; i++)
      aus += feld[i] + "   ";
   ausgabe4.text = "Nach dem Verdoppeln: " + aus;
}
```

Listing 19.19 Aufruf der Methode »Verdoppeln()«

Das eindimensionale Datenfeld mit dem Namen `feld` wird erzeugt und mit Werten gefüllt. Die Methode `Verdoppeln()` wird mit dem Verweis auf das Datenfeld aufgerufen, das anschließend ausgegeben wird. In Abbildung 19.13 sehen Sie, dass die Werte verdoppelt wurden.

Abbildung 19.13 Nach dem Aufruf der Methode »Verdoppeln()«

Die einfachen Datentypen `int`, `float`, `string` und `bool` werden auch *Werttypen* genannt. Werden einzelne Variablen dieser Datentypen an eine Methode übergeben, erhalten diese eine Kopie des Werts.

Datenfelder, Listen oder Objekte werden auch *Verweistypen* genannt. Bei einem Methodenaufruf wird ein Verweis auf das Original und dessen eigene Inhalte übergeben.

19.6 Generische Listen

Eine generische Liste, im Folgenden kurz *Liste* genannt, bietet eine weitere Möglichkeit, zusammenhängende Daten desselben Datentyps zu speichern. Ein gutes Beispiel finden Sie in Abschnitt 12.3.2.

Hinweis

Der Aufbau einer Liste ist etwas schwieriger als der Aufbau eines Datenfelds. Allerdings ist eine Liste dynamischer und bietet mehr Möglichkeiten als ein statisches Datenfeld. Es ist z. B. erheblich einfacher, die Liste zu vergrößern oder zu verkleinern. Elemente können an beliebiger Stelle innerhalb der Liste eingefügt oder aus der Liste entfernt werden.

In der Methode `GenerischeListen()` aus Listing 19.20 wird eine Liste von `int`-Variablen angelegt und verändert. Die beschriebenen Techniken können Sie auch auf Listen von Variablen der anderen Datentypen anwenden, ebenso auf Listen von Objekten:

```
public void GenerischeListen()
{
   List<int> z;
   z = new List<int> {12, -5};
   z.Add(6);
   z.Add(-3);
   AusgabeListe (z, ausgabe1);

   z.Insert(0, -8);
   AusgabeListe (z, ausgabe2);

   z.RemoveAt (z.Count - 1);
   AusgabeListe (z, ausgabe3);

   z.RemoveAt (0);
   AusgabeListe (z, ausgabe4);
}
```

Listing 19.20 Die Methode »GenerischeListen()«

Die Deklaration `List<int> z;` legt fest, dass es sich bei `z` um einen Verweis handelt, der auf eine Liste von `int`-Variablen zeigen kann. Erst die Zuweisung `z = new List<int>();` erzeugt eine bestimmte Liste von `int`-Variablen und verbindet sie mit dem Verweis. Gibt es bereits zu Beginn Elemente für die Liste, können diese, wie im vorliegenden Fall, mithilfe einer Initialisierung hinzugefügt werden. Dann folgt die Anwendung einiger vorgefertigter Methoden:

- Die Methode `Add()` dient zum Hinzufügen eines Elements am Ende der Liste. Als Parameter der Methode wird der Wert des neuen Elements angegeben. Die Hilfsmethode `AusgabeListe()` erläutere ich im folgenden Abschnitt genauer.
- Im vorliegenden Beispiel werden zwei Elemente hinzugefügt. Da sie in diesem Programm unmittelbar nach der Deklaration der Liste hinzugefügt werden, hätten sie auch Bestandteil der Initialisierung sein können, also `z = new List<int> {12, -5, 6, -3};`.
- Sie können auf einzelne Elemente der Liste mithilfe eines *Indexes* zugreifen. Wie bei einem Datenfeld beginnt die Nummerierung bei 0.
- Mithilfe der Methode `Insert()` fügen Sie ein Element an einer beliebigen Position in die Liste ein. Alle folgenden Elemente rücken innerhalb der Liste nach hinten. Als erster Parameter wird der Index des Elements angegeben, vor dem das neue Element eingefügt wird. Als zweiter Parameter folgt der Wert des neuen Elements. Im vorliegenden Beispiel wird ein neues Element am Anfang der Liste eingefügt.
- Die Methode `RemoveAt()` entfernt ein Element von einer beliebigen Position in der Liste. Alle folgenden Elemente rücken innerhalb der Liste nach vorn. Als Parameter wird der Index des Elements angegeben, das entfernt wird. Im vorliegenden Beispiel werden nacheinander das letzte und das erste Element der Liste entfernt. Die Eigenschaft `Count` liefert die Anzahl der Elemente der Liste. Da die Nummerierung bei 0 beginnt, hat das letzte Element der Liste `z` den Index `z.Count - 1`.

Die Ausgabe des Programms sehen Sie in Abbildung 19.14.

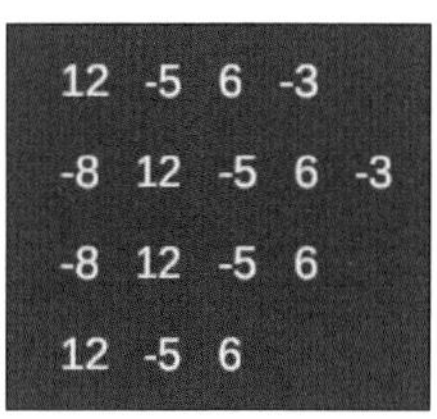

Abbildung 19.14 Kontrollausgaben der Liste

Hinweis

Die Initialisierung und die Aufrufe der Methode `Add()` könnten hier mithilfe einer verkürzten Initialisierung zusammengefasst werden. Im vorliegenden Fall erläutere ich aber stattdessen, wie die Liste schrittweise erstellt wird.

19.6.1 Die Hilfsmethode »AusgabeListe()«

Die Hilfsmethode AusgabeListe() dient zur Kontrollausgabe aller Elemente der Liste. Sie wird mehrmals aufgerufen, um den veränderten Inhalt der Liste zu zeigen. Listing 19.21 zeigt ihre Definition:

```
void AusgabeListe(List<int> a, TextMeshProUGUI ausgabeX)
{
   string aus = "";
   for (int i = 0; i < a.Count; i++)
      aus += a[i] + "    ";
   ausgabeX.text = aus;
}
```

Listing 19.21 Die Methode »AusgabeListe()«

Die Methode AusgabeListe() erwartet zwei Parameter, nämlich einen Verweis auf eine Liste von int-Variablen und einen Verweis auf ein Textelement.

Innerhalb einer for-Schleife wird nacheinander auf alle Elemente der Liste mithilfe eines Indexes in rechteckigen Klammern zugegriffen. Die Eigenschaft Count wird zur Steuerung der for-Schleife genutzt. Bei jedem Aufruf wird der Verweis auf ein anderes Textelement übergeben.

19.6.2 Die »foreach«-Schleife

19

Die foreach-Schleife kann als alternative Möglichkeit für den Durchlauf aller Elemente einer Liste oder eines Datenfelds dienen. In Listing 19.22 sehen Sie die Methode AusgabeListe2(), die dieselbe Aufgabe erfüllt wie die Methode AusgabeListe():

```
void AusgabeListe2(List<int> a, TextMeshProUGUI ausgabeX)
{
   string aus = "";
   foreach (int elem in a)
      aus += elem + "    ";
   ausgabeX.text = aus;
}
```

Listing 19.22 Alternative mit »foreach«-Schleife

Nach dem Schlüsselwort foreach folgen in Klammern

- der Datentyp eines einzelnen Elements,
- der Name der Variablen, die als Kopie des Elements dient,

- das Schlüsselwort `in` und
- der Name der Liste (oder des Datenfelds).

Wie bei den anderen Schleifentypen oder bei Verzweigungen können Sie die geschweiften Klammern auch weglassen, wenn nur eine einzelne Anweisung ausgeführt werden soll.

19.7 Daten auf der Festplatte

Unity bietet Ihnen eine einfach zu nutzende Möglichkeit, Daten von Unity-Projekten dauerhaft und projektbezogen auf der Festplatte zu speichern. Später können Sie diese Daten jederzeit wieder abrufen. Auf diese Art und Weise können Sie verschiedene Spielergebnisse miteinander vergleichen oder längere Spiele unterbrechen und zwischenspeichern.

Die Klasse `PlayerPrefs` bietet dazu eine Reihe von Methoden:

- die Methoden `SetInt()`, `SetFloat()` und `SetString()` zum *Vorbereiten* der dauerhaften Speicherung einer `int`-, `float`- oder `string`-Variablen mithilfe eines individuellen Schlüssels
- die Methode `Save()` zur *Durchführung* der Speicherung der vorbereiteten Variablen auf der Festplatte
- die Methode `HasKey()` zum *Prüfen* der Existenz eines bestimmten Schlüssels
- die Methoden `GetInt()`, `GetFloat()` und `GetString()` zum *Laden* einer `int`-, `float`- oder `string`-Variablen von der Festplatte mithilfe eines individuellen Schlüssels
- die Methode `DeleteAll()` zum *Entfernen* aller Schlüssel des aktuellen Projekts

Die Methode `DeleteAll()` sollten Sie nur mit großer Vorsicht anwenden, da Sie anschließend nicht mehr auf Ihre gespeicherten Daten zugreifen können. Boolesche Variablen können bei Bedarf über einen kleinen Umweg ebenfalls gespeichert und später wieder geladen werden.

Sie können die Ergebnisse der beiden nachfolgend beschriebenen Methoden `DatenSpeichern()` und `DatenLaden()` mithilfe der beiden Schaltflächen LADEN NACH SPEICHERUNG und LADEN OHNE SPEICHERUNG kontrollieren.

19.7.1 Daten speichern

Listing 19.23 zeigt ein Beispiel zur Speicherung von verschiedenen Daten:

```
void DatenSpeichern()
{
   int ganzeZahl = 5;
   float kommaZahl = -2.8f;
   string infoText = "Hallo Welt";
   bool spielerAktiv = true;

   PlayerPrefs.SetInt ("ganzeZahl", ganzeZahl);
   PlayerPrefs.SetFloat ("kommaZahl", kommaZahl);
   PlayerPrefs.SetString ("infoText", infoText);
   if(spielerAktiv)
      PlayerPrefs.SetInt ("spielerAktiv", 1);
   else
      PlayerPrefs.SetInt ("spielerAktiv", 0);
   PlayerPrefs.Save ();
}
```

Listing 19.23 Die Methode »DatenSpeichern()«

Hier werden Variablen der vier einfachen Datentypen deklariert und mit Beispielwerten gefüllt. Zu den ersten drei Variablen werden die passenden `Set`-Methoden aufgerufen. Als erster Parameter wird jeweils eine Zeichenkette mit dem individuellen Namen des Schlüssels erwartet. Der Name kann beliebig gewählt werden. Als zweiter Parameter folgt die betreffende Variable.

Zur Speicherung der booleschen Variablen wird eine Verzweigung genutzt. Der Wert `true` wird als Wert 1 gespeichert, der Wert `false` als Wert 0. Zum Abschluss wird die Speicherung durchgeführt.

19.7.2 Daten laden

Die gespeicherten Daten können wie folgt wieder geladen werden:

```
void DatenLaden()
{
   int ganzeZahl = 0;
   float kommaZahl = 0.0f;
   string infoText = "";
   bool spielerAktiv = false;

   if(PlayerPrefs.HasKey("ganzeZahl"))
```

```
        ganzeZahl = PlayerPrefs.GetInt ("ganzeZahl");
    if(PlayerPrefs.HasKey("kommaZahl"))
        kommaZahl = PlayerPrefs.GetFloat ("kommaZahl");
    if(PlayerPrefs.HasKey("infoText"))
        infoText = PlayerPrefs.GetString ("infoText");
    if (PlayerPrefs.HasKey("spielerAktiv"))
    {
        int spielerAktivZahl = PlayerPrefs.GetInt ("spielerAktiv");
        if (spielerAktivZahl == 1)
            spielerAktiv = true;
        else
            spielerAktiv = false;
    }

    ausgabe1.text = "int-Variable: " + ganzeZahl;
    ausgabe2.text = "float-Variable: " + kommaZahl;
    ausgabe3.text = "string-Variable: " + infoText;
    ausgabe4.text = "bool-Variable: " + spielerAktiv;
}
```

Listing 19.24 Die Methode »DatenLaden()«

In Listing 19.24 werden wiederum vier Variablen deklariert und mit Standardwerten gefüllt. Auf diese Art und Weise erreichen Sie, dass jede Variable einen Wert hat, selbst wenn sie nicht zuvor gespeichert wurde.

Existiert ein bestimmter Schlüssel, kann die passende `Get`-Methode aufgerufen werden. Sie erwartet als Parameter den Namen des Schlüssels als Zeichenkette und liefert den zugehörigen Wert, der zugewiesen wird.

Im Fall der booleschen Variablen wird zunächst eine `int`-Variable erzeugt und mithilfe der Methode `GetInt()` gefüllt. Mithilfe einer Verzweigung wird der zugehörige boolesche Wert ermittelt und zugewiesen. Zum Abschluss werden die Werte ausgegeben.

19.7.3 Kontrolle der Daten

Mit der Methode aus Listing 19.25 folgt eine Kontrolle der Daten nach vorheriger Speicherung:

```
public void LadenNachSpeicherung()
{
    DatenSpeichern();
```

```
    DatenLaden();
}
```

Listing 19.25 Die Methode »LadenNachSpeicherung()«

Diese Reihenfolge, in der die Methoden in Listing 19.24 aufgerufen werden, führt zu der Ausgabe in Abbildung 19.15.

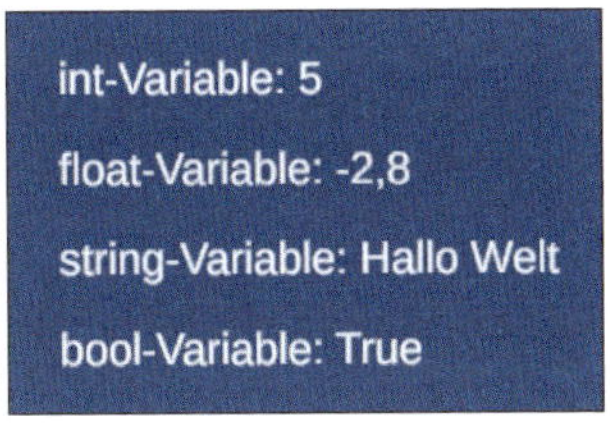

Abbildung 19.15 Ausgabe der gespeicherten Daten

In der Methode aus Listing 19.26 wird die Situation simuliert, dass es keine gespeicherten Daten gibt:

```
public void LadenOhneSpeicherung()
{
    PlayerPrefs.DeleteAll();
    DatenLaden();
}
```

Listing 19.26 Die Methode »LadenOhneSpeicherung()«

Nun ergibt sich die Ausgabe, die Sie in Abbildung 19.16 sehen.

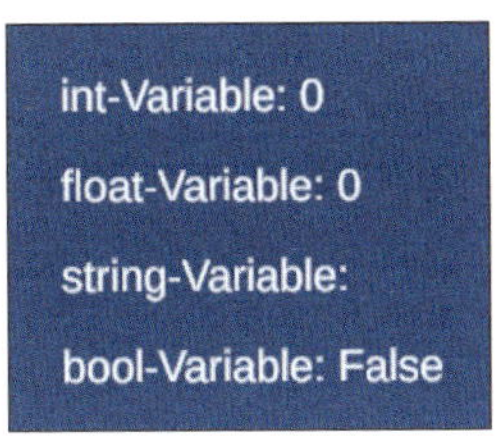

Abbildung 19.16 Ausgabe, nachdem keine Daten gefunden wurden

19.8 Objektorientierung

In diesem Abschnitt erläutere ich Ihnen, ebenfalls im Projekt *Programmierkurs*, einige Begriffe aus dem Bereich der *Objektorientierung*.

In der Definition einer Klasse werden die Eigenschaften und Methoden gleichartiger Objekte festgelegt. Die *Eigenschaften* stehen für den inneren Aufbau und das Aussehen eines Objekts einer Klasse. *Methoden* sind Aktionen, die für ein Objekt einer Klasse ausgeführt werden können.

In Unity wird die Definition einer Klasse für Sie vereinfacht. Sie erzeugen normalerweise nur Klassen, die von der Klasse `MonoBehaviour` erben. Gemäß dem Prinzip der *Vererbung* stehen den Objekten dieser Klassen, den Spielobjekten, bereits viele Eigenschaften und Methoden und somit ein einheitlicher Aufbau zur Verfügung. Beim Programmieren fügen Sie weitere Eigenschaften und Methoden hinzu, um Ihre Spielobjekte zu spezialisieren.

Hinweis

In Kapitel 20 sehen Sie ein weiteres Beispiel. Darin wird erstmals eine eigene, von Unity unabhängige Klasse definiert. Sie dient zur Verwaltung und dauerhaften Speicherung von Highscore-Einträgen auf der Festplatte.

In vielen Spielen können Punkte erzielt werden. Das Verwalten der Punktzahl und des Spielernamens in einer Highscore-Liste stellt einen erhöhten Anreiz für die Benutzer dar, Ihre Spiele auszuführen.

19.8.1 Die Spielobjekte im »Unity Editor«

Betrachten wir zunächst im Unity Editor den rechten Teil des Beispielprojekts *Programmierkurs*, ohne das Projekt zu starten. In der Hierarchy View sehen Sie die beiden Spielobjekte `SpielerSchwarz` und `SpielerRot`. Beide sind Spielobjekte eines Unity-Projekts und verfügen über einen gleichartigen Aufbau sowie dieselben Eigenschaften. Unter anderem haben sie

- eine Komponente vom Typ Transform, in der die Eigenschaften für die Position, die Drehung und die Größe festgelegt werden,
- eine Komponente vom Typ Sprite Renderer, in der die Eigenschaften für das Sprite (das sichtbare Grafikobjekt) und den Layer (die Lage des Spielobjekts in Z-Richtung) festgelegt werden, und
- die Script-Komponente vom Typ MonoBehaviour Script mit dem Namen `Spieler`, in der die Spielobjekte spezialisiert werden.

Drei Eigenschaften (Name, Pos X und Sprite) weisen unterschiedliche Werte auf (siehe Abbildung 19.17 und Abbildung 19.18). Es handelt sich also um zwei individuell gestaltete Objekte derselben Klasse.

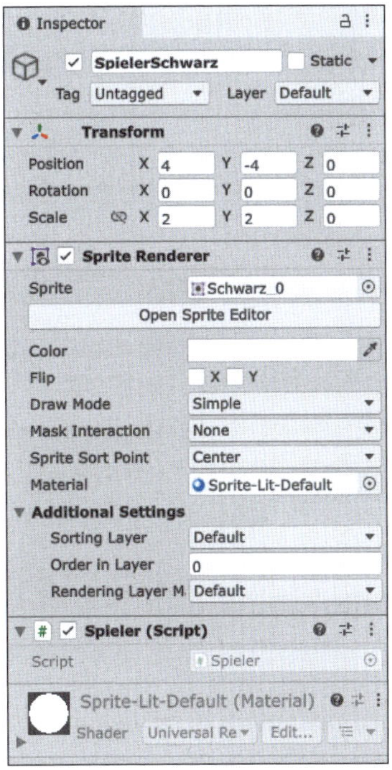

Abbildung 19.17 Das Spielobjekt »SpielerSchwarz«

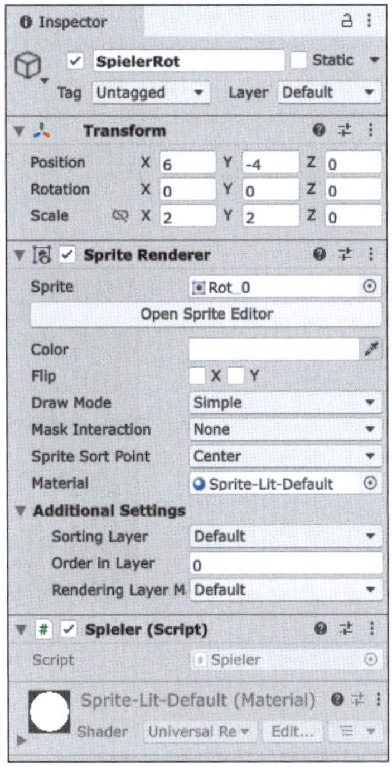

Abbildung 19.18 Das Spielobjekt »SpielerRot«

19.8.2 Die Klasse »Spieler«

Beiden Spielobjekten wird das C#-Script vom Typ MONOBEHAVIOUR SCRIPT mit der Klasse `Spieler` zugewiesen, das sich in der Datei *Spieler.cs* befindet. Darin werden weitere gemeinsame Eigenschaften für den Aufbau und weitere Methoden für ein gleichartiges Verhalten dieser beiden Spielobjekte festgelegt.

Nach dem Start des Projekts sehen Sie, dass sich die beiden Spielobjekte zunächst auf dieselbe Art und Weise bewegen. Später unterscheiden sich ihre Bewegungen voneinander. Ihnen wird also ein teilweise individuelles Verhalten zugeordnet.

Die Klasse `Spieler` sieht zunächst wie folgt aus:

```
using UnityEngine;
public class Spieler : MonoBehaviour
{
   float yStrecke = 0.0035f;
   bool spielerBewegtSich = true;
```

```
    void Update()
    {
        if (spielerBewegtSich)
        {
            float xNeu = transform.position.x;
            float yNeu = transform.position.y + yStrecke;
            transform.position = new Vector3 (xNeu, yNeu, 0);
        }
    }
}
```

Listing 19.27 Die Klasse »Spieler« – Bewegung nach oben

Die Klasse `Spieler` erbt von der Klasse `MonoBehaviour` und wird weiter spezialisiert. Sie verfügt über zwei zusätzliche Eigenschaften:

- Die Eigenschaft `yStrecke` legt fest, welche Strecke die beiden Objekte der Klasse bei jedem Aufruf der Methode `Update()` in Y-Richtung zurücklegen. Sie ist zunächst für beide Objekte identisch. Falls sich die beiden Spielobjekte in der ausführbaren Version zu langsam bewegen, können Sie den Wert für `yStrecke` erhöhen, z. B. auf `0.01f`.
- Die Eigenschaft `spielerBewegtSich` legt fest, ob sich die beiden Objekte der Klasse bewegen dürfen. Das trifft zunächst für beide Objekte zu.

Die Methode `Update()`, die in kurzen Zeitabständen aufgerufen wird, wird für beide Objekte einzeln durchlaufen. Bei jedem Objekt wird zunächst geprüft, ob es sich bewegen darf. Ist das der Fall, wird dem Spielobjekt eine neue Position zugewiesen. Die Eigenschaft `position` (vom Datentyp `Vector3`) der Eigenschaft `transform` (vom Datentyp `Transform`) des aktuellen Spielobjekts erhält einen neuen Wert.

Für beide Spielobjekte wird die gleiche Aktion durchgeführt, auch wenn die Positionen vor und nach der Änderung jeweils unterschiedlich sind.

19.8.3 Änderungen aller Objekte der Klasse

Einige Eigenschaften der beiden Spielobjekte sollen nach kurzer Zeit neue Werte erhalten. Dazu ändern wir die Klasse `Spieler` wie folgt:

```
public class Spieler : MonoBehaviour
{
    ...
    void Start()
    {
```

```
        Invoke (nameof(SpielerSchneller), 1.5f);
        Invoke (nameof(SpielerDrehen), 3.0f);
        Invoke (nameof(SpielerDrehen), 3.5f);
    }
    ...
    void SpielerSchneller()
    {
        yStrecke *= 2.0f;
    }

    void SpielerDrehen()
    {
        Quaternion q = transform.rotation;
        q.eulerAngles = new Vector3(q.eulerAngles.x,
            q.eulerAngles.y, q.eulerAngles.z + 30);
        transform.rotation = q;
    }
}
```

Listing 19.28 Die Klasse »Spieler« – gemeinsame Änderungen

Die Methode `Start()`, die einmalig zu Beginn der Existenz jedes Objekts aufgerufen wird, enthält nun mehrere zeitverzögerte Methodenaufrufe.

In der Methode `SpielerSchneller()`, die für beide Spielobjekte nach 1.5 Sekunden aufgerufen wird, haben wir den Wert der Eigenschaft `yStrecke` geändert. Damit werden beide Spielobjekte schneller.

In der Methode `SpielerDrehen()`, die für beide Spielobjekte jeweils nach 3.0 und nach 3.5 Sekunden aufgerufen wird, haben wir den Wert der Eigenschaft `rotation` der TRANSFORM-Komponente geändert. Beide Spielobjekte werden nun jedes Mal um 30 Grad um die Z-Achse gedreht.

19.8.4 Änderungen einzelner Objekte

In diesem Abschnitt sollen nur Eigenschaften bestimmter Spielobjekte nach kurzer Zeit einen neuen Wert erhalten. Dazu ändern wir die Klasse `Spieler` wie folgt:

```
public class Spieler : MonoBehaviour
{
    ...
    void Start()
```

```
    {
        ...
        Invoke (nameof(SpielerAnhalten), 4.5f);
        Invoke (nameof(SpielerDeaktivieren), 6.0f);
    }
    ...
    void SpielerAnhalten()
    {
        if (name == "SpielerSchwarz")
            spielerBewegtSich = false;
    }

    void SpielerDeaktivieren()
    {
        if (name == "SpielerRot")
            gameObject.SetActive(false);
    }
}
```

Listing 19.29 Die Klasse »Spieler« – individuelle Änderungen

In der Methode `Start()` stehen jetzt weitere zeitverzögerte Methodenaufrufe.

In der Methode `SpielerAnhalten()`, die für beide Spielobjekte nach 4.5 Sekunden aufgerufen wird, wird jeweils geprüft, ob es sich um das Spielobjekt mit dem Namen `SpielerSchwarz` handelt. Ist das der Fall, wird die boolesche Variable geändert und das betreffende Objekt hält an.

Ähnliches passiert in der Methode `SpielerDeaktivieren()`, die für beide Spielobjekte nach 6.0 Sekunden aufgerufen wird. Nach der Prüfung wird das betreffende Objekt deaktiviert.

Möchten Sie bestimmte Eigenschaften und Methoden auf mehrere, aber nicht alle Spielobjekte derselben Klasse anwenden, können Sie mit einem Tag arbeiten (siehe Abschnitt 4.3.14). Dann wird bei allen Objekten der Klasse geprüft, ob es über das betreffende Tag verfügt. Die Änderungen werden anschließend nur für die ausgewählten Objekte durchgeführt.

Hinweis

Möchten Sie mehr zur Sprache C# erfahren, empfehle ich Ihnen mein Buch »Einstieg in C# mit Visual Studio 2022« aus dem Rheinwerk Verlag. Sie finden es unter *https://www.rheinwerk-verlag.de/einstieg-in-c-sharp-mit-visual-studio*.

Kapitel 20
Speichern Sie eine Highscore-Liste

In diesem Kapitel definieren wir erstmals eine eigene Klasse, die von Unity unabhängig ist. Wir nutzen sie im 2D-Unity-Projekt *Highscore* zur Verwaltung einer Highscore-Liste mit maximal zehn Einträgen. Die Klasse und die Verwaltung können Sie in alle Projekte übernehmen, in denen Sie die Ergebnisse verschiedener Spieler dauerhaft auf der Festplatte speichern möchten. Das Erreichen einer hohen Punktzahl und der damit verbundene Eintrag des eigenen Namens in einer Highscore-Liste stellt für viele Benutzer einen erhöhten Anreiz zum Ausführen der Spiele dar.

In Abbildung 20.1 sehen Sie die Liste mit einigen Beispieleinträgen. Diese sind aufsteigend nach der Zeitangabe sortiert. Die Sichtbarkeit der Liste kann mithilfe der *CheckBox* gesteuert werden. Die Ergebnisse kommen normalerweise aus demjenigen Spiel, in das die Highscore-Liste eingebaut wird. Die beiden Schaltflächen auf der rechten Seite dienen zur Simulation der Ergebnisse verschiedener Spieler mithilfe von zufälligen Werten bzw. zum Löschen aller Werte.

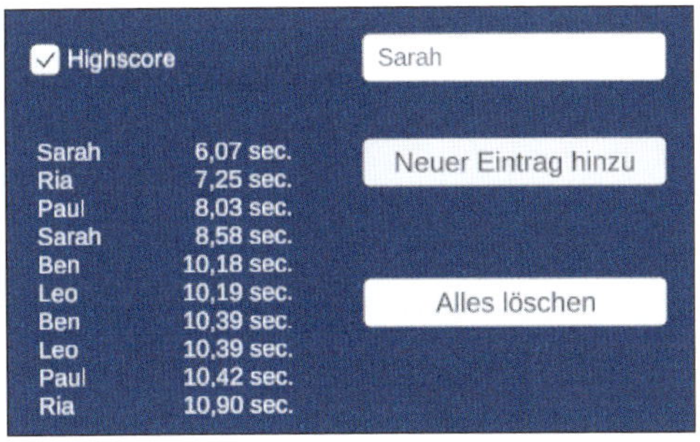

Abbildung 20.1 Highscore-Liste

20.1 Definition der eigenen Klasse

Erstellen Sie zunächst das 2D-Projekt *Highscore* mithilfe des Templates UNIVERSAL 2D und erzeugen Sie das Verzeichnis SCRIPTS. In ihm erzeugen Sie dann die eigene Klasse `HighscoreEintrag` wie gewohnt in der PROJECT VIEW. Die `using`-Anweisungen zum Einbinden der Unity-Namensräume werden hier nicht benötigt und können entfernt werden. Die Klasse erbt nicht von der Klasse MonoBehaviour: Entfernen Sie daher den Doppelpunkt und den folgenden Klassennamen im Kopf der Klasse. Sie sieht nun wie folgt aus:

```
public class HighscoreEintrag
{
   readonly string vorname;
   readonly float zeit;

   public HighscoreEintrag(string v, float z)
   {
      vorname = v;
      zeit = z;
   }

   public string GetVorname()
   {
      return vorname;
   }

   public float GetZeit()
   {
      return zeit;
   }

   public string GetZeitString()
   {
      return string.Format("{0,5:0.00} sec.", zeit);
   }

   public bool GroesserAls(float neu)
   {
      if (zeit > neu)
         return true;
      else
         return false;
   }
}
```

Listing 20.1 Die Klasse »HighscoreEintrag«

Ein Objekt der Klasse `HighscoreEintrag` entspricht einem einzelnen Eintrag in der Highscore-Liste und besitzt zwei Eigenschaften: `vorname` und `zeit`. Sie können diese Eigenschaften nur innerhalb der Klasse erreichen. Man spricht hier vom Prinzip der *Datenkapselung*.

Den beiden Eigenschaften können Sie auch den Zugriffsmodifizierer `private` voranstellen, also z. B. `private string vorname;`. Das ist aber nicht notwendig, da `private` der Standardfall ist.

Hinweis

Mit `public HighscoreEintrag` folgt der *Konstruktor* der Klasse. Dabei handelt es sich um eine besondere Methode, die denselben Namen wie die Klasse hat. Sie wird bei der Erzeugung eines Objekts automatisch aufgerufen. Im Konstruktor werden die Startwerte der Eigenschaften festgelegt.

Im vorliegenden Fall wird die Konstruktormethode mit zwei Parametern aufgerufen, und zwar mit einem `string`-Wert und mit einem `float`-Wert. Diese Werte werden den beiden Eigenschaften der Klasse zugewiesen. Damit sorgen Sie dafür, dass kein Objekt der Klasse ohne Werte erzeugt wird.

Da die Eigenschaften in dieser Klasse außerhalb des Konstruktors nicht mehr verändert werden, kann ihnen der Modifizierer `readonly` vorangestellt werden. Damit werden sie zusätzlich vor dem Überschreiben geschützt.

Weil die Eigenschaften gekapselt sind, müssen Sie mithilfe öffentlich zugänglicher Methoden auf die Eigenschaftswerte der jeweiligen Objekte zugreifen. Die Methoden `GetVorname()` und `GetZeit()` liefern den Wert an die aufrufende Stelle zurück. Die Methode `GetZeitString()` formatiert den Wert der Eigenschaft `zeit` als Zeitangabe mit der Einheit *Sekunden* und liefert ihn als Zeichenkette zurück.

Die Methode `GroesserAls()` prüft, ob der Wert der Eigenschaft `zeit` des aktuellen Objekts größer ist als der per Parameter übergebene Vergleichswert. Sie benötigen diese Methode, um ein neues Spielergebnis an der richtigen Stelle innerhalb der Liste einzusortieren.

In dieser Klasse sind alle Methoden öffentlich zugänglich, da der Zugriffsmodifizierer `public` voransteht. Es kann aber auch gekapselte Methoden geben. Diese sind häufig an dem Standard-Zugriffsmodifizierer `private` zu erkennen – allerdings muss er nicht explizit gesetzt werden.

20.2 Die eigene Klasse nutzen

In diesem Abschnitt legen wir eine generische Liste zur Verwaltung der Highscore-Daten an. Ihre Elemente können angezeigt, gespeichert und entfernt werden. Weitere Elemente können ihr hinzugefügt werden.

20.2.1 Eine generische Liste erzeugen und füllen

Erstellen Sie ein neues Script vom Typ MONOBEHAVIOUR SCRIPT mit dem Namen `Anzeige` in der Datei *Anzeige.cs*. In der Klasse `Anzeige` erzeugen Sie eine generische Liste und füllen sie nach dem Start des Programms mit Daten, falls schon welche auf der Festplatte vorhanden sind.

Die Klasse sieht wie folgt aus:

```
using UnityEngine;
using TMPro;
using System.Collections.Generic;

public class Anzeige : MonoBehaviour
{
   List<HighscoreEintrag> liste;

   void Start()
   {
      liste = new List<HighscoreEintrag>();
      ListeFuellen();
   }

   void ListeFuellen()
   {
      for (int i = 0; i < 10; i++)
      {
         if (PlayerPrefs.HasKey("vorname" + i))
         {
            string vorname = PlayerPrefs.GetString("vorname" + i);
            float zeit = PlayerPrefs.GetFloat("zeit" + i);
            HighscoreEintrag eintrag = new HighscoreEintrag(vorname, zeit);
            liste.Add(eintrag);
         }
         else
```

```
            break;
        }

        ListeAnzeigen();
    }
}
```

Listing 20.2 Die Klasse »Anzeige« – Liste erzeugen und füllen

In Listing 20.2 wird zunächst eine generische Liste von Verweisen auf Objekte der Klasse `HighscoreEintrag` angelegt.

In der Methode `ListeFuellen()` wird geprüft, ob es projektbezogene Daten gibt, die auf der Festplatte gespeichert sind. Dazu wird nacheinander nach den Schlüsseln `vorname0`, `vorname1`, `vorname2` usw. bis `vorname9` gesucht, mit deren Hilfe maximal zehn Vornamen aus der generischen Liste gespeichert sind (siehe Abschnitt 20.2.4). Die Daten sind paarweise und nacheinander abgelegt. Gibt es den Schlüssel `vorname0`, gibt es auch den Schlüssel `zeit0`.

Gibt es einen bestimmten Schlüssel, werden der gespeicherte Vorname und die gespeicherte Zeitangabe von der Festplatte geladen. Mithilfe des Konstruktors aus Abschnitt 20.1 wird ein neues Objekt der Klasse `Highscore` erzeugt. Ein Verweis auf das Objekt wird zur generischen Liste hinzugefügt.

Gibt es einen bestimmten Schlüssel *nicht*, gibt es auch den nachfolgenden Schlüssel nicht. Daher kann in diesem Fall die `for`-Schleife verlassen werden.

Die Methode `ListeAnzeigen()` erläutere ich im folgenden Abschnitt. Weisen Sie die Klasse `Anzeige` im UNITY EDITOR einem Spielobjekt zu, das immer vorhanden ist, z. B. dem Spielobjekt `Main Camera`.

20.2.2 Eine generische Liste anzeigen

Nachdem sie zu Beginn des Programms gefüllt wurde, wollen wir die generische Liste auch anzeigen können. Erweitern Sie dazu die Klasse `Anzeige` wie folgt:

```
public class Anzeige : MonoBehaviour
{
    ...
    public TextMeshProUGUI vornameAnzeige, zeitAnzeige;
    ...
    void ListeAnzeigen()
    {
```

```
        string vornameAusgabe = "";
        string zeitAusgabe = "";
        for (int i = 0; i < liste.Count && i < 10; i++)
        {
            vornameAusgabe += liste[i].GetVorname() + "\n";
            zeitAusgabe += liste[i].GetZeitString() + "\n";
        }
        vornameAnzeige.text = vornameAusgabe;
        zeitAnzeige.text = zeitAusgabe;
    }
}
```

Listing 20.3 Die Klasse »Anzeige« – Liste anzeigen

In der Methode `ListeAnzeigen()` werden maximal zehn Elemente der generischen Liste durchlaufen. Hat die Liste mehr als zehn Elemente, sorgt die Teilbedingung `i < 10` dafür, dass die Gesamtbedingung der `for`-Schleife nicht mehr gilt.

Zu jedem Listeneintrag werden die Methoden `GetVorname()` und `GetZeitString()` aufgerufen. Die zurückgelieferten Zeichenketten werden der Ausgabe hinzugefügt. Ihnen folgt jeweils das Steuerzeichen `\n` für einen Zeilenumbruch, sodass die Zeichenketten in der Ausgabe untereinander stehen.

Erstellen Sie zwei Textelemente auf der Benutzeroberfläche mit den Namen `VornameAnzeige` und `ZeitAnzeige`. Der Inhalt der letztgenannten Anzeige sollte horizontal rechtsbündig ausgerichtet sein. Achten Sie darauf, eine geeignete Höhe für beide Anzeigen zu wählen, damit jeweils bis zu zehn Zeilen untereinander angezeigt werden können. Ordnen Sie die Elemente der Benutzeroberfläche wie in Abbildung 20.1 an. Im Unity Editor ziehen Sie die beiden Anzeigen auf die zugehörigen Slots der Klasse `Anzeige`.

20.2.3 Einen neuen Eintrag hinzufügen

Wenn Sie die Schaltfläche mit der Aufschrift Neuer Eintrag hinzu betätigen, wird ein neuer Eintrag in die Liste eingefügt oder am Ende angehängt. Dieser Eintrag wird mithilfe von zufälligen Werten erzeugt, um ein Spielergebnis zu simulieren.

Erweitern Sie dazu die Klasse `Anzeige` um zwei Methoden:

```
public class Anzeige : MonoBehaviour
{
    ...
```

```
public TMP_InputField vornameEingabe;
...
public void NeuerEintragHinzu()
{
   HighscoreEintrag neuerEintrag = ZufallsEintrag();

   bool eingefuegt = false;
   for (int i = 0; i < liste.Count; i++)
   {
      if (liste[i].GroesserAls(neuerEintrag.GetZeit()))
      {
         liste.Insert(i, neuerEintrag);
         eingefuegt = true;
         break;
      }
   }

   if(!eingefuegt)
      liste.Add(neuerEintrag);

   ListeAnzeigen();
   ListeSpeichern();
}

HighscoreEintrag ZufallsEintrag()
{
   string vorname = "NN";
   string eingabe = vornameEingabe.text;
   if (eingabe != "")
   {
      if (eingabe.Length >= 10)
         eingabe = eingabe.Substring (0, 10);
      vorname = eingabe;
   }

   float zeit = Random.Range (6.0f, 12.0f);
   HighscoreEintrag neuerEintrag =
      new HighscoreEintrag (vorname, zeit);

   return neuerEintrag;
```

```
    }
}
```

Listing 20.4 Die Klasse »Anzeige« – Eintrag hinzufügen

Zur Eingabe des Namens wird das Eingabefeld `VornameEingabe` auf der Benutzeroberfläche genutzt. Sie erzeugen es in der HIERARCHY VIEW mithilfe des Menüpunkts UI • INPUT FIELD - TEXTMESHPRO.

Zunächst zur Methode `ZufallsEintrag()`: Die Eigenschaft `text` eines Eingabefelds enthält die eingetragene Zeichenkette als `string`-Wert. Ist der Eintrag nicht leer, wird geprüft, ob er länger als zehn Zeichen ist. Trifft das zu, wird er auf zehn Zeichen gekürzt, damit keine zweite Zeile entsteht, weil dadurch der Listenaufbau gestört würde. Dann wird eine zufällige Zeitangabe aus dem Bereich zwischen 6.0 und 12.0 Sekunden ermittelt. Beide Werte dienen als Konstruktor-Parameter zur Erstellung eines neuen Objekts der Klasse `HighscoreEintrag`.

Dieses Objekt wird als Ergebnis der Methode `ZufallsEintrag()` zurückgeliefert. Der Datentyp des Rückgabewerts einer Methode kann also nicht nur ein einfacher Datentyp sein (wie `int`, `float`, `string` oder `bool`), sondern auch eine Klasse wie hier die Klasse `HighscoreEintrag`.

Erstellen Sie die Schaltfläche mit der Aufschrift NEUER EINTRAG HINZU. Nach dem Hinzufügen der Methode `ListeSpeichern()`, die im nächsten Abschnitt erläutert wird, verbinden Sie das Klick-Ereignis der Schaltfläche mit der Methode `NeuerEintragHinzu()`.

In dieser Methode verweist `neuerEintrag` auf das neue Objekt, das von der Methode `ZufallsEintrag()` erzeugt und zurückgeliefert wird. Die generische Liste wird durchlaufen. Gibt es ein Element, dessen Zeitangabe größer ist als die Zeitangabe des neuen Objekts, haben wir die Position gefunden, an der das neue Objekt in die generische Liste eingefügt werden kann.

In diesem Fall wird es mithilfe der Methode `Insert()` eingefügt. Auf diese Weise befindet sich die generische Liste immer im sortierten Zustand. In der booleschen Variablen `eingefuegt` wird festgehalten, dass das neue Objekt eingefügt ist. Die Schleife wird unmittelbar verlassen. Betrachten wir zusätzlich zwei Sonderfälle:

1. Die generische Liste ist leer. In diesem Fall wird die `for`-Schleife nicht durchlaufen. Die Variable `eingefuegt` hat den Wert `false`. Das neue Objekt wird zum ersten Element der generischen Liste.
2. Es wird kein größeres Element in der generischen Liste gefunden. Die Variable `eingefuegt` hat den Wert `false`. Das neue Objekt wird am Ende der generischen Liste eingefügt.

Ziehen Sie im UNITY EDITOR das Eingabefeld auf den dazugehörigen Slot der Klasse Anzeige.

20.2.4 Alles speichern, alles löschen

Es folgen zwei weitere Methoden der Klasse Anzeige:

- Die Methode ListeSpeichern() dient zum dauerhaften Speichern der Highscore-Liste.
- Die Methode AllesLoeschen() dient zum Leeren der generischen Liste mit den simulierten Einträgen, zum Löschen der dauerhaft gespeicherten Daten und zum Löschen der Anzeige.

Listing 20.5 zeigt den Code dafür:

```
void ListeSpeichern()
{
   for (int i = 0; i < liste.Count && i < 10; i++)
   {
      PlayerPrefs.SetString("vorname" + i, liste[i].GetVorname());
      PlayerPrefs.SetFloat("zeit" + i, liste[i].GetZeit());
   }
}

public void AllesLoeschen()
{
   vornameAnzeige.text = "";
   zeitAnzeige.text = "";
   liste.Clear();
   PlayerPrefs.DeleteAll();
}
```

Listing 20.5 Die Klasse »Anzeige« – zwei weitere Methoden

In der Methode ListeSpeichern() werden maximal zehn Elemente der generischen Liste dauerhaft auf der Festplatte gespeichert. Sie erhalten die Schlüssel vorname0, vorname1, vorname2 ... bzw. zeit0, zeit1, zeit2 ...

Erstellen Sie die Schaltfläche mit der Aufschrift ALLES LÖSCHEN und verbinden Sie das Klick-Ereignis mit der Methode AllesLoeschen(). Nach ihrem Aufruf wird unter anderem die generische Liste mithilfe der Methode Clear() geleert. Setzen Sie die Methode

`DeleteAll()` zum Löschen aller dauerhaft gespeicherten projektbezogenen Daten nur mit Vorsicht ein!

20.2.5 Der Anzeige-Schalter

Die Sichtbarkeit der Highscore-Liste kann mithilfe eines Schalters gesteuert werden. Dazu verwenden Sie eine *CheckBox* (dt. Kontrollkästchen). Sie fügen diesen Schalter in der HIERARCHY VIEW über den Menüpunkt UI • TOGGLE hinzu und nennen ihn `AnzeigeSchalter`.

Über die Eigenschaft IS ON der Komponente TOGGLE wählen Sie die Startstellung des Schalters: *An* oder *Aus* (siehe auch Abbildung 20.2). Die Beschriftung legen Sie in der Eigenschaft TEXT der Komponente TEXT des untergeordneten Objekts LABEL fest.

Listing 20.6 zeigt die dazu erforderliche Erweiterung der Klasse `Anzeige`:

```
...
using UnityEngine.UI;
public class Anzeige : MonoBehaviour
{
    ...
    public Toggle anzeigeSchalter;
    ...
    void ListeAnzeigen()
    {
        ...
        anzeigeSchalter.isOn = true;
    }
    ...
    public void AnzeigeSchalterGeklickt()
    {
        if (anzeigeSchalter.isOn)
            ListeAnzeigen();
        else
        {
            vornameAnzeige.text = "";
            zeitAnzeige.text = "";
        }
    }
}
```

Listing 20.6 Die Klasse »Anzeige« – ein Schalter für die Anzeige

Der Namensraum `UnityEngine.UI` wird für die Klasse `Toggle` benötigt. Danach wird der öffentlich zugängliche Verweis auf ein `Toggle`-Objekt hinzugefügt.

In der Methode `AnzeigeSchalterGeklickt()` wird die boolesche Eigenschaft `isOn` geprüft. Steht der Schalter auf *An*, sind die Elemente der generischen Liste in den beiden Anzeigen sichtbar. Steht der Schalter auf *Aus*, werden die Inhalte der beiden Anzeigen entfernt. Der Inhalt der generischen Liste bleibt unverändert.

In der Methode `ListeAnzeigen()` wird die Eigenschaft `isOn` auf `true` gesetzt, damit der Schalter nach dem Hinzufügen eines neuen Eintrags auf *An* steht.

Fügen Sie im UNITY EDITOR einen Eintrag zum Ereignis `OnValueChanged` der Komponente TOGGLE hinzu, und zwar so wie in Abbildung 20.2. Sie verbinden damit das Ereignis *Benutzer betätigt die CheckBox* mit der Methode `AnzeigeSchalterGeklickt()`. Ziehen Sie den CheckBox-Schalter auf den zugehörigen Slot der Klasse `Anzeige`.

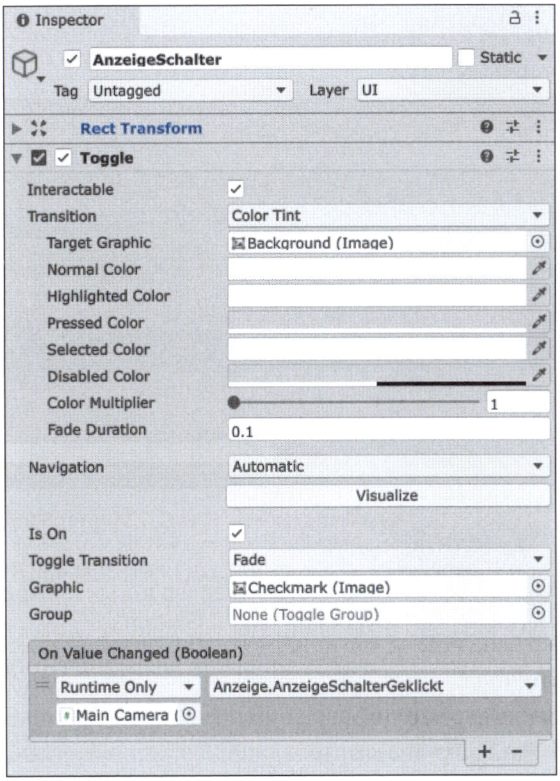

Abbildung 20.2 Der Schalter mit der Komponente »Toggle«

Kapitel 21
Arbeiten Sie mit mehreren Szenen

In diesem Kapitel stelle ich Ihnen das 2D-Projekt *Szenenwechsel* vor, das aus mehreren Szenen besteht. Es enthält als Rahmenhandlung ein sehr einfaches Spiel. Die angewendeten Techniken können Sie in alle Unity-Projekte übernehmen, die aus mehreren ähnlichen Szenen bestehen, die nacheinander durchlaufen werden sollen.

21.1 Der Ablauf des Projekts

Nach dem Start des Projekts erscheint die erste Szene (siehe Abbildung 21.1). Der Benutzer erhält einen Punkt, falls er mit dem schwarzen Spieler eines der beiden roten Gewinn-Objekte trifft. Nach dem Erreichen des zweiten Punkts hat der Benutzer diese Szene, also z. B. das erste Level des Spiels, geschafft.

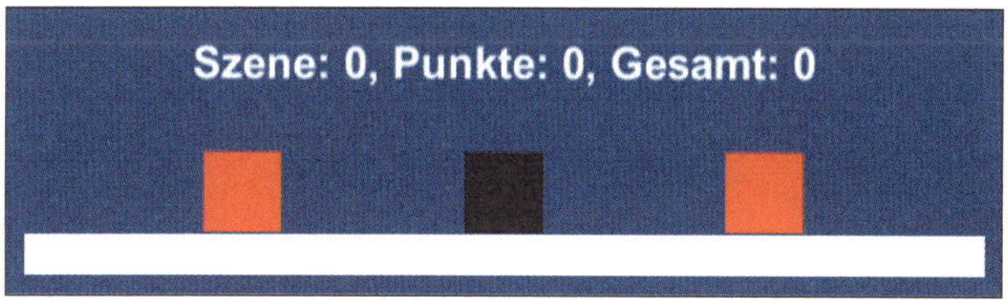

Abbildung 21.1 Erste Szene

Die nächste Szene erscheint, diesmal mit zwei gelben Gewinn-Objekten. Nachdem der Benutzer auch diese Szene geschafft hat, erscheint die dritte und letzte Szene, diesmal mit zwei grünen Gewinn-Objekten, von denen der Benutzer in Abbildung 21.2 bereits eines getroffen hat. Hat der Benutzer auch diese Szene geschafft, hat er insgesamt sechs Punkte erreicht und damit das Spiel gewonnen.

Abbildung 21.2 Dritte und letzte Szene

Es gibt zwei Gruppen von Elementen:

1. Elemente, die nur für eine bestimmte Szene gelten, wie z. B. die Farbe der beiden Gewinn-Objekte, die Nummer der Szene (0, 1 oder 2) oder die jeweilige Punktzahl innerhalb der Szene
2. Elemente, die einheitlich für das gesamte Spiel gelten, wie z. B. der weiße Boden, der schwarze Spieler, das Verhalten des Spielers, die Anzahl der Gewinn-Objekte oder die Gesamt-Punktzahl

Im Projekt sorgen wir nun dafür, dass die erstgenannten Elemente für jede Szene individuell eingestellt werden und die letztgenannten Elemente von Szene zu Szene erhalten bleiben.

21.2 Der Aufbau der ersten Szene

Auf den Import der Sprite-Assets und die Gestaltung der Spielobjekte gehe ich hier nicht mehr vollständig ein, weil ich voraussetze, dass Sie inzwischen über die entsprechenden Kenntnisse dazu verfügen. Die Spielobjekte `Boden`, `Spieler`, `Gewinn1` und `Gewinn2` besitzen einen Box Collider 2D, die drei letztgenannten zusätzlich einen Rigidbody 2D. Den beiden letztgenannten Spielobjekten ordnen Sie das neu erstellte Tag `Gewinn` zu.

In Abbildung 21.3 sehen Sie die Spielobjekte der ersten Szene in der Hierarchy View. Geben Sie dieser Szene den Namen `Szene0`. Die Szene wird vollständig erstellt, inklusive des folgenden C#-Scripts. Es wird dem Spielobjekt `Spieler` zugeordnet.

Im nächsten Abschnitt wird die Szene zweimal kopiert. Die Kopien erhalten die Namen `Szene1` und `Szene2`. Anschließend gibt es das Spielobjekt `Spieler` mit dem zugeordneten Script insgesamt dreimal, jeweils einmal pro Szene. Auf diese Weise muss das Verhalten des Spielers nur einmal programmiert werden und ist innerhalb von ähnlichen Umgebungen gültig.

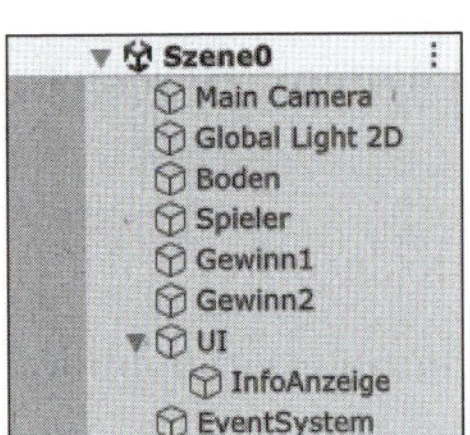

Abbildung 21.3 Spielobjekte der ersten Szene

Nun folgt der Code der Klasse `Spieler`, und zwar abschnittsweise erläutert:

```
using UnityEngine;
using TMPro;
using UnityEngine.SceneManagement;
using System;

public class Spieler : MonoBehaviour
{
   int szeneNummer;
   public GameObject gewinnEins, gewinnZwei;
   public Sprite[] spriteFeld = new Sprite[3];

   readonly float eingabeFaktor = 5;

   int punkte = 0;
   int punkteGesamt;
   public TextMeshProUGUI infoAnzeige;
...
```

Listing 21.1 Die Klasse »Spieler« – Teil 1 von 3

Der Namensraum `UnityEngine.SceneManagement` wird für die Klasse `SceneManager` benötigt, die zur Verwaltung von Szenen dient. Die Variable `szeneNummer` enthält die Nummer der aktuellen Szene (0, 1 oder 2). Das Datenfeld `spriteFeld` umfasst Verweise auf die drei Bilddateien, mit denen Sie die Farbe der Gewinn-Objekte einstellen.

Die Variable `punkte` steht für die Anzahl der erreichten Punkte innerhalb einer Szene, die Variable `punkteGesamt` für die Anzahl der erreichten Punkte im gesamten Spielprojekt.

```
...
   void Start()
   {
      Scene aktuelleSzene = SceneManager.GetActiveScene();
      szeneNummer = Convert.ToInt32(
         aktuelleSzene.name.Substring (5, 1));

      if (szeneNummer == 0)
         punkteGesamt = 0;
      else
         punkteGesamt = PlayerPrefs.GetInt("punkteGesamt");

      gewinnEins.GetComponent<SpriteRenderer>().sprite =
         spriteFeld [szeneNummer];
```

```
        gewinnZwei.GetComponent<SpriteRenderer>().sprite =
            spriteFeld [szeneNummer];
        infoAnzeige.text = "Szene: " + szeneNummer +
            ", Punkte: " + punkte + ", Gesamt: " + punkteGesamt;
    }

    void Update()
    {
        transform.position = new Vector3(
            transform.position.x + Input.GetAxis("Horizontal")
                * eingabeFaktor * Time.deltaTime,
            transform.position.y + Input.GetAxis("Vertical")
                * eingabeFaktor * Time.deltaTime, 0);
    }
...
```

Listing 21.2 Die Klasse »Spieler« – Teil 2 von 3

Die Methode `Start()` wird zu Beginn jeder Szene durchlaufen, weil in diesem Moment die Existenz des Spielobjekts `Spieler` derjenigen Szene beginnt, der das C#-Script zugeordnet ist.

Die statische Methode `GetActiveScene()` liefert einen Verweis auf ein Objekt vom Typ *Scene*, nämlich auf die aktuell aktive Szene. Die Eigenschaft `name` liefert den Namen, also `Szene0`, `Szene1` oder `Szene2`. Anschließend kann die Nummer (0, 1 oder 2) der Szene ermittelt werden.

Das Spiel startet mit `Szene0`. Dort wird die Gesamt-Punktzahl auf 0 gesetzt. In den anderen Szenen wird davon ausgegangen, dass die bis dahin erreichte Punktzahl beim Beenden der vorherigen Szene auf der Festplatte gespeichert wurde. So kann sie zu Beginn der jeweils nächsten Szene wieder geladen werden.

Die Eigenschaft `sprite` der Komponente SPRITERENDERER verweist auf die passende Bilddatei, um die Farbe der Gewinn-Objekte einzustellen. Sie unterscheidet sich von Szene zu Szene.

In der Info-Anzeige wird der Status zu Beginn der jeweiligen Szene ausgegeben. Die Methode `Update()` dient nur dazu, den schwarzen Spieler zu bewegen, und wird nicht mehr gesondert erläutert.

```
    ...
    void OnCollisionEnter2D(Collision2D coll)
    {
```

```
        if (coll.gameObject.CompareTag("Gewinn"))
        {
            punkte++;
            punkteGesamt++;
            infoAnzeige.text = "Szene: " + szeneNummer +
                ", Punkte: " + punkte + ", Gesamt: " + punkteGesamt;
            Destroy (coll.gameObject);
            if (punkte == 2)
                Invoke (nameof(EndeSzene), 1);
        }
    }

    void EndeSzene()
    {
        PlayerPrefs.SetInt ("punkteGesamt", punkteGesamt);

        if (szeneNummer == 0)
            SceneManager.LoadScene ("Szene1");
        else if (szeneNummer == 1)
            SceneManager.LoadScene ("Szene2");
        else if (szeneNummer == 2)
            infoAnzeige.text = "Gewonnen";
    }
}
```

Listing 21.3 Die Klasse »Spieler« – Teil 3 von 3

Bei einer Kollision werden die beiden Punktzahlen erhöht und angezeigt. Das Gewinn-Objekt wird zerstört. Werden in der Szene zwei Punkte erreicht, kann die aktuelle Szene beendet und die nächste Szene gestartet werden.

Das geschieht zeitverzögert in der Methode `EndeSzene()`. Dort wird zunächst die Gesamt-Punktzahl auf der Festplatte gespeichert, damit sie in der Methode `Start()` der nächsten Szene wieder geladen werden kann. Anschließend wird für die beiden ersten Szenen die statische Methode `LoadScene()` der Klasse `SceneManager` aufgerufen. Als Parameter dient der Name der neuen Szene.

Wenn die letzte Szene beendet wird, ist das Spiel zu Ende.

Die Slots der Klasse `Spieler` sind mit den zugehörigen Verweisen auf die Spielobjekte und Assets gefüllt (siehe Abbildung 21.4).

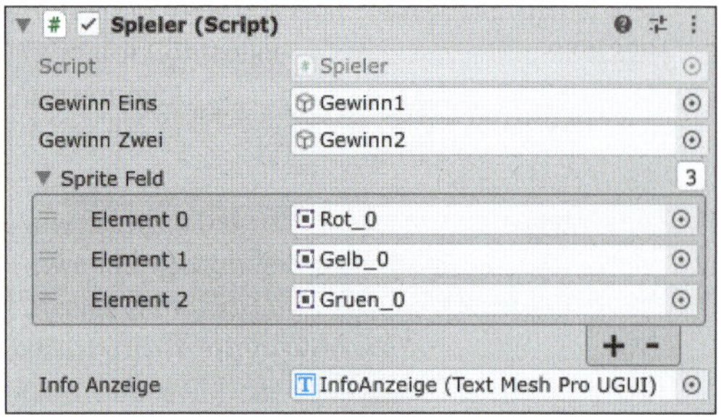

Abbildung 21.4 Die Klasse »Spieler« und ihre Slots

21.3 Weitere Szenen

Die erste Szene wurde unter dem Namen Szene0 erstellt, inklusive aller Zuordnungen. Achten Sie darauf, die Szene zu speichern. Kopieren Sie sie anschließend zweimal in der PROJECT VIEW. Die neuen Szenen heißen Szene1 und Szene2. Diese Namen werden auch im Code genutzt.

Bei der Arbeit mit mehreren Szenen müssen Sie einige Regeln beachten:

- Wenn Sie nur eine der Szenen verändern, ist das Verhalten der drei Szenen nicht mehr gleichartig. Das kann schnell zu Fehlern führen.
- Eine nachträgliche Änderung, die alle Szenen betreffen soll, nehmen Sie am besten in Szene0 vor und speichern diese anschließend. Löschen Sie die beiden anderen Szenen und kopieren Sie Szene0 erneut.
- Möchten Sie eine bestimmte Szene in der SCENE VIEW sehen, wählen Sie sie per Doppelklick in der PROJECT VIEW aus. Achten Sie auf die Bezeichnung der aktiven Szene in der HIERARCHY VIEW.
- Das Spiel startet aus dem UNITY EDITOR heraus immer mit der aktuell ausgewählten Szene. Vor einem Start sollte Szene0 ausgewählt sein.
- Wenn Sie eine Szene ändern und anschließend – ohne zu speichern – zur nächsten Szene wechseln, werden Sie zum Speichern aufgefordert.
- Ein unschöner Nebeneffekt ist folgender: Ändern Sie eine Szene und löschen Sie sie anschließend, ohne zu speichern, werden Sie ebenfalls zum Speichern aufgefordert. Danach erscheint die gelöschte Szene wieder ...

Für den vollständigen Durchlauf eines Projekts müssen Sie alle Szenen zur SCENE LIST hinzufügen (siehe Abbildung 21.5). Führen Sie zu diesem Zweck für jede Szene Folgendes aus:

- Wählen Sie sie per Doppelklick in der Project View aus.
- Rufen Sie das Dialogfeld Build Profiles über den Menüpunkt File • Build Profiles auf.
- Wechseln Sie auf die Seite Scene List.
- Betätigen Sie dort die Schaltfläche Add Open Scenes.

Anschließend ist das Projekt vollständig erstellt. Vor dem Start des Projekts sollten Sie wieder `Szene0` per Doppelklick auswählen.

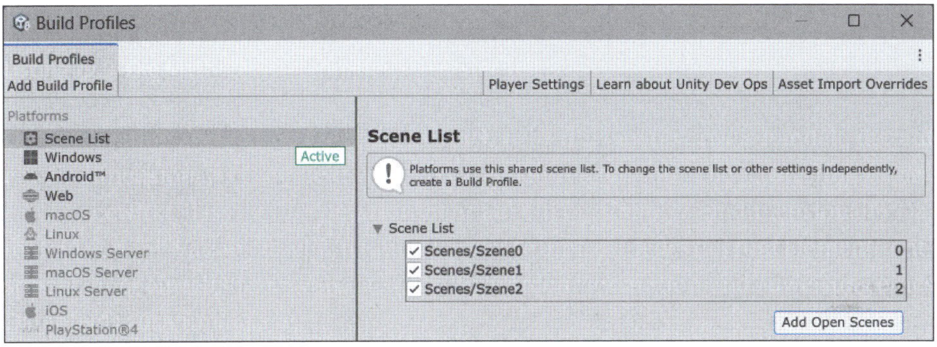

Abbildung 21.5 »Scene List« in »Build Profiles« – alle drei Szenen

Hinweis

Sie können einzelne Szenen, die Sie in der Scene List nicht mehr benötigen, löschen. Markieren Sie sie dazu im Dialogfeld Build Profiles auf der Seite Scene List und betätigen Sie anschließend die Taste `Entf`.

In der ausführbaren Version des Spiels werden die Szenen in der Reihenfolge durchlaufen, die in der Scene List eingestellt ist. Um ihre Reihenfolge zu ändern, können Sie die Listeneinträge wie in der Hierarchy View mit der Maus verschieben.

Kapitel 22
Allgemeine Hinweise

Mit diesem Kapitel endet das Buch. Um das Thema Unity abzurunden, bündele ich hier einige Informationen und Anleitungen, die für Sie bei Ihrer Arbeit mit Unity noch von Belang sind oder sein könnten. So erläutere ich zunächst, wie Sie Projekte umbenennen oder kopieren können. Außerdem beschreibe ich, wie Sie einige oder alle Elemente eines Projekts mithilfe eines Unity Packages exportieren bzw. importieren. Ich zeige Ihnen außerdem, wie Sie Unity unter *macOS* und unter *Ubuntu Linux* installieren. Danach sehen wir uns an, wie Sie Browser-Anwendungen und Android-Apps erstellen. Zu guter Letzt stelle ich noch zwei Bonusprojekte vor, die Sie nach Belieben weiterentwickeln können.

22.1 Projekte bearbeiten

Zur Arbeitsersparnis kann es sinnvoll sein, ein vorhandenes Projekt umzubenennen oder zu kopieren.

22.1.1 Projekte umbenennen

Häufig entstehen Projekte unter einem Arbeitsnamen, der sich während der Entwicklung als unpassend erweist und den Sie ändern möchten. Um ein Projekt mit dem Beispielnamen *AltProjekt* in ein Projekt mit dem Beispielnamen *NeuProjekt* umzubenennen, gehen Sie wie folgt vor:

1. Beenden Sie Unity.
2. Benennen Sie das Projektverzeichnis *AltProjekt* im Verzeichnis der Unity-Projekte in *NeuProjekt* um.
3. Wählen Sie im Unity Hub den Eintrag ADD PROJECT FROM DISK aus der Liste ADD, wählen Sie dann im Dialogfeld SELECT A PROJECT TO OPEN ... das Projektverzeichnis *NeuProjekt* aus und betätigen Sie die Schaltfläche ADD PROJECT.
4. Öffnen Sie das Projekt *NeuProjekt*.

5. Rufen Sie Visual Studio über eine beliebige Script-Datei des Projekts auf und nehmen Sie eine beliebige Änderung in der Script-Datei vor – fügen Sie z. B. eine zusätzliche Leerzeile ein. Speichern und schließen Sie Visual Studio. Nach der Rückkehr zu Unity wird das Projekt neu übersetzt. Schließen Sie auch Unity.
6. Im obersten Verzeichnis des Projekts finden Sie sowohl eine oder mehrere Dateien, die *AltProjekt* im Namen führen, als auch eine oder mehrere Dateien, die *NeuProjekt* im Namen führen. Die Dateien, die *AltProjekt* im Namen führen, können Sie jetzt löschen.
7. Den Namen und die Titelzeile des ausführbaren Programms für *NeuProjekt* können Sie so ändern, wie es am Ende von Abschnitt 4.5 beschrieben wird.

Achten Sie beim Erstellen der ausführbaren Version eines umbenannten Projekts darauf, dass das Verzeichnis *Builds* innerhalb des richtigen Projektverzeichnisses erstellt wird.

22.1.2 Projekte kopieren

Es kann vorkommen, dass ein Projekt auf Basis eines anderen Projekts entsteht, sodass Sie zunächst mit einer Kopie des Originalprojekts beginnen möchten. Um ein Projekt mit dem Beispielnamen *OriginalProjekt* in ein Projekt mit dem Beispielnamen *KopieProjekt* zu kopieren, gehen Sie wie folgt vor:

1. Beenden Sie den Unity Editor.
2. Kopieren Sie das gesamte Projektverzeichnis *OriginalProjekt* innerhalb des Verzeichnisses der Unity-Projekte und geben Sie dem neuen Verzeichnis den Namen *KopieProjekt*.
3. Wählen Sie im Unity Hub den Eintrag ADD PROJECT FROM DISK aus der Liste ADD, wählen Sie dann im Dialogfeld SELECT A PROJECT TO OPEN ... das Projektverzeichnis *KopieProjekt* aus und betätigen Sie die Schaltfläche ADD PROJECT.
4. Öffnen Sie das Projekt *KopieProjekt*.
5. Rufen Sie Visual Studio über eine beliebige Script-Datei des Projekts auf und nehmen Sie eine beliebige Änderung in der Script-Datei vor – fügen Sie z. B. eine zusätzliche Leerzeile ein. Speichern und schließen Sie Visual Studio. Nach der Rückkehr zum Unity Editor wird das Projekt neu übersetzt. Schließen Sie auch den Unity Editor.
6. Im obersten Projektverzeichnis finden Sie sowohl eine oder mehrere Dateien, die *OriginalProjekt* im Namen führen, als auch eine oder mehrere Dateien, die *KopieProjekt* im Namen führen. Die Datei bzw. die Dateien, die *OriginalProjekt* im Namen führen, können Sie jetzt löschen.

7. Den Namen und die Titelzeile des ausführbaren Programms für *KopieProjekt* können Sie ändern, wie es in Abschnitt 4.5 beschrieben wird.

Achten Sie auch beim Erstellen der ausführbaren Version eines kopierten Projekts darauf, dass das Verzeichnis *Builds* innerhalb des richtigen Projektverzeichnisses erstellt wird.

22.2 Unity Packages

In Abschnitt 5.5.1 und Abschnitt 5.5.2 haben wir bereits die Benutzeroberfläche eines Unity-Projekts exportiert und in ein anderes Unity-Projekt importiert. In diesem Abschnitt finden Sie eine allgemeine Beschreibung dieser speicher- und zeitsparenden Methode, mit der Sie Elemente eines Projekts als Unity Package übernehmen können.

22.2.1 Exportieren Sie ein Unity Package

Öffnen Sie das Projekt *TomsJumpAndRun*, das uns hier als Beispiel dient. Markieren Sie in der PROJECT VIEW das Verzeichnis ASSETS. Rufen Sie im zugehörigen Kontextmenü den Menüpunkt EXPORT PACKAGE auf. Dann erscheint das Dialogfeld EXPORTING PACKAGE (siehe Abbildung 22.1).

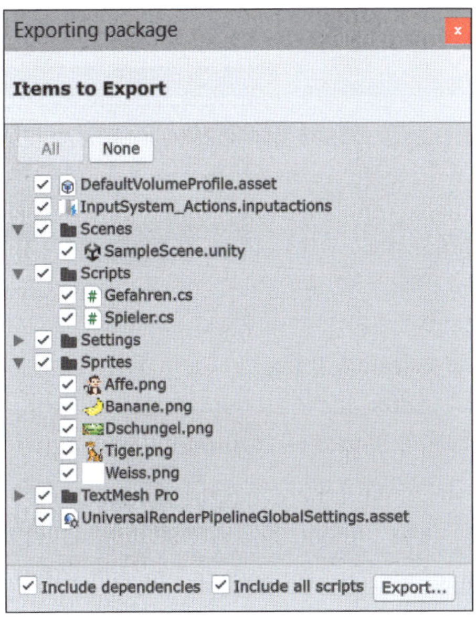

Abbildung 22.1 Export eines Unity Packages

Zunächst sind alle Assets zum Export markiert. Sie können nun einzelne Elemente vom Export ausschließen, indem Sie das Häkchen vor ihnen entfernen. Diese Möglichkeit haben Sie später auch beim Import.

Wählen Sie einen geeigneten Namen für das Unity Package aus, z. B. *TomsJumpAndRun.unitypackage*, und speichern Sie die Datei in einem gut erreichbaren Verzeichnis. Die Endung *unitypackage* ist für Unity Packages vorgegeben.

22.2.2 Importieren Sie ein Unity Package

Als Beispiel legen wir ein neues 2D-Projekt mit dem Namen *TestProjekt* an. Rufen Sie den Hauptmenüpunkt ASSETS • IMPORT PACKAGE • CUSTOM PACKAGE auf. Wählen Sie das gewünschte Unity Package aus, z. B. *TomsJumpAndRun.unitypackage*. Nun erscheint das Dialogfeld IMPORT UNITY PACKAGE (siehe Abbildung 22.2).

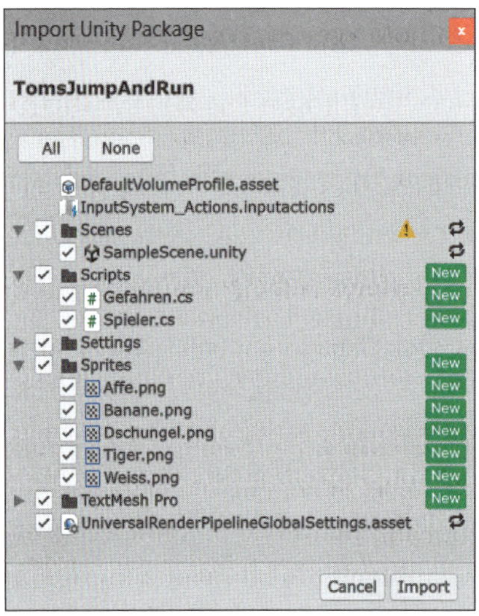

Abbildung 22.2 Import eines Unity Packages

Sie können einzelne Elemente vom Import ausschließen, indem Sie die Markierung entfernen. Sie können aber auch alles übernehmen.

Nehmen wir an, Sie lassen alle Markierungen stehen und möchten auch die Szene SAMPLESCENE importieren. Nachdem Sie auf die Schaltfläche IMPORT geklickt haben, erscheint ein Dialogfeld, in dem Sie durch Anklicken der Schaltfläche RELOAD entscheiden, dass die importierte Szene SAMPLESCENE neu geladen werden soll (siehe Abbildung 22.3).

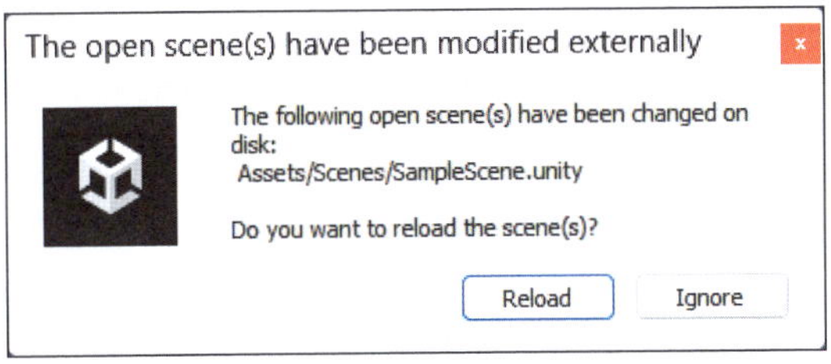

Abbildung 22.3 Szene neu laden

In diesem Fall werden auch alle Spielobjekte der importierten Szene in die HIERARCHY VIEW übernommen. Anschließend können Sie das Projekt unmittelbar starten. Auf diese Weise haben Sie durch die Übernahme des Unity Packages das gesamte Projekt übernommen.

> **Hinweis**
>
> Es ist auch möglich, nur bestimmte Spielobjekte von einem Projekt zu übernehmen. Dazu müssen Sie, wie es in Abschnitt 5.2.4 geschehen ist, aus den gewünschten Spielobjekten Prefabs erstellen. Diese speichern Sie z. B. im Asset-Verzeichnis PREFABS. Dann exportieren Sie dieses Verzeichnis, importieren es in das neue Projekt und machen aus den Prefabs wiederum Spielobjekte.

22.3 Unity unter anderen Betriebssystemen

In diesem Abschnitt zeige ich Ihnen, wie Sie Unity unter macOS und unter Ubuntu Linux installieren.

22.3.1 Unity unter macOS installieren

Zur Installation von Unity unter macOS rufen Sie die folgende Seite in einem Browser auf:

https://unity3d.com/de/get-unity/download

Betätigen Sie wie unter Windows die Schaltfläche UNITY HUB HERUNTERLADEN. Unter macOS wird die Datei *UnityHubSetup.dmg* auf Ihrem Rechner gespeichert.

Nach einem Doppelklick auf diese Datei müssen Sie zunächst die allgemeinen Lizenzbedingungen akzeptieren. Anschließend können Sie das Programm *Unity Hub*, wie im Fenster angezeigt, in das Verzeichnis *Applications* (= *Programme*) legen.

Erstellen Sie einen Alias auf das Programm `Unity Hub` auf dem Desktop und starten Sie das Programm über diesen Alias. Weil das Programm aus dem Internet stammt und nicht aus dem Apple Store, müssen Sie das Öffnen bestätigen.

Die weitere Installation des Unity Hubs und der Unity-Versionen verläuft so, wie ich es in Kapitel 1 für die Installation unter Windows beschrieben habe. Bei den Modulen des Unity Hubs haben Sie die Möglichkeit, *Visual Studio für Mac* zur Entwicklung der C#-Scripte zu installieren.

22.3.2 Unity unter Ubuntu Linux installieren

Zur Installation von Unity unter Ubuntu Linux rufen Sie die folgende Seite in einem Browser auf:

https://unity3d.com/de/get-unity/download

Betätigen Sie wie unter Windows die Schaltfläche UNITY HUB HERUNTERLADEN. Unter Linux wird die Datei *UnityHub.AppImage* auf Ihrem Rechner gespeichert. Verschieben Sie sie aus dem Verzeichnis *Downloads* in Ihr Benutzerverzeichnis. Öffnen Sie ein Terminal und machen Sie die Datei wie folgt ausführbar:

```
chmod 744 UnityHub.AppImage
```

Starten Sie den Aufruf des Unity Hubs mit:

```
./UnityHub.AppImage
```

Gegebenenfalls werden Sie nach dem Aufruf darauf hingewiesen, dass Sie zur Ausführung von *AppImages* das Linux-Kernel-Modul *FUSE* installieren müssen. Das geschieht mithilfe dieses Befehls:

```
sudo apt-get install fuse
```

Beim ersten Aufruf des Unity Hubs werden die weiteren Installationsschritte vollzogen, die ich bereits in Kapitel 1 für die Installation unter Windows beschrieben habe.

22.4 Browser-Anwendungen erstellen

In diesem Abschnitt erstellen wir mithilfe von Unity unter Windows aus einem Unity-Projekt eine fertige Anwendung für die Bibliothek *WebGL* (*Web Graphics Library*). Dank dieser weitverbreiteten Grafikschnittstelle kann die fertige Anwendung in vielen modernen Browsern auf unterschiedlichen Betriebssystemen laufen.

Rufen Sie in dem gewünschten Unity-Projekt, z. B. im Projekt `TomsBalancer`, das Dialogfeld BUILD PROFILES über den Menüpunkt FILE • BUILD PROFILES auf. Sollte die Seite WEB in der Liste PLATFORMS nicht auswählbar sein, haben Sie noch kein WebGL-Modul installiert.

Zur Installation eines WebGL-Moduls schließen Sie zunächst das Projekt und wechseln im Unity Hub auf die Seite INSTALLS. Rufen Sie für die bereits installierte Unity-Version im Einstellungsmenü (Zahnrad-Symbol) den Menüpunkt ADD MODULES auf. Dann erscheint das Dialogfeld ADD MODULES FOR UNITY 6. Markieren Sie den Eintrag WEBGL BUILD SUPPORT und betätigen Sie die Schaltfläche INSTALL. Anschließend wird das zusätzliche Modul installiert. In Abbildung 22.4 ist das bereits geschehen.

Abbildung 22.4 Das Modul »WebGL Build Support« ist installiert.

Öffnen Sie Unity erneut mit dem gewünschten Projekt. Die Seite WEB lässt sich jetzt im Dialogfeld BUILD PROFILES in der Liste PLATFORMS auswählen (siehe Abbildung 22.5).

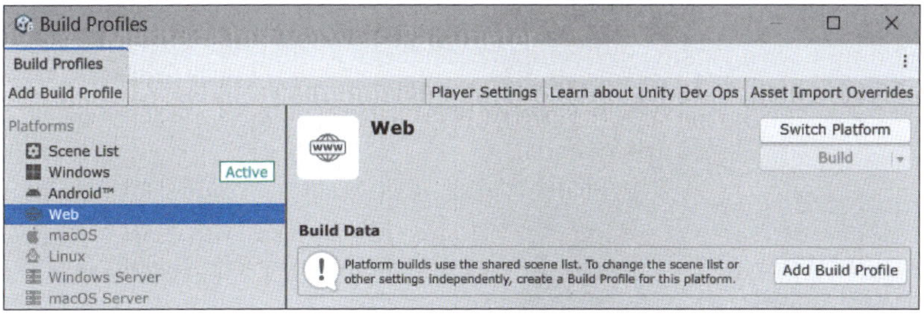

Abbildung 22.5 Der WebGL-Build ist auswählbar.

Betätigen Sie die Schaltfläche SWITCH PLATFORM. Damit wird WEB zur aktiven Plattform und die Markierung ACTIVE verlagert sich in der Liste PLATFORMS vom Eintrag WINDOWS auf den Eintrag WEB.

Hinweis

Lassen Sie sich nicht irritieren: Die Umstellung erfolgt automatisch in zwei Schritten, zwischen denen eine Pause von einigen Sekunden auftritt.

Rufen Sie über den Menüpunkt EDIT • PROJECT SETTINGS das Dialogfeld PROJECT SETTINGS auf. Wechseln Sie auf die Seite PLAYER. Klappen Sie den Bereich PUBLISHING SETTINGS auf. Wählen Sie in der Liste COMPRESSION FORMAT den Eintrag DISABLED. Die Unity-Web-GL-Anwendung würde ansonsten nicht starten, da viele standardmäßig konfigurierte Webserver die komprimierten Dateien nicht entpacken können. Rufen Sie anschließend wieder das Dialogfeld BUILD PROFILES über den Menüpunkt FILE • BUILD PROFILES auf.

Erstellen Sie anschließend den *Build* über den Eintrag CLEAN BUILD in der Liste BUILD. Wählen Sie als Speicherort z. B. *Builds_Web* aus. Die Erstellung des Builds nimmt sehr viel Zeit in Anspruch.

Im Erfolgsfall wird eine Reihe von Dateien und Unterverzeichnissen erstellt. Im Hauptverzeichnis finden Sie die Startdatei *index.html*. Laden Sie das vollständige Verzeichnis *Builds_Web* in ein Verzeichnis auf einem lokalen Webserver oder auf einem Webserver im Internet. Rufen Sie in einem Browser die zugehörige Adresse auf.

22.5 Android-Apps erstellen

In diesem Abschnitt erstellen Sie aus Ihrem Unity-Projekt eine *Android*-App. Kopieren Sie dazu das Beispielprojekt *TomsBalancer* aus Kapitel 11 so, wie es in Abschnitt 22.1 beschrieben wurde. Anschließend müssen Sie es noch anpassen, damit es auf der Touch-Oberfläche eines Android-Geräts laufen kann. Der neue Projektname lautet *TomsBalancerAndroid*. Zudem müssen Sie für Unity einige zusätzliche Komponenten und Anwendungen installieren.

22.5.1 Änderungen im Code

Ändern Sie in Unity unter Windows im Projekt *TomsBalancerAndroid* die Methode `Update()` der Klasse `PlatteBewegen` wie folgt:

```
void Update()
{
   // float zEingabe = Input.GetAxis("Horizontal");
   // float xEingabe = Input.GetAxis("Vertical");
   float zEingabe = Input.acceleration.x;
   float xEingabe = Input.acceleration.y;
   ...
}
```

Listing 22.1 Die Klasse »PlatteBewegen« – die Methode »Update()« mit Änderungen

Die Eigenschaft `acceleration` der Klasse `Input` hat den Typ `Vector3`. Sie stellt die Daten des Beschleunigungssensors des Geräts bereit. Diese Daten umfassen die aktuelle Beschleunigung des Geräts in den drei Koordinatenrichtungen. Mit anderen Worten: Der Benutzer dreht das Gerät um die drei Achsen. Die Drehungen sollen dazu dienen, die Platte zu kippen, um die Kugel im Spiel zu steuern.

Die Orientierung der Anwendung wird (in Abschnitt 22.5.3) fest auf LANDSCAPE RIGHT eingestellt. Das Spiel wird also immer im Querformat gespielt, mit der rechten Kante nach oben. Bei dieser Orientierung entspricht die X-Richtung der Beschleunigung der horizontalen Achse auf dem Desktop-Rechner und die Y-Richtung der vertikalen Achse.

Die Anwendung benötigt eine leicht bedienbare Schaltfläche zum Beenden. Fügen Sie deswegen zur Klasse `Spieler` des genannten Projekts die Methode `AnwendungEndeButton_Click()` hinzu:

```
public class Spieler : MonoBehaviour
{
   ...
   public void AnwendungEndeButton_Click()
   {
      Application.Quit();
   }
}
```

Listing 22.2 Die Klasse »Spieler« – Anwendung beenden

Diese öffentlich zugängliche Methode soll gestartet werden, falls der Benutzer die Schaltfläche ANWENDUNGENDEBUTTON berührt. Diese Schaltfläche wird rechts oben platziert, besitzt eine Größe von 160 × 120 und trägt die Aufschrift ENDE. Vergrößern Sie die Schrift für den Text des Buttons und der Textfelder auf 36. Ändern Sie die Position und Größe der Textfelder entsprechend. Dank ihrer neuen Größe können Benutzer die UI-Elemente leichter lesen bzw. bedienen.

Verbinden Sie die Methode wie gewohnt im UNITY EDITOR mit dem Klick-Ereignis der Schaltfläche. Eine einfache Berührung auf dem Android-Gerät, also ein *Touch-Ereignis*, entspricht einem *Klick-Ereignis* auf einem Desktop-Rechner.

22.5.2 Installieren Sie den Android Build Support

Rufen Sie den Menüpunkt FILE • BUILD PROFILES auf. Sollte der Eintrag ANDROID in der Liste PLATFORMS nicht auswählbar sein, müssen Sie das zugehörige Modul zunächst installieren.

Installieren Sie das Modul ANDROID BUILD SUPPORT zusammen mit den Komponenten ANDROID SDK & NDK TOOLS und OPENJDK auf dieselbe Weise wie in Abschnitt 22.3.2 den WEBGL BUILD SUPPORT.

Bei den Komponenten handelt es sich um das *Android Software Development Kit* (SDK) und das *Android Native Development Kit* (NDK) zum Entwickeln von Android-Anwendungen sowie um das freie *Java Development Kit* (JDK) für die Entwicklung von Java-Programmen.

22.5.3 Stellen Sie die »Player Settings« ein

In diesem Abschnitt gehe ich davon aus, dass der Android Build Support installiert ist und Sie den Menüpunkt FILE • BUILD PROFILES aufgerufen haben. In der Liste PLATFORMS können Sie jetzt den Eintrag ANDROID auswählen und auf die Seite ANDROID wechseln. Betätigen Sie auf dieser Seite die Schaltfläche SWITCH PLATFORM, um die Plattform zu wechseln. Damit wird ANDROID zur aktiven Plattform und die Markierung ACTIVE verlagert sich in der Liste PLATFORMS vom Eintrag WINDOWS auf den Eintrag ANDROID.

Hinweis

Lassen Sie sich auch hier nicht irritieren: Die Umstellung erfolgt automatisch in zwei Schritten, zwischen denen eine Pause von einigen Sekunden auftritt.

Rufen Sie anschließend über den Menüpunkt EDIT • PROJECT SETTINGS das Dialogfeld PROJECT SETTINGS auf und wechseln Sie auf die Seite PLAYER.

Hinweis

Damit Sie sich vor der Veröffentlichung der Anwendung gegenüber dem Play Store für Android identifizieren können, ist der *Bundle Identifier* notwendig. Er wird im weiteren Verlauf gemäß der folgenden Konvention eingestellt: `com.NameFirma.NameProdukt`.

Nehmen Sie, um den *Bundle Identifier* einzustellen, ganz oben auf der Seite PLAYER Einträge in den beiden Feldern COMPANY NAME und PRODUCT NAME vor. Ein Beispiel sehen Sie in Abbildung 22.6.

Suchen Sie dann auf der Seite PLAYER den Bereich OTHER SETTINGS • IDENTIFICATION. Entfernen Sie dort die Markierung beim Feld OVERRIDE DEFAULT PACKAGE NAME. Anschließend wird der *Bundle Identifier* im Feld PACKAGE NAME automatisch gemäß den oben gewählten Einträgen umgestellt. Ein Beispiel sehen Sie in Abbildung 22.7.

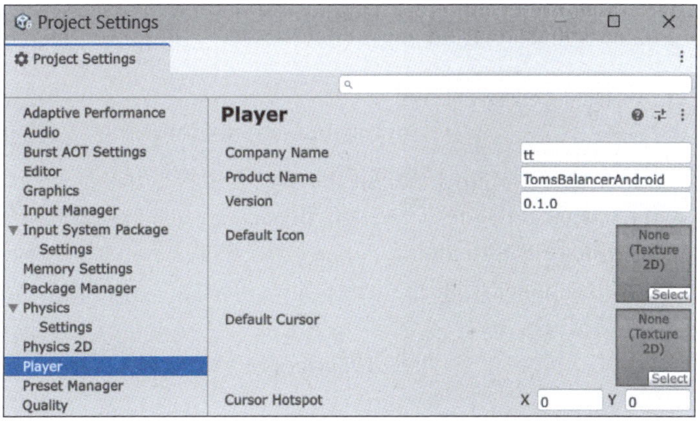

Abbildung 22.6 Die Felder »Company Name« und »Product Name«

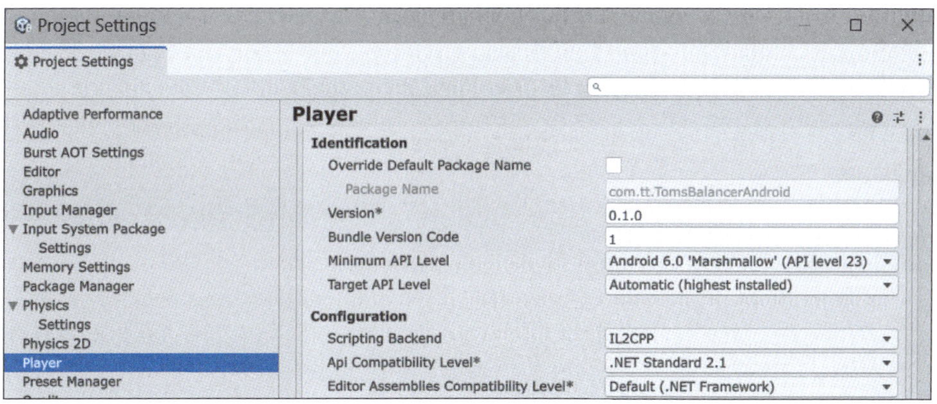

Abbildung 22.7 Das Feld »Package Name«

Suchen Sie auf der Seite PLAYER den Bereich RESOLUTION AND PRESENTATION • ORIENTATION. Wählen Sie dort in der Liste DEFAULT ORIENTATION den Eintrag LANDSCAPE RIGHT aus (siehe Abbildung 22.8).

Damit wird die Orientierung der Anwendung fest eingestellt: Das Spiel wird immer im Querformat gespielt, und zwar passend zum Code in Abschnitt 22.5.1 mit der rechten Kante nach oben.

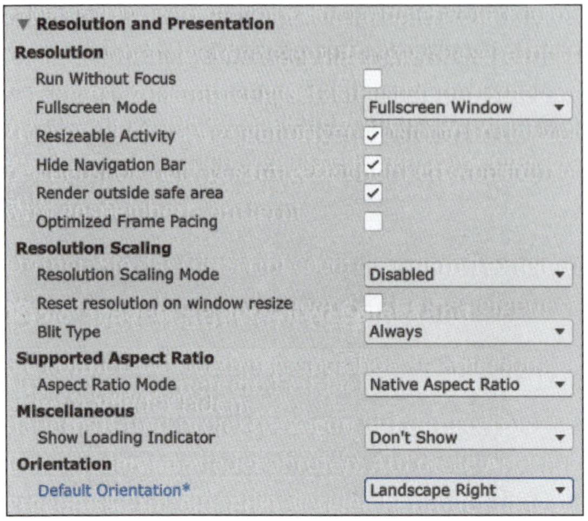

Abbildung 22.8 Die Liste »Default Orientation«

22.5.4 Führen Sie den Android-Build durch

Rufen Sie über den Menüpunkt File • Build Profiles das Dialogfeld Build Profiles mit der Seite Android auf. Starten Sie den Build über den Eintrag Clean Build in der Liste Build. Erstellen Sie ein geeignetes Verzeichnis, z. B. *Builds_Android*. Wechseln Sie in dieses Verzeichnis. Geben Sie einen Namen für die Datei ein, die durch den Build erstellt wird, z. B. *TomsBalancerAndroid.apk*. Die Erstellung der APK-Datei nimmt sehr viel Zeit in Anspruch.

Hinweis

Falls das Dialogfeld Unsupported Input Handling mit einer Fehlermeldung erscheint, betätigen Sie den Button Yes.

Die Dateiendung *apk* ist für APK-Dateien vorgeschrieben. APK steht für *Android Package*. Eine APK-Datei enthält eine fertige Android-Installationsdatei, die aus dem Android Store geladen werden und eine Android-App installieren kann. Eine solche Datei kann aber auch unmittelbar vom Desktop-Rechner aus auf dem Android-Gerät installiert werden.

22.5.5 Starten Sie die App unter Android

Schließen Sie das Android-Gerät an den Desktop-Rechner an, z. B. über eine USB-Datenverbindung. Kopieren Sie die soeben erstellte APK-Datei *TomsBalancerAndroid.apk* auf das Gerät, z. B. in das leicht erreichbare Verzeichnis *Downloads*. Starten Sie die Installation auf dem Android-Gerät, indem Sie auf die APK-Datei tippen.

Hinweis

Falls Sie noch keine *Programme aus unbekannten Quellen* auf dem Android-Gerät installiert haben, erscheint eine entsprechende Meldung. Sie werden dabei unterstützt, im Einstellungsmenü Ihres Geräts eine Änderung vorzunehmen, damit dieses Programm installiert werden kann. Sie können entscheiden, ob Sie nur diese einzelne Installation oder die Installation von Programmen aus unbekannten Quellen grundsätzlich zulassen wollen.

Nach der Installation können Sie die Android-App TomsBalancerAndroid auf dem Gerät starten. Das Beenden der Anwendung wird Ihnen durch die große Schaltfläche oben rechts ermöglicht. Das Drehen des Geräts führt zu Beschleunigungen in verschiedene Richtungen. Diese werden vom Beschleunigungssensor bemerkt und an die App weitergeleitet. Das führt zum Kippen der Plattform und damit zur Steuerung der Kugel.

22.6 Bonusprojekte

Auf der Webseite zum Buch – unter *https://www.rheinwerk-verlag.de/einstieg-in-unity-2d-und-3d-spiele-entwickeln* – finden Sie bei den Materialien zum Buch auch zwei 2D-Bonusprojekte. Sie sind den bekannten Spielen *Frogger* und *Pacman* nachempfunden.

Dank der Fähigkeiten, die Sie mithilfe dieses Buchs erworben haben, und der Kommentare im Code sind Sie in der Lage, den Aufbau dieser Projekte zu erkennen und sie mit eigenen Ideen selbstständig weiterzuentwickeln.

22.6.1 Bonusprojekt »TomsFrogger«

Starten Sie das ausführbare Programm *TomsFrogger.exe* im Projektverzeichnis *TomsFrogger/Builds* (siehe Abbildung 22.9).

Der Frosch versucht, die vierspurige Straße mit schnellen Sprüngen von Spur zu Spur zu überqueren, ohne überfahren zu werden. In beiden Richtungen sind Fahrzeuge (im normalen Rechtsverkehr) unterwegs, jeweils auf einer Normalspur und, etwas schneller, auf einer Überholspur. Die beiden mittleren Spuren sind also die gefährlichsten. Die Geschwindigkeit der Fahrzeuge wird per Zufall bestimmt. Zudem werden die Fahrzeuge mit der Zeit immer schneller.

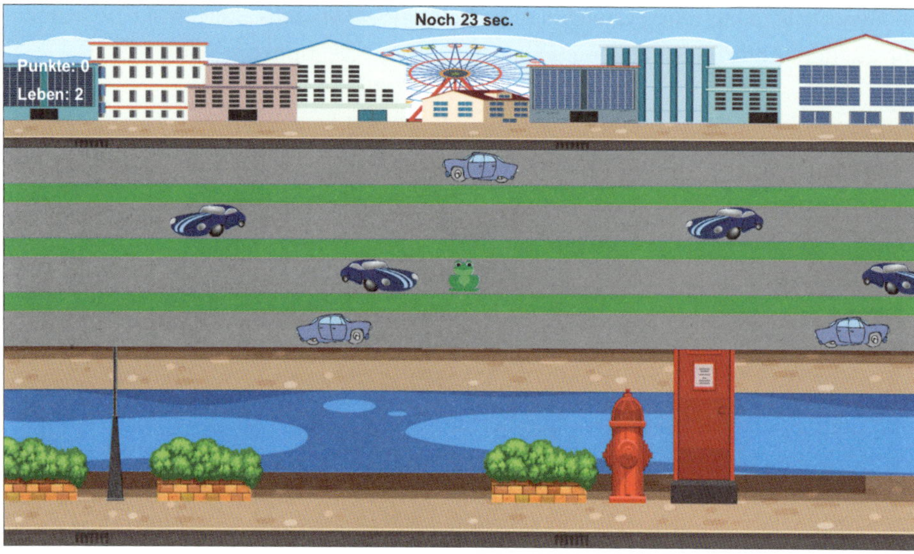

Abbildung 22.9 Bonusprojekt »TomsFrogger«

Der Benutzer kann den Frosch nur mit den Pfeiltasten [↑] und [↓] bewegen. Eine seitliche Bewegung ist nicht möglich. Jedes Mal, wenn dem Frosch eine Überquerung gelungen ist und er lebend auf der gegenüberliegenden Straßenseite angelangt ist, erhält der Benutzer einen Punkt. Wird der Frosch überfahren, verliert der Benutzer eines seiner drei Leben und der Frosch wird nach kurzer Zeit wieder auf den unteren Startpunkt gesetzt. Nach dem Verlust des dritten Lebens ist das Spiel zu Ende. Der Benutzer hat 30 Sekunden Zeit, so viele Überquerungen wie möglich zu schaffen.

22.6.2 Bonusprojekt »TomsPacman«

Starten Sie jetzt das ausführbare Programm *TomsPacman.exe* im Projektverzeichnis *TomsPacman/Builds* (siehe Abbildung 22.10).

Der blaue Spieler-Pacman versucht, durch das Labyrinth von Holzkisten zum gelben Gewinn-Pacman zu gelangen. Schafft er das, hat er gewonnen. Die vier roten Gefahren-Pacmen versuchen wiederum selbstständig, den Spieler zu erreichen. Schafft es einer von ihnen, hat der Spieler verloren.

Zu Beginn ist der Spieler im unteren linken Bereich positioniert, der Gewinn im oberen rechten Bereich und die vier Gefahren im oberen linken Bereich, im oberen mittleren Bereich, im unteren mittleren Bereich sowie im unteren rechten Bereich.

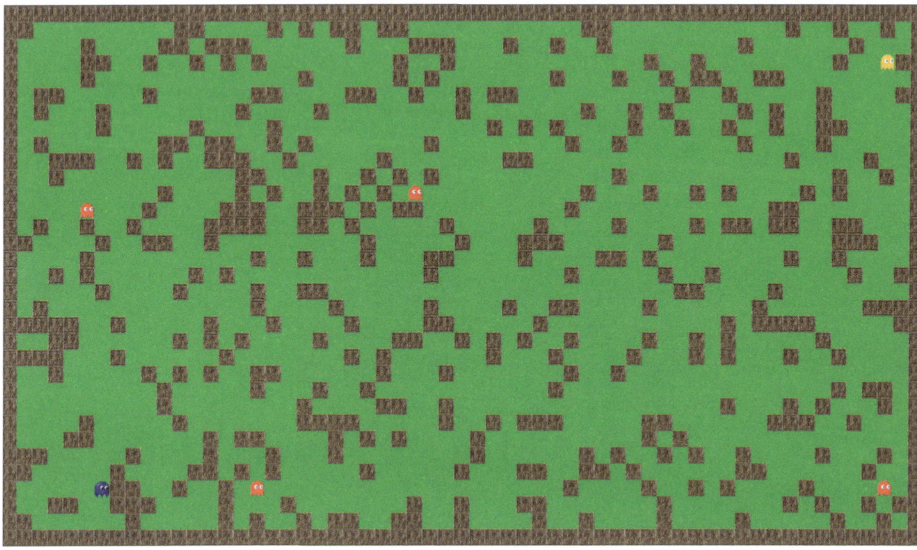

Abbildung 22.10 Bonusprojekt »TomsPacman«

Der Spieler bewegt sich selbstständig und immer in eine bestimmte Richtung, zu Beginn nach rechts. Läuft er gegen eine Wand, bleibt er stehen. Der Benutzer kann die Richtung der selbstständigen Bewegung mithilfe der vier Pfeiltasten ändern. Hat der Spieler nach einer Richtungsänderung keine Wand mehr vor sich, läuft er wieder weiter.

Die Gefahren und der Gewinn bewegen sich selbstständig und mithilfe eines gewichteten Zufalls. Für jede mögliche neue Position wird der jeweilige Abstand zum Spieler berechnet. Je geringer dieser Abstand ist, desto höher ist die Wahrscheinlichkeit, dass die zugehörige neue Position vom Zufallsgenerator ausgewählt wird. Mit anderen Worten: Die Gefahren bewegen sich insgesamt gesehen auf den Spieler zu und verfolgen ihn.

Ich wünsche Ihnen viel Spaß mit allen Spielen in diesem Buch und mit den Spielen, die Sie noch mit Unity entwickeln werden. Sie kennen nun sämtliche Grundlagen. Bauen Sie auf ihnen auf und entwickeln Sie Ihre eigenen Spiele.

Index

Numerisch

A

B

C

D

E

F

G

H

I

J

K

L

M

N

O

P

Q

R

S

W

X

Y

Z